任乃强◎著

任乃强全集
【第十三卷】

筱庄笔记：回忆录
康北考察日记
峡外游痕
书信、诗文

主　编　任新建
副主编　何　洁

国家出版基金项目
NATIONAL PUBLICATION FOUNDATION

四川人民出版社

图书在版编目（CIP）数据

筱庄笔记：回忆录·康北考察日记·峡外游痕·书信、诗文 / 任乃强著. —成都：四川人民出版社，2021.12

（任乃强全集；第十三卷）

ISBN 978-7-220-12479-2

Ⅰ.①筱… Ⅱ.①任… Ⅲ.①中国文学－当代文学－作品综合集 Ⅳ.①I217.2

中国版本图书馆CIP数据核字（2022）第005619号

XIAOZHUANG BIJI HUIYILU·KANGBEI KAOCHA RIJI·XIAWAI YOUHEN·SHUXIN SHIWEN

筱庄笔记：回忆录·康北考察日记·峡外游痕·书信、诗文

任乃强 著

主　　编	任新建
副主编	何　洁
总策划	罗桑道吉
出版人	黄立新
组稿统筹	喻　磊
项目执行	邹　近　章　涛
责任编辑	王其进
装帧设计	戴雨虹
封面画像	蒋骊霄
责任校对	舒晓利
责任印制	祝　健
出版发行	四川人民出版社（成都三色路238号）
网　　址	http://www.scpph.com
E-mail	scrmcbs@sina.com
新浪微博	@四川人民出版社
微信公众号	四川人民出版社
发行部业务电话	（028）86361653　86361656
防盗版举报电话	（028）86361653
照　　排	四川胜翔数码印务设计有限公司
印　　刷	成都东江印务有限公司
成品尺寸	185mm×260mm
印　　张	23
字　　数	425千
版　　次	2021年12月第1版
印　　次	2021年12月第1次印刷
书　　号	ISBN 978-7-220-12479-2
定　　价	2500.00元（全十五卷）

■版权所有·侵权必究

本书若出现印装质量问题，请与我社发行部联系调换

电话：（028）86361656

目 录

筱庄笔记：回忆录

一、我的家乡庞家山 …………………………………………（003）

二、我的先世 …………………………………………………（006）

三、父辈杂记 …………………………………………………（009）

四、先父琐事 …………………………………………………（011）

五、母与诸兄琐事 ……………………………………………（019）

六、族人可纪者 ………………………………………………（022）

七、双桂场 ……………………………………………………（025）

八、乡俗杂记 …………………………………………………（030）

九、南充县城 …………………………………………………（041）

十、县官与"局绅" ……………………………………………（044）

十一、完粮 ……………………………………………………（047）

十二、盗贼与窝户 ……………………………………………（050）

十三、南充城乡商品杂忆 ……………………………………（054）

十四、行会与"大帮" …………………………………………（060）

十五、刻书业 …………………………………………………（062）

十六、文化娱乐 ………………………………………………（064）

十七、遂宁香会 ………………………………………………（072）

十八、农民造反 ………………………………………………（075）

十九、我的童年 ………………………………………………（078）

二十、我的中学时代 …………………………………………（081）

二十一、我是怎样到北京去读书的 …………………………………… (085)
二十二、我见的民国六年北京景象 …………………………………… (092)
二十三、我在北农的四年 ……………………………………………… (097)
二十四、经陕西回川途中 ……………………………………………… (103)
二十五、参与南充地方自治 …………………………………………… (110)
二十六、初到成都 ……………………………………………………… (116)
二十七、初次考察西康 ………………………………………………… (119)
二十八、处理大盖凶杀案 ……………………………………………… (125)
二十九、在建设委员会和交通处 ……………………………………… (127)
三十、 撰成《西康图经》 …………………………………………… (136)
三十一、考察川康公路 ………………………………………………… (142)
三十二、从张先生出川考察 …………………………………………… (151)
三十三、任教重庆大学 ………………………………………………… (165)
三十四、发表改革四川教育倡议 ……………………………………… (173)
三十五、整顿省三中 …………………………………………………… (182)
三十六、《西进集》 …………………………………………………… (197)
三十七、在建委会办的九件事 ………………………………………… (204)
三十八、倡办牧站联运始末 …………………………………………… (220)
三十九、西康的喇嘛寺院 ……………………………………………… (240)
四十、 西康的土司头人 ……………………………………………… (250)

康北考察日记

1944 年 ……………………………………………………………………… (267)

峡外游痕

1933 年 ……………………………………………………………………… (283)

书信、诗文

给陈家琎先生的信	（341）
复南充金融志办公室的信（1984年）	（343）
与李小缘先生的来往信函（1942年）	（348）
与谭其骧先生的来往信函（1983年）	（355）
我的几首诗	（358）

筱庄笔记：回忆录

任乃强全集·第十三卷

一、我的家乡庞家山[①]

我于光绪甲午年三月初一子时，出生在南充县西区双桂场的庞家山。改算阳历为1894年4月7日。

庞家山，为略似重庆山城之一山寨，位西溪之南，距南充市五十余里，与双桂、五龙、三元、中和四场镇距离约略相等。里甲属双桂场。西溪与其支流大木沟、花石沟环抱四周，侵蚀成高约十丈之悬岩，仅数小道盘曲上下，旧有东门与南、西、北门，筑寨扼之。惟南门外有细颈与五龙场一地相连，最狭处仅三四丈。

悬岩系一大石盘构成。其上层为红页岩与其风化土，构成耕地甚广。南门外连向五龙场一地之地颈，曰"火石垭"，属于大石盘悬岩上方之红土耕地。旧有恐龙化石露出数丈，色灰白，有外膜微光滑，击之发磷火臭。农人毁之，弃地坎间，近年犹有存者。"火石垭"由此为名。光绪时有人醵资造小石庙供火神像，改称"火神垭"也。

自火石垭起为二层石盘之山基。南门寨即依以建筑为长墙。门内为南门山。更下第二级岩盘，为北门山一带平衍浅丘，抵西溪大崖。大山之东北支，自小山子下第二级石盘，为范家垭口，平衍扩布为园坟山、书房山与张家山，皆属火崖石盘上方红土层。有小浅土阜曰宝积山，建有四层重殿之大寺，曰龙归院，为全寨结社赛神醮禳中心。亦为私塾及后之小学所在。

南门山之东支，过庞家垭口为庞家后山，再过漆树湾垭口为丁家山，穹窿较高。再进为宴山，出东门内寨为欧家山，则亦大崖盘上之半丘也。

南门山分出之两大支间，突起者为时泰山。闻昔范姓有名时泰者，营大坟于山之北麓，即以其名为山名。我出生处即在此山西麓。

时泰山之左右有两大沟为水田。在西侧者为正沟，长约三里。东侧曰伐檀沟，

[①] 《筱庄笔记》是任乃强先生1968—1969年隐居家乡岩洞时所写的回忆录，记录了从19世纪末出生至20世纪40年代，自己的生平和对当时社会的见闻。

长里余。沟中梯级水田，会合于时泰山下。入水于西溪。

全山住民旧编为水西里，约百余户。庞姓聚族伐檀沟，分支占正沟上部一部分，及桥板沟、张家山崖坎上部。任姓住正沟上中部，有大瓦房在瓦房山下，聚族数十家，远望如市廛。分支占瓦房山与大山之西侧崖坎上下，及韩家坡。范姓聚族正沟中下部，分支占北门山崖下范家湾。张姓聚族庙后之张家湾。龙归院附近为庙产文昌会田与僧田。

龙归院寺，宋元时创，原在大山北侧二层岩盘上。明万历中毁，改建于宝积山。清康熙以后，始增修三官、文昌与藏经楼三重。蓄竹木、茨藜，桂树、榕树皆数百年物。原有僧数人，能念经作法。我幼时读书于此，见有宋瓷镏金韦陀一尊，高二尺余，合掌，无杵。系清中叶耕者垦大山旧寺基，自瓦砾中掘出。全寺古物，惟此可记。今毁。

丁家山四侧数里无人户，有短沟曰漆树湾，亦无森林。1901年，任正先、任仕先兄弟耕地，觉有物挂犁，发之，得织金兜鍪。其下掩一瓦坛，内皆银器，有镂"大中祥符"年号者。正先兄弟尽售入城内倾销店，家以小康。（先父曾购茶钟一具，有盖有盏。欲擦令光洁，随手即碎。）其堂兄弟义先，数年后，亦于大院水沟侧，拾得纯金铸造之符信半部，有金丝附之，重二两许，亦售入金店被毁。又，时泰山下何家嘴等处，有宋代古墓甚多，皆用大石板嵌合为并排之椁，或联作十余间，前方作门形，有花纹，无碑识，穴中棺已朽灭，胫臂骨有存者，皆较今人长大。盖宋代四川人口最密，耕地不足，故有此合家并葬以节墓地之制。

据此推之，此山寨盖宋代巨室宅居之地。淳祐时，蜀人苦于蒙古铁骑侵害，相聚守险于此。余玠守蜀，奖各寨抗敌，曾派官吏督导，此寨曾驻兵将。宋亡后，卒为蒙古所破，人被屠绝。窖藏者死尽，后人莫能知。直至五百年后，水土流失，乃为耕犁所及也。山名丁家，而此方乃绝无姓丁者。疑宋代居此之巨室姓丁，曾有碑碣留其字，后来填住者得以知之。

山下曰漆树湾，乃不但无漆树，亦且无林木，仅有清末所种之桑树点缀地坎间。相传其地鬼哭，白画祟人，乡民只身不敢入此界。莫肯建宅，委为林区。疑明清时焚林垦土，曾知其多漆树，故传此名。

书房山在漆树湾对岸，亦属无人居住地区。地当东门、西门间大道。民国初年，有任同先者结庐居此。其妇为穿窜过道者所劫，相与争持一被，大呼，无人得闻，拖行里余，听二贼欢笑以去，遂即拆屋徙居。农民之乐于比户群居者，大抵为此，而传说谬为避鬼也。

全山与五龙场间，土冈平远，近而不险，然无通道，赴五龙场循大路入城者，依地埂田塍而行。相反，东门下崖入花石沟、花石桥至双桂场，路远而崎岖，乃有大路。此犹谓为里甲编隶使然。乃自东门出西门，入大木沟，过太阳桥，又上高石梯远达三元场、金宝场，亦是石板大路。又出北门，过西溪萧家河桥，上杀人湾至中和场，亦是大路。其原因盖由畏贼从大路来袭南门，故闭绝之，积世习惯，遂莫议开。近有人议自五龙场修车路径达南门，俾全山建筑车道与之衔接，则山与县城运输利便，且与车运代负担，大省人力。此事极有可能。

二、我的先世

南充任姓有二祠堂：一在大北街，为老祠。一在土门寺，为新祠。同一族谱，谓：元末，有法圭、法宝兄弟，与妙圭、妙宝妯娌，避陈友谅之乱，自湖广麻城县孝感乡徙蜀。明正德时进士任瀚，为其后裔。聚族在都尉坝，散居于各场镇。每年例于冬至祀祖，合族皆聚，填写生死人名，著其伦辈血系。我参加土门寺冬祭多次，饮食而止，迄未见填造册籍，亦未曾见族谱。

至于庞家山任姓，则断非元末已入蜀者。我姓夙持伦辈诀云："福、明、之、彰、子、伦、君、和、学、先、有、年、登、成。"我是"先"字辈，上至始祖福荫，只九代。以平均三十年一代计，只能是明末清初入蜀。相传福荫祖坟在任家沟，去本山十余里。第二代自明祖，始来本山"插占"。（明末蜀地全荒。各省移民，视力所及，插枝占垦，一经报税，即为己土。故称"插占"。）时山上只有庞姓，聚耕伐檀沟一区，故称庞家山。任、范、张姓皆后至者。

自明无子，招张之鸾为嗣，是为之鸾祖。故任、张两姓，世以同宗相称。之鸾生子，单名彰。彰生子子志，能读书作吏，乾隆初，任县府吏房典史。时清始定蜀，查户口。县府有吏、户、礼、兵、刑、工六房。房各有吏目、差皂。吏目称典史，俗呼"老典"。由于亲近县官，有权势，一方乡人皆敬畏。死葬时泰山尾两沟会口之上方，有联栋房式之大墓一座，凡五碑与联额，文字镌刻并精好。余幼时常牧牛其侧，得细玩之。任姓大瓦房，有新旧大堂屋各一院，石阶、石墀，并甚精好。其豪霸一方之概可以想见。

子志生大伦，亦为典史，更造新宅一院，毗联旧院，规模尤有增饰。死葬漆树湾侧之大坟嘴，亦联栋形制骈五碑。文字雕饰足与何家嘴大坟比。于时双桂场有民谣云："夏知府，孙知县，总督大人庞家山。"谓孙姓常任保正，有实权。而事又必请命于夏姓之大保正。（有如乡县）孙与夏又每事皆仰任姓鼻息为之也。

大伦有子数人，名君信者为我曾祖。传其人好音乐博戏，不事职业，为纨绔子。有二妻，前妻罗氏，为清行人司进士罗为赓族女，生子金和而死。续娶陈氏，无出。

君信祖有肺病，晚年又瞎，行动要人牵扶。金和祖也有肺病，弱不任事。传说这位陈氏祖母，很能干，是一双大足，能下田耕种，性复刚强，抚育金和祖甚有恩惠，为他娶圆池坝罗为赓的孙女，借其门户声势以支持自己衰落的门户，颇有成绩。殊我这位祖母罗氏，是个慈祥懦弱之人，孝敬有余，协助不足。又连生九胎都是女子，已过中年，忧在嗣续。有从祖元和，亦曾任县吏，承祖大伦余势，横霸乡曲。时有异姓乱宗之禁。元和有三子。其弟新和无子，求其子续嗣，持不肯与，曰："尔成绝户，财产终属于我子，抱继何为？"又欺君信两女单传，金和九女无子。每骂陈曰："尔绝户耳！财产终属他人，守持何益？"于是田产器物，当所欲者辄自夺去。陈氏忿甚。君信祖死于咸丰末叶（约在1860年前后），陈斥重资求善堪舆者，遍相山中吉地，得一穴在大伦祖墓左下，判"连举三子，孙曾奕繁"。既葬，果连举三子。元和为之气夺。祖父金和及见二伯父入庠乃卒，葬大山下之寺湾头。祖母罗，及见我出世乃卒，合葬。与君信祖墓皆大圆坟，无碑。

祖世家已中落。然信堪舆言"三子皆有科名"，故竭力资三子入学。大伯父名学德，学名步棠，字子怀，性长厚，迟钝。二伯父名学美，学名步琼，字玉阶，较敏慧，早得秀才。（时科举称县府考中试者为"庠生"，又曰"秀才"，获中曰"入庠"，或谓"入学"。省试中者为"举人"，谓之"中举"。）又补廪后，大伯父亦得秀才。（秀才岁考优者，得月支官廪若干银，称为补廪。）

我父为季，名学积，学名青云，字功廷。读书辄渴睡，拙于背诵，而好游戏，为塾师所恶。时家道中落，治产无人，祖父乃令辍学习耕。然父有内慧，工巧一人目即能为之。时民间家各种棉织布。种蓼蓝，摘叶售染工之家，沤石池中，久则靛青离出。用石灰为剂搅之，靛乃与渣分离，投染缸，收集民家布求染者，得其酬值，为农村一大工业，称为染房。祖以父嗜工巧，为之凿石池，雇匠工"打靛"，开染房。父习之，技巧于匠工，甚为祖母所爱。然任性倔强，跅不羁，邻里称为恶子。祖性刚，累施鞭朴，父遂外逃不归。祖母痛念，四托访寻。有言见其在渝、合川拉船者。时二伯父已是秀才，自往寻，以慰祖母。雇肩舆至合州，闻隔室有人呼父名者，奔往视，果父，时又转为舆夫，方寄居轿行也。（轿行，为承揽官商雇舆之一种帮会组织。）携之归。祖父更加怒，而父倔强不屈，欲再走。祖母为招亲友，设酒食宴解之，俾专染房之事。迎我母罗氏来归，即祖母之内侄女也。次年，大哥生。又次，大姊、二哥、三哥生，相距或一年二年。父有室家之乐，乃不言外走。

大伯父入学，与会亲友，人沿俗呼父为"三老爷"。（俗呼得科名者为"老爷"。）大伯母素与父龃龉，嗤曰："便宜他充三老爷！"母适闻之，退而勖父曰："何乃不自立志耶?!"父默然久之曰："科名易得耳!"明日，出就武塾，习刀、礅、骑射。明年应武试，遂获武秀才。时只三十岁。

我父既以武技得科名，益事任侠，两伯父不能制。入哥老会，终为友累入罪，于光绪三十年（1904）在成都入狱。母亲亦于翌年忧病不起，卒于1906年，年三十余。（时我年十一岁，为进县立高小之年。）大哥二十岁，奔走于成都与家乡之间，营救我父，田园为之荒废。家计贫乏，至于衣不蔽体。1907年，父获释归，见家境凄凉情况，乃改行易辙，专意从事耕种。

父游侠所历全川七十余县，所至留心其农、工、商、贾利病，即兹治产，多新方法。凡其所治田，禾谷丰茂，与邻田异观。过者望见，必曰："此任某田也。"因乏肥料，乃自创煮酒之法，历万千辛勤，多次失败，终克得其效用。家业由是小康。适我已由北农毕业回县时，全家男女劳动兴致甚高，又得我与二哥月薪周转，遂渐富足，至1924年父殁时，已与大、二伯父两家富力略相当也。

三、父辈杂记

大伯父、二伯父，与我父出生各迟一年。其卒也，又各相次迟二年。大伯父59岁，二伯父60岁，我父61岁。更凑巧的是大伯父与孔子同日生（八月二十七），二伯父与观音同日生（忘其日）。我父与牛王菩萨同日生（十月初一）。乡人议论我父：倔强敢任，质朴无文，"有牛脾气"。

长房四子一女。二房亦四子一女。本房又是相同。尤巧在三房长子皆只曾读书，不得进取；次子皆读书，略有成就；三子皆鲁钝不学，只能农耕；第四子，则皆读书治学，成就较大。

我父这一房的长子名遵先，字子习。次，导先，字善从。三，逡先，字逡九。季，即我，派名逾先，学名乃强，字筱庄。皆有乳名：长曰五，次曰七，三曰伏，我云子元。乳名大抵皆随出生月次或节候与时刻为之，只父母、长辈呼之。派名亦惟家祭，祀祖填帛表用之。平辈相呼以字，大都二伯父所取。犹忆求二伯父取字时，伯父云："《礼》：君子庄敬日强。可用庄字。属幼，加小字，写作'筱庄'可也。"

大伯父封建迷信甚，高谈礼仪，重祀典，祭献虔敬。常劝人守法安命，以不到公堂（县官听谳之法堂称为公堂）为福。故官民皆敬重之，为一乡人望，被推为双桂大保正，威信卓著。其发富最早，田产之多为本山首屈。

二伯父科名至岁贡，努力学业，求事功，与张表方先生友善，为县绅中革新派。不重迷信，常笑大伯父庸俗。虽竟无所成事，其才力实冠一方，子孙多能自立，无恶名。家产亦远逊于长房。

我父无迷信，不惟不畏鬼神，不循礼教，亦且无视官法，与大伯父完全相反。其所为皆乡人所不喜。屡犯法，亦赖两伯父掩护之，得免于危。因两伯父束之严，意殊不乐，遂从军离家去。卒亦陷于狴禁。既归而后改行。既重振资富，亦曾为地方福利立功。晚年亦有乡誉。

尝察大伯父之发家，只由作大保正。大保正，相当于近世之"团总"。双桂场乡三千余户，每年田地买卖数十起，双方皆愿大保正作中，谓可保对方不至翻悔滋累。

首名中人，例酬买价百分之二左右。只此收入，每年恒可数百吊，相当银数百两。故虽无法外贪取，而家已致富。其酬为官法所许，出于致酬者所甘，固与贪污不同，当时莫议其非法耳。除酬中收入外，又有主祭、点主等其他收入，全属封建礼俗之类。凡道德较高，兼有科名，负人望者，旬月必有所遭，乡俗皆致厚酬，虽至亲密友，例不逊让。大伯父发家之秘，大抵如此。司马迁所谓"廉吏益富，廉贾多富"者也。

大伯家子弟之不才，亦正由其发家之早。从小丰衣足食，富势凌人，莫或敢忤，故养成其不劳动，不奋发，骄恣欺侮，肆无忌惮之性格。先字辈之鸾笙，有字辈之韶九诸子，皆为乡人所畏恶，莫敢与之交往。新中国成立后咸被群众斗争，逐步沦败，至于不能自存。才与不才之判，此其关键所在也。

二伯父立志较大，初不以置产为事，尽力求名，名颇小立。辛亥四川路潮发生，张表方先生与蒲、罗九人被逮。两伯父惟恐牵累，相约逃匿。又闻同志会蔓延川西南，虑我父起事响应，乃以道路不熟，所至有籍于哥老会庇护，非父同行则安全无保障为辞，挟父同向陕西。行至广元而清帝退位，四川军政府成立，方返家园。二伯父由此声名大损，在县城之地位低落，晚更潦倒。然与长房之堕落不振者不同。

乡俗重男轻女。我姑母三人，长嫁老君场马姓，有五子，皆业农，营小商。次嫁回龙场蒲姓，长子蒲三善，为我发蒙师。三姑嫁金宝场何姓。生五子。三姑诙谐爽快，寿颇高。我曾见之，娓娓谈我家旧事，啼笑并作。凡上所记，多出其口。

三姑自言，何子融中试时，三年丧服未满，姑爷灵房尚供在堂。旧俗：须行念经除灵、点主、供龛诸礼，乃为除服。除服方得应试。违者有罪。官报未至，子融私报奔驰至家，三姑急抱灵房至宅后，用稻草一束焚之，得以不败。言之大笑。旧礼教之在封建家庭，其重轻之间如此，诚可笑矣。

1968.9.29 记

四、先父琐事

初小教师李毓林先生对我说："你父亲是有志气的人。我与你两伯父同在多宝寺读书。你父亲才十岁左右，为两兄送米柴来，有豆豉和腊肉，共一担。同辈抚其总角，戏之曰'你勤送米肉。两兄成名后，给你捐个功名。'殊不知他虽不读书，竟自从武学取得功名。"（时人称科举中试为功名）

父从师学"打靛"（沤蓝取靛），技术精湛，每自搅取，必为佳靛。既弃家外逃，年余未归。延染师打靛，每不佳。一次得靛独美胜，祖母谓必父之阴魂回家助之所得，命家人燃烛烧纸祀之，因大哭不能起。二伯父感动，誓往渝、合访之。竟得与父偕归。（此事我母所言）

父既入武学，仍不安于绅位，与袍哥夏香亭等为秘密结社。在我山行结社典礼，称为"开山出一"。届日，各县哥老头目皆有至者，人约千余，组有守望、分巡等队，分守各寨门，以备官府缉捕。乃于龙归院设高座燃香，举行仪式。公议父升行一，即所谓"坐堂大爷"，为双桂场一区首领。仪式秘密，外人不得窥视。山上少年，多有好事入社，参加守寨巡更者。

其后，父印制有"任青云行一"之大红名片。持此一片，往他城镇哥老会联络洽事，必得协助。有怨家得此片者，控于官府，指为袍哥之证。两伯作禀，谓父从小过继新和为子，故而居长（行一）。事竟得解。新和者，元和之弟，无嗣，爱我父，曾商过继。故两伯父设策如此，果使官府清查，则新和三婆能证实之，不为诳禀也。（大伯父谈）

父组一戏班，在附近各地演草台戏。后至西充县分水岭，有怨家王姓，为当地豪强者，诱戏班演于该场，乃挑剔阻演，扣不放行。父往交涉，遂被挟仇扣留，迫其认错赔礼。父既陷入，被困不得脱。阴命人寄信双桂场。于是哥老夏香亭、夏宛芝等，集丁壮有力者四五十人，怀短刀、锤、铜扮为小贩赶集者，于分水岭市集日，分从各道齐集该镇，各若不相识者，以暗号隐语分布全市紧要处。香亭伪饰一卖火麻人，出入街巷，探得该豪正率其党盘踞一茶馆中，威迫我父赔礼。父但沉默兀坐。

乡俗：卖麻人肩披数十束麻片，即可出入茶酒馆兜售。至父座近。呼曰："新到麻线数十条，买得了。"父望见，识其为夏，解其隐语。望见肆外观众皆双桂场人。乃突起拍桌大骂曰："王××！老子涵忍几天了。今天与你算账！"用茶盏向王掷去。夏即弃麻拔刀出卫父。肆外来者皆露械涌入。拥父去。王初未涉想及此，仓促变起，其徒皆惶然莫知所出。王退匿柱后，战栗不敢发言，听任长去。父亦不敢往索戏箱，戏班由是解散。人虽脱归，货产损失颇巨。因是袍哥关系，双方俱不敢告官。但互放大言曰"某日前往复仇"。双方戒备者累月。后有第三袍哥社从中调停，乃渐平息。（双桂场老民谈）

分水岭事件后，两伯父戒饬我父甚切。一言一动，必加责遣。父不能耐，遂投彭游击从军。父善骑射，旧为游击彭所赏，结为师生，赠父良马宝弓，命归家聚生徒讲武。至是彭他调，招父为亲兵，率驻川西。既而彭卸任，又转荐与另一彭姓绿营军官，任什长，渐升为哨官。辛丑和约（1901年）订立后，北京禁义和团。义和拳师有避入蜀者，川西义和团蜂起，打教堂，逐洋人。清廷严令禁止，渐至明令剿办，各地军民每有冲突。父暗结袍哥，常托故不肯进剿，求被调充后方催粮催款工作。后父拒剿事渐传，惴不安，坚求退伍。其统军之彭某大不悦，虽批准退伍，而扣留饷金不即发。父颇怨愤，滞留成都申诉索饷。彭恨之。时有袍哥罗某者，业伪银，食客甚多，慨留父借住其家。彭侦知，率兵破罗家，以与罗同党罪，逮父入狱，判刑五年。一年后，得出狱，转习艺所为染工教囚，减刑为三年。至戊申（光绪三十四年）释归。（父自云如此）

当父被捕时，自报单身，冀不牵涉二兄及家。然未旬日，全场即已传遍。二伯父命我长兄赴成都探视，为撰"替父领罪，乞换父回家安慰祖母呈"，遍投。然无肯理者。长兄子习，时年二十岁，至成都照料父，投洋务局（四川省办理外国人交涉的衙门）为炊事工，为父送饭。直至父移习艺所，乃归。换二哥善从，往充炊事工，照料父亲。此等行动及母亲忧念卧病之状，亦能感动父亲，故其归后，改行易虑，奋力于家人生产之业。

父亲归家治产时，我已十余岁。每年暑假回家，目习其事。其能使禾苗茂盛、谷粒增产者，亦无奇方异术。其法首在于耕耙间田。家乡水田生产力最大，种中稻，秋收后，自处暑至谷雨只蓄冬水，闲休达八个月久。父之为术，在利用牛犁有暇，即就冬水中耕之，反复再耕。能三耕者，明年无不丰产。其言曰："我初归时，圈内无猪，坑内无粪，禾苗憔悴不蔽地，一亩不敌半亩之收，家安得不贫？凡土中，自有养分，然恒闭不得发。所贵耕耙者在此。故人能勤耕耙，翻透土块，其效等于施肥。"故父未养猪时即已能使田丰产。

其次在换种。父之言曰："勤耕当施肥。换种,也当施肥。"父游迹在川甚广阔,识各地水稻品种甚多。常多方设法向远近换购新种。曰"六月早",曰"蓝叶粘",曰"麻谷糯",曰"蛮谷",曰"红粳"……名色不能尽记。每换种,必获丰收。种一二年,又必换种。非确为风土相合之良种,无连十年不换者。每增产著效后,乡民亦争来换种。例须净谷加二兑换。于是,前此自向远地购种所费,亦即抵折,或有盈余。其或得一水土适合之良种,连二三年著效后,换种者云集,一仓换尽,等于加二丰收。且一乡皆食其利,人惟知感,而不以加二为剥削也。非惟水稻,即于各种旱地作物,如红薯、玉蜀黍、高粱亦然。红薯为本山主要食粮,换种效果尤著。

引种中亦多失败。如苦肥料不足,曾仿成都平原种苕菜法,远自川西购苕子于冬不蓄水之稻田试种。收稻时撒子,然因土粘密,发苗缓慢,入春乃部分大发,不能蔽田。春雨至即需蓄水,收割不多,仅致一田增产,不尝所费,又无法留种。次年即未再购。如此失败者尚多有之。身当其害,而持之不倦,成为我家耕艺不易之法。

父又尝云："勤耕、换种,虽暂可以增产,损耗地力亦甚。譬如人当气力不继时,吸食鸦片,可以重振。若长时为之,则精血枯竭,亦必干瘪至死。惟有吃饭真能补充气力。施肥,即土壤吃饭之理。"故父归初二三年,虽高度发挥劳力以成增产,仍另积极筹为增产肥料之道。既悟增肥莫如养猪。自第三年起,即竭力扩建猪圈与粪池。连排五间,皆筑石池其下。家人虽寝处狭促,至于不能娶媳,亦不以易也。

有圈即可养猪。养猪需款,则先自养母猪。亦求良种,猪崽佳者自留之。新圈五间,一母猪,一小猪八头(雌雄四对)一架子猪四头,其二肥猪两对。粪肥渐多,加以鸡、牛、蚕粪,沤草、灶灰,混制之厩肥、堆肥。

春季,有钱则买土皮倾水田一次,以养地力。买土皮,俗称"压草"。春日农事未起,揭一帖于当路云"某日某田压草"。民间之闲劳动力,即各自铲取有草之土皮负至其田塍。量其重,酬以制钱,倾入田中成堆,各持筐去再铲。每斤制钱一二文,相草土比量给之。健者日铲可百余斤,得二三百文。弱者尽一日之力,可得数十文,高于庸工铲值。(时零工,由主人供膳外,日酬三十二文。其时米一升值一百文左右。)故每闻有人"压草",数里以至十余里人争持镰筐奔赴。有昼夜铲积以待次日"投称"者。一田草足,转向别田安称。钱尽者止,称为"收称"。人闻收称,拥挤争投,每有势不得收,贷款称完者。此为农村旧俗,行此者皆被称为"善人"。父谓人曰："往时善人压草，不是压草，只算压土。我不是善人，压草要真正的带土野草，不要带草的土块。"他把酬价提高到每斤五六文，要求表土草皮。投称者仍拥挤，由各人所得重量大落，而获值与相当也。肥效乃大。然苦乏资为之，往往借贷负利，故亦不常。

养猪饲料难得，尤其是催肥前一段架子猪，不能专持野草，必须有营养较高之饲料，使长足肌肉与骨骼。用苞谷、红薯等催肥，十余日即可出槽（杀猪），重百数十至二百余斤。凡催肥所食，但长脂肪，故速致肥而肉亦美也。父谓："酒糟最适于催肥前饲料。故酒房养猪最多，易肥。"于是谋酿酒，以完成养猪事业。

我亲见父亲创造家庭酿酒事业，由小至大，逐步解决所遭困难，失败者达数十百次之多，百折不回，终抵于成：

宣统初（1910年时），父与家人议烤酒。曰："乡俗，用甑缸烤盆烤酒①，每甑得酒十来斤，得糟不过三斗。且甑缸烤盆价亦高，今更难得。吾见川西南有所谓'田坎酢'者，农家酿熟时，就田塍间掘灶安锅，上置石筧，合扣铁锅，锅上嵌木桶盛冷水，烤酒。一酢数十斤。烤毕拆去。其事巧便。不用甑缸烤盆，亦不纳税。今就汤灶上，依其法露天烤酒，则与酢房不同，可免税扰。得糟与酒较多。然，烤酒需技术，当先创经验。仍宜先自甑缸烤盆开始。于是四处访求家有此二物者租借。久之，闻某家犹保一付，商借，不可。商购，乃出之，尘积寸许，内管已破，然尚可用。廉价购得之。数月后，其缸亦破。乃仿川西为"田坎酢"于汤灶上②。

其法：作石筧以代瓦盆。用锅嵌于木桶为底，以代甑缸，反扣于石筧上，盛冷水以凝酒汽，俾流入石筧以出。仍加糠袋以杜泄。初试，酒皆红色，随有铁锈如藻而出，沉缸底寸许。酒味如故。烤毕，父检视，曰："锅未治，为酒汽所蚀。"乃取下桶底锅，磨光，烧令红，以油脂抹之。（凡购新锅者，例如此治之，则不锈。）重安装，再烤，锈尘较少而酒红如故。父再取其锅，通体烧令透赤，乃以桐油涂之。生油变为"光油"俗谓熬桐油使干如胶，着物则硬如原膜，有光，称为光油。光油

---

① 原注：甑缸烤盆，并旧时售供家庭酿酒之陶器。用酿熟之酒糊连糟入甑上饭锅。用布缝长带盛细糠泡湿，圈环锅边，上压以烤盆。烤盆为一空心之瓦环槽，似磨盆，一方有小口道，以出酒。甑缸亦陶制，似甑，穿窿底，嵌合于烤盆上，须精密不泄气。仍用糠袋外护之，以防未密。甑之佳者，更有水管，透进一冷水缸，使气密尤便。二者一套，往时大户，皆购有之，年节自酿自烤，不外求。自蓬溪等县"酢房"大兴，集中成酒市，民家以自彼购酒为便，不复自烤，此二具遂成废物。瓦具易破，无保存者。访问久不得。烤酒之家称为"酢房"。酢字音昨。原意为酬酢。古借为酸酒之称。唐以来，别用醋字为酸酒，用酢为酿酒之意，烤酒一锅为一酢。

② 原注：汤灶者，烫猪之灶。作石灶于野，其上石圈嵌锅（尺六锅）烧水至沸。杀猪后，用铁杖从脚割皮口，挺透遍体，屠人自孔吹气，使猪体膨胀如鼓，移置锅上，把沸淋之。则毛易脱。更用铁剐刮。皮净白如瓠，乃高悬而解割之。往时每人户聚居处皆建有之。

涂锅不附。父谓"就锅红热使成光油，必不可脱。"试之而验。于是酒不再红，锅亦耐用。然初次得酒有桐油味，再次以后乃绝。则多掺好酒以薄其气味而售之。

凡烤酒，真酒先出，其后出者渐有焦煳味，辣味，称"尾子酒"，无售，只可以充造醋原料。故凡酢房皆有美醋，一称醋房。然酒与醋价值悬殊。故诸兄初烤酒时，每多接尾酒以图增加收量。父力诫之曰："酢房有谚云：宁掺三斗水，不掺一滴尾。水多只酒味薄，嗜酒者不沾。若有一滴尾，则全缸酒味皆败，难脱售矣。"每当出酒，父必亲临，频尝，至尾味至，即换缸另接。至多接尾酒首段一盏，供家人自饮，亦不以掺售酒也。

每烤酒一锅，桶中冷水变为高温后，必放换冷水一次。当放换时，桶中暂无水，桶底锅热炙手，酒气不凝。釜内温度剧增，便有尾酒与真酒同出，其热如沸水。迨冷水已填入桶，锅内温度减低，乃再正常出酒。于是每换水，先停火暂时。然釜中热度不与上下相应，酒变如故。父观察多次，得经验云："尔等以手探之，锅底（最高之部）恒烫于锅边，锅底部之水热于桶沿锅边之水。冷水下沉，热水上浮。旧作放水孔在底部最低处，此大误也。"乃改作大放水孔于桶腰，相当于锅底上部。闭塞下孔。每放水，桶底水不尽，锅亦不甚热。冷水下，乃搅锅底热水，俾易上升。使冷水速得近锅，乃不缀火，而酒亦不绝。尾酒不中发也。"田坎酢"至是完全成功。然其得糟量仍不能供五圈猪用。乃更修造酢房于猪圈侧，用大石盘作笕，大锅为釜及冷水甄。延酢师教三哥作大灶酿酒法。

初不自制酒曲，但向城内酢房购之。所费量既大，乃延师教三哥自制。制曲一批，费米一石，用官药草药百余斤。官药如肉桂等皆以斤计，所费不赀。父所营小贸积赀，多耗于此。幸酸酵良好，得佳曲。曲以陈者为良，不虞久置，故敢于大为之。制曲既成。作大木桶蒸粮酿酒。酿酒以高粱为羹，而家乡素少此物，乃自种高粱。高粱需肥料多，养猪已能挹注。又需深耕细耙，耗人力最大。而家产不宽，未能多种，则远赴邻场收购。或远向城中买之。烤得之酒，虽畅售，不偿所费。家人以为疑。父曰："所以为酿，利不在酒而在养猪。养猪亦非有利，利在粪肥。粪肥所值若微，必待农田丰产乃见其利耳。"大伯父甚恶酿酒，常劝阻父，勿谋扩展，以为道险而利微又导乡人嗜酒。父与论兴农之道，互不能服。然亦知父事酿有实效。尝于新年赠春联云："醉翁之意不在酒，天下大利必归农。"盖服父之强毅有成，而仍寓劝阻之意也。

大酢既成，困难亦次第出，首为高粱不给。父乃试行各种粮食酿酒。初用红薯，糟如糨糊，酒气郁闭釜中，烤不得出，未曾得酒。其糟则能醉人。喂猪，猪初争食之，既而醉态百出，行步偏倒歪斜，屡踬。或相噬相斗。家人观之皆大笑。乃不更用薯。时高粱价高于稻谷倍。乃试用谷，得酒甚佳，谷壳中米耗其半，而形色无改。但无法与壳脱离。乃磨碎喂猪，谓以糠料齐下，必能肥壮也。然其壳绵韧，已不能成糠，只破作大片。猪初食之，屙屎仍是糠壳，足见其未能消化。后则但拱食其浆汁，排壳槽外。又设想将谷退壳为米，或不至如红薯之成糊状。试之，釜中粥响可闻，而不出酒。酒与糟混化如醪。乃贮而熟酿之，滤其汁为酒。糟饲猪，亦使猪醉。

最后试用苞谷，成功。酿易熟，烤易泄，惟得酒较高粱淡。其糟饲猪则较他谷为腴。场市亦易购得。后遂用为主要酿料。辅以高粱大麦等。（四川无粟、黍之属，未得试用。）

烤酒成功，更扩修猪圈，平均每月出猪一二槽，皆重二百斤左右。大都供应县城内宰杀房，取其一次收足猪价，更运煤炭、高粱等物资归，从事再生产。家人劳力不足，开始雇用长工二人，临时短工每月数十人，大都从事搬运。耕田、酿酒与养猪事，则仍只家人为之。于时农村金融枯穷，借贷剥削严重。然父不愿从事放贷子钱事，而命大哥在双桂场租店营杂货业，居积粮食，为再扩大酢房准备。大哥死，二哥继之。

当我从北京农大毕业返县时，我家田产数量已与两伯父家相颉颃，而副业活动过之。大伯父乃服父之才能，常常赞叹我家男女老少之奋发自立，责斥其子孙之萎靡不才。新年更撰联赠父云："本以诗书延世泽，聊从鞠蘗试经纶。"二伯父亦撰春联为赠云："杏花村里，是大农家，是小酒酢。货殖传外，有真学问，有妙经纶。"

然家人劳苦过甚，长兄以积劳吐血死。三哥两次丧妻。至1921年，大哥子以栽薯染"臊疙瘩"（一种毒菌自土壤侵入皮肤，似丹毒。或云即血吸虫病。）致死。四房乏嗣，丁口凋残。我切劝父兄停止扩置产业，田园以足耕为限，当节劳保健，休养生息。否则致富虽高，适足为子孙愚惰创造基址耳。因举大伯父家子孙不才为戒，与二哥辩论半日。父徐起曰："季言是矣！积富守财之家，子孙无不堕落。我之为此，徒以不胜乡里轻藐，特用白手兴家以湔之耳。今亦可以止矣。"乃结束场上商店，命二哥进县城就业，谢绝人谈购置事，专与乡人论地方公益。酢房先为避税，不置锡锅锡笕，只用"田坎酢"形式。至是，改用锡锅笕，立案认税。酒税甚重，既纳税，无利可获矣。仅保持旧有规模，俾农田维持不败而已。

父初归时，值辛亥革命前后，地方不靖。各场兴办团练自卫。双桂场有团丁二十名，延父教练。父习军事，能率之直抵匪穴战斗，屡有功。民国初年解散。故在地方自治时期，复被选为双桂场团总。于时乡政归于团总。父尚气任性，每与巨室为难。遇争讼事，恒袒贫弱者。地主豪绅恨之。父又不禁烟、赌、娼流。大为旧绅所訾，窃讼于自治会，诬父贪污致富。张表方先生闻而疑之，嘱文伯转讽父辞退。父任团总二年余，贫弱小民无不倚父，退职后仍常来诉势家凌侮。父或解劝之，或挺身纠势家，不畏强御。故终其身，毁誉互起，莫为定评。1923年，父满六十岁生日，我撰父"行事状"，送张先生，请为寿序。张先生读状，大悔信谗，以状传示友好，并自为父撰寿序，颂其乡政之美，与致产之奇。届日，颂祝者盈庭，谗绅亦有怀惭而至者，父皆坦然待之。明年父卒，吊者亦千余人，有伏柩哭泣者。

父性刚毅倔强，而遇人和善，凡习与处者，皆爱敬之。远地传说，则以为威猛无敌之人也。先是，父与本山人民集资，就龙归院开办"孵房"①（俗书作"抱房"，即人工孵鸭之工厂）。利在龙归院房屋空阔，有大石池，便为此业，故倡议雇匠师试办。先期征于邻场旧养鸭者，皆踊跃愿先交定金以助举办。其事遂成。每年出孵分春秋两次。届期揭帖于相邻场市道路。担篮购鸭者一日俱集，寺院人满。有售食物者亦集，如市。其年，适有雷震观音楼鸱吻，毁屋脊一段。合股者缘俗谚："抛撒五谷遭雷打"，欲停业。父大言曰："雷何足畏耶？四川雷波厅，即雷儿产地，其形似高脚鸡，满山遍野。土人布网猎之。其味美于家鸡。既长，乃腾空入云雾为雷。有用巨炮击落者，翅折不能飞，昂首似人，目炯炯四射，杀之，肉重数十斤。味较雷鸡为粗。我山旧有'牛儿炮'（生铁铸重数百斤之大将军土炮）数门，火药铅弹各一库。我能御以击雷。设其再来，诸君但助我装药架炮，保能共尝雷肉耳！"原本是调谐之谈。而购鸭人四方传播，遂讹谓父开炮击雷，雷为之却。某年，我与堂兄文伯、墨村往三姑家祝寿。三姑询曰："金宝场人人皆云：'任功廷开抱房，抛撒五谷。天命五雷捉之。功廷开炮击雷。雷逃不敢再至。'有之乎？"我等皆大笑。三姑亦笑曰："我固不信。幺舅何能斗雷耶！'吃雷'或有之也。"（俗谓报账不实为"吃雷"）文伯曰："幺伯正直，从不吃雷。雷或果畏之耳。"又复同笑。

文伯尝为父论禁烟赌，举大伯父乡政为式。父之答词甚怪。细思之，亦别有道理。父云："今土狭民稠，兼并日甚，丧产业者多。富者坐食有余，而贫者穷筋骨之力不能糊口。富家子弟，不知稼穑之艰难，养尊处优而有余财，自必出于堕落。烟、

---

① 原注：乡俗，无田可耕或耕地少而劳力有余者，集资向孵房购鸭数百头，多者千余头，就冬闲之稻田放牧，利其散穗遗谷与浅水鱼虾，逐沟转移，不耗饲料。数月，鸭大可食，择雄者售于市，酌留部分产卵。每日得卵数十数百，向附近市集售之。于是无须饲以米谷，故其利大。所至以蓼叶卷篷为家。数人赶鸭群，两人担篷、锅盏、鸭围（夜宿用）与米粮随之，兼探前道而已。或秋出春归，或春出秋归，以半年为一季，购鸭售鸭一次。种稻季，则沿河湖放牧之。孵鸭之术：于长箔上，置卵成行，炒黄谷令热包围之，覆以构皮纸叠成之被。匠师以时翻检，汰去"寡蛋"（未受精之卵）与畸形胚胎，频换暖谷。至日，小鸭破壳而出，出即能自觅食。以米粉杂鸭卵之黄饲之，以待牧鸭者购取。

赌、嫖者，无产游民资生之道，而富家子弟泄财之门也。财泄则穷，穷则思变，尚可变为勤劳自奋之人，未始非福。且烟、赌、娼者，非能置人于毒，人自陷溺之耳。人自溺之，禁之何能？三者非不当禁，必待人皆有正当职业之出路，而后可禁。人以此为资生之业而强禁之，是迫人为匪，其害较烟赌娼业为更大。凡事顺其自然，去其已甚可也。"故父任乡政，不禁烟赌娼业，惟治盗匪、抑豪强而已。

五、母与诸兄琐事

我的母亲罗氏，没有名字。那时乡俗重男轻女，生女皆不取名，不许读书，要包小足，不许接宾客、入市场。否则为世所鄙贱。我母自亦是这恶俗中的不幸者。但她是有能的贤妇女。她的远祖罗为赓，是康熙朝的进士，做过浙江乌程知县，官做到行人司主事。是个理学先生，县志有传。所居地名圆池坝，距南充城十五里，在西溪侧，我幼时去过。堂屋里挂有他的画像。园庭不大，有棵黄杨树却高大，快合拱了。坟园也朴素，有棵香杉树和铁甲松，却都是我乡所无的。相传是他门生们从远处移栽来做纪念的。一座大院，全是住的他的子孙，与我子志老祖建造的任家大院相似。由于他是理学大师（在乌程刊行有《茗西问答》一书，记他的语录），子孙颇讲究封建礼俗一套排场。到我外公罗心诚一代，已经破落不堪了，仍是保持礼教排场的。有个四外公，我曾见过，他住在堂屋神龛下一个小洞里学神仙，不与家人言话。另三个外公，都早死了。我的外祖母很慈祥。生了四子二女。我只见到三舅父罗礼臣，他已经是居住在较远一座茅房里，五个儿子都是庄稼人。另外三舅爷家都很穷了。我母为长女，他们呼作大姑。

我祖母罗，是我母的姑母。因为溺爱我父亲，故把内侄女开亲。十六岁过门，十七岁生大哥。大哥体弱而有至性。这是母亲早婚的关系。分家后，父亲经常在外闯荡。家人生产，全靠母亲与稚龄的兄嫂支持。雇有一长工和一放牛娃，做受分的田地。母亲操劳同于男子。

那时全家消费物质完全出于自己地上。家必有棉地一块，岁收棉花，自弹自纺，为线绞贮之。积多，乃雇机匠（织工）织布，付染房染色而藏之，以备嫁娶。母亲为备大姊嫁奁，岁多种棉。常于桐油灯下自纺棉纱至半夜。母性强毅，欲奋勤力，勉强与两房争衡。嫁女后，复节衣食，勤养猪，蓄数千钱，贪购连边地角。不贵其能耕种，贵有兴家益产之名而已。凶年常食糠秕之粥，豆叶之粥。常年亦以瓜菜、薯叶为常食。年食白米干饭首尾各一次（正月十四，腊月三十），端午面食一次，中秋糍粑一次。惟栽秧打谷当雇外工，则享以干饭、腊肉与酒。家人得其残余。兄弟冬袄，相替承用，至我时仅及膝，已补疤数重，硬实如棉甲。当衣以赴邻家，邻媪犹赞叹我母缝补之光洁也。

母体本纤弱，积年辛劳甚。然于人客来往间，强自支撑，不失大家仪范。迨闻父入狱，乃委顿绝望，劳作中数次晕倒，其年（1905）十月，卧床。闻我已考入县高小，微喜。仍起扶理家。翌年正月初一，尚勉自起祀祖。至三月，遂卒。

父被捕信至，我方在双桂场小学读书，年十岁。抵家时，母方坐檐下持筐选择豆种。我默无言，侬坐助择。母久之乃问曰："知尔父坐牢乎？"我不敢哭，但点首云知之。母长叹，更无一语。择竟，入室而泣。我不敢入慰，潜就僻处暗泣而已。

母病困之初，思食花生。给十钱，命我上场买。买得五堆，堆只十来粒。我持归奉母。母分三粒给我，我不忍食。母又更益两颗，命食之，曰："五子登科"。母食竟，所弃花生壳有伏地似完粒者，母一一指按之。我献五粒。母坚不受。当时情景，迄今宛然在目。

我既入高小，去家五十余里。二伯父作学监，常令我归家慰母。一次母送我檐前，有亲戚购杂糖一盒者，母取一掬授我，指瘦如干柴。我一路暗泣，不忍吃此糖，持入校后久乃食之。

母自言，幼随诸舅读书半年，能诵《女儿经》，读至《三字经》而废。未习写字。亦不识字。某岁，有人来借麦种若干斗升。父兄不在家，无人记账。虑隔岁错讹。念仓门木板刻有数字次第，忆《三字经》上有"稻粱菽，麦黍稷"句，乃用桴炭照画麦字于壁间。照仓板次第画数字。斗，则画一大口，升则画一小口。人名不至忘，则不书。我深有感于此。及长，因思编绘《农民识字图》一书，以助文盲。谋于人，无赞助者，竟未果行。

我大哥字子习，体单弱，孝友坚强。早婚，年仅十三。嫂杜氏，长于大哥四岁（往时家口少者，往往如此）。大哥读书亦不慧。改从父习武，又体弱不胜。乃但习农耕。父常游侠在外，庄稼百务，仅兄与母亲料理。父入狱，母病倒，大哥年仅逾二十，奔走成都、顺庆（南充）间，谋营救，筹医药、筹旅费，昼夜殆无停趾。庄稼委于嫂与二哥，大哥尚须善调停之。母死，安厝尽礼。又赴成都告状，求以身代父。不成，又作人雇工，侍奉在监父亲一年。而家园零败，岌岌难支，乃复归治产，换二哥往成都侍父。积劳咯血，而仍强自支撑。时我入县高小，兄盼望殷切，每遇学校归者，必询我在校情况，闻一不善，则悲。闻有一善，则喜。犹忆一日暑假在家，大哥入室督读，举所闻我荒荡事，详述家事艰难之状以为警戒。我听至母死后家人生活困苦情致，大哭不止。哥乃转慰我曰："老幺①，莫哭了。只要你端正读书，我就讨口告化，也要送你读到毕业。为了承继母亲遗志，只要你能成立，我纵累死也是甘心的！"我至今不忘其言时辞色。每当杂念或生，即念母兄旧事，无不立即转入奋发胸怀。我往北京就学时，大哥已病倒。未几即死，年仅三十余。家人写信隐之。知我闻之心伤，或妨学业也。闻大哥死前，持我相片暗泣者屡日。

二哥善从，读书较多。曾进成都吕氏私立测绘学堂。顺庆第一张街道图即其所测制。又进警察教练所，自治时期任过分局长。在诸兄中较有才能。然行多不检，与大哥及我见解不合者甚多。

三哥达九，不识字。从小勤耕作。亦有工巧，能土、木、石艺，善酿酒烤酢。外此一无所能。性浑厚，而急躁易怒。不惟先天有父之遗性，即后天亦缘久近父而习惯成自然也。

（1968.10.7 记）

---

① 四川南充土语称幼弟为老幺。

六、族人可纪者

族人皆细民，然亦有可纪者：

子志祖次子曰仲论，住老堂院。有曾孙学海，字绍瀚。读书不务制艺，而治经史。在当时，为一乡"通人"。曾县考得前茅。然卒不售。曾业屠，又或教书，潦倒终身。我十四岁时，过其家。问我："在学堂读何书？"我对以曰："功课外读《明史纪事本末》。"因为我谈明代事，颇有条理。制艺时期，虽两伯父家，亦只《了凡纲鉴》《朱子纲目》，《史记》只有精华本（节本），未有《汉书》，更遑言《明史》。而绍瀚习之。与我谈甚投契。我问："太祖诸子皆单名，从木。诸孙皆双字名。从火。字派同部之俗，其始于明乎？"绍瀚极喜，曰："你能留心及此。我亦不能答。然宋代似已有矣。"后谓二伯父曰："我族读书者虽多，能有成者，其唯对门小儿乎？他家破落矣，宜扶植之。"两伯父皆绍瀚学生，以是能留心辅导我也。我父幼亦从绍瀚学，屡受鞭扑。

大伦祖有子君用，分业在韩家坡。有子山和，为石匠。山和性巧，默扑而善观察，雕塑绘画之艺，一见即能为之。常住寺庙，熟视其艺术品，归而模仿，不甚差悬，久而精美过之。为一方雕塑绘画大师，名震远近。其刻石存于本山者，有柏树垭土地像、龙归院灵官像、火石垭火神像。在他处者未详。他处土地祠皆作苍老像，柏树垭者作中年夫妇，极美貌，过者为之流连。妙在着力不多，若不经意为之者。山和有子任培生，嗣其业，亦兼石木雕、泥塑与绘画之艺，远不及山和。然一方艺匠尚莫能抗之。

大伦祖有子留住本山大院。有本和者，原亦石匠。生二子，次子学道，不耕不读，好唱几句皇帽戏，行田野间，辄"孤本是……""孤登极……"，自唱自得，人皆呼为"皇帝"。其妻泼辣善妒，人皆畏之，呼为"皇帝娘娘"。其二子正先、仕先，则呼为大太子、二太子，即耕漆树湾得宋代窖藏者。然本和憎皇帝夫妇，分家后以养老，依长子学前。学前早死，妻李氏抚三子仁先、义先、礼先养亲。家贫，常食瓜菜。本和年九十余，尚康健。我尝冬日过两伯父家，见本和坐院石上向日，裸身捉衣虱。虽干瘦，脊骨强直，目炯炯有光，声音刚健。与族人谈往事，谓其壮年，当任韩两姓大械斗时，彼挥舞大锤冲锋，人皆辟易，莫敢近。又言同治时蓝、李等造反破城寨事。"皇帝"家得窑藏，仅为本和购一皮袍而已。终以营养不足，未至百岁而死。

本和之弟时和，亦九十余岁。其寿征又与本和不同。原木匠，无子嗣，抚义先为孙。家计较裕。每日卷卧，不问闻世事，偶起，闭目静坐，不言语，如蛰眠虫蛹。皮肉红润如婴儿，每年碎脱皮肤一次。然亦未至百岁。

入川始祖福阴，坟在任家沟。该处留一支人，皆以耕读为本业，俗较庞家山淳厚。清同光间出有两秀才。一为任阴南，学字派，大约与文伯同庚。虽入庠，不以文字学问著称。自究医书，以医艺著名。其为人忠厚廉洁，初以秀才行医为羞，偶为亲友诊脉立方而已。名既噪，就诊者多，乃不自匿，来即诊之，而不受酬。一方称"君子医"。晚年，名入城内，远近皆迎致者不绝。新中国成立前犹存。秀才之有贤名，贵贱尊仰者，我所知，如此一人而已。某岁，城内河街某金店有何姓者患病积久，将死。闻其名往迎诊，留住其家守治半月，病愈。所开方，有烂船板、烂簸箕两味，药书所无。全城惊传，以为谈资（地方自治期中事）。他医多斥其为异端外家。我与文伯往访之曰："伯父处方震惊全城。船板簸箕二味，亦有说乎？"其答语曰："医者意也。自神农、黄帝，皆以意为之，初非有成法可遵。方而有效，则传，无效则废。本草原只三百余味，今乃有数千味。凡所增者，皆后人以意为之而有验者也，岂炎黄之世所曾有耶？何某之病，经数诊探索，知为水滞不行。船为行水之具，箕（蒸饭滤米汁用具）滤水。用为引，以佐旧法方药。效不效初无把握。即如今之著效，亦未敢言由二物而效。惟知其无害，冀其有益而用之耳。"因言："《本草》上品，石英、玛瑙、黄金之类，赋性坚贞不化，虽煮之百沸，饮时仍是白水。而上圣用之，今仍不废。盖亦取其五行生克之意，以导他药。不必本身即具药性。船板、簸箕，意亦如此。"

查梁代陶隐居《本草名医别品序》，宋《嘉祐补注本草·序》，所考订者：《本草》之称，初见于《汉书·平帝纪》元始五年"举天下通知方术、本草者"。又《楼护传》称"少诵医经本草方术数十万言"。《梁·七录》载："《神农本草》三卷，为以《本草》伪托为神农书之始。"陶隐居云："轩辕以前，文字未传。如六驳指垂画像，稼禾即事成迹。至于秉性所主，当以识识相因。不尔，何由得闻。至于桐雷，乃著于编简。是亦想象之说尔。"又谓"其本经所出郡县，乃后汉时制。疑仲景、元化等所记"。（张机字仲景，华佗字元化，皆汉末人。）嘉祐序亦云："盖上世未著文字，师学相传，谓之本草。两汉以来，名医益众。张机、华佗辈，始因古学附以新说，通为编述。《本草》至是见于经录。"只是隐居原意。

掌禹锡云："《蜀本草》（后蜀孟昶时刻本）注，云：吴普，广陵人也。华佗弟子，修神农本经，而世少行用。"是《本草》一词，出于前汉之末。后汉吴普，乃辑为专书，只一卷。李当之乃假托神农之名，扩为上、中、下三卷。又叙录一卷。至梁，陶隐居（失其名，自称隐居先生）更增入名医别品，为数倍之。隐居序由云："魏晋以来，吴普、李当之等更复损益。或五百九十五，或四百四十一，或三百一十九。……今……研括烦省，以神农本经三品合三百六十五为主，又近名医别品，亦三百六十五，合七百三十种，精萃皆取，无复遗落。"陶氏去魏晋近，得其书多，所记可信。审查其文，所谓四百四十一种者，盖指桐君之书《采茶录》与《茶对》，"论其佐使相须"。张机、华佗所用，已是此本。华佗弟子吴普，损削之为三百一十九种，故只一卷。李当之再扩为五百九十五种，分上中下三品为三卷。陶隐居研括为三百六十五种，以协周天日数。不见于经，而为名医所已用著效者。至宋政和六年，医官曹孝忠等所辑《本草》则谓"嘉祐补注本草茶品一千一百一十八种"。与嘉祐所序数又有不同。明李时珍所撰《本草纲目》，则已千百十种。然则医士随时皆在创造发明之中。阴南先生之言，通人之论也。船板与箕，有无导水实效，固属可疑。然其敢于为此，又岂寻常庸医人者哉。故录此。

乡人之脑量与市民之脑量同也。其聪明偏向发展于一方者，往往有之。自亦必有奇才异能表现。旧时人士动称"乡愚"。乡人岂尽愚耶？

(68.10.8 记)

七、双桂场

双桂场（今为南充县坚强公社），在西溪中游南岸，距南充县城四十里，为县境西区三大场之一（另二为金宝、大通场）。宋、明旧有市集，在其东侧之望水垭，系大磨沟入西溪处一山爪台地。四方来者皆须爬高坡，故呼为"遥遥坡"。他场人于双桂场三字不甚习，言遥遥坡则无不知也。清代何时乃徙建于坡下三角洲上。市街作"对襟褂"形，两街相并，中隔一渠。街并宽广，各以一侧为店铺，后皆傍水，为河坝。东端建奎星楼、观音阁，为场绅集会办公处。相对西端建戏台，俗称"万年台子"，（戏台，一曰乐楼）。南北各展为横街。北横街较长，亦较繁荣。南横街较短。街端各有大木栅。东栅外建大石拱桥跨大木沟口，及宽石级坡道上望水垭，为通县城大路。北端栅外有平石桥跨西溪，通三农场与晏平山、凤翔山等处（皆本场属地）。另一路循山崖，过临水院石平桥，通邓垭寺等处。不过桥而缘溪路通庞家山、大林山等处。南栅外为禹王宫，有石拱洞桥跨大磨沟，路通西兴场"小川北"大官道（往时官商往来大道，甚繁荣）。洞桥明代方志已著。当是西区最古之拱石桥。桥侧古柏合四人乃能抱，数百年或千年物也。以此测古时市街本在坡下今市处，因屡水淹乃徙上坡。清代复徙还。然则"遥遥坡"之名亦非古也。

双桂场并无古老的桂树，只北栅外苟氏宗祠有一株丹桂，是近百年以内新栽的。而我山龙归院却有两株三百年的金黄色桂花古树。有人疑是任子志当权时取的场名。但这不可信，我疑元明时的古场就是"双桂场"。原有两桂树。龙归院的两桂树，是从它身上分出的。

双桂新场的建造前，已经有了一个江西会馆（万春楼），在望水垭坡下大磨沟水侧。这说明此场原是江西人最有势力。会馆供的"许真君"。两侧殿供的"财神"和"镇江王爷"。可知修庙的是江西的商人，而且此地是常有水灾的。会馆阴湿，不在场市一面而隔沟水，又无桥梁，只石礅过河，故可以设想市场在望水垭时，已有此会馆。本场江西人以孙夏两姓为主。在清初徙场后，孙夏还是当权的巨室。故人有"夏知府，孙知县，总督大人庞家山"之谣。近世孙夏两姓并已衰微。会馆亦冷落不振。

相传为看戏，湖广人与江西人争座地，被逐，乃愤而聚资修湖广会馆（禹王宫），在南栅外，与江西会馆隔溪相对，更为高昂华丽。又因陈刘两姓专擅会务，乃有任、韩、张、王、苟等大姓集资购产，在禹王宫又南的田坝类修造四川会馆，一般呼为田坝会馆。署额曰"万天宫"。雕刻绘画并极精巧。华丽又过于禹王宫。三会馆一式为戏楼当前，人从戏楼下出入。中为一大广场，皆嵌石板以便看戏。广场上方为大庭，与两侧书楼相连如门字以对戏楼，宽阔可设宴百席。大庭后小天井，依山为大殿，正中神龛一，禹王宫供大禹，万天宫塑川主。左右后退为二侧殿，禹王宫左塑"张王"即唐之张巡。右塑"镇江王爷"传是蜀人赵云。万天宫侧殿塑文昌与关帝（关羽）。各置有会产，年收细租数百串，供祀神、宴会、演戏开支。禹王宫、张王会最富。万天宫则有老会、新会，皆修庙余款所购田产。夏季，近会期万天宫演戏常十余日，蝉联禹王宫，及场上万年台子（街民集资演）往往达月余之久。演戏必宴客，场绅及科名人物，与学校毕业者当在延请之列。庙首辗转受请，可月余不家食。民国某年驻军提官、公营庙会产，演戏、宴客乃衰歇。万天宫则衰落，不演戏者数十年矣。

万天宫兴衰原因，似与红花生产有关。在有舶来品染料未入中国以前，南充为全国有名之红花生产地。农民户户皆种红花、蓝靛。于朝露前摘红花瓣，与蓼叶货于市集，有红花碾房客人与染房主人收购。时地旷人稀，粮食有余，故农民多种经济作物。红花售得现款最便。每年花期，有江西客人运银来县，住于红花栈房。由栈房主人为之介绍碾房。碾房以所收红花碾制成片，售与江西商人。商人运归调制为胭脂颜料，与染料转销全国。自洋红入国以后，此项农工商业皆废。南充城市为之衰落。双桂场的红花市场，我未曾见，父辈亦无人说。由江西会馆之兴衰可以知之。孙夏盖皆居市收购红花之商人落业者，后多迁去，故今此二姓亦不多也。

红花业衰歇，在五口通商以后。去今约近百年。先父尝言，幼少时，三元场尚未建立，双桂场乡脚甚宽。每三六九当集日，天方明，即有陆泽不绝之赶集人，自西门过当门大路，出东门往赶双桂场。下午复络绎过此而归。其人皆半夜即起。即今思之，盖皆采红花赴集者也。我幼时，尚见农家有于屋侧蓄红花者，花似菊，叶红色。用指甲压汁，亦能染。又为妇科药物。籽可榨油，能作赤金色。《天工开物》一书记有制红花方法。不录。

红花市歇而双桂场不败者，由牛市，猪、鸡、鸭市及粮食交易量大。这只是由于乡域宽，属户多，赴市农民交易总量大的关系。更还有市在河边，水草廉便，河坝麻柳树成林，在西路各场中最便于水牛市易。西路耕田皆用水牛，本地不产。农人亦不喜蓄母牛。因孕牛不可用耕，或值农忙而孕，等于无牛。虽可生小犊，影响庄稼甚大，得失不相尝。公牛力大，长久可恃。地方有富民集资，常往岳池广安一带买牛，号为"牛贩子"。成群赶至本场。一区农民欲购牛者，皆来本场待之。耕牛得用者，每头值银数十两至百余两。成交后，场绅例抽百分之一为厘金，充地方公益之费。有牛经济主之，以此地方公款多，百事易举。

又农民皆当养猪积肥。贫者拾猪草养小猪至大卖之。富户有余粮，购以催肥，少费劳力。或养母猪，售小猪于有剩余劳动力之家，以劳力拾草养猪。又有市居贫民养牡猪，称为"脚猪"。养母猪家，当其发情时，驱赴市求交配，而酬以规定金额。如此结成养猪之网，故大小猪之交易额亦大。亦有较丰之厘金收入。市居之民，习猪牛经纪者束以为生。

其交易，双方不直接议价，由"经纪"（即古所谓市侩）从中传达之。亦俱不明言，各张其衣袖，互引手，暗于袖中握指示意。如十三串，则先握一指，次握三指。卖者曰"银耶"，谓十三两银也。答曰"钱"，谓十三串钱也。数字不许透露。盖不欲使他人窥行情，则狡者利多也。

尤可笑在将成交时，必"打掌子"，经纪以畜绳售购者，力推击之，至于若将推倒。购者必不受，反而于之相推击如叩门。则购者欲如所还价，而不从经纪所评之价也。卖者亦必从经纪手中夺其畜绳，欲牵回，经纪又须向卖者推打如斗，欲其依所评之价，放弃其自索之价也。如此反复推打多次，乃成交，同往填票过税。俗谓推、拉相斗而不用拳击者为"打掌子"。亦谓次等经纪职业为"打掌子"。有富绅欲购其畜而畏其推拿，不愿自往，但嘱人往购者，又遣人随往探报以资控纵。报者曰："不成。"则传命放价。报者曰："打掌子矣。"则知其将成，而喜。虽成交，卒不知卖者所索何价。我尝观察其事，初见"打掌子"，大骇，以为决裂斗打也。既而见其言笑成交，不禁大笑。

米粮市在观音阁奎星楼下过斗。设有官斗二，一量米，一量杂粮。成交者皆须于此过斗。每斗给钱一文。有人司之。又设有稽查，成交而不过斗者有罚。其时只用铜钱。米每升值三十余文，凶年则至百余文。

鸡鸭市在北栅下，称"鸡市口"。鸭与禽卵亦市易于此，最拥挤。似无经纪与税厘。牲畜与斗口收入之厘税，有部分入官。民国初年，县有地方税局主之，每包于大姓巨室代收。年有定额。实收或赔或赢，由承包者自负。赢者实多。大姓争包，则每年投标一次，另愿包者同时书投包额于垫，共开之，以投额最高者承包。遂颇有白费劳力，无利可分者。

亦有棉花市，在禹王宫，曾暂时繁荣过。自各大城市已有纺织工厂后，民间皆穿外布，再无纺车机织，棉花亦即断市了。

红薯市，原混于米粮市，亦有官秤"过秤"附斗口收税。由于薯非工业原料，无大量交易，只市民购充口粮，近市户购作猪饲料。其价甚廉。忆现金通行时，每银一元，可购二百余斤。

乡民向皆自行栽桑，养蚕缫丝。其丝甚粗，有似麻线。有商人收购，贩运云南、缅甸一路，销于"暗瓦"，即缅甸之"八莫"也。自城内有丝厂营出口丝，农人皆售厂。双桂农户多，茧市甚大，惟皆只养春蚕，半月而市歇。两伯父曾邀集地方人在市近办农商社，亦未成功。抗战期中，国民党政权派尹良莹者管南充丝业，勒低蚕价，农民养蚕者尽赔折，皆伐桑焚簸，莫肯养蚕。

北栅外有榨油房，亦公建而租民经营者，常有榨师五六人主之。收购农民桐籽、菜籽、棉籽榨油。桐油售农户供点灯用。菜油供食用。棉籽油数量小，恒用以替售于桐油或菜油。其榨床，凿大木为槽，榨油自木槽流出，稍微清去渣，即可出售。油渣为圆饼状，块块取出，售为农田肥料，称为"油枯"。富室购用之，喜榨油不尽者，谓"有油气"，出价较高。运归碾细后撒田土中，称为"下枯"。恒当年无肥效，下年乃望丰收。俗谓"枯肥隔年田"，不知其分解需时之理也。

农户食盐与酒，有小贩向蓬溪购运。酒销于酒馆。盐则由贩夫散停于街市间售之。小贩皆本场农民用小资本，视体力所及购运之。售罄再往返。于购时纳税。号为"盐贩子""酒贩子"。实皆仅博蝇头微利，稍贤于出售劳力而已。

农户交涉人事，皆于茶馆酒馆行之。旧时酒馆多于茶馆。酒税日增，售价昂，酒馆乃少。每市集期，全市拥挤，喧声嗡嗡然里外可闻，茶酒馆与猪鸡市上尤喧，至于对面难辨语意。又嗜酒者，终日踞酒馆中呼人言事，籍以图醉，每散市，各路恒人醉窜跌闹归。饮食馆则甚少，全场只面馆二三家，饭店一二家，皆兼宿商旅。外则唯有卖猪血、豆腐、肠肺汤者。又有烧饼，麻花小铺与炸油糕者。农人不好吃，多忍饥归，惟购麻花、锅魁或油饼回家慰小儿而已。

场既大，能养活之闲人甚多。经纪、小贸开店，皆属正当职业，亦有售烟（鸦片）、窝赌、暗娼潜匿，每演戏期间尤多。失业游民持为生计，诱欺善良，罪恶不少。亦有游食无业而不为恶者，有名任贵者最为典型。其人年长于我，无田产，无家室，无职业，孑身栖廊庙隙地。不偷，不盗，不抢，不伸手讨乞，且不拾遗财，见人有遗失者，则呼而示之。有弟在龙归院为僧，颇富给，亦不往依。场绅有事语令其传达,即往达之,亦不索酬。人皆以之为善良游民,乐于接济。每会馆演戏,或他处宴会,主者必呼任贵备奔走。民家有酒食之聚亦然。故不惟饮食不乏,且享多余口福,月必有鸡鱼入口。赌博之家,每赌胜"分红",必有人呼"给任贵一份",或任贵已在,或不在,亦嘱人寄付之。亦不谢。世俗相传有神仙游戏人间者,任贵似之。我所亲见也。闻其早年入袍哥。礼字号,能守其戒律,故市人重之。袍哥分仁、义、礼三堂,仁字号皆地主绅粮。义字号皆好事少年,敢于犯刑扰法者。礼字号最卑,皆贫弱小民。全场袍哥皆仁字号,无义字号,礼字号只此一人。市民谓仁先臣、任培生与任贵为双桂三滥人。先臣本秀才,名最恶。培生有艺巧,人惜之而已。惟任贵最贫贱,而人皆怜之,以为贤。此乡人之公论。

乡人在明代,曾有韩某为进士,有石坊与祠堂在"石碑楼"。清代皆不读书。读书应试得科名,自我两伯父开始。其后遂有韩南星、张勉希、聂聚五、荀冠斗等。然文皆不通,才识无可称。八股废后,兴学校。万寿宫与万天宫各有一初小。旋并于万天宫,后发展为乡高小。读书者乃多。我离县时,皆中学毕业生在场执政。

(68.10.9)

八、乡俗杂记

清末叶的家乡风俗，与今世迥异。录之，可见一斑：

（一）岁时节庆：

除夕日：合家忙于扫除，布置新年。各家皆购大红春联（先有文士写成售之），或自编写，贴于门枋。以代"桃符"。午饭食米饭腊肉，必具猪头猪尾。祀神后食，谓之"过大年，有头有尾"。午后，迎祖先之神回家过年，焚帛封、香烛，放鞭炮以代爆。夜守至三更，供献挂面后乃寝。谓之"烧更香"。

元旦：勤者皆未明即起，焚香烛，放鞭炮祀神。亦占吉凶，炮声爽利者吉；音弱，或烛泪多者凶。故皆先试炮于夜，不佳者不用。祀神后，家长持香烛，依历书所指喜神方或财神方行去，至宅近焚之，称为"出天行"。因听有无人声、鸟语，以占吉凶命运。有人语吉者，喜。鹊鸣者，喜。

我家元旦例食汤圆至饱。饭后，往大瓦房为两伯父拜年，先拜祖宗诸神，乃遍呼尊长于神堂拜之。最亲尊者，四跪四起（称为磕头）。次之者，一跪四叩头起。疏远者，一跪叩即起。平辈，则对拜。两伯父又率我辈至隔院老堂屋，为老祖拜年。亦呼诸尊长名称拜年。此院族人皆晏起，多就床上辞谢。父归后，族中晚辈亦至我家拜年。继母以炒豆、苞谷花、杂花生享之。大都只取花生而去。于是各分路赴龙归院拜诸神。最后至观音楼，因息，坐于其下石池之拱桥上。庞张范姓各家亦陆续至。均相与一揖，称"拜年"。两伯父因为乡邻说时事，讲孝悌。青年人皆潜退至前殿赌钱。或有人设坛"讲圣谕"，男父坐听。寺有长凳数十条，僧人先布设焉。午各归膳后，下午复集。连三日如此。所谓"讲圣谕"者，原是讲清康熙帝所制教民孝悌守法十六条。但实际只讲"案证"，等于说故事。恒有卖蔗者赶会，人多购白蔗一条归食。青年无钱可赌者，则相聚作游戏，竟三日之乐，不劳动。有勤农出游，持筐沿途拾狗屎者，亦群讥之。此后，忌立春后三戊日，不许耕、渔、拾粪。谓犯戊土则天旱，故人皆得而制止之。

读书人可游闲至十五，互请"吃春酒"，或逐市看戏。过十五乃开学读书。商农则自初四皆就业矣。俗谓自元旦日起"一鸡，二犬，三猪，四羊，五牛，六马，七人"。各该日，皆设美食以饲其畜。初七为人过年，亦食肉一次。初八则祀神。十四日为过小年，亦如除日食肉一次。小孩持刀遍割果树，用年饭涂其口，歌曰"割一刀，结一刀"，云为"喂年饭"。夜则制为灯笼或火把，唱"送祟歌"，持向远沟稻田损之。妇则烧香烛"送祖宗"。歌云"大人做生意，小的捡狗屎"。相与叹年已过完，又将勤劳终岁也。

三月清明节：各族皆上坟祭祖，办清明会。有会饮为之。所食必有黄豆芽拌条粉。俗称"豆芽节"。或有挂面，或有酒肉、白饭。人有老、壮、幼，食量不同，易争。又多留肉不食，抢挟入己囊，持归各家。因常有吵架斗殴，其后大都分为若干份，人取一份肉，只米饭共餐于野而已。时当荒月，人快一饱，大都净釜甑。故乞丐赶酒食，不趁清明会。

四月插秧：雇短工者，必以腊肉令雇工饱食。打谷时亦如此。吝啬之家，恒截肉长过一灯盏，每枚重五六两。俗不许剩所食之肉，故腹量小者或两人分一枚。不得其人，竟不敢拈取。

五月端午节：各家食粽子一顿。门悬菖蒲、艾茎。饮雄黄酒，并洒诸屋角，谓能厌蛇鼠。取杂叶煎水澡浴。

七月中元节：七月十四当烧福纸祀祖先于野外。龙归院延僧念经三日，为"盂兰会"。乡民写祖先亡人名付之，共同超度。

八月中秋节：各家吃糍粑一顿。或有糖拌，或仅炒大豆磨粉拌之。夜用月饼祀月神，插香于柚柑，燃作圆球状悬之。

冬月杀年猪：除赤贫者外，凡养猪之家，必于冬月杀年猪。亦可用以测来年命运。谓：猪狂嚎最久者最吉。不嚎而就死者凶。已杀而嚎，或复腾起者大凶。故受雇杀猪之屠人，必多方促使猪嚎，而防其不死。富家或杀年猪二三只，盐腌其肉，或熏为腊肉、香肠，挂谷仓中，供全年消费。或至陈积数年不尽。贫家则售其半部，留用半部或小部而已。

祭宅神：家各有宅神，每数年必延巫师换新神榜，换香炉灰，作法安神一次。必以猪头献神，巫师得之。有"大庆"，有"小庆"。大庆巫师得至十余人，作法外，并演灯戏。如此者必宴会亲友，收货礼；小庆巫师可少至一人，两手同敲法器，口念经文，堂复一堂，历一日夜而毕。巫师少至四人以下，则不会亲友矣。

肋巴粥：腊月初八煮食肉粥一次。米兼盐、茶、肉、豆，及各种可食之物。俗称为"肋巴粥"。遂必以腊肉之肋巴截割煮之。云食此肉能不病。城内大佛寺僧，每年此日必送此粥于乡绅富室之家，以冀布施。

祀灶神：腊月二十三夜，各家祀灶神，必用麻糖（麦芽糖），云灶神此夜上天奏一家善恶，麻糖能糊其嘴，使不得饶舌也。先期由寺僧送黄纸"灶书"。外为封印，内有印版留空之表文。僧为其家填姓名其上。得钱米酬金而去。自此夜起，各家连夜赶办过年食品。如米酥糕、炒豆糖、苞谷花糖、炒豌豆、炒蚕豆、米豆腐、豆腐干之类。称为"办过年"。富有者品种尤多。其时糖果店极少，各家皆量力自制，妇女多能为之。所用尽属黄糖。其后糖果店大盛，无复有自制过年糖果者。

办年货：办过年货之尤主要者，除腊肉外，挂面、果子最重要，尤以婚后拜新年者，必送年礼。例为挂面三把（每把一斤）或六把，捆作三角形，外加果子一封。果子系用糯米磨粉调制，用清油炸之成泡者，具香甜脆。有专业者为之。半斤或四两，用竹筋厚纸壳作白纸封，为长方形盒状，加红纸商标一张，蒲草束之。摇之空虚作响。所值无几，徒饰虚仪。受者皆不肯拆食。又转送于其戚友为年礼。至十四日年过完，不更送，值者之家乃拆食之。凡弟子之于老师，晚辈之于长辈，当拜年者，亦于除日预送年礼。则不能虚用果封，而必有腊肉一方或腊鸡一只。每杀年猪，必先估计所当致送之数，嘱屠人割为受看而不重之肉条腌熏之，以备用。

(68.10.10)

（二）婚丧之俗：

封建社会家庭，以婚丧为最重大事件。各地遇此，其俗大体相同，略有差异，兹以我见者记之。

1. 婚嫁：

凡人丁缺少之家，子皆早婚。婚龄皆大于其子。曾有人语我云："我八岁娶妻，妻十八岁。每日晚饭后，我经常是放学便睡伏在桌上，由我妻抱我回房，为我穿脱。呼我撒尿后寝。我不知其为妻，意以为母亲雇来服事我者。"我乡如此者虽犹未见，但以十五岁左右婚娶者为多。女龄一般大于男子。

乡俗重男轻女。生女者，亲友或询以"生啥呢"，必愤然答曰："赔钱货！"谓养女，长大不能为本家服劳，反须厚具嫁妆，供人家使用。又每受虐待，常有滋事说理憎养女也。然尚无溺女弃婴之俗，男女丁口数量大体平衡。但女口常较男丁为多。女子择婚较难，多有曲就男子之事。爱其女者，往往估计家产相当子女平分之值为嫁妆。至有钱若干贯、地契一纸为陪嫁品者。无非讨好姻家，冀无虐待。故南充龙门场一带旧俗，嫁女者往往倾家。

父母为子女订婚甚早，或初生即预订之，或二三岁即订之。十岁以上乃订婚者极少。订婚必有媒妁，虽内戚面订，亦必指定一媒人。初订，称为"许话"。确定，称为"插香"，则必具财物礼品，用"抬盒"互赠。男家来，女家往，各具年庚，由媒人导送。双方皆祀神，小会戚友。嫁娶前，男家具帖，嘱媒送拟订日期。女家酌定确日，报之。是为"看期"。不送礼。女家或因筹奁赠不及，推二三年。则另行"看期"。送期皆拟二三吉日，请算命先生按男女八字推定。女家选其女不犯月之日确定之。俗谓女子月期婚者"家败人亡"，故其慎之如此。结婚男家先一日治酒"起媒"。会内戚，以旗、锣、鼓为队，雇吹鼓手，由媒率领，具抬盒，送衣物礼品花轿赴女家。礼品必有女衣、饰物、猪肘、生鸡、活鸭。延学人依《酬世锦囊》送亲帖格式缮具礼单，称鸭为雁。文极酸腐，亲友莫能解也。新郎不行。而礼单仍称为"亲迎"云。女家当夜极热闹，会亲友，宴来人。鼓吹彻夜。"哭嫁"之声亦彻夜。天将明"发亲"，由长子负女，辞家神，拜父母，上花轿。延族戚邻里之壮健者，每两人一抬，抬陪奁，具箱、柜、桌、凳、床、榻、盆桶，一切生活用具皆备，随旗手导锣、花轿、媒及送亲人轿，一路鼓吹至男家。花轿到门，女家有小孩送亲者至于前，向门一揖。则接亲妇女开花轿，扶新娘出，入神堂，与新郎同拜宅神。又对拜。乃同赴新房。称为"周堂"。周堂时乐工鼓吹不息，鸣鞭炮，香烛辉煌。观众拥挤。礼毕，乐工上堂敲小锣，唱戏曲数句，云"苏秦顺说六国有功"云云。盖古礼当唱演"黄金印"杂剧，乐工不能演，聊作此数语应节而已。北区、东区则婚日皆演戏，或清唱整日。我乡犹是其简陋者耳。

新娘当日只"扯脸"，不妆饰（妇女不修面，但请人用双线绞拔其面毛，称为扯脸）。有乐工所备之红布衣、裙、盖头帕。入新房后，厨人具茶酒，媒人送男女共饮，称"交杯茶"，即谓"合卺"也。于是乃由"送亲客"（女家亲属同来者）开箱，为新娘化妆。铺床，展褥被。新娘必预藏果点钱物于身，此时开结散坠于地，聚观男女争拾之，称为"撒帐"。乡人或不为此，城中人则必之。新娘妆竟，垂首坐，由送亲妇护之。戚宾聚观，百方挑诱其仰答，终不少动。新郎则伴客在外。入夜，新房客散，送亲者退。媒乃导之妇寝。我乡无"闹房""听房"俗，他处有之。

第二早晨，新人夫妇出堂"拜客"。先拜家神、家长后，依尊卑亲疏之序，呼名请拜。受拜者必有赠遗，或钱或物。设席宴饮称"拜客酒"。饭后，由送亲之家人，用肩舆接新人夫妇"回门"。女家亦治酒宴客，称"回门酒"。皆可以收礼。其日，送新人夫妇回家，不治酒，媒与轿夫便饭，小有肉菜而已。凡一嫁娶，男家自起媒至此，扰四日。女家自过礼至送客，亦四日。内戚或先期至。鼓吹者有专业人，由男家预雇之。抬舆及舆夫，执迎亲旗者，皆无酬，称为"帮忙"，得四日饱餐而已。

乡人皆乐就之。

女家内戚，有青年姑娘皆先期至，助"哭嫁"。哭嫁之习最可笑。少女已群习之，有悲哀腔调如定曲，其词亦有"哭嫁书"，有人习而授之。绝大部分在诅骂媒人。次一部分在诉父母养育辛苦，谓不忍离去。亦有责哥责嫂之辞。另一部分在怨陪奁吝薄。各人随所感而用之。皆喧笑恣意以为乐。虽内戚尊亲作媒亦骂之。哭数日至半月，乃届婚期。父母乃禁骂媒。然媒虽至，犹有骂之者，习惯如此，亦不较也。上轿时乃真大哭，仍唱思亲歌。已上轿尚有哭数里者。来客助哭者哭唱应之，已而皆大笑乐矣。

凡属婚嫁期中，先期而至、后期而走的内戚，对女家必有财物"添箱"，或是一箱、一柜、一件衣服、首饰，或干脆送钱。对男家，则有答谢"拜客"的礼物，叫作"回拜"。皆于先期到时而送。到了正式会客的一天，又当送钱一千或八百，至少六百，以酬连日饮食之费。其有内戚来的人少，或只一宿即去者，则只四百、六百。其他只受一餐者，称为"百客"，送钱皆在二百以下，至少一百二十文。当日，有帮忙人设大案，置笔砚墨汁、大簿，坐受登记，如官吏收税状。别有人清点钱数，整理为百千贯，编成串堆，叠案头。负责与主人清算交点。主人当保持此簿，每知其人家有婚丧会客事，则查检此簿，依数送还之。添箱、回拜财物亦然，家人自登记之。收礼最多者至数百串（一千制钱为一串），少者数十串。酒席费用耗去相当，累有盈余。凡家有肥猪及余粮者，皆藉婚丧会客收礼，藉以聚资供他用，且以抵偿其历年送人之钱财。

凡收礼金至百余串者，"正酒"之日必有百余席。每席坐八人。或十席、二十席一轮。大家盛会，有五十席一轮者，每轮四百客，五轮以上则二千余客矣。主人皆预估其所能有客数，杀猪备粮，借用戚邻方桌条凳布置。每席菜肴九碗。为首一大碗必是酥肉。（西充俗则是"八大砣"，每人一大块肉。）中间必有一碗粉蒸肉，一碗扣肉（一称为髈）。最后一碗甚薄之蒸肉，盐菜底，以便下饭。每席肉量共重三斤者为盛，必为百客所称颂。少有只斤半者，则必受耻笑。亦有酒，各坐一小杯。多者三巡，少者一巡而已。百客者先到案前上礼登记，坐立待开席。逐轮饮食毕，向主人一揖而去。内戚送二百、四百者，或揖谢欲去，主人必伪留之。有添箱或回拜准备者则留。大抵，主与客各自计其所费耗累相抵偿，而为虚仪作揖让。女家之"起媒酒"，男家之"拜客酒"，亦具九碗。其他膳次，则无酒肉。此种酒席，一般呼为"筵席酒"。

每年秋收后，或猪瘟期间，筵席酒盛行，凡属黄道吉日，每村多至八九家。昔年受人礼钱者，此日必分派家人送钱"还礼"，饮食而归。我乡农家无"牙祭"（初二、十六各食肉一次，称为牙祭）之习，但以家人轮流赴筵席酒以代之。自铜圆兴，制钱废，物价腾贵，治筵席收礼者尽赔本，此风乃渐息矣。

娶妻首次生子。夫婿提鸡往岳家"报喜"，便订汤饼会期。期日，岳家妇女皆至，馈遗甚丰。必有小儿四季衣物，稻谷数石至数斗，糯米数斗至数升，烧酒一坛至数坛，活鸡数只至数十只，鸡鸭蛋数十至数百枚。富者或更有银锭、钱贯益之。亦有赠田契者。男家亦小会亲友，不更收情礼。女家来客或住月余乃去。再孕以后则否。俗谓汤饼会为"打三朝"。又谓养女为"赔钱货"，盖不仅出嫁所费而已。夫婿之于岳家，则除拜年、做生外，殆无所费。

初婚之岁，夫婿负礼品赴戚族家拜新年。或一膳而归，则所送礼薄，大都小腊肉条加挂面、果封。主人又必以红纸封制钱一百、二百报之。对姑、姊、舅家送礼较厚，则住一二日乃归。最后至岳家，送礼更厚，并及其分居之父族近亲之家。大族用礼品多，则有雇工挑之。各家亦依次招宴，赠红封"拜年钱"。留住岳家最久。礼品虽多，亦惟腊肉、挂面、果封，或有糖点而已。

各族头面人物，年满六十，亦每每"做大生"，会客收礼。先请"知客"饮食，托为宣扬，邀集贺客。戚友受邀者，如其所受筵席贺钱之数，分组交付一人，用于刻匾额、制寿联、购寿烛及鞭炮与寿桃寿面各费。承首人列具收得各人钱数，支付各礼品钱数，剩余若干清单，先生日之午后，鼓吹送至寿家，挂匾，张联。举行"赞匾"礼。或送剧班演戏。或藉庆贺，由主人自雇巫师演戏。日暮，百客并集。举行拜寿。神堂燃寿烛寿香，香稇弥漫，空气恶浊。"寿星"（主人）受拜，还礼，遍亲朋，莫不疲惫，乃有演戏人扮八仙入拜，索钱无厌。当夜，演戏宴饮，如筵席正酒。客多，不能供寝处，多聚赌、看戏达旦。次日早膳，亦酒肉，相当于正酒。膳后，百客散去。尊亲戚好，留食午膳后再散。亦有连宿之客。如此吃寿酒，非以敛聚为目的，但为铺张门面而已。惟积富多贵之家，子孙为慰其父母者为之。所费甚多。所谓寿星者，当时荣之。既而疲困失眠，又或痛其破费而实无所获，往往病悔不起。俗语云"发财的三朝，背时的生"。谓会客宴饮之事，赚钱莫如"打三朝"，赔折莫如"做生"。虽俗谚已明而农家犹为之者，积习使然也。

凡乡愚，皆溺爱其女而憎恶其媳。恶姑案讼，岁岁有之。讼息而不断者，媳或横死、自缢、自溺，或死因不明，则其母家之族大至，称为"做人主"。自行开事家之仓，取米肉做饭食。亦请保甲至说理。经劝解后，乃由事家供酒食，议"烧埋"。如云棺材大小、穿衣多少、念经若干日、烧纸若干捆。留其嫡亲若干人监视其履行，乃还。有父母因其子忤逆致死者，父族，或母族之人亦如之。终不言讼官，但消耗其家产以泄愤而已。

又有媳受虐待负伤而未死者，其母家亦诉于族戚求助，则人各怀铁锥子一支，拥至其家说理。至女诉至虐毒处，则纷起以锥刺其姑。称为"做活人主"，必使其姑服罪认悔而后已。虽称为"诗礼、科名之家"亦每有之。讲封建礼教者，常造为"圣谕案证"及"灯戏剧本"，传布演讲，以戒恶姑。又设族长乡正，授权得干涉之，而此陋习终不能灭。惟城市之家，不有此风。

封建社会，妇女不读书，无知识者多，性悍而量狭多有。故姑媳常不相安。小姑又或挑拨于其间。婆母恒听姑言虐其媳。妇女作媳时含忿无所泄，多暗地诅咒独语。姑与小姑知其意，益憎恨之。迨媳年长作婆，亦如昔待媳；姑嫁人为媳，乃又受其姑之害，如此循环而不自觉也。可悲可叹！

(68.10.11)

2. 丧俗：

父母之丧，例书讣告揭通禀，首云"不孝男某，罪孽深重，祸延某考，或某妣、某公、某孺人"云云。末云"凡在亲谊、族谊、友谊、乡谊、世谊，哀此讣闻"。最后，必高标"鼎惠恳辞"四字。城市居者，此制尤隆。实则暗嘱戚友为之吊客，以自夸门面。乡民惟巨家豪门停柩延僧道诵经超度，谓之"做丧"。内戚亦来帮忙。送礼纸祭品、香烛、草纸金银箔之属，不送钱，但可送整条猪腔与鸡鱼。孝家亦治酒筵，称为"封斋"（以后吃素）。诵经三日或五六日，烧纸，安灵，解斋，送葬。又皆可会客受吊。三年除灵、点主，必恭迎一乡最有名德之老人有科名者为之。酬礼必隆重。不会宾客。

乡俗不重丧礼。然凡父母死，子女必用长白窄布裹头而长拖之，披以麻一束，遍向族人磕头。虽晚辈，外客亦为之。盛以木棺，尸体着衣甚厚，或至十数重。累土为坟。富者有石砌外包坟。虽赤贫者，亦用木匣盛之，呼为"火匣子"，葬之最薄者也。尝见重庆附近乡农，遭父母之丧，则举族皆往其家就食。衣食之费，烧纸之数，由族长订之。无钱，则卖田宅以供，往往倾家。而其父母在日，医药、颐养之需则莫为过问也。此种恶俗，我乡惟嫁女被虐待死者，其族人为之。

（三）三教九流：

世称"三教九流"者，三谓僧、道、巫。九流则各说不一，大抵泛指非官方职业之民间人士，谓其流动不居，吾乡所见者有：

1. "告化子"。乞丐，习呼曰"告化子"。串游各乡镇农家。形形色色，千奇百怪，各家所遭最频数者为乞丐，呼曰"告化子"，或"讨口子"。凡田产房屋俱已售尽者，得入其帮。有丐头主之，亦有拜师传戒规定。其戒律为不偷盗，不强取，止于篱外。或有艺能唱"莲花落"，能制玩具如竹蛇、纸蝶者售之。每乡若有一定名额，使每家所遭，日以一次为率。夜宿破庙、石崖间。所持一棍（打狗棍），一碗，一篮，一砂锅，拾野柴而已。闻有大宴会，则成群而至，共出钱购鞭炮，于篱外（或院坝外）燃之称贺。有唱词，亦谐和通俗，宾客乐闻之。主人富善者或有余酒席，亦延之入座，仍是八人一席。其人入席极讲礼仪，订秩序甚严，有丐头领之。不能具席者，则以所集各席残肴，和饭煮成汤饭，用桶挑至篱外，假一铁瓢，俾丐头轮舀分给。分瓢多少稠淡，颇有厚薄，亦依其出力多少、丐龄多少之比例。未入帮之游丐所得最少。各家或供少，不能饱，则亦求之。但相与大呼"发财老爷"以要之。不如意者，既去乃相与笑骂之。我幼时，见乡有丐头名"高狗"，曾娶丐妻做酒，在正月，用其除日及正月讨得之腊肉、米饭及杂肴整理宴客于石崖间。亦请邻近农民。农民亦赴，自持碗筷而就之。

我乡无尼。僧道率富足。只偶有游方僧道，用竹琴唱歌化缘。实即乞食，但讳言之，不许人道讨乞，不立篱外而入立屋门外。与乞丐不同，仅衣冠整齐而已。

荒年，有所谓"吃大户"者，大都自西充、盐亭来。乞食较恶。人多，富户畏其滋事，咸以钱米遣去之。

2. "算命子"。多负有乐器，如三弦胡琴之属。听报八字（生年、月、日、时，各干支一字）后随口弄弦唱之。妇女多不解其辞义，姑以取乐而已。亦有跑滩"算命子"不于市场而入乡串户者，无乐器，不歌唱，写一八字纸付主人，讲说年命趋避。每人家育子女，必使此辈算八字。合婚亦然。酬值较高。

3. "卦婆子"。常有异地流客之家，男习杂技，在城镇街市演技。女习卦婆"打时"（报一时辰为卜）、"占卦"（有画片数十张，令人抽取占吉凶）、"观花"（焚香请神鬼或亡人扑身，伪作其语示吉凶）、"看水"（碗盛白水，持香念咒。伪言已见水中景物，示吉凶）、"烧胎"（小儿病者，付以一鸡卵，用艾叶包烧之，云可观吉凶）、取牙虫（伪以物取自牙，投水作虫状以医牙疼）种种骗钱，不一其术。乡民有惑之者，绝大多数人不信，而亦乐于聚观之。又有男子提鸟笼，令养驯之黄雀取画片为人占吉凶者，又每有贵州人串大院聚户处唱猴戏募钱者。戏不动人，而人乐观其猴作态，故亦能得钱。

4. "货郎子"，系小商人。负一箱，装刀剪、梳子、头绳、丝带、针线用具、通草花、色布、花边、绢条之属，手摇小鼓。不招亦可串入人家劝购。妇女咸以私蓄与交易。其利至厚。

5. "春官"。每年冬季近腊，有"春官"下乡挨户说春。着梨园乌纱帽而不袍。持春牛香座，直入神堂，出明年春帖一张，上刻月日、干支与宜忌，唱春词无可听，得钱而去。给少者得争论。其人住东观场，世其业，有国税。人谓其为最卑微之官。实丐类也。民国以来禁之，改由劝学所散发历书，而征税于各乡保甲人户。

6. "端公"。农村呼巫师为"端公"。僧道以念经超度，骗取人钱。只富室居丧者雇之。端公则为封建时期农村迷信的主导势力，农民新宅"安神"，旧宅"庆居"、疾病"打保符"、难产"打六甲符"、驱鬼"和煤山"等，一切皆是端公职业。延巫作法称为"跳端公"。小跳有巫二三人。大跳可至十余人。小跳敲小面提锣。大跳则大锣大鼓与唱戏无异。其作法亦似演戏。演者要化装。亦兼演灯戏与大戏，以丑角为主。唱词鄙俚，多可发笑。亦装旦踩跷。其作戏最精彩沁脾者，皆于夜间演之。农家男妇老少聚观以为大乐。"和煤山"须扮一双足朝天，伸两臂双掌抵行走之煤山鬼王，演种种谐剧。"过刀桥"则仰若干刀口于长凳上，巫师赤足践之过。技低者须两人支之，技高者不须人扶。

"灯戏"唱腔单调，字字清楚，类湖北花鼓戏。有忠孝四大本，如《孝琵琶》《韩湘子》等及若干小本。用陕二胡随腔和声。与大戏（川戏）迥然不同。

端公平时在家耕田种地。受人雇请，乃邀其伙，自负法器道具以往。其家供有木刻彩绘头像数枚为神，又预藏一绘像布幅。既受雇取之同往，就事家神堂供桌张悬绘像。又用升盛米置各头像。藉以分别前后台。表演作法皆在其前。围观者与演者逼近，少留隙地供其跳而已。作法固须先订酬金。又复有例取之物，如用雄鸡冠取血粘鸡毛于神座之鸡、祀神之猪头、供神像米升之米及其他数种，由巫自言之。强者少索之，懦者婪索之。又有"坐九州"丑剧：命主人具酒食，延客入座，乃一巫装旦伴坐斟酒，相与作娼妓媚调侃，以乞钱。

7. 僧道。僧道作法，以念经为主，然亦每夜皆有花样表演俾乡人聚观为乐。称为"作法式"。亦用唱戏的大锣大鼓。连演五日至七日者为"大超度"。第一日"请水"，悬诸佛像与十殿阎王、鬼判、地狱诸形色图画。次夜迎死者之灵，用其生时衣冠装灵于椅上，命孝子跪而献礼。每献必有赞辞，杂以锣鼓。献香帛后，献各种食品，皆有劝饮劝食之词，多诡语可发笑。有时，孝子亦跪地暗笑不能忍。称为"劝亡"。又次夜"破狱"，群僧皆袈裟花冠，分持锣鼓乐器，为队，就院坝预先铺布之地狱图案上，宛转游走，唱偈，依次为之，不得重复。其偈惟领首僧唱者为佛偈。他僧多是调笑世俗之词。沙弥偈穷时，亦以村童山歌充之。目的在逗笑观众。每唱一遍，又大锣鼓吹打一次。多次至夜深人倦，乃用禅杖触破四角所破瓦，谓之"破狱"。又次夜搭高法台施食，最为热闹。有安慰野鬼之词，多至百余种，各种职业，各种形貌，各种死由皆备。词极诙谐。最后用米弹抛于法台下，乡民争往抢食。法云施食于鬼。抢食者不自嫌其为鬼也。最末一夜"送灵"，烧纸。明晨倒幡收场，仅一僧敲小鼓为之。早膳而去，亦作为一日。清末，寺产多败，僧亦渐少。

寺产败后，僧寺法物多卖去，乃有一般地富子弟读书无成，不能耕艺者，集团扶乩惑众。亦有经卷，不僧不道不儒不巫，称为"念皇经"，云能超度亡魂，并招亡魂与孝子问答。主其事者称为"笔生"，即掌沙盘上书字之扶乩者也。其字不可识，由另一人从旁之，又一人记之。皆韵语。笔生编造之词或未安，读者书者审而窃修饰之。相与欺人。人以笔生为有鬼神传之也。此种"皇经生"，后乃发展为种种道门，煽惑甚广。我乡之庞惠，踞大林寺为教主，信徒达于县城内。又有信西充王成五教者，皆绅粮。曾迎王来场演教。王装神后吐白沫一串，谓之曰"道"。诸人跪地分饮之，谓"得道"矣。

（四）科举：

凡读书人，经学使考试及格者曰"入庠"，名为"秀才"。即由亲族挂红放炮，拥之回场，戴铜顶纬帽，穿补褂"拜场"，印大红名片送往场户，逐户一揖。于是逐户具喜封送钱贺之。各神会亦有例送甚多。归家祭祖祭墓，族中人与清明会又有例送。乃复赴远近戚友家作揖，皆不送礼，但投大红名片，揖其家神而已。其家或留之宴饮，或否，皆必揖之道贺，送喜封钱百以上至千。此种贺钱，皆白受，无所酬。小户少交游者，可得百串左右，大户名门，张罗广远，人莫避，所得则数百串，值银数两矣。

嗣乃选日做酒宴客，称为"红酒"。先请知客数十人，分填请帖，分持投递。无论知与不知，但属较富有之家皆到。受帖者必备钱赴贺，与贺婚嫁相似。其不同在贺钱必较贺婚多。而酒食则较"筵席酒"薄。每桌只淡酒一巡，肴九碗肉只斤许，米饭多硬而难咽。一餐即去，无宿客。虽吝甚，诸客不得议。旦相与告慰曰："此红酒，非筵席酒比也。"仅此两次剥削，即已暴富。此后享受地方习惯中种种特权，虽病伏在家，亦当岁月有所进益。例如有田产买卖，虽不至，亦必书作中证而告之，即致谢中钱焉。凡有讼事，秀才见官不跪，余人两造皆跪伏陈辞。官有所疑，必质于秀才。故族有秀才出庭者其讼易直。因而，族有其一秀才者，其人皆较横肆。势力既高，人皆强求之。取士用八股文。治其文者皆迂腐不谙世情。亦不习经史，实皆不通于学艺，于一方利弊无所知，至于家亦不治，徒能以科名傲于乡里。不肖者为害尤大。富家无势者，子弟愚钝不能八股，则多方倩人买枪替。"枪"者，买能文士与买者同入场，题出，撰文里作捻币（小圈枪状，本供吸烟用）投之，俾其照钞。"替"者，直买其人冒名入考。不中者少谢。中试者由枪替人焚索至饱。其家不敢不遵。清末叶，科场积弊万千，故秀才多不通。即作家信、婚帖、祭文之属亦不胜任焉。

秀才升级为"补廪"，称廪生。廪生升级为"出贡"，称"贡生"。"贡生"有五贡，"拔贡"省试得之，最尊，得赴京试，作教官。依岁此补者为"岁贡"（余三者未详）。皆属秀才一级之差等。得赴省试。省试及格者为"中举"称"举人"。又在五贡之上。举人京试会考及格为"会进"称"进士"，又在举人之上。举人进士皆可选官。如此层升，亦要拜客，做酒。且送贺者当按级厚其金额。我乡科名，至贡生而止。南充曾有林李两举人，文亦不通，未知其何以能中举也。

又有用钱捐买秀才者，则不称秀才而称监生。在一乡中，仍地位。清末办学堂，高小学生皆官给靴与袖绣龙之马褂，食必有肉肴，俱免费。毕业，以廪增附生拜客做酒。中学毕业准五贡附之。入民国并废。我在高小毕业，时十六岁，亦曾经有此排场，皆父与两伯父布置一切，我茫然不知所谓。后修县志，乃知其如此。

以上我乡陋俗，皆清朝末年之事。为我所见之农村社会现象。故详记之。治社会发展史者或有可用。

(1968.10.12)

九、南充县城

南充县城即顺庆府城。民国以来，为嘉陵道治，南充行政专署治所，川北行政区治所。唐代为果州，南宋朝改顺庆府。故城在嘉陵江中游西岸之五里店。明代迁与其南之平洲上，当西溪与嘉陵江汇合处。石砌为城，西北城内曲丈余。相传县出子弑父母案者，其城墙当缺一角。故县人相信，每云"你打死我，城墙都要缺一支角"。然我察其迹，似在于防贼自石角承城也。东倚江堤，为河街，南北甚长，素繁盛。其城东，有大东门、小东门、小北门。西门外临西溪，有大石拱桥，为通成都大路。南有大南门、小南门，路通都尉坝、青居街、李渡场，皆沿江富裕之区。大北门外，又有外城绕之，接于河堤，临接山区。西南门外皆有冲积平原。东侧江水外，有宋初修建之砖塔与寺及东岳庙。路通渠县、万县。东西陆道称"小北路"，咸同以来颇繁盛。

城内衙署与寺庙比接，商业集中与河街。惟逢科举考试，顺庆所辖八属生童咸集，一时称盛。八属者，广安、蓬两州，南充、西充、营山、仪陇、岳池、临水六县。临水最远。西充最贫，而奋读之士特多，有进士数人，科名盖八属。其来赴试者，不住店，夜寝于商店廊下。不购物，自裹干粮。商人皆憎恶之。蓬、广多富民，生意尽豪阔。南充，则东区最富裕而士子最多。西区最贫瘠而士子较多。故世人多以西区与西充并称为"红苕士子"。

试期外，往时红花市期最繁盛。红花业败后，丝茧市代之而兴。外此，惟农产品如牲畜、米粮市较大。外商，自船帮外，有山西人经营典当，称为"当铺"。那时无银行，当铺为一方唯一之富商。丝织业旧有基础，机房为旧时最大之工业，雇工招学徒教织，每食必有豆芽，故豆芽业缘之而兴。此外各行业亦皆有招徒。师徒制为工商业家剥削劳动力之残酷者。各有帮会立制度，订有"出师"期限，期内艺虽精，亦不得言工资，不得外帮。甚有出师后犹须续帮若干年乃得自便者。又各业有行会帮会，把头主之。

帮会皆有神庙。船帮祀镇江王爷，称王爷庙，在外城之较场坝，最富足。次为水府宫，亦是营水上运输者。道教有玄妙观，佛教有大佛寺，皆有僧禄司、道禄司职官居之。各省会馆亦皆富足，三元宫为山西陕西人集会地。禹王宫为湖广会馆，万寿宫为江西会馆。又有各姓祠堂，任氏宗祠最大，且有两所。但任姓民户并不甚多，大抵明末清初遗民多，故自为宗祠，不倚于会馆庇护故也。（祠祀明进士任瀚。瀚子为康熙朝解元，故清初任姓最大。）

寺庙之列入祀典者，有府文庙。县文庙，最崇宏。大殿祀孔子，牌位曰"大成至圣文宣王"，不塑像。庙门常锁，值祭祀日乃启之，官绅齐会祭。不宴饮，而分受祭猪与牛羊之肉，府县教官主之。致肉者须郑重其礼。关岳庙称为武庙。祀礼逊于文庙。城隍庙亦有县府二庙。县城隍最宏丽，塑十殿轮回故事，牛头、马面、判官、小鬼、刀山、剑树、奈何、油锅、剖肠、拔舌诸地狱刑酷之象，塑技甚妙，经常有人观赏。又有无常夫妇与鸡脚神像以恐吓人。后殿为城隍妻子像与其卧室，布置床帐被褥、妆台、坐具、壶盏之属，如一般人家，人得观览而不得入也。火神庙祀封神榜之罗宣，亦入祀典。他如雷神庙、龙王庙、桓侯庙（祀张飞，屠业所奉）、三圣宫（祀刘关张，传为云南会馆）、五显庙、娘娘庙、财神庙等不入祀典之淫祀甚多，大抵皆各业工会所建。几于全在内城。

衙署亦全在内城。最宏阔者，为学院行台。供提学司使巡行考试住用，考棚附之。常住之官，最尊者为府衙。最繁华者为县衙。皆有吏、户、礼、兵、刑、工六房，典史、笔吏、差役，监狱，仓厂，与萧曹祠（吏差公所，祀萧何曹参）。府官不亲民事，交于县衙。故衙可罗雀，吏差萧索，具名而已。县官事务烦碎，衙事最热闹。其户房管征钱粮赋税，积弊最深，陋规最大，故户房吏差皆富有。县官获利主要在户房陋规，其次在诉讼陋规。南充大县，讼案日夕不绝。故县署外人最拥挤，客栈，饮食业，占卜，算命，测字，看相摊子最多。与府同级之官有游击衙门，管绿营防军及武科试筹备事。虽冷官，每日晨暮，三餐，宾客来去，必奏吹打乐。又有府经历，管仓廪。有府学署，管廪贡生升补，襄府考试，主府文庙祭事。县亦有县学署，管秀才与生童。县文庙，襄县考。其官称教谕与训导，多是贡生、举人任之，最清冷。又有典狱署，以千总、外委等职为之，称曰总爷，司管监犯，斩囚徒之事（民国以来改文官，称为"典狱"），全城官职，此为最卑。市民编造故事云："总爷如厕，闻内有咳声。问何人？内称卑职。总爷惊谓：'何来更卑于我之官？'视之，则春官也。"以嘲总爷。

大抵顺庆大城之内，寺庙与衙署，官房占地十之八以上，民居与商店占十之二不足。可以想见修城时地方经济情形。商业集中于河街。内城则机织业与绸缎铺集中于学院东街，书业文具业在府街。往时红花栈房在大东街。后仍为大资本家堆栈所在。大北、小北各街皆住宅，其后为学校区。

　　江水迫城，明代以来屡有水涨淹城之事。累世筑成内外长堤为捍卫。光绪某岁，河街全被淹。内城闭门筑土以捍水，街上水犹深尺余。然必数十年乃有如此大水，故市民安之。外堤入江中，恰为船舶系缆所便。每年冬令，江水低落，则架木桥过江，以便渝、万与成都官商往来。有庄田，有桥会主其事，三月春水发乃拆之。有任翰撰联，黄辉书字刻木，张挂桥两端栅门。二人为嘉靖时名进士，任瀚为嘉靖八才子之一，黄辉与董其昌齐名，故世谓此为"双绝"也。由此推之，桥盖创于建城之时。清末，会田被提卖，桥不再架。

十、县官与"局绅"

县官经常出衙,其前趋鸣大锣,吼道,举木牌,旗帜者二十余人为一大队,继以执鞭之差役两人,持刑杖之差役二至四人,抱文书印信之县吏二至四人,乃为八人抬之大轿。轿后有跟班马弁一丛随之。街民闻道锣传呼声,皆必须起立。坐柜之商人,书写之学生,与必须坐卧执行之执业,如剃头者、皮匠、补鞋者等亦必停业起立,以待过毕。又必须脱帽。乡民好以白布缠头,前趋常大呼"把白帕扯下"。违者皆有罚,或就地掌其嘴,或为禁鞭所扑。如遇府官、游击亦出巡,则县官又必避道。无论府官县官,其前趋举木牌,旗幡者,皆以乞丐为之,由"孤老院"丐队当差。旗上书"清道"二字。幡为布制垂帷圆盘,以竹竿撑之。乡民迎婚送丧,亦得假用。木牌数对,上刻"肃静""回避"字,又有数牌刻该官的出身与历所任职,如某年贡、举、进士、翰林,某县、某州、某府前官,现任本县正堂某姓等文字。归衙则列置于大堂木栅上,使人皆知其姓,不知其名也。此等旗幡、木牌,皆各官自制携来。大堂之桌案,印架、签筒、朱笔、笔架亦然。故作官亦须花本钱制戏箱,以自表演也。乞丐供差者,皆如梨园扮演,戴贴金之武士冠,插雉尾。穿绿布绘花之短褂。惟褂下皆絮结败布,或不掩其臀胯,赤脚垢秽,臭气四射。全队只吏差跟班与轿夫衣服整齐而已。

孤老院者,又曰"养济院",收容老少乞丐数十人,有丐头管理之。有官田庄,收租作钱谷供其费用。亦设县绅数人掌管之。每年亦称报盈余若干,缴于官吏私人,为县衙陋规之一种。其实每月支由丐头开支之丐粮甚微,群丐仍乞讨钱自活。院绅皆无钱不贪之滥绅,凡所报院田岁收若干、月支丐粮若干、修补费若干、烧埋费若干者皆虚诳为之。必有盈余献纳,则官能袒之无人敢告发。积弊成习也。

豪绅管事务陋最大者,为"三费局"。凡县官出衙、行香、拜客、祭祀、打春、勘案、旗锣吼道铺设之费,皆非官所自耗,其名为礼房与吏刑各房开支,实则由礼、吏、刑房转索于地方绅士。绅士又议加地方正税杂税以充之。设有专人主持。原为三种名色,后合并为一机构,称"三费局"。被任为此之"局绅",必屡称局费不敷,禀请筹款,加征某税。官无不准。每岁收额大,例不公告收支。大抵由局绅分享者过半,耗于官吏者什三。亦必岁报盈余献官,为陋规,则款易酬,账易销,而他人不敢过问也。县官推行贪政,亦必倚仗此等局绅。每议公事于三费局,以酒席名宴全县绅首,加田赋、加厘、加税、募捐、筹帐,官一发议,局绅附和,各乡镇绅首无敢立异,且亦因以为剥削之利焉。故正税银一两,实完金额由数十倍,涨至百余倍数百倍。乡民不知其由,每相谓曰"粮银又涨价矣"(谓纳正税为完粮)。

此辈局绅,名为地方公推官委,实仅由官示意旧局绅推之。一经被推入局,则富势俱至,县人比为"拜相"。官嗜赌者,常召局绅入衙打牌。局绅博负,必向吏户诸房立打银票交官。官博负时,相与一笑而已。其或官亦呼吏打票,吏皆伪应而不动,博胜者亦必力制止之,借故避去,不敢受也。若官知局绅得钱多,连召赌,局绅或不堪,则推局外富绅承之。富绅以此接近官势,欣然往,屡负不避。官负,则亦以局绅筹之。

局绅之富势如此,咸相与结团以蔽官,宰割县事。光绪时,有贡生胡德轩,有弟胡载恩任京官,故得为局绅之首。其人治地理学,讼新政。张表方先生自日本留学回县,胡请聘之主持县高小教务。时科考既停,县高小代之如贡院。张既得议县政,屡与县官为难,局绅皆恨之,诉于京师。胡载恩函责胡德宣"开门揖盗,引鬼入宅"。张表方先生读之云"开门揖盗,盗有道。引鬼入宅,鬼云归"。亦皆用成语以反其意,如云道在民本,权归人民也。其后胡德宣死,胡载恩归,地方皆新民,三费局亦裁撤,无人肯理胡京官矣。

县官俸银,年不过百余两,陋规所入数十倍于俸银。名色种种不可列举。老于衙事者乃能知之,亦皆秘而不宣,冀得有以挟制官府,从中渔利。每项陋规,又皆由县官分出数份上献于府官。府官受八县陋规,故虽不事民事,而收赃最大,俗称"一任清知府,十万雪花银"。清字对贪而言。府官得有弹奏州县官之权,故其贪污尤易也。

官书称府县官为知府、知县。有编造为谐谈者,谓"有人搔首自叹其忙碌者曰:县官请去'打牌',府官也请去'打牌'。刚要动身,又报说河下货船拢了要我去"。颇似其人为一富商而衣冠之类者,讯之,盖孤老院丐头也。"打牌"此谓给官打"回避"牌。旧时无力行,而孤老院多壮丐,故商人货到,皆向丐头雇力搬运入栈。虽为谐谈,亦足见清中叶孤老院制尚未坏,失产失业者有所收容,除当府县差外,亦可自食其力。其后有力行包揽货运事,乃仅收容孤老,故孤老院旧称为养济院也。

县官之贪污,除所谓一切"陋规"外,尤主要者,在于审案。南充大县,人口近百万，民间争讼与吏民纠纷，报案求官判者日必数起。每审讯案情一次，须纳铺堂礼银若干两。此银官若干呈，师爷若干呈，房吏若干呈，长随若干呈，以至太太、少爷、奶妈、丫头，阍衙之人，皆有呈分。官者多迂儒，不谙人情，亦不识律例，且多自他省来，与土著语言不通，故上任，必聘请师爷主文案。黑笔师爷主钱谷利弊之事。红笔师爷主刑名判牍之事。每人民报案，吏房收之，呈送官，官委于刑名师爷，师爷审两造情伪，指示官以判断要领，或预撰判词附卷付官者。乃悬牌定审讯期，传集两造候审人与中证开审。或坐大堂，或坐二堂，皆可任百姓观审。或坐花厅，则人不得窥矣。审之日，排衙，三班六房差役执仗立堂下。官者开门坐堂上，有长班跟随人卫之。师爷或亦坐其后为之指示。案情有当责者，当罚者，当捆嘴者，即堂下为之。刑用竹板，不大，执刑者为刑房差役，有技巧，能使肉响而不伤。受告人习其弊者，当伏地时，伸两指示之，如云贿二百。伸四指，示贿四百。连再伸之，示千若干。受贿则刑而不伤。或官怒甚，定要打烂两腿，则能于最末处数使之皮破血流而筋骨不败。杖毕扬板，有血附之。其或吝不议贿，索又不给者，则能使其肉糜骨碎而皮不破。故凡有罪被控，自知不免于刑者皆先商刑房送贿。捆嘴者用皮掌捆之，能使嘴肿而齿舌不伤，亦能使嘴不肿而齿皆动摇或脱落。视愿行贿否为之。

凡死刑，官朱笔点标。用过即向身后抛掷，示不再用。然若同时决数囚，则刑差拾之再供用，吝不购数笔也。标，缚于囚之背，押赴较场（阅兵较技之操场）砍头。执刑者亦有技，预贿之者，断其头与气孔，而食孔与前皮不断，则尸仰而头连。一般则令其跪而斩之，刀挥处头断而滚逸至数步外。囚不服者骂不已，则勒其口，云"麻核桃"，遇刑者酷，至于数刀乃死。或断其头而不断其气管，入夜犹闻呻吟之息。杀人后，监刑之官，乃率行刑人（俗称刽子手）至城隍庙，伏神前叩头二十而散，谓之"灭凶气"。

(1968.10.14)

十一、完粮

乡人把完纳田赋叫作"完粮"。读书人把田赋叫作"田粮赋税"。据说：古代原是把田赋、人口税和力役之征分别开的，明代才合并为一称作田赋。大概是说的"一条鞭"税法。是明万历年间开始的。

我在中学读书时，曾去替家里完粮一次。带起银圆和制钱，拿着去年完纳的票证，走向"粮柜"地点在县衙附近，出入的人很多。所谓"粮柜"，是长十多丈的一座大柜台，环抱一座大厦，柜台上坐着许多拥有算盘、笔墨的人，全是户房里的书吏。柜台前面走道外长排木架，上挂着许多簿册，签题"南充县某乡，某里"字样。我家是编在"西乡外，水西里，四甲"的，便向"水西里"一册去找四甲，找得我家上粮的名字，知道该在那个柜台去上粮。外挂那些"粮簿"，已经被人翻得磨灭几只角了，字迹大都模糊不清。主要是靠去年的粮票作证，交上柜去。柜吏跌坐算过该收多少钱。我用银圆交上折合，再用制钱补足奇零。取得了本年完清的粮票作证，才算完了。我家的粮额，只有二钱又几分几厘几毫。按当时银价每两银换制钱一千零三百文算，只该三百多文，但实际要完三十几吊，即百倍以上。并且是一年比一年多，俗话说"今年粮票又涨了"。且喜家里预料到是要涨的，早预备得相当宽裕，使我清粮还有点剩余。

"水西里"这个名字，只完粮才用。在清末我们户口的编制是："西区，双桂场，十二甲。"但完粮，却用"西乡水西里四甲"的编制。我搞不清楚，乡农们更搞不清楚。这或许还是用的明代编里的旧称。即创办一条鞭税法时的乡、里、甲、户、编制。不过粮户姓名有所改变而已。"粮户"这个名词，在清初、中叶都是很受尊重的。完粮的人民，叫作"良民"。无粮税票证的人，叫作"奸民"。粮户又有科名的人，叫作"绅粮"。有词讼时，官吏只听绅粮的话，粮户的腰杆也要硬些。若还是"大粮户"，即拥有土地最多的人，虽非科名人物，也要受到官吏们的尊敬。南充东区有个大地主叫孙文白，据传他拥有每年完粮银几百两的土地。故虽然乡居，又不识字，县里每议公事，都必要请他到场。因此他在乡间与秀才、举人一样的横豪，人莫敢犯。

竟还有人，虽已成了破落地主，须要卖田，还舍不得抛弃他"大粮户"的架子，卖田不卖粮，直把田地卖完了还是大粮户。完不起粮只好逃跑。这种逃亡粮户应完的粮，称为"滥粮"。我还很小的时候，见过一个贫乏的雇农叫"雍娃"。他说话富于谐趣，每在工闲时谈家世，我很爱听。记得他说："我雍家原是大绅粮。"我小时候打个喷嚏都要请端公（巫）打保符。父亲抱我上场，人都叫我大少爷。他老人家吃鸦片，一次一次卖去田地，都不卖粮，他说："田少了，将来买得回。粮户的资格卖掉了，买不回。"谁料到后来无钱完粮，被捉去坐牢，牢死了。我这位片瓦无存的大少爷，只好逃跑到你们这里来帮工。粮差放话要拿我，我也不怕。横竖只有两个肩头抬一张嘴，榨不出一滴油来。"粮银年年上涨的原因，前述"三费局"时曾经谈到。主要是城内的贪官污吏和粮少的"局绅"们搞起来的。他们需要用钱，便商量出一项开支名目来，呈请省司批准："随粮附加几?"看来百分之一左右的田粮附加，是很微细不足道的。但积累道几十百次，便是倍加了。再几百千次，便是几十百倍了。从万历年间开始，到清末，不知加了几百千次，有些是百分之几十的加率。有时是一年加十几个名目。我所知道的：最早一个名目是"火耗"。意思是收取人民的是制钱，转解于国库（指成都的藩库。即布政使司衙门保管的银库）的要银锭。这就需要购银、倾销、装箱、护运的耗费。由道员请准：随粮附加几成备用。成都的藩司（布政使司）又因需将各府州厅县解到的田粮银，按户部指令，装匣扎捆，派兵护送入京，或分运接济他省（这种运输，称为"皇杆"，实"纲"字之伪。故又称为"纲银"）。于是又奏请随田附加几成作为"解饷"。至于皇帝要加赋，随便下诏加征田粮的，就更不用立何名目，只叫"加赋若干"而已。地方附官，或由官府径行申请或由局绅申请，无非要培修文庙、武庙、衙署、祭坛，购置祀田，帐幕流亡，一类话为借口。科举废后，更好借口推行新政，节节筹款都是以加赋为手续最省，油头最多的方法。有的申请时说只加一年，但是一经加征后，再以不会削减了，那项黑征项目即为陋规，官吏与局绅虽明明知道也不会揭发的。有些老官僚把揭发陋规斥为最不道德的事。相传李鸿章这样说过，"中华，弊国也，弊尽则国亡"。他的意思，是说清朝皇帝，是靠官吏拥护的。而官吏所以肯拥护皇帝，只由于能吃陋规。若还陋规剔尽了，官便没人做了，谁肯来拥护皇帝呢？

由于田粮逐年的上涨，许多乡愚苦于完粮，因而轻于卖去田产，专靠帮工过活，或叩门求乞。这是促成土地兼并的一个主要原因。又因为买土地的地主，知道粮重了，不肯买，即买也要贬价。于是又有更狡猾的人卖田不卖粮，或很少拨一点粮，自己留下许大的粮却不留土地，或只留极少一点土地。这样做，卖价就能升上来，议得很高。他才卷起卖价，逃跑到边地或外省去谋生。这样委下的粮额，称为"滥粮"。处理滥粮的方法，照例是由县报请减免。省州亦照例不准，结果是摊派到现粮各户上去，自然是摊额远远超于滥额，这又成了新的陋规。所以官吏们是不怕滥粮的。也就不会追究弊买田地造成滥粮的地主了。

完粮每年只有一次，何时开征，何时扫柜（截止），先行布告各场，由保甲传锣通知。过期便完不上了。未完的粮额，有户房书吏们合力抬垫。这下才发签票遣差役按户追收。被追之户，破家荡产的危机便逼来了。首先便要承担一笔罚款。其次是承担粮吏抬垫的利息，那边是每年二分或每月二厘的利息，而是每天几厘的利率。更还要承担催收差役的饮食，起居和公费，那就无底了。差人手提铁链，腰挂铁尺，瓜锤，怀着文书到场镇向保正乡约照会后，要他们领去捉人。一进屋便向你套上铁链，加了铁锁，拉上场来，同住在栈店里，烟、酒、号（宿栈挂号付钱）天天浪费。行步相随。若还一天借贷不足，便要多花一天差费，比借用高利贷还更伤心。因此只好再用每天几厘息去向地主豪门告贷来完纳。冤枉花费比较粮柜算额又要高出几十、百倍。许多乡农，偶一疏忽过期，便突然变成赤贫了。所以粮额虽苛，农民总是抢期完纳，惟恐落后的。

我完粮那一次，看到一些可怜的农民形象，回校后老师出"作文题"，恰是"纪事诗一首"，我便仿杜甫的《石壕吏》作了一首五言古风。今还记得大半段，是:

"前日纳国课，农人踽踽随，临阶复不上，兀坐默如思。抚囊兴长叹，语怨容亦凄。'暴露三时耨，积谷未盈箕。计度上供余，乃敢量爨炊。炊爨复加省，乃制裳与衣。四时或祭献，九族又馈遗。死亡用丧葬，疾病资药医。能有几何力，拮据苦支撑。国家与我者，安苦竟若斯。……仅此一束丝，任尔茧抽去。惘然垂橐归，埋首犹扪泪。吁嗟乡曲人，于国诚无愧。借问各相公，其亦怜之未？……"此诗为张表方、卢子鹤两师所称赞，以为虽不文，襟怀可嘉也。

乡村农民，以终身不遇官差为福。所尤怕者，更在完粮失期一事。当时官差之恶，今人所不能想象。我乡有任义亭者，为官差。过双桂场，有熟人延之饮酒。乡场酒馆，卖酒无肴，不相识者同一席。有我山人呼范麻子者，以放牧鸭群为业，口吃，不识字。为一族长，人亦尊敬之。此时在上座，不向差敬酒。差怒，从袖出铁链，叮当堆桌上，向之曰："麻大爷，你自己动手，还要我动手呢？"范不知何事，瘫软坠地而哭。旁座解劝问范犯何罪？差云："他目无官差，讥议时政，安得无罪？"人曰："他未讥议时政呀。"差云："他说今年粮票又涨了，非讥议时政么？"欺范口吃不能辩，勒索制钱四百而去。

(1968.10.14)

十二、盗贼与窝户

封建社会之丧失产业者，作乞丐为常，作雇工苦力者次之。因失产之人，地主亦不肯雇，故农村之雇工，绝大多数皆为尚有住宅与菜园之贫农。如已完全失去资产者，则必夫妇子女皆投城市，男子作苦力，妇女作女佣，子女幼小者投寺庙作僧尼、小道士，仍不得者则投孤老院充乞丐。凡此，皆属谨愿守法者，即所在有人怜悯，或周以残食，或代为介绍雇主，或指示以奔投之方向，就南充一县言，无论城乡，饿死人之事尚无所闻。当我幼小时，道路有死丐，亦必由甲、保，层层报官，候批示，得许地方掩埋待查者，乃敢埋葬。如其有人挟嫌诬陷，妄指为"事主"（出事地点的土地所有者）有致死之嫌，则官吏必大排执事，旗锣开道，携带差吏件件作（验尸伤的专业技者）来乡勘验。出事之家必须先搭尸篷于死尸附近，设椅桌供官吏坐息。治酒席招待官府来人，请地方绅士作陪，耗费甚大。如验无伤害，乃可棺敛掩埋。如件作言有可疑，即不知讼累至于何日。故官未到前，必先多方贿嘱刑房，买通件件作。如此横祸，称为"吃人命官司"，为乡农所最畏怖。即地方豪绅巨族，亦惟恐有人死倒其宅附近与土地之上。以此之故，人皆不惜施舍乞丐之费。地方绅粮，也都留心筹集赈施贫民之费。富有之家，能博"善人"之名者，亦可得乡邻保证，不至横受此类讼累。

我幼时常听到乡村流行的一句话"人命关天关地"。官府决囚，也只能在冬至这一天。民间虽有奸匪盗贼，亦不容随便伤其生命。纵是证据确凿的匪徒，亦只能送报官府处理。当我读小学时，本乡萧家河侧岩腔内，有两个乞丐居住。一夜突然相杀，一丐被追至河边杀死，凶丐远逃。其地甚僻，无住户，夜无人知。次日发现报官。县官来此勘验。验明是两丐口角相斗杀死，未至累及"事主"。其事轰动一方，百里外人皆赶来看验尸，岩腔至河边田地纵横半里内禾苗践踏殆尽，全甲居民皆受其累，还说"幸喜遇着了清官"。

虽然人命案如此受到官民重视，失产贫民也没有敢向大户闹事的，这可能是积威使然，亦可见民俗的朴厚。

却另有一种穿窬之盗，他们是有秘密组织的，那就与一般贫民不同。他们全无家产与定居，有师徒体系的组织。以夜出偷盗大户人家资产为业。白天全都隐藏着睡眠，只夜晚出门活动，官府称之为盗。人民呼之为"贼"（但不是读为"昨则切"而是读作"则围切"）。他们善于侦察大户人家物资储藏之处，有穿窬的技术。工具是一把"撬刀"，一把"剪子"，割开人家的泥壁为一小孔，仅能容其身躯，蛇伏出入。有的还会制迷蒙药，称为"闷烟"。若还其家有人彻夜守护，则用点燃闷烟插入，使其人皆昏睡，而后行窃。窃得之物，藏于"窝户"之家。

窝户者，诸盗访得怯弱而贪小利之孤单居宅人家，夜置钱数百于其门前。次日其人开门见钱，知其为盗贼者。如夜闭户时仍置之门外，盗来验，知其不售，则拾之去，不再来扰。如有人持以报保甲，则盗恨之，必来偷盗其家为报复。如其家人贪得，或误拾之，则次夜必有更多之物置其门外，如一刀腊肉，一件衣服之类。若再受之，则有一人夜至其家商谈窝藏。其家不得外泄，订有残酷之誓约。于是偷得之物，其家皆得分享一份。又此辈必选其家有妇女者为窝户，誓约当许其与妇女共寝。每有愚怯农民贪其利而许之。分赃之轻重，依其妇女之年貌订之。其行窃，必在窝户之异乡异里，相距五十里或百里以外。其黑话云"岩鹰不打窝下食"，其实为近地作案则易发觉也。其技有高明者，有低劣者。技高者所选用之窝户，必为十分安全之地，且多半是城镇或近郊之户，近官府，反不为人所注意。且伪为宾客，明白往来，亦不奸淫其妇女，有亦不窝藏物，惟家长知其为盗，家人皆以为阔客，不知其为盗，故极不易被破获。其人与各地盗贼及窝户皆有联系，为诸盗领导，或往来于各窝户间，主持分赃与享受宴乐。或探得数百千里内外大户重赀，乃自往之，或命其高技徒子往，必有协助者若干人，以窝户为宿站（实皆昼宿夜行），或数日始至其地。至则必得。度大户势强，必将报贿官府追缉者，则凡该县窝盗者，皆销毁贼迹而去，故无法能缉获之。

此辈行盗不行窃，不奸淫"事家"妇女，不拒捕伤人。惟相教以巧于隐身。有蒲某言："其家为以聚族大院。一夜盗警发生，群起搜捕。无隙不至，并守哨巡岗甚久，鸡鸣不得，乃寝。次日检视见堂屋有遗尿一区。始知盗即在于供神之堂屋内。堂屋者，全院公同祀神会客之屋，经常空无一物，最不为全院居民所注意，往来百次，皆汹汹一望而过。盗依柱不动，人竟莫能觉焉。"又言："盗割壁声为'事主'所觉，暗摸长矛伺之。盗甫凿有空隙，潜对隙光力刺之。实已中其人，而盗作骂语曰：'差点刺中老子。老子要把你家偷光才止。'主人谓其未去，收回再刺之。盗遂得脱去。次日验矛上有血，穴外有血滴至甚远乃灭，始知误信其言以为不中而拔之矣。盗之善于脱险，大抵如此。更有可异者，被捉得后，虽酷虐至于垂死，亦不供出同党与窝户姓名。或有供语，亦皆虚伪无验。清律，穿窬盗非"盗伤事主"者，罪不至死，但笞臀，坐牢年余而已。如被捉入官，能熬刑，不违其规戒条款者，出狱后，即受群盗尊奉。乡民获盗，多不愿送官，或置于死，或酷刑追赃。故盗贼但畏私刑，不畏官法。其有私刑残酷而无供者，盗首抑或集群盗往窃取之。古云"盗亦有道"，信然。

我发蒙始读之年，有某家获盗，系龙归院，逐日吊打，追窝户。夜则系于经堂中，有壮丁轮番守之。仍被外盗割去一壁，窃取以去。时我甚幼，但能忆察看割壁痕迹，见所遗"撬刀、剪子"情状。又见有本甲任学五之子宏喜，房被火烧后，贫困，离家为盗。其人方壮，有膂力，从人盗取龙归院之"牛耳大铁炮"，由其负行于百里外之西兴场，被获。打至腿折肉糜，绝口不发一言，无从知其指使者。同时被盗去火药子弹。盖其谋起义占山之群盗所为。百计不可得其线索。集团丁送官，刑死未归。其家赤贫，邻里皆证其早年外逃，实不知情，得不牵累。

我族有同先、美先弟兄，本大家，并有美妇。长而中落。委耕种于其妻子，弟兄同出为雇工。有盗留钱其家门下，家人误为遗金而拾之。次夜又遗以腊肉一大块。该弟兄知为盗饵，密报邻甲，将俟盗至而掩之。盗已预觉，不至。于是连续盗之多次，竟至赤贫。人皆知其贫穷为开罪于盗也。一年其妹当出嫁，拮据为之奁装，弟兄合力夜守之。竟亦被盗去，但觉睡熟而已，盖中闷药烟也。龙归院吊贼一次，亦获其闷烟一段。我尚幼小，不得见之。闻曾燃之一试，座中皆昏然欲睡。急蹴息之弃于水。

盗魁又善于采制"打药"，治刑伤。其药不传。惟闻其治刑伤，虽危急垂毙，先灌以"童便"，次灌以药，皆得治愈。走方医生有善治跌打损伤者，实皆盗之侦察。然无盗证，人不得而捕之。乡谚云"贼从当面过，无赃不定罪"。

有任幺木匠者，前妻死，遗一子，诨名"造孽"，为之娶媳田氏。年较长。相传木匠欲乱伦，田氏拒之，与其夫来我山佣佃火石垭某人耕地。住一茅舍。盗涎其美，先置钱其门外，夫妇不知为盗饵，拾之。次晨，又得布数尺。再拾之，次晨复得腊肉与红绫各一方。又拾之。当夜有年少壮者持刀入，曰："腊肉已吃未？"夫妇大惧，诉欲还之。其人曰："汝等受盗贼三次，尚欲还清白乎?!"因胁夫妇与之盟誓窝赃。当夜胁造孽别寝，自与田氏同宿。次夜，又引二盗携赃物至，迭与田寝。田大惧，不能抗，伪为顺训。翌日，安置三盗昼寝，伪为采猪草出，至宅门不能望见处，趋山道奔至团首家诉之。团首为之召集团丁，持械张旗往捕，三盗已先逃逸。抄其家，得赃物不多。缚造孽，与幺木匠送县官。幺木匠以异居，不知情。田氏力证其夫愚昧无知，得宽释。其家被逸盗焚毁。田亦不敢复往，与其夫佃耕塞内小土，依团保，防匪报复。久乃搬回其任家沟本宅。我曾见田氏，年二十余，健美爽朗，诚乡村好姑娘也。虽陷于盗，而能自拔。其后佃居山中，人亦莫敢犯之。

上文所言之官差任义亭，清亡后失官差，住三元场之张村坝，为滥人。夫妇年五十余，亦窝盗。民国初被群众发觉抄家，驱逐。其所窝盗只小偷，赃物皆农产品之属、敝衣短布而已。大抵入民国后，巨盗已转业为匪或混入军阀间。从事盗业者皆庸碌低能之辈。后则遍地皆匪，更无穿窬之窃矣。

(10.15)

十三、南充城乡商品杂忆

南充城乡商品行销海外的，五口通商以前只有土缫丝。农村妇女都能养蚕、缫丝。用一套古老的方法，各家自栽桑树养蚕，用自己生产的蚕茧缫丝。家家有个丝灶缫车，灶锅煮茧，妇女坐在其旁，用一双丝筷（饭箸乡人呼为筷子，丝筷似之而特长大）挑取煮熟蚕茧的绪头，用手理出四五个茧子的绪，通过锅上装的竹钩（或篾圈，俗呼丝耳朵）搭上丝车去。丝车如车轮，但是空架，两轮共轴，横架六条木辀。丝绪搭附木辀，则用脚踏机，使轮转动，引丝绕于木辀六条上，转动牵引不绝，至已达定量，乃停车取丝，绾丝成把（旧皆长三尺许之长把，只绾一结，以便检视质量。与出口丝把不同）。茧绪有断绝者，有他茧飞绪附入者，有相纠缠者，有类节多而忽粗忽细者，又有数绪分离不胶合为一股者则成浮泡，故缫妇须随时注意调整之。巧妇所缫丝条匀细光泽亦佳，则得上价。拙妇所缫丝粗细不匀时有白泡，甚至附粘茧渣，远望如麻索，则价贬。缫成，不拘多少，零售于场邑，有商人收集之入城分别等级装箱，运售于缅甸之暗瓦。大抵供印缅织绸用。留供顺庆机房织绸者为量不大。民国以来，新式丝厂购茧烘储，因出口丝销上海，茧价高于土蚕丝，缅甸丝道亦阻滞，民间自缫土丝之业一时尽废。

暗瓦（八莫）丝道，不知通自何时，大抵秦汉时已有，而唐宋时已盛。非缘五口通商乃有者也。五口通商以后，先销山东与江浙丝。四川开办出口丝最迟。而南充兴起最快，已前述。

五口通商以来，南充出口商品之次要者为桐油。先是川北农民山坡田埂皆植桑桐。俗谚云"栽桑点桐，子孙不穷"（桐苗直根深长，故不移植，但点种）。秋叶将落，摘果实（桐子）归于润湿处堆积，听其果皮腐败，乃取剥其种子，于赶场（趁市集）时售之，以升计值。有油榨房收购榨油。又有小油商购油零售，如售酒法，以竹筒量斤两，索价甚贱。农民用制钱零购回家专供点灯使用。不可食。食者呕吐。故盛桐油瓦罐亦不可更盛他物。桐油属干性油类，久触空气则氧化成胶革状（俗称油菌子，为废物）。有人创熬桐油法，加土子、沱参（二药名）入釜熬之，则成饴状，着物易干而成胶膜，具有保护家具防腐防锈作用。木匠多能为之。西洋资本主义工业国家，亦用油漆防腐防锈。迨得中国桐油，所制油漆效力远远高于其他油类制品。故不惜远道向中国采购，仅高级油漆用于船舶者乃肯用之，在彼为难得，价至昂也。中国桐油产于长江下游各省与岭南者为樱子桐，油质较差，产于四川，贵州及湘西、鄂西与陕南者为油桐树，油质最佳，初期，德、法、英、美、奥、比、意、荷、葡、日诸以造船业著名国家争于汉口设栈收购。以湖北老河口、四川万县与湖南常德为三大油埠。常德收购者称为"洪油"，自贵州与四川之酉秀地区供给，质最佳。四川桐油质亦佳而多有他油掺杂之病。老河口油质较劣。采运则以四川为便。故各国商人争集万县购油运汉口后，进行检定，澄剔后，径装铁筒运回本国。其收购面先在川东，渐及于川南、川北，皆托各地川商为之采购，运集万县，更议价收入各国分设之公司。此辈买办性质之商人，可以先向公司借用资本分往各县采购。因各以自己之商号名义，分设各县镇向当地油商小贩收购，亦可预借资本。民国以来，重庆通行，凡水道可通运油便利之地，桐油价值暴涨，远高于菜油（往时菜油只用于食用与敬神用，价高于桐油数倍）。县人始不复用桐油点灯，用洋油灯。即自熬桐油之业亦废。惟土漆仍需桐油。各乡邑之油榨房如故，因桐子产地分散，不利于集中榨油也。

油榨房各拥一榨具，桐子出则榨桐油，菜籽（油菜籽）出则榨菜油，棉籽出则榨棉油，皆碾碎炒熟而榨，故油不纯洁，又多渣滓。菜油为半干性油，不可与桐油相掺。棉油则可以掺于菜油，又可掺入桐油。油商贪利，掺杂棉油而售。买办油商不能辨别，购运至万，每被挑剔贬值。又各级油商初皆获利甚厚，故能高价收采于农村。迨已习于采购以后，万县买办乃作多种借口，压抑油价，故亦颇有失利赔本者。迨油商颓废不购时，万县买办又忽提高油价，俾各地油商又争赴之。如此控纵驱使，使各地油价起落不定。藉以剥削小买办商、油商与农民。大利终归于万县买办。小买办商以下层层至农民，终不克蒙其利，此资本主义经营操纵市场之一般情况也。

于此忆及李××故事一则：李××，南充三汇场人，上海中国公学毕业，为人和易坦爽。曾作我中学英文教师。后到京沪活动，小有积蓄，娶一上海市小商之女。我1922年出省考察，返川时，与之同行（尚有其一侄同道）。知其将往万县任英国"福公司"驻万县经理。"福公司"者，英商于华北太行山区开设采销煤矿之老牌公司，近见万县桐油利厚，亦设分公司于万，名为销煤，实只采办桐油。求川人为之经理，故有人荐李充任。其总公司在石家庄，汉口已属分公司，然有高级英商驻此。

其万县办事处即此英人设计,经石家庄董事会批准行之。李既已得董事会任命,以为过汉口时,循例往谒驻汉经理报到,请指示而已。住汉口三日,云"已得汉口经理约晤,晤后便赴万履任耳"。次日往晤,归来脸犹赤,汗犹未干。李素爽朗,不自讳,告我与其侄云:"初晤面,验照。"其人云:"知桐油英名否?"李骤不能答,勉拼其音云 Tong-oil。其人云:"此华名也,英名木油(Wood-oil),不知耶?"李大惭汗出。其人又问:"知桐树何状,如何生长,何时开花结实,何时成熟,摘桐早晚有何利弊,如何剥出桐子,如何榨油,如何采运入市,如何装运来万,又将如何装运来汉,又如何处理改装运回英国,作何用途乎?"李复大窘,幸幼时居乡,习见桐树,勉强敷衍一番答语。其人笑曰:"仍是未知耳。"因自桐树在植物学上属于何科、何属与其形状,栽培之地,点种之法,采摘之时,早采之弊与因何早采,直讲述至汉口澄油改装直运英国利物浦等等系列,过程详致,谈述利弊洞悉,什九为李所不知。益大惭汗,以为将被摒除矣。最后其人乃曰:"此亦不足责你无知,四川人殆皆与你相似。惟你既为公司负此一隅责任,则不可不知,今后宜勤加熟悉耳。"李心乃定。其人因教以控制油商及其他国家商人角逐之法,而后遣之。故其返寓惶遽如此。既同至万县遂别去。未通闻问。后遇李侄,据云李到任后,自沪接眷住,数年中,李妻舅弟兄姨妹皆缘之致巨富,李仍萧然云云。此事可见当时外人对桐油市场之研究和重视远胜吾人也。

五口通商后,舶来品泛滥于中国市场,输出物品仍只是封建年代自然经济的产物,就四川全省言之,出国商品除生丝、桐油外,统称"山货",包括多种的畜产品和野生植物和动物的遗体。就动物类来说:牛羊皮、野兽皮、鹿茸、麝香、虫草、白蜡、猪鬃、猪肠、鸡鸭毛和他种羽毛;就植物来说:大黄、秦艽、贝母、牛夕、黄连、当归等多种药材,以及五倍子、蒟蒻片,都因是出国的商品而导致大量采集,沿着水路交通线节节运送,至重庆集中输出的。它们的产地主要是四川盆地的边缘山区。由于这些商品的出国而促进了这些向来无人注意的边区之开发,兴起了一些微小的市场,丰富了边民的生活,这是好的一面。另外还有洋商利用我们自己的小商小贩,节节地展拓他们的剥削面深入到我们的荒僻地区去了,腹地则更不用说了,这是不好的一面(他们把我们腹地边地出产的许多珍贵原料运回国去,加工精制成为高价商品,再卖回我国来,为利十倍百倍。这就是殖民地经济的实质)。

南充是四川腹地,行销国外的商品,那时除丝与桐油外,只还有猪肠与鸡鸭毛及猪鬃。猪鬃,即杀猪时拔取的脊毛。襄时农家杀猪(城邑的杀猪房称作"烫房"同),都不注意保存猪毛,由屠夫用铁刮子连同猪表皮汗垢刮到烫锅内,弃于垃圾。

间或有些妇孩抢去拔下部分鬃毛来扎衣刷而已。重庆通轮船以来，有洋商来川采购山货与猪鬃鸟毛，民间杀猪与鸡鸭皆知保存其毛以待小贩收购。

民间旧有一种"收荒"的小贩，担篮一挑，其一盛有用红薯、包壳等淀粉壳物所熬之饴糖，称为"麻糖"，用一半环形之铁片为刀，执小铁锤敲之作响，为商购之标识，农户妇弱家居者有废物可货，闻声则呼之，曰"麻糖匠"。其人即赴之。用麻糖掉换废品，如破布、废铁、敝旧鞋、帽，残毁刀剪之属，转售城市修理、配置或造纸、炼铁用之。洋商教各地方采办人，即依靠此等"麻糖匠"收购猪鬃、鸡鸭毛。其后猪鬃成为大宗商品，在重庆开设猪鬃厂，专事整理零乱不齐之猪鬃。其所剔出之短毛，亦加以清理，输供制造牙刷之用（牙刷猪毛皆先漂白）。因而兼收猪的毛。城市的猪屠场（烫房）亦珍视猪毛，列为收入之一宗矣。

民国初年，洋商在川开始猪小肠收购。规定一定长度，嘱刮去油垢后，用盐腌防腐，即为商品。第一次欧洲大战期间，提价最高，并专门养一批收肠小商分道收购。自重庆集中输出。各商亦莫知其用途。乡愚猜测，以为海底电线包皮。学校学生有猜为提取动物纤维者，皆属可笑。余亦迄今不知其用，猜是作军用香肠用耳。当由欧战期间，军事工厂大量制造，肉屑有余而猪肠不足，故向中国抢购。中国为世界一等产猪国而四川尤为产猪最多之一省故也。鸡鸭毛用途，有猜为纺织用者，甚至有猪鬃为纺织"羽纱"用者，皆必不然。余所猜，猪鬃仍是作刷，高级机械用刷，猪鬃强韧，毛鳞耐磨，应是高级刷材。鸡鸭毛则但供垫褥用耳。

在五口通商以前，南充已有两种出国商品，亦值一述：

一种为鹭羽。白鹭（县人呼如白鹤。误混），为四川稻田间习见之鸟类。古代无人猎取，为其食田池小鱼虾，无害于稻也。"万顷江田一鹭飞"，"一行白鹭上青天"，见于文人诗咏者甚多。欧洲各国的封建年代，贵族妇女每喜以鹭羽、鹤羽为衣饰。直至资本主义初期，用鹭羽为帽饰者犹多（军士、军官、乐队皆有）。故在海禁未开以前，已有重货向中国采购之洋商。江浙地区白鹭被猎取殆尽后，向长江上游推进，光绪年代延入四川。猎鹭者用明火枪，一称"鸟枪"装火药铁子于铁筒中，底有小孔，外作铁耳，盛少量火药，称为"烽门"。锤竹铒为绳，点火则长燃不熄。瞄准后，引绳点燃烽门火，则枪筒内药发推铁子至数百步外。铁子皆小而圆，射出如漏斗中鸟。技精者，善于隐伏，使鸟不觉。尤精者能中飞鸟、脱兔。我的父亲即是猎鹭能手，枪不虚发。我孩幼时，家中常有腌鹭。凡猎得鹭，皆只拔取其长而美白之羽数匹，为商品，价与银重相当。余毛皆弃，肉味美如鸡。白鹭栖于竹林，亦有人夜静时潜赴竹林下然闷药熏之坠者，所得甚多。然药不易得，鹭亦未久即被猎尽。

清末以来，四川田间不复见白鹭。此种商品亦绝。

我国土产之动物，由于产生西洋商品而遭到滥杀至于绝种与行间绝种者甚多。白鹭，是已绝种者，麝香是几至绝种者（打箭炉以东之川边地区，麝已绝种。新中国成立后，有人创扩大香囊从活麝体上挖去麝香方法（其人为庄学本）。麝鹿乃克开始照旧繁殖。

翠鸟，亦河湖，水田间食鱼生活之小鸟。其雄者有翠羽碧绿发光，与孔雀羽端之绿圆纹相似。封建时代，贵族妇女戴银者尚贴翠。即以翠之美羽贴银花上为饰。此俗东西洋各国亦有。故翠羽亦成冬水田地区生产之商品。猎翠者自古即有专业人。其人张细网于田间有雄翠处。系一雌翠之脚，使栖于网下。退至僻塍间作鸣声。雄翠闻声，见雌不见网，则直飞如矢以扑之，中网，遂不得脱。猎人出，捕而拔其美羽，仍释之去。翠鸟虽微而少，迄今田间犹有之。民国以来，贴翠之俗随银花俱废，亦不复见有猎翠人矣。

自海外行销来农村之商品，以"火柴"（洋火）为最早，上已言之。更早行销于我国之舶来品为"洋烟"（鸦片烟）。五口通商，即由我国政府抗拒洋烟销入所引起。但是鸦片战争以后，中国人自己种烟亦随即成功了。

我国栽培鸦片，是近百年以内的事。先由云南西南的边区种起，瞬息便蔓延到贵州和四川来了。那是一年生的草本植物，与我国旧供观赏用的"虞美人"草花，叶形及果实皆极相似，只是特高大些，茎直立。顶端结的果实似酒杯大的，具齿轮盘状盖的小果，内有许多隔，籽实如脂麻子，亦可榨油。果未成熟时，种之者用竹夹排片之浅刀割其果皮，则有乳浆溢出，附着如泪，须臾便凝而变暗黑色。乃以竹片刮收之，积于盆碗，渐干如湿泥，称为"烟土"，用草纸包向市场售之。吸烟之家与烟店收购储藏，分批取用大铜瓢熬其滤汁（实烟土复溶之汁）成膏，于小油灯之玻璃罩口用"烟千"（细铁丝）调裹，向"打石"（玉类之小石牌）上烘成羊粪状小粒，栽附于"烟斗"向火上吸之。我幼时见农村皆能栽培，喜生食其种子。光绪末，官示禁种，直至地方自治时期，不见烟草。我 1926 年赴成都时，则再于道间见之，至新中国成立后乃绝。

舶来品之入川者，"洋布"与洋火同时，皆由洋商驻渝之公司招商分销于各州县。时间在我未生以前。曾忆死去之大伯父云："我入学时，（谓考得秀才时）始缝洋布衫子一件，作拜客时穿，平时仍穿家机布，二十年来，家机布遂为人所厌，今挑担负贩之人莫不穿洋布衣裤，农村安得不穷？""家机布"为农家用自种土棉自纺自织土布，纱线甚粗而不匀，洋布输入后，农民谓其耐磨，初尚坚持穿家机布，久亦竟为洋布所代替，各家不复种棉纺纱矣。惟仍有极少之农户，以"机房"为副业，收购棉花织成窄土布售于市场。寝亦自灭。代之而起者，有人提倡"改良布"，亦称"拉梭布"。有小资本家集资就城邑设厂经营，时则美棉栽培者已多，旧时土棉绝迹矣（时间在1920年左右）。

旧织土窄布用抛梭，布宽尺余，梭长五寸，用左右手互动，而脚踏综机上下间互之经线。拉梭机仍一人一机织布，但布幅宽于旧幅二倍，梭长尺余，手拉机动，则抛击其梭左右行织。属于类似机械之工具，不知何人所创，近年尚保存于四川农村中（夹江县土布业今仍发达，其布行销少数民族地区）。成都市郊区亦尚有之，深夜过之，拉梭碰综之声震震不缀。至于铁机织布，则自卢作孚经营之北碚布厂开始，1926年时，"三峡布"已行销于全川市场矣。

随洋布而较晚来者为洋伞与洋袜。往时农村雨具只有蓑笠。蓑衣用棕皮编织，竹蓑用竹丝夹棕叶为之。在南充，皆外来商品。南充无棕叶，棕皮亦不多。惟油伞则伞店制之。城市居民不用蓑笠，出街则挟油伞备雨。乡村富有者亦有之。其伞，竹骨，构皮纸，涂以桐油。小者圆径四尺，行步用之。大者径七八尺，骑马用之，称为"马伞"。尤大者径丈余，则趁市设地摊之商贩用之，张之如屋，可避雨阳。皆可折叠为圆帱。中国古制之伞，本以布为之。伞字初见于《晋书》，疑六朝时南方已行用纸伞，而布伞废也。宣统末年，南充始见"洋伞"，铁骨，黑亚麻布，柄用石膏塑料而加白漆，甚美观。虽抗雨抗晒皆远不如纸伞，而轻便美观，遂大见行用。士流与商人皆以持洋伞为阔，挟油伞为羞。

洋袜未输入前，国人皆穿布袜，裁白布缝成细密缄其袜底。着时先用方布包足。"包足布"可常换洗，袜不常洗。余幼时亦然。宣统末年乃见"洋袜"于市。迨自北京返县时，县人皆著洋袜，不复见布袜。

与洋伞、洋袜同时输入者，尚有洋皂、牙刷、牙膏、洋油、美孚油灯、风雨灯、口红、生发油、皮鞋、靴油、洋靛、洋红，及其他洋货甚多，各城镇已有专店推销称"洋货店"。搪瓷洋盆、毛巾、沙纱等亦甚行销。然此类轻工业品，本国亦随即能造，颇能抵制洋货。

(1968.10.18)

十四、行会与"大帮"

南充行会，乾隆时已有，首先兴起于丝织业（机房），主要在于资本家制定条款束缚工人，呈贿官府施行之。然工人既朝夕聚集，愤怨反抗之争时有，经多次冲突争讼，逐步微有所改善，工人亦由是逐渐团结，称为"机匠帮"。久而习之，遂称"帮会"。查《元曲》剧本，以末、旦为主，助演之角，有孤（贵人）、外（老人）、夫（老旦）、帮（副净）、来（娃娃丑）等。剧中之匪徒、恶鬼皆以帮角演之。则帮被打入社会之另册可知。

继机房行会而起者，为木、石、泥土、成衣、理发等工匠之行会，其会规皆以禁止非会员行业为主，且以保持师父带徒弟之剥削制度。势力不大。轿业行会，兴于咸同之际，小北路成为宜万赴成都大道时，沿大北路（成都陕西路）与东大路（成都重庆路）为之，名为便利旅客，实以行规加重剥削苦力之残酷手段也。"力行"又缘"轿行"之制，为后起组织。轿行有把头置肩舆，开宿店以栖苦力，先假以饮食消费，待用时扣除其应得之力值。力行则集散技能之游力，为之包揽搬运。初仅有强者号召组成，久乃成为帮会，有把头焉。其业在背负于肩挑，或捍抬（单扛抬货），主要在为船帮搬运。执业不出此城故与轿行不同。

别有所谓"大帮"者，不知起于何时，人皆称之为"麻乡约"，疑是创始者诨名。"乡约"为清初里坊办理公事者之称，或是其人居冲繁地，为服务于官绅之便，创立稳妥寄递之法，后乃逐步发展为大帮承运。其人皆不为士流所知。在各城镇设有简朴之办事处，接受任何人货托运之事。手续简便。托运货品，大至车舆，小至信件，珍贵衣物，包裹百货，一经交付，隔省隔县，千里、百里，皆能按期交付。不惟毫无遗失，亦且绝无毁损。信用之贞，世无其匹。绅、商、官吏，无不便之。清末，延外国人兴办邮政，寄信兼寄包裹货件，大帮之业被夺。然直至民国初年，商民信件货品，仍托大帮。民国三四年后，各地盗匪行窃，大帮赔偿寄品过多，乃渐息业。自开办至息业，未尝有讼其误期失约者。我初谓惟顺庆有之，后凡足迹所到皆有大帮。竟不知其组织内容。或传是顾亭林所倡，考亦不然。顾氏所襄赞者，山西人组织之"票号",司汇兑事。在银行未兴以前,对中国金融活动有大贡献。顾氏仍是学者身份,与绅士往来,非能助劳动人民举办此事者。大帮此种事业,盖完全由劳动人民创造成功。虽至今日,莫有人能知其内容,各州县志书皆不载其事,更无人物见称者,正由其与士流毫无联系故也。

尝揣大帮不肯辉煌其门面,宣传其事业之原因,固由于劳动人民质朴之性如此,亦复由于不愿官府与士流知其事业之庞大,藉以避免征税。因其能避免征税,故取酬虽薄而收益仍多,足以赡养其人员有余,为公积储金以备非常。其信用之好,表现为赔偿认真,无论运途中有何损失,出于意外,非人力疏虞之咎者,亦不要求减免,悉按托运时所填保险价值,自行送上。如此认真不苟,故无讼事。无讼事,亦即避免为官府所知之道。又其不与士流交际宣传其事业者,盖固知士流皆贪利无耻,畏其知道事业内容,串官征税以渔利,或有其他插手剥削之事也。又由其自居卑贱而信用卓著,故能得人之爱护,尤其是商人和袍哥,故能行业数百年,远达数千里而独能免于稽征,亦不著名于史志,而成为民间之秘密事业云。

(1968.10.19)

十五、刻书业

封建年代无铅印、石印、油印。官府文告与士民用书皆以木刻版印刷。刻版以梨木为上。岳池多梨树，故世传雕刻最佳。凡名家刻书，必延岳池匠师。松柏科木材不中刻。其他杂木材，则用为刻临时性的文物与低值书籍。

书店南充城有数家，皆在正府街，所售四书五经多为白文，供各私塾生徒诵读。有注者，仅用朱熹一家，名"备旨"。史书，则惟《了凡纲鉴》即《末子纲目》亦不可得。八股制艺之书则颇多。讲经史者，皆须远赴成都重庆，乃能购得汉、唐、宋儒著作。最销行之书，则为《酬世锦囊》《玉匣记》《圣谕案证》及各种旧小说，如《七侠五义》《七剑十三侠》《说唐》《金瓶梅》《三国演义》《封神榜》《绿野仙踪》《西游记》之类。若《聊斋志异》之类已成高级小说，士人能读者已少。文风之陋如此。故虽亦有举人拔贡，文皆不通。罗梓清谈，西山赛云台后一墓区，举人林书宝撰碑文，有"暴雨横行……是皆余所目击见也"句。罗批碑柱云"满碑全是狗屁，余所目击见闻。若要狗屁洗净，除非暴雨横行"。余1928年在此修县志，偶步山麓，果见此碑。举人如此，其他可知。余所见南充秀才，几于无一通人。书肆所售之书如此，固无足怪。

书肆皆不刻书。刻书者为刻字店，主要为人刻名片戳。封建时代名片皆红纸，字大如核桃。请名手书写付刻。刻工有颇佳者。刻名片外，为刻官府文告，刻丧家讣书，刻神匾、寿联等。

民间销行之书，称为架架书，有小书贩以一木架，吊悬各书其上，率皆只一薄本，十余折页，雕刻甚劣，售价则廉。其书分两类，一为唱书，如《新闻》，剧本《山歌》《哭嫁书》《麻雀嫁女》《小菜造反》等玩笑唱本。一为读本，如《三字幼仪》《三字经》《声律启蒙》《增广》《纲鉴》《女儿经》《传家宝》之类。

《传家宝》这本书，幼小时见人读过。长大后觉其有用，求之未得。它把农村人民生活日用的字，编为通俗的韵语，易读易记。农民虽或只读成顺口书，不识其字，当用字时，亦可顺口求字照写。渐至于熟习写用。例如它有这样几句："那石匠，手艺高，提起大锤打石包。修磨子，砧碓（读如对）窝，猪槽、狗槽打得多。"二十六字，编入了"石匠""手艺""大锤""石包""磨子""碓窝""猪槽""狗槽"等八个农人常用的名词，还加上"提""打""修""砧"等四个动词字。这对农民说来，是极其有用的。在没有《看图识字》的年代，用这种韵语帮助农民识字，是最好的了。可惜教书先生们反对读它，其书竟未能传。

　　卖架架书的人，主要是赶乡场，偶入大城市，亦只是游行于僻街及茶肆，士大夫们是看不见它的。其刻书地点从未见过。闻是岳池、广汉、宜宾等处刻书业较盛地方生产。

（1968.10.20）

十六、文化娱乐

（一）茶馆

那时社会的有闲阶级，以坐茶馆闲谈为日常生活，南充城与各乡场皆是。坐茶馆者一般约有茶友，天南海北、时事旧闻，无所不谈。一般晨往先泡一盏，早膳、午膳后再往、三往。夜亦往。乡镇袍哥则大都在茶馆"摆茶"调解纠纷。因而营茶馆者，每招人说评书，清唱戏剧，以招揽顾客。游方卖艺之浪人，打道琴，唱盲词，玩小把戏，唱莲花落者亦赴之。皆先演唱后再向坐客讨钱。卖粮食、杂物之小贩，讨钱之僧、道、乞丐亦串走其间。

有一种装烟人，相呼以"水烟袋"。围袋裙，各袋盛各级烟叶包成之细丝。手提一特制之铜质"烟袋"，有烧管与吸管，二管相并，通连，下部盛水，烧管插烟斗，按烟丝于其上，用草纸卷成之"捻子"点火燃之。吸管可一再续，长达丈许，隔桌之人亦能坐而吸之。烟气透过盛水经吸管，入口，人吸其气而嘘其烟，以为享乐。往时烟贱，钱重，须吸二三次乃酬以钱一二文。其人亦赶筵席酒，赶庙会。业级甚贱，只赤贫者为之。其后俗嗜叶卷烟，此辈亦兼负囊装烟叶烟杆，供茶客享受。茶客若无特殊事故，只携十余钱入茶馆，生活所资皆备，故有多人以坐茶馆终其身，其家人皆推奖之，以为"贤于赌博"。亦有盲女伴一琴师沿街卖唱者、"打道琴"唱故事者，串茶馆求茶客点曲，皆以艺道乞钱。

（二）戏剧

看戏为城乡居民极嗜好之娱乐。乡村演戏前已记述。兹就南充城内之情形记之：

城内演戏几乎每日有，故看戏成为城市之最经常最普及之文娱生活。城内各会馆，各行会，各寺庙，有神会产业与会金收入者，经常轮流唱戏。大家巨室有寿酒，亦皆唱戏娱宾。非宾亦得入观。有名的戏班，坐留城中，一年半年，逐日皆有人雇请。惟皇帝后忌辰（皇帝皇后死的一天禁演戏）禁演。其他一些忌日亦多，人多不能记识。故城内全年足有二至三百日演戏。名戏班如祥泰班、义泰班等，戏箱辄数十口，难于搬迁，亦乐于留演于一城内。

演戏必宴客。会首与绅士享之，一般会员不得与。点戏先挂牌公告剧目，每日分早、午、夜戏，四本（正本戏并较长，上下午各加半本）。宴客则加酒戏。有业条凳者，备高低条凳数十具，斜张于戏台下走道两翼，以便观众坐看，每台戏收费一文，称为"板凳钱"。每日四台，收费四文。每条凳坐十余人，日可收四五百文。

演戏每日必于开演前"跳加官"。以小生角色，戴有假面具演之，不开口，亦只打小锣，人多厌憎。然有显客至，必暂停其戏而跳加官。显客亦掷红封钱数十文酬之。凡新修戏台演戏，必先演"灵官镇台"，亦是哑剧，但全班合演，有"跑功曹"、"三变化身"技，加演仙佛诸神朝贺。净角饰灵官举鞭外坐高台上，会首、士绅上台跪拜，焚香献帛。最后有人请"大神开金口露银牙"。净角乃高唱"吾斗口灵官是也。今某某迎请镇台，诸邪恶鬼一切远避"云云而散。则是戏而近于巫也。

我曾见陕西、山西人演戏，皆连数昼夜不息台，甚至两台，三台同时演唱。其在四川，虽雇川剧班演，亦必自早间开演至夜不停。市民闻三元宫演戏皆喜悦，因看得久过瘾也。

(1968.12.21)

川戏大体可分为几个类型：忠孝节义戏，剧本大都由湖北、北京传来。取材于昆曲与京戏，以一人独唱重头者为多；"堂戏"，自陕西传来，每戏生、旦、净、末、丑五角并重，唱词简短，重在情节。人皆乐于观看。大都全剧分上下两本，情节几于雷同，有人总结之为"公子落难，小姐偷人"，可谓得其要领。若更问净丑如何，则可续云"大花脸行侠，小花脸倒霉"而已。另一类"锣鼓戏"，不重唱词，专讲情景热闹，皆本省艺人所编造。乡民与基层市民好之。还有另一种"鬼戏"，则本省文人所编，取材《聊斋》者为多。多有彩场助兴，夜戏常演之。

艺人多于西充及南充之东观场，以坐科出身者为贵，以其腰腿有法度也。道白必用中州音，只小丑可用土音土语。其人旧为士流所轻，称"戏娃子"。与营理发业者、娼妓业者，子孙皆不许应试。其后少宽，惟演旦角者子孙不许应试。然其人率多自爱，内部清规戒律亦甚严格，自称为"戏班子"，谓是"高台教化"之执行者。

富室子弟，多有好唱戏而不愿作"戏子"者，则相聚在寺庙或茶馆中清唱，锣鼓词调一切同于大戏，只不化妆表演。称为"打围鼓"。其人称"票友"。凡戚邻有婚、丧、寿、庆之事，即送围鼓一夜为庆祝。有时技痒，亦制戏箱演戏，称为"彩串"，亦不卖钱，以别于戏班。然其人腰腿无戏艺，人皆不喜观之。又有票友穷困而搭戏班者，称为"下海"则与"戏子"无异矣。

演戏虽公众之娱乐，封建社会伪称为"娱神"。故惟神庙、会馆修有戏台。文庙不演戏，独无戏台。每天旱为灾，则群议上演《搬东窗》，即岳飞一生事迹。正规为二十四本（一日为一本）以秦桧在东窗修本害死岳飞为主题。自岳飞投生演起，至风波亭死止。相传此时天必大雨。故其台词预已编定云"我岳飞今死，不惟万民落泪，你看天也在哭了"。然我看东窗戏两次，至绞死岳时，天皆未雨。其剧本，不知何人所编，设计甚为荒谬，谓赵太祖匡胤为太宗所弑，魂灵不甘，祈于天帝。天帝命其转生为金兀术（完颜乌珠），夺取大宋江山。佛祖讲经，大鹏鸟偷生下凡保宋。是为岳飞。钩绞星亦偷生下凡为秦桧，暗助兀术。最后又有牛皋落草，被陆文龙搬来，与岳雷等大破金兵，活捉兀术，笑死牛皋等场。迨无不荒诞绝顶，而谓可以求雨，盖又荒唐之荒唐，诞谬之诞谬也。演前先设雨台，每日作法，得雨乃倒台。如二十四日已完犹无雨，亦不倒台，以待雨。

(1968.12.22)

另有《搬目莲》戏者，最为好看。连台四十八本，梁武帝故事与目莲僧破狱救母神话。谓目莲为梁时居士"傅大士"之子。其母守戒持斋，后乃悔而犯戒，被活鬼捉付地狱。目莲为孝子，修持得道，破狱救母。每日四台，半朝半野，半阴半阳。此剧北京原有，称为《劝善金科》。有江津人改为高腔川剧，唱做并重，备文武各艺。夹用"下台"彩场，最能吸引观众，成为小乘佛法宣传艺术最有效率的戏剧。县人老弱男女无论有无文化，皆能说地狱轮回者，此戏之力为多。据县人传说：搬演此剧，可以消灾弭变。故大城邑丰乐之年，每每有人倡议行之。积月兼旬，昼夜连台，非十分闲暇人不能首尾看完。惟每日彩场一次，必万人空巷。又当演鬼捉刘十四娘（目莲之母）时，必用重金聘请著名之"叉手"加入表演"打叉"绝技，先三日牌告其期。届时，农人辍耕，商贾停市，争赴剧场观览，又为四十八日中最繁盛之数日。

叉手为一种配合目连戏需要之专业特技艺人。演剧"倒嗓"，而身手矫捷者练之。用一种矛式之铁叉，夜投燃香，中火燃部为准。积百千万次而艺精，可以在一定距离投叉中物，预指一点，中之不爽，乃为艺成。与国外飞刀杂技艺人相似。但不卖艺于市肆，专为演目连戏者帮演"活捉刘十四"数场，用惊险骇目场面，加深观众敬畏鬼神之思想。来者必是二人，称为"上手、下手"。上手扮恶鬼，"打叉"。

下手扮刘十四娘，"滚叉"。上下扣手。又打出不直射而必使叉柄刃翻转一次而中物，故又曰"翻叉"。受叉人则筋斗翻腾，作逃奔跌扑诸状，作滚转畏避式，故曰"滚叉"。既而仆卧静息，则翻叉投之。或从顶擦过，或着木于项侧、腋间。戏台高，人不能见叉中的，则用长木板倚于台柱或台壁正中，演者奔逃至板前而投之。最精彩处，是当刘十四娘抱木板作昏厥状时，鬼从马门追出翻叉，中其指与指间之木板上，久久拔之乃出。凡自恶鬼出发，至捉押刘十四，经过十殿勘审，至送入铁围城受罪，各场皆要打叉，阅三五日乃止。戏班又恶作剧，用纸扎伪叉，付叉手向台下投掷，如失手状。观众当之者，大骇图避，骚乱呼叫，往往人相践踏成伤。是为"打假叉"。四川俗语谓两人戏斗为"打假叉"者，即缘于此。

叉手二人，必是弟兄或师生。先亦有约，误中而死者不讼。故"下手"虽坚信"上手"技艺，仍索剧团为之预备棺木衣帽，置于台下，示人以能死。演毕，乃折价领去。其艺绝精者，能一次翻出双叉，分挟"下手"之颈或腰而不伤人。清亡后，无演目连戏者，叉手皆失业，转为江湖艺人。

《搬目连》除打叉为惊险彩场外，尚有闹热恢奇之场面约四十种。多数种须从戏场外扮演入场，称为"扮下台"。例如：第一日"捉寒林"（佛家称游魂散鬼为寒林）即须由演员二三人装束如市民，散处市肆间，又由其他演员率市民持绳索、佩符咒分往觅捉之。扮寒林者跳跃奔逃，真如避逐逃死状。逐者亦真如差吏捉逸囚状，合市喧腾，助为追捉，力竭而后得之。拉牵回场，追入戏场时，面色已经灰白，昏昏如醉人，观者为之寒栗。乃扶上戏台，由"掌教师"为之作法"退煞"，给纸符佩之。另杀一鸡，取毛粘血贴一纸人上，送入纸作之囚笼，用香火供于戏台下。戏毕乃毁之。云如此则四十八日内演出无事。此种"下台"，实如与全市人民合演一戏，而杂用巫术者也。

更有令人恐怖者，为"耿氏上吊"场。先演耿氏以头饰布施游僧。其夫疑其与僧奸通，责之。耿氏冤忿欲死。于时有化妆为缢鬼者，自场外呼啸而入。至台对面一台上作态，觅替死者（相传缢鬼须得再有缢死者乃得投生）。其人口衔猪舌垂唇外，用猪肺为薄皮贴脸上，蓬发披黄纸钱挂，手脚皆彩涂，持索环顾。锣鼓应之。全场阴森冷酷，妇孺至于掩目不敢视。戏班先售米麦，令观众持之，向鬼撒去，云鬼畏此不敢近，为观者壮胆。于是全场嘘声四起，撒米如雨。鬼从人丛中取道上台，作向耿氏耳语，诱其自缢状。台柱上预缚木柱如树枝，其前端悬结吊绳。此时掉转向台上。鬼引其绳作态诱耿氏。耿氏初乐就，既持绳而悔之数四，鬼乃强拉之套上吊绳。演耿氏者，向缚有铁钩在两腋下。此时，鬼引吊绳入其衣领内，套于钩上，状如套在项间，乃撑转木柱一端，悬其人于台前空中。演者作腾跳死苦状，已而伸垂其手足，若真死矣。鬼下戏息，乃转木柱回台，下其人，换悬一鸭于吊绳上。鸭乃真被缢死。观众散时，如真见人之缢死有鬼弄之。

如此妖惑幻戏之事，演至四十八天之久，其入人心之深可以想见。中国之宗教宣传技艺，于此为极矣！回顾封建王朝，与官绅所推行之"儒教""圣谕""祭祀"之礼仪，"八脩"之舞乐，"琴瑟"之乐器，"方志"之所宣传，"科名"之所鼓励，其所以能迷惑人者，仍只有势力二字难入人心。至于利用人民娱乐之具，宣扬教旨，深入人心之效果，则较佛教徒为天渊之别也。

(68.12.23)

戏班子在戏台上演奏之戏剧，称为"大戏"。别有所谓"小戏"者，分木偶与灯影二种。木偶戏团只需八九人。六七人司乐器，二三人舞木偶。往时木偶皆大如孩童。头用木刻彩绘，双目能动。亦有口舌能动者，头下贯竹杖。又木刻双手，亦有指能动者。手肘又各装一竹杖，而引绳连于头下。上覆衣袍。一人持此三杖舞动，表演大戏诸态。技之巧者，使之生动如人。眼、口动作，以机引绳系指上，屈伸牵引为之。当露足，则另一人持假足出衣下作戏。旧戏各场主要演员只一人二人，三人合演者已少，故精于此者二人，更带一小徒，即可用木偶演一切大戏。大戏班至少需二十余人，演一日酬价昂。木偶班耗口粮少，演出所费低廉过半，而其技尤可欣赏，故亦曾流行。究以偶体重，持演人费力，习之者少。后渐减缩为小木偶，头大才如拳。又后再小为"京木偶"，头大仅如杯。技愈偷而观众愈少。

"灯影"为牛皮雕刻之人物形像，于一布幕上，以灯光映射演之。道具仅装一箱，用人更少。观众亦不能逾百人。农村神会资产小者不能演大戏与木偶，则演灯影戏，白画于对日光处张幕向背光面演之。故又称为"皮影"。各地"秧苗会""土地会""娘娘会"大都召演灯影。一日所酬一千余文。木偶当倍之，大戏则十倍以上至数十倍矣。影戏一日亦分早、中、晚三台，加花戏一出。夜演一场。县城每街有一土地祠，秋夜，各街皆当演灯影娱神。故土地会一称为灯影会。昔年皆于土地祠前搭过街楼，灯影戏于上面横衔张幕演之。其下可以过人。观众拥立街上。其灯影人物颇大，远望能辩。后亦改小，仅在街侧张幕，以省费。灯影戏原重在《封神》《西游》《白蛇传》等神怪戏，脚本与大戏不同。其后多为票友所踞，只演大戏脚本，观者不感兴趣，渐以不振。

大戏、小戏外，则有灯戏与被单戏。"灯戏"即巫师所演，前已言之。"被单戏"为指头木偶，演者双手各演一人，脚踏锣鼓成声。张布架为戏台，其人口唱，手演，五官四肢同时并用，所演神态亦有可喜者。大都就街间张架为之，者乞钱，所得甚微，如乞丐然。更有一种失业艺人，戴竹丝伪眼镜一副，纸纱帽一顶，提纸锣，上写"麻筋班"三字，入茶馆唱戏乞钱。亦有艺高者，能兼生、旦、净、末腔调，唱整本大戏，或整段。其态可笑，其人可怜尤甚。

（三）杂技

戏剧以外，偶有外地魔术杂技团对来城就广场隙地张绳索高架演技，称为"大把戏"。亦有人为之圈设条凳以便观众。通常有蹬桌子、翻云梯、接天弹、肢解人体、杀娃娃诸戏，二人立高台，打锣对唱，以号召观众，不断向观众讨钱。观者喜其技而厌其拖延不演，往往吝之。其人善能观风色，或演或延以留观众，卒能破其钱囊。

本县有卖膏药、跌打药者，亦仿其术，备列十八般武器，师徒对演打斗，藉以号召观众，因吹嘘其药功效。以卖药骗钱。演技不索钱，虽或索讨，亦用小孩诈为孤苦学艺以乞。

别有一种专演小套魔术人，设小摊演"小把戏"乞钱。或赶茶馆。凭双手一扇玩弄小物出没变化，人不能解。故所至观者云集，得钱颇多。

又有一种"说相声"，其人作布帐，所至张之，独居其中作鸟语兽声，吸引观众至，乃出求钱，若干文一场，凑足乃入幕表演。其说尽甚秽亵，仅市井无赖乐之。亦有不秽亵者，可以入人家宅演技。必先问："要荤的，抑要素的？"点"素的"，演时亦堪笑乐。大抵以一人作数人语调声音描写一故事，或问答歌唱，诙谐梯突，令人捧腹。皆有脚本，预练习之，故能巧妙。

(1968.12.24)

（四）赌博

然而一般人寻乐偏重于赌钱。由官府与家长禁戒严防，多秘密为之。有窝赌之户。其恶者兼贷子母钱。富室子弟百方潜就之，大都为之破产。有赌棍集团，多方引诱，人入壳中而不自觉，谓其可乐也。

赌有名"红宝"，为一方铜块，一面有朱凹，装方铜盒中，密盖之放桌上，任人猜压朱凹之方所在。中者按其注三倍赔之。

又有"摇摊",用骰六枚,置盒中摇之。亦任人猜压方位。除四之倍数,得一为青龙,二为白虎,三为出门,四即零,为龟身。定胜负如红宝。似系自两广传入。

另一种为"掷骰",用六枚六面之骨粒向碗中掷之。其名色殊繁。大抵有七十二色为"顺"。得顺者全胜。有三枚相同者成"点",依余三枚之数以定高下。最大十七点,最小四点(如不同之三色为二六一五,则十七点。为双幺一二为四点)。庄家验各家出注多少掷股盆中。得顺,则全入各注。得点,则各家挨次掷,以点数定胜负。有善于其艺者,总结色类变化次第,造为惟心之规律,什七八中,是为"看盆匠"。赌者恒仗之。

以上为群赌之法。外似无弊。而久赌者无不倾家。其弊盖在于抽头量大而人不觉也。设赌者对赢家抽头百分之一,似亦不重。然一刻之中已数度出入,一日百次,则百分之百矣。

数人合局之赌,则有"叶子"为油漆纸绘画之小长方牌八十四张。有种种赌法。或二人,或三人,或四人,或多人合局。又有"骨牌",只三十二张,骨角或木制。四人合角,人各八张。亦有种种斗法(当时四川尚无麻将、扑克)。士绅之流多好之。骨牌又可用于群赌,曰"推牌九"。则因三十二张异识别,弊窦多矣。

又有元宵"灯虎"之戏。每年正月初一至十六,市民户皆于门前悬灯,或方或圆,或像动植物形。或扎鳌山,故事。夜游观赏。有文人好事者贴隐语于灯上,索人射之。中者酬以文物,不中者自去。为非赌博性之文娱。例如"春雨连绵妻独宿",射"一"字。盖谓雨连绵则无日,妻独宿则无夫。"春"字去日与夫,则仅存一字也。又以"倒头纸",射"四书"一句。注"卷帘兼玉带"五字。中者为《中庸》"的然而日亡"句。盖乡俗父母临死之倾,须烧纸钱二十七斤半,称为"倒头纸"。卷帘者,射语当倒读之。"玉带"者。谓最中一字取其音,而非其字,即俗所云"白字"(最首一字用音者为白头格,最末一字取音者为粉底格)。倒头纸为亡日儿燃的,以而代儿,故曰玉带格也。

(1968.12.25)

又清末开法政班,留学生依西方法制定人格为二种,机关、团体为法人,人民为自然人。有人设灯虎云"说人格,射道德经一句"。中者为"道法自然"句。举一足知其隅。

又有"撞诗钟"之戏者,更为高级,仅文士聚会时行之。出题者取一诗句,或二以上之名词为题,人各用诗二句嵌合之,以韵响义精者胜。例如:辛亥四川绅民向清朝廷争川汉铁路民营时,川督赵尔丰逮捕为首者九人,奏请杀之。九人在狱,以撞诗钟遣忧。蒲伯英出题："青、黄、赤、白、黑五字。"诸人忧伤心乱，不能就。南充张表方先生独成一联云："黄州赤壁东坡赋，黑塞青林太白诗。"传诵远近。又有人以"猕猴菌熟，豆苗肥"一句为题：注云"不犯"，谓撞诗当不犯题字。西充王某善试帖诗，撞云："果然能耐老，从少不嫌疏。"亦传诵一时。盖《事类赋》云"猴名果然"。菌熟而老，中餐。报孙会宗书云"种一顷豆，落而为萁"。豆苗肥则虽落为萁，不疏也。此较联句为更难之文章游戏，虽亦无用，犹贤于博弈。

又有一种"压诗条子"之赌博方法，用成诗一句，取其一字，配四字以乱之，如"五月稻田收火米"，本李德裕《岭南道中》诗句。配六、七、八、九字，与五字混分为五度，使人压注。中首度"五"字者胜，照注赔三倍。压他四度者负，注被吃。中五分之一，仅得三倍者，规定其一字必是原诗句字。曾读其诗者必中。未读其诗者，则疑五月不收稻，必向六七八九月压之。迨揭示原诗，无不失注也（其法必须检书以示负者）。然亦有故取误板书，或故意刻为误字之唐诗出条，以欺熟其诗者。总之，亦是骗钱之术，滥文人当穷乏时每为之。皆沿街摆摊，书"以文会友"四字。识字者乃留步猜想试压之。

封建年代之娱乐，惟戏与赌。佐之者则有茶馆、酒馆、妓馆。南充茶馆最多。酒馆率渺小，图饱而已。饮酒猜拳行令，则惟家庭、公所之宴会为之。烟馆售鸦片烟，仅苦力就之。大家子弟皆在家。

（1968.10.26）

十七、遂宁香会

赶香会，亦封建社会特点之一。川东有丰都之阴王会，川北有遂宁之观音会。北道又有梓潼县之七曲山文昌会，川西有成都之城隍会，上川南有雅州之土祖会，下川南有何神会不能详。峨眉山与中崖山香会期亦皆热闹惊人。遂宁与南充近，南充人往朝香者往时甚多。我亦曾屡过遂宁，虽未值香会正期，亦累见其概。

遂宁县城傍培涪江，涪江东岸是广德寺，西岸有灵泉山，是个很卑小的山岩，灵泉寺就在岩下。两寺都是供奉的观音。土人传说：观音菩萨名妙自在，她的父亲妙庄王，是一国之君。观音三姊妹便生长在这里。两庙都是她姊妹的肉身为神。另一肉身在南海普陀山。有一部戏剧叫《观音得道》宣传此故事。香会的正期每年有三次，便是她三姊妹的生日。夏季的一次是观音本身的生日，最为热闹。那时在打谷以前，农事颇闲，各县各乡各村里农民各自组成朝山的香队，推一个人为香头领导，各人缴纳一定的香钱给他，他又分派几个熟悉香会情形的人去分头办事。这些香头和执事，都佩有一个香囊，上题"朝山大吉"四字，头上或腰上系条红布。购备有竹香（竹纤裹香粉燃以敬神）散供队员持之以行。队员男女老幼不一，行走速度不同，能相互照料，赶上预定之宿栈。一切食宿皆由香头与所指定之执事人员先行预备。出发前，必各人先行斋戒沐浴，保持洁净，相戒以诚虔念佛，不许调笑。路过神庙，必向之一揖。南充赶此会者称为"朝遂宁"，须行二三日乃至遂宁，例于赶到遂宁城住宿，次日朝灵泉山。又次日渡江朝广德寺，遂便道回县。

香会正期一个月中，遂宁人口骤增数十万，各栈房皆不能容。香队预订者，皆只订半夜。或上半夜，则傍晚即寝，三更后起。下半夜三更后入睡，天明即起。其不得夜寝者则订昼寝半日，大都天明即催夜寝客起，抢睡至午，乃起而朝山。全城住户，凡可以留宿客人者无不暂营客栈。客栈之外，香烛店最多，出售竹香、檀香、蜡烛、纸钱、金银锭（金箔银箔折成之纸锭，用线贯之）、鞭炮、黄表纸（通常作缮写表文用）之类，专供香队采购。香烛店外，又有香烛摊，自城门至寺门，大路两侧密排里余，愈近山门处愈密。山门外有道路多条，各条皆排香烛摊数重，栉比若蜂房，皆设有净手水盆、揩巾，或备饮水，大呼"香客这里洗手"以招徕顾客。甚至有位置较远者于路上兜揽行人云："那里洗手最干净。"即庙内隙地，香烛摊亦满，且有售蟠龙雕花大烛，与指头大数尺长之染色大香者。庙内供神殿廊甚多。正殿为三观音，他殿杂供各种神像，所在香烟烛氤氲充斥，神像模糊难辨。朝香者前后拥挤，亦各匆匆不遑停趾，无暇观神也。

香烛摊外隙地又被乞丐填塞，所留道路，不容二人比肩。大约数百里路丐人皆集与此。多有负瞎嬷之孝媳，抚病婴之慈母，截腕刖足，疯癫残形，千奇百怪皆备。乡农或有误投钱于一丐者，他丐即人人牵衣挽裾阻其前进，必亦各得钱而后已。故香队头人必先戒同行勿自施钱。每队皆先与丐头交涉，总付以一定布施，则该队行过时，即有丐头传语，群丐不向该队需索。否则为群丐所围，罄全队所有不能周赡之。每有自称善人者，命人载钱以行，每丐给予一钱，或二钱，亦必先嘱丐头宣布不许跟讨，乃得畅行无碍。丐头似亦有其组织，命令颇能贯彻，其每日得钱共是若干，如何分配，亦皆有记账，与议事，分组敛散等规定，其详则不知矣。

会场并不唱戏，亦无其他宗教宣传布置，但各神殿皆有一僧轮番敲磬而已。敲磬亦索钱，由僧众分享。香客匆匆奔走，亦不暇有所欣赏。数日归里散队，人询其盛况，所答如此而已。或出于好奇者，一往不更为之。亦多有出于迷信者，必称颂其神之灵显。其言曰："灵泉、广德两寺外柏树千株，皆弯曲向寺，如拜神状。两寺瓦上无鸟，地下无鼠。香会期中，无大雨暴风。香客虔敬者虽盛暑烦热，人无疾病……"等等不一。

我于正月过过灵泉山，香会垂息，人迹寥寥。所见柏皆植立，并无拜寺之形。庙顶飞鸟成群，雀粪撒林间。想香会繁盛时，故当鸟避鼠匿耳。香客皆农民，宜不因烦热而病。川北盛夏惟多暴风雨，无阵雨。暴风雨将至人皆识之，避而不出。出固不遇，理易知耳。然亦每有病倒者，有遇雨者，则诿为斋沐不虔所致，乡愚易欺，迷信者未或疑焉。又皆互相传说云："有人拜神，见前跪者为小脚少妇，戏伸二指量其长度，指遂僵张不能收合，香头率全队为之忏悔，乃愈。有行香后宿妓者，两人腹部皮肉连合，迄今不开，有人见之。"如此云云，一人造谣，万人传信，究莫能明确为何时何地何人之事。

按佛家经传，观音、文殊、普贤各皆释迦牟尼十二大弟子之一，皆男子。印度寺庙其像，有蓄发者，有狞恶者。惟华人传为女子，竟借"妙庄严""妙自在"等译佛经语为人名，并横谓其即遂宁之人。此大小乘佛法与中国古史所绝无，而愚民信奉若狂如此，殊堪骇异。灵泉寺外古柏有大至两三人合抱者，估计为千年时物。则此寺之古，当在唐宋已有。何人创此邪说，竟能蛊惑愚民至如此之久耶？

所谓遂宁香会者，愚、狂两字足以赅之。据朝香人言："遂宁汤圆，不吃要失悔，吃了也失悔。"询之其故，据云："糯米粉作汤圆，大如儿拳，内包红糖，外沃糖水，两文钱一个，天下无此便宜。不吃而去，心总歉念。追买食之，口不能容。然一经咬破，则热气一股，糖汁一喷，仅余薄片粘牙而已。"遂宁为四川蔗糖原始产地（唐代沱江流域尚无蔗，遂宁已有），清代产量尚大。其时脚力运输不能销远。故糖价廉，谁人遂创此法，既以"内外糖"诱香客，又以汤圆形大诱之。

大抵奸商市侩，利用香会，盘剥乡民之道，无所不用其极。卖米饭者称"帽儿头"，碗既盛满，再复重覆米饭一碗于上。乃去其上碗，则饭高出碗口如塔。人须用手护持而食之。矣则下碗空心，上口累空如帽。塔部尽则全碗将尽，并未加饭多少。始作俑者，大抵于遂宁，创以欺远来之香客。后遂成为全川饭店之规制焉。

（1968.10.27）

十八、农民造反

四川历史上农民造反的事太多了，有好多次都是被封建官吏利用来作了割据一隅的基础。也有许多次是农民自己建立政权，甚且还是村治联军防御的形式（例如明代的大巴山区白莲教徒，和清乾隆嘉庆间的大巴山区白莲教徒）。也有采用"流寇"方式的（例如明末的摇黄十三家和清同治时的李永和蓝大顺等太平军）。还曾经有过用宗教形式组织的全国性的反对封建制度的社会大革命（如张陵、张衡、张鲁父子祖孙组织的太平道，即史书所称的黄巾）。无论其是何种形式，规模大小，他们却有个共同之点，即总是发生在历史上人口最密（就土地生产力与农业人口所需要土地面积的比例来说），兼并最甚，农民丧失耕地者最多的地方。他们原都是畏惧官府刑法的人，到了一家人确已无法生活了的时候，便不怕死了。一听说哪里有人造反，便跑拢去投靠。凡属封建史籍所记"旬日众至数万者"的所谓"贼军"，便是这样一些实况的概述。他们既已造反了，便以打战为主要任务，壮丁都不耕种，有的甚至老弱妇孺也不耕种，专靠打开地主富绅的仓储来吃活。这样的造反，无法建成根据地，不能不成为"流寇"，结果是与整个地区社会同归消灭。有的能够注意于根据地的建立，且耕且战。但因皇帝掌握的军队太多，采用了围剿的办法，弄得他们生产的东西不能满足消费，结果也还是失败了。

这些已有史籍记述的农民造反，不属于本篇记载的范围。这里只记我亲身听到的，目击同光年间农民造反者谈述的一部分史事：

我的三个姑母，都是清咸丰年间生人，她们都见到蓝大顺围攻顺庆城的事。马大姑家在小老君，当蓝军进攻顺庆城的路。那时各家地主都搬家到大方山、小方山等山寨内去居住。富民亦有搬迁入寨者。穷苦人家还留在山下家里。山寨上的男丁嫌少了，站排不满寨墙的一方。寨官命壮妇少女皆伪为男装，用长帕盘结头上以掩鬓发，手执刀矛，杂男子排列当路一方的寨墙上，以壮声势。蓝军从寨下大路过了一整天，并未攻寨。有骑马的军官向寨上说："你们各自回家去做庄稼。我们只杀官，不伤害你们。"寨上不许应声，也不敢发炮。他们每对都有一杆大旗在前，有骑马官几人，或前或后。武器全是刀矛、明火枪、抬砲（二人肩荷的硕大明火枪）。有一队女兵，骑马的头领穿的花衣，头戴唱戏一样的花冠，上插雉尾。她们都是天足。寨上的假壮丁都是小足，走动就要暴露真形，寨主原是有令只许站着，不许走动的。因为相呼"看女贼"，走动了，被他们识破，就骂起来。"女贼骂的还不难听，后队男贼过，骂得最丑恶，寨上妇女不敢还口，都含羞退到男丁们身后去躲着。假象完全暴露了。且喜他们并未攻寨便过去了。"

又还说："蓝大顺造反，并不杀人，只杀官。有钱的人被拉去筹饷，出了钱也就放了。他们围顺庆，未攻破，只破了西山寨，未杀一人。寨上的人跳岩逃跑的，死伤倒有几十人。""西山寨"，实是说的栖乐山寨，在南充西门外所谓"西山"的北方，与北门外的舞凤山隔一西溪。山顶小而甚高，有大石崖一圈围绕，因而险固。寨内有栖乐寺，树古原很茂密，一池蓄水澄澈，盛夏不涸。寨门下抵西落垭数千步，再下盘，回达西溪岸又数千步。西溪东岸即顺庆（南充）城之西门坝。张姓世为一方大地主，拥有此寨。蓝军攻城，征粮于张家，其家族人皆已搬粮上寨，故蓝军破之，得粮而舍其人也。大抵蓝军资粮于民间之大户。而南充遍地皆山寨，官吏教大户皆移粮守寨（即所谓"坚壁清野"），故蓝军非破寨不可得粮。破寨不易，故蓝军停留顺庆地界不久即他去。

蓝大顺名朝鼎，与李永和，于咸丰年间在云南大关老鸦滩起义，旬月间众至数十万。由川南攻向成都。未克折回嘉定荣威间，蓝分军遍历全川各地。李则固守荣威山寨为根据地。叙嘉荣威间盐井与采矿工人甚多，皆川中失地农民被大富豪强诱致从事工业，被其残酷剥削者，故其初起，即势如燎原。时太平天国南京已被围，蓝李受天国抚用。李已剪发，故被称为短发。蓝则犹未也。清廷调骆秉璋督川，骆调湘军入川。有萧启江者，其兵甚精，曾过顺庆，在校场操演，纵市民观之。故余幼时，尚屡闻乡人艳称"萧兵"。龙归院萧和尚，人亦戏呼之为"萧兵"。又有文官朱射斗、黄淳熙，亦受骆调，率军入川作战，先后并为蓝军所杀。《南充县志》曾载其事。蓝大顺后因李永和败死，率众入陕西。太平天国封以为某王，又十余年乃败。官书已详其事。未检。

余幼时，大哥们买得"新闻"刻本，记大足余栋臣打天主堂造反事。其书半为唱词，半为散文，有如宣卷弹词，而无文藻。念之通俗易解。余时尚不能读，但听大哥读之。唱述教堂罪恶，亦颇动人。余栋臣绰号"余蛮子"。人传其事者称为"余蛮子造反"。实则余栋臣口号为"拥清灭洋"，但聚众抗官查办打教堂杀洋人事，与造反不同。当时重庆道、府官颇庇护之，得免死，但羁而已。其事大足与巴县志皆详载之。其人至辛亥犹在，且护其发辫，坚称愿效忠清室。

自大足打教堂后，南充亦发生端午节看划龙舟民众突然呼啸往打教堂事。他处打教堂者甚多。清廷皆对法英等国承担赔偿。因之禁打教堂亦甚严。民情嫉恨教堂而无可发泄，遂有川西坝之义和拳蜂起。然皆乌合，至辛丑年悉被剿平。

大抵四川各地，川东川南为大江所经，舟船畅通，又富矿产、盐泉，盐井亦皆集中此部，其农民改就他业方便，故轻售其田产。川西多大平原，饶灌溉之利，土地生产力最高，官绅富民咸愿购此部田土以传子孙。平原边际亦饶林畜矿冶之利，成都大道四通，农民失田者亦就别业。故川西，南与川东土地兼并最深，各县土著日少，游民日多，至清末而多失业饿死者。贫富悬殊，革命特易形成。打教堂事件，只是人心思乱之萌芽，尚不得认为革命行为。至辛亥年（清朝宣统三年）保路同志军起于川西南，延及川东，乃真为推翻清朝封建统治之政治革命。所在皆以农村失地之人民为基础。其首领，皆识字无多或竟不识字之袍哥大爷，素为官绅与士流所不齿者。其人皆重义气，敢死勇战。虽军械与组织皆劣于清朝之巡防军，而前仆后继，终能收革命之功。

川北地区情形不同，赤土丘陵无工矿、鱼、盐、运输之便，人惟世守其田土为食，故虽重于售田，不轻弃其里。虽万不得已而卖田，亦只分出小块或半块，虽极贫，必若干次始肯卖尽。以故兼并之风，远远逊于川西、东、南。虽亦有无田游民，究不似他部之多。故辛亥革命时，川北大体平静。虽亦有革命党人与学生倡为起义者，究皆无所成就。入民国后，土匪乃渐有之。军阀割据时期。招兵者皆愿向川北。军官渐多，各以刮削人民者回乡购土，乃渐有大地主产生。至土地改革时，仍惟多小地主。若川西南之大地主，无论数量质量，皆远非川北之大地主所能及。此盖川北农民造反者所以特少之原因。

(1968.10.28)

十九、我的童年

童年当是记忆模糊的阶段。却有可怪,我迄今对那些年代的若干小事情节,与所接触的人物形容姿态,几乎完全记得,如在眼前。

我还清楚记得我满四岁后,我父亲和大哥,与同一个雇工"苟老二"把我携带赶场的情形……又还记得龙归院延祥泰班来唱大戏的一些场面,花脸扮个奸臣出台,叫了一声"老夫",声音震人,我吓得把头藏到母亲怀里。

我五岁开始上学读书,苦难的日子也就开始了。我性不能背诵。文无论极短,非能解其意义,则虽读千遍,亦不能背诵。我的蒙师即二姑母之长子蒲三善先生,青年暴躁,动辄鞭扑、罚跪。我初发蒙,读《三字幼仪》。首教"天生物,人最灵,根本坏,何为人"两行,四句,十二字。阅旬日不能举其词。记住"天生物"三字,便忘下句了。师提示云:"人"。我亦应曰"人"。师怒责曰"人最灵"。我亦只能应曰"人最灵"。师再提曰"根",我亦曰"根"。师切齿曰"根本两字都背不成了呀!"便是竹板打来,罚令跪地读之。放学午膳。下午入学,又是如此。整本《幼仪》,经过一年才拖完,挨打在千次以上。跪读是经常的。但我有个特点:虽然天天挨打罚跪,却从无逃学念头,每天总是硬着头皮去忍受。

《五字纲鉴》混过,换读"四书"。第一本《大学》,我读了大半年还在"右传之一章"。老师说:"这娃儿心子是膜皮蒙着的,无法教育。"

读到八岁时,清廷废除八股,改试策论。影响到四川乡塾来。死背四书五经的教学方法有所改变。那一年,我的两个伯父,到城内去进过一个讲习所,带了一部《澄衷字课图说》回来,放在蒲先生的桌上。我们趁先生不在时偷偷翻看。其书是石印的,有字就有图画,很好看。先生读了月余后,讲与大徒弟们听。我被围绕着的大徒弟们遮着了,不得拢去,便拉条凳子,站在二哥背后听。有一天,先生讲到"涛"字。说"就是大河大海的波涛"。次日抽问大徒弟们,指到涛字。大徒弟们未及答,我从二哥背上说:"认涛(陶音)。"先生问怎么讲,我说"波涛"。先生大为惊异地说:"嗨!冷灰里爆出一颗苞谷花来了。"以后每过抽考大徒弟不能对答的字,都问问我。我大体都能对答。从此先生不再打我了。纵然背不得书，叫拿回去重读就是。

我九岁时，见大徒弟们在学做文，心里也想做文，但先生不曾要我做，我便自己试做。无人出题，我见《五字纲鉴》每条注文后拟有试题，便闭目一翻，用指头按着处最近的一题为题。第一次，按在"丙吉问牛喘"处。题是"丙吉论"。我做的文甚可笑：

"能知大体之人，（有）所不同也。（如）丙吉之问牛喘是也……旁有斗死者不问何也。斗死者有司官治之，于丞相何（与）哉？"（括弧内为先生添字）

先生不怒，替我添了几个字交还我。但仍未教我做文。

(1968.10.29)

这年下半年，县立高等小堂开办，招生。这是科考停废后第一次官考生徒。先生率领大徒弟们去赴考。母亲许我跟先生同去"学点见识"。这是我第一次进城。考试那天，出的题是"问人何以灵于物"。我写的试作是：

"人之所以灵于物者，以人有四肢百体。非物无四肢百体，物亦有也。然物口不能言，手不能舞。是以人灵于物也。"

自然未录取。考毕回来，有一天，二伯父来书房，笑问我："你也去了吗？把文章背给我听听。"我背了一遍。伯父大笑。蒲先生从旁言道："他这篇义理虽无可取，几个虚字眼却安顿得完全稳妥。"二伯父以为然，决心培养我读书。认为蒲先生未能给我打开思路，把我送到双桂场万天宫李毓林处去读。

这年秋季，县高小招第二班，我得取录。那时考进高小，直如登仙：上季入校，每人发一套青布短服、制帽和靴子；下季入校，各发一套白色操服。伙食一日三餐，全部免费。

一班学生，以曾经参加过科举考试的人为多，年龄多在二十以上。二班学生，大都十六岁以上至二十岁。我是全校最小的，十一岁。也是最穷的。虽然学、食费都不收，全年零用、剃头、洗衣和笔墨之费也要两三贯。家里无法供应，是向亲戚借讨来的。

南充县立高小，起初是府县官包办的，我进校的第二年，转到革新派手中。张表方先生是清末南充士绅中革新派的领导人物。他给我们讲"修身"这门课。有一次，张先生出了个月考题："如何才能改过。"我写的是：

"惟有勇乃能改过。子路人告之以过则喜。汉武帝晚年悔过。故曰'勇于改过'。"

张先生欣赏这个勇字，打了八十分，提为全班冠首。当他发觉我是个十二岁的贫孩子时，十分喜欢。其后经常好到自习室，找到我发问讲论。有一次学期考试，他给我打了一百分。这是全校第一次出现的一百分，轰动了全校。从此才有人同我一堆玩耍。那学期我考得了全班第二名，得了许多奖品。有一部《经世大略》，是当时铅印的大部头报道世界知识的书。还有一册世界地图，是日文的，印制很精，我最爱好。次年，我被提到"中学预备班"，功课就渐弄不走了。张先生仍然嘱他的未婚女婿杨达璋与我做朋友，坐一张桌子读书。我有时爆发出一些顽劣性格，如好骂人，好唱戏，好东爬西跳，他也惩罚我。但始终是热情教育和培养我的。

我在学校，最喜上地理课堂，嗜好地图。虽得到一本日文地图，既未习日文，不能使用。幸会客室张挂有一幅世界地图，乃时时往查对各国地名，对译在幅内外。六洲地名对核完后，世界形势概念也就有基础了。同时也找到了日文发音的规律。我又把中国的一幅，用薄纸摹绘下来，反复练习，使我凭手能画中国各省地图。

张先生处，有一册日本人印制的《支那疆域沿革图》，我很爱，无法买得，便用前绘的中国地图套绘成铅笔底子二十余幅，一代一代地把《支那疆域沿革图》缩绘下来，订成个册子，随时翻来温习历史。所以我对地理、历史两门课很有把握。地理教员胡德宣，每抽考学生，不能对答了，再来问我，先就说："你看任乃强他就能解答。"

那时高小五年毕业，我毕业时已十六岁。记得那次毕业考试，有一地理题是"绘四川全省略图，并标明十二府所在"。全场无人能作。只我一人不但能作并且绘得很准确。省里派来那个考官到我座前看了又看，端详我许久，直待我绘成乃去。其他课程，虽然我背不得讲义，大体意旨是不错的，得了最优级。

在"中学预备班"时，大伯父在成都进"农业讲习所"带回来几本上海石印有插图的农业书，我借来于年暑假归家时自己学习。我觉得那是最好的书。后来我到北京，去进农学院，与此书很有关系。

(10.30)

二十、我的中学时代

清宣统二年（1910），我十六岁，高小毕业，考入顺庆府属八县的联立中学。记得考的国文题是"博学于文，约之以礼说"。我未读过《论语》，也未听人讲过这两句话，只好从字面去自己找解释，敷衍了一篇论说文章。意思是：文章要多学一些，但文人往往无行，所以还须以礼自约。回宿舍后，有个很迂酸的老先生（岳池人），和我二伯正在谈这个题，他摇头晃脑地说："博学于文者，博学于诗书艺之文。约之以礼，礼者理也，约者贯也，贯穿其义而整理之也。"我听了就如听到宣判落榜了一般，羞惭地躲进屋内去了。但是，因为全场的人都讲不得这题，又需要取够一班学生，我还是被收录了。这个中学读书的，多是各县富家子弟，只我与几个同学是"穷乡坝佬"。

在联中的第一学期，修身课教师白坚甫，是个闹"革命"的，学期考试出的试题，全班都呼："做不起！"几至罢考。我自然只好望题猜义写了一篇，大意是：士贵能特立独行，不谐时俗，不作"乡愿"。想不到竟被打了一百分，并且一家一家地亲送去给全校教师看，又还送到县小来宣传。因而我成了中小两校有名的人。还有个姓樊的"博物"教师，也给我试卷打了一百分。同学相贺，都说我定考第一了。但我最有把握的"地理""历史"课，却反而不及格，结果前三名都未挣到。质而言之，那时的考试，评级标准，亦与科举时代的簾官衡文①相似。考生只有幸不幸的

---

① 原注："簾官"，是科举考试时，学使聘来评阅文卷的官。他随学使走，轿门都要上锁，屎溺都不许出轿，饮食有专人传送供应，以防与士子通关节。到了地点，进入他们的规定住处才得开锁。从此又锁在"簾官公所"以内，要到放榜以后，才得自由。虽然防弊如此其严，弊病仍是多种多样的。据说府县教官可以送卷入簾官住处。士子便通过教官（老师）去买关节。银子若干两，买得簾官两个字。出题做文时，你把这两个字嵌在头一句文里，他便录取了。所以科举阅文，簾官其实是并不公允的。当时科场流行这样一句话："一缘，二命，三风水，四积阴功，五读书。"即是说：要得科举中试，人缘（关节）是第一个条件。其次才看你的命运，因为有些打通了关节而又自误了的（如污卷、犯规等）。再其次要看你祖坟葬中风水没有。四川状元骆成骧，殿试的文做得很平庸，也未按科举的规格做。因为那时光绪皇帝要想取录康有为作状元。阴嘱几个官儿替他留意。由于卷上名字是"弥封"了不能看见的，那几个人只好从落卷里（阅卷官抛弃了的卷子）去找（他们知道康有为不循规则，卷会被弃）。所得弃卷中，只骆的一卷有"主忧臣辱，主辱臣死"两句，正是康有为在召对时说过的话。光绪皇帝便把这本落卷订为状元。追拆封放榜，才知不是康有为而是骆成骧，已经无法改变了。光绪朝的状元殿试卷曾经有人合印成一册书，我在江安见到过。的确，骆的一卷做得最差。所以这个状元，一直未曾受到清皇室的重视，即在四川亦无学术见称。

问题，没有学得好不好的问题。科举误了中国人千多年，要从科举中得通人尚且不易，更何能说到人才。其后虽废科举，兴学堂办学的人，仍是用科举一套办法对付学生，这又岂能得人才么?!

读联中一年，值辛亥革命，联中停课。我在双桂场万天宫自学一年。明年为民国元年，南充县立中学办成，我与杨长祥、王履祥①、任戴卿（乃毅）、任刚（仲常）、何明琛等十二人转学来此，读二学年，为南中第一班学生；同时，还有任乃霆、王恩洋、盛承衡、蒲殿卿等四十余人编为第二班，自一年级读起。校长有时是林茀丛，有时是张表方。张先生，是自川北宣慰使卸职下来任校长。一时教师人选全是川中名士，如叶秉诚②讲历史，卢子鹤③教作文，杨茂丘（天全杨森，虽仅成都高工毕业，学问结实，人称"土博士"）教物理化学，钟敬孚教数学，任文伯教博物，练哲菴任学监，罗一农教音乐，林旭村教图画，赵保桢、粟风教体育，无不胜任愉快。英文教师姓徐，忘其名，亦是高酬自远处聘至。

其时中学五年毕业，功课繁杂，内容丰赡。我受到不能背诵文句的限制，学来相当吃力。我克服这一缺点的办法，是极力了解当天听受课程的义理。不但专心听讲，不放松一句，下课后必重温一道，深刻体会，务在掌握其义理而后已。这样只记忆义理，不记文句，对于我是特别适宜，也是极其有效的。代数、几何、三角这些数学课程，动辄须要背诵定义、定理的条文。我一条也背不得。但我的数学成绩很好。我克服不能背诵定理的方法，也只是从第一条定理的理由弄清楚上下功夫。以下的定义、定理，都是缘以上的理论而产生的，因而把这些新定义、定理成立的理由弄清楚就容易了。如此层层积累，直到最后几页的定理成立的原因，都能了解，做起习题来就无困难。每论月考、期考，都能抓着要领，做出相当正确的答案来。靠这种方法学习，使我若干年后还能掌握那些课程的知识。

对于体操、音乐、图画等，同学把它叫作"豆芽课"的，我也是认真学习，毫不苟且的。所以我在南中期间，经常保持得榜首的位置，甚受全校教师们的喜爱和同学们的敬重。

---

① 王履祥（1893—?）又名黄平万，1917年考入北京大学。1919年与王若飞等人赴法国勤工俭学，加入中国共产党。曾任中共郑州和西安地方执行委员会书记、中共陕西省委宣传部部长、无锡县委书记。1928年回四川，在西充中学、成都大学任教。新中国成立后，在兰州女师校任教。

② 叶秉诚，清末举人，曾参加四川保路同志会斗争。民国时期曾任四川省政府秘书长、东川道尹等职，后受聘于四川大学教授。

③ 卢子鹤（?—1963），又名廷栋，清末中秀才，到顺庆（南充）联中任国文老师。民国时期跟随张澜在四川主办高等学校，从事教育工作。新中国成立后，任川北区行政公署人民政治协商会议主任委员、四川省政协副主任委员等职。

惟有英文这门课，要记生字，可把我难坏了。我投入了很多的时间，也只能保持个及格。徐老师多方鼓励我。我真的心有余而力不足，总不能令他满意。只有一项，我创造了一种用毛笔书写英文的方法，草书不作斜体而作直立，不作线形笔画，而作直重圆轻的粗细不同而有规律的笔画。这原是因为当时没有钢笔、蓝墨水与道林纸，而按自己所需的创作。他看见了很称道，说这种直立字体是西洋也有的最新的一种字体。

第二班的同学王恩洋（华宗），年小于我，他是此校最杰出的学生，文章又好又快，古典经籍读得很多。并且偏重在宋明理学家的书籍，言行方正，对师友敢于劝善规过。我很怕他，把他誉为"圣人"。每见到他的身影，听着他高谈雄辩的声音，便惟恐自己有何过失被他知道了。我不敢放荡的品德，大部分是受他的影响才养成的。他与我相好，实际上是我在道德方面奉他为师。不只我，连许多先生也是怕他的。他的国文与言论都冠全校，只是功课不好，英文和数学都等于未学，考试得的多是零分。其他自然学科都不感兴趣。"豆芽课"更不说了。他有时憎恶我学那些课，有一次见我作"几何画"，他大发议论来劝阻。这我才开始并唯一的一次反责他。他亦服了。他同班中有些品质恶劣的学生也很恨他。但绝大多数师友都是爱重他的。

我们第一班的何明琛，是个具有艺术天才的人，性格活泼，富于机趣，也与我相好。我尝说："老跟王华宗一堆，生活太紧张了。老跟何明琛一堆，生活太放弛了。两个人我都相好，才能使生活一张一弛，宽猛相济。"

在联中，我既受到师友重视，骄傲自大的性格也逐渐增长起来了。同班的十二人中，就有王履祥、任刚等常常想裁抑我。他们都是憎恶图画这门课的。每逢星期六下午该习图画，便闹起出校旅行。那时张先生注意锻炼学生身体，一请"旅行"便准。连续几个星期都是如此。我反对这样抵制图画课，他们不理。我便去向学监发气。对学监说："我不去！"学监说："你因事请假么？"我说："没有事，就是不愿去。"学监说："光说不愿去，不行。"我说："不愿去就不去。"转身便走了。学监气我不过告诉张先生。张先生挂牌记我一个大过，批评我是怕热"畏日如鼠"。王履祥们藉此嘲笑我了。我这才去找张先生，痛诉纵容学生借旅行抵制其所不愿上的课程之非。张先生非常理解我，竟大度地向我逊谢，撤去了记过牌。我才向他行礼而退。回自习室，王等还在讥议我。我朗吟杨雄《解嘲》文云"以鸱枭而笑凤凰，执螻蜓而嘲龟龙，不亦病乎？"以对。恰有人跑进来说："牌又收了呵！"王等顿尴尬，亦究不知何以收牌也。

这次过后，我还做了一张狂事：我们是缴费到学校，由校总务处给我们办伙食。时有个事务员在厨房里养几只鸡和一头猪，名为吃厨房剩饭残渣，其实是通过总务处包办伙食的人，让厨工们替他饲养私畜。有人议论此事，我便邀他们去，大家捉得鸡来杀了，命厨工说："这是你们给学生办伙食的厨房，他人何能在此养猪鸡？这是吃我们的饭养成的。该我们杀来吃。"便叫厨工加在饭菜里。厨工不敢抗。我又扬言明天杀猪。那个事务员闻之，当夜便来把猪赶回家去了，也不敢问杀他鸡的事。

　　今天回忆起来，我这种看不惯就要站出来闹，全然不顾后果，不管别人下不下得了台的脾气，从小就这样养成了，应该是既有先天遗传，更有骄傲自负的后天养成，更因自己不能自省，遂给一生造成许多麻烦和坎坷，还得罪和伤害了不少人。感慨无已。

　　我在民国三年（1914年）秋天害了两个月的肝炎病。养好后，勉强赶上考试，成绩下降了。这年冬天，我中学毕业。高小校长林萧丛，聘我任高小学监。

　　次年，就是袁世凯称皇帝那一年，学校里酝酿着革命的蓬勃思潮。袁世凯派来了镇压群众的军队，曹锟所属的冯玉祥一旅就驻在顺庆，防备张表方先生甚紧，连学校的运动会都不许办。张先生每天下午仍率领学生在校内大操场进行各种锻炼。冯玉祥本人和他的军官们，经常进操场来侦察。张先生人很高大，又是大胡子，目标鲜明。有一天，一个军官，走进他身边不远，故意问别人说："张表方在这里没有？"那个人怕是要逮捕张先生，吞吐不肯指示。张先生却掉过头来向那军官说："你问的，就是我！"那人说："想认识认识你。"便埋头走了。我任高小学监这年的五月，袁世凯死了。冯玉祥的军队亦已撤走了。张先生发动起义响应蔡松坡（滇军入川驱走袁军的领袖）做了嘉陵道尹。我亦于这年冬季出川赴北京读书。

(1968.11.3)

二十一、我是怎样到北京去读书的

我大哥常说："老幺读书未曾用家里的钱。"我读高小阶段，有几年都是免费。又有几个清明会和龙归院文昌会、万天宫的老会、新会，每年都有补助。不免费的只有两三学期。的确也用家里的钱不多。中学，则长期都是免费的，所用家里的钱也不多。每当用到家里的钱时，想起母兄艰难支持门户，筹措困难情形，心里的确难过。临到中学毕业之时，自己估计是不能读大学了。其时大伯父调到成都农业讲习所毕业回来，带回几本有插图的农学常识书，我借来看了，结合中学所讲授的生物、生理、物理、化学等课程，感到很大的兴趣，便想到成都去考农业学堂。但成都读书，也是花钱的，总不忍向父兄开口。既已受聘为县高小学监，有了职业薪工，便未再准备升学了。

可感的张表方先生，他却早已暗自地在为我筹备到北京读书的费用。他先向我两个伯父了解我家庭经济情况。因劝我两个伯父帮助我去考北京大学，说："蔡子民办北京大学，提倡自由思想，邀聘全国著名的学人，是当代最负盛名的大学。南充还没有到北京读书的人，宜送我去读，回来可以开通地方的风气。"那时地方上金融枯窘，两伯父虽属富有，亦不敢承担这个任务。

其时两伯父皆在县女校任职，薪水全年一百多吊钱。二伯的次子任文伯在县中学教书，薪水较高，但他的兄弟乃霆，也快中学毕业了，也准备到北京考大学，故不能助我。张先生责备两伯父，说送我入京读书，他们义不容辞。结果是劝替我出头请会，他愿从旁协助。两伯父仍不敢承担。张先生乃自己出头替我邀会，要两伯父各任一足。

(1968.11.5)

"请会"，是当时农村人民解决暂时经济困难的办法。邀集十个人，分担头会至幺会。每年开一会，一家得会，九家纳会。或掷骰以得点数最多者得会，称"摇钱会"，十足各出同量会款，骰胜者全得之，有似赌博。惟请会人，首得十足会款，不逐年缴会，但逐年办酒食邀集。另有一种"至公会"，亦邀十足，各量经济情形，分认前后十会。头会最先得，以下各年按得于其人之会款加约等于利息之数还会。二三至幺会收会数目相同，而纳会数额递减。请会人最先得会，以后按年具酒席集会，依所得于该足所纳会款原额还之。具有十足义助其解决经费困难之意。其余十会，则等于储蓄或借债。在金融稳定，只用制钱年代，实为农村金融互助之一良法。

张先生替我邀集认会的十足人员，甚为费力，除两伯父被他说服不能不认一足外。他为我邀请小学校长林先生，他也是城内的富绅。我的国文教师卢先生，他虽非富有，却是力赞助我升学的人。又替我去邀奚致和。奚是与我不相识的人，其人为潼南县奚解元的儿子（科举称举人榜首为解元），大地主兼资本家，住居南充城内，为一邑首富。能书札，善筹划，好名誉，能亲近善人，与其他纨绔子弟不同。张先生劝其捐款为南充大学生的助学金，并首先助我。他承认了，担会一足。连张先生自己，亦只才凑成六会。又邀得女学校长庞明钦一足。还少三足。又去邀体操教员张秉彝，他是我们西路的巨室，但非有商业周转，仍以认会为难。恰因明年需用巨款，因而要求占头会。乡俗语云："请会如化缘。"言邀集之难也。"头会如捡钱"，言幺会所纳少，所得多，虽晚得而有利也。张先生求其以头会兼幺会。他应允，遂只差一足了。张先生又去邀文瑞卿。他也是西区的大地主，兼营城内"文芳茂"烟店，又是张先生的学生，与我在联中同学，其时在城内做一个小学教师。他难违张先生和我两个伯父的情面，只承认了半足。张先生无法邀成十足，便自认一足半，以凑成全会。邀成了才通知我，并替我拟成会章和请帖，直如给他儿子筹措读书一样。我实一无所知，便得到了一千吊钱的会金。集会一天，我才认得奚致和。会款收齐也是请托他替我保管生息的。

那时一千吊钱，约可合银圆一千元。张先生替我计划，北京每年用三百元。一千元每年生息，可得百余元，足够读大学五年费用了。但由于那时四川已有"当五十""当百""当二百"的铜圆，币制紊乱。又教我改算为银圆寄托奚致和处，以免因铜钱贬值影响学业。真是无微不至。

(1968.11.6)

这年的夏季，张先生响应滇军起义成功，与师长钟体道合作，驻防顺庆。我亦便在这个冬季，与同学杨长祥、王履祥同路坐木船出川。他二人赴上海考学校，我赴北京。翌年临到会期，各足都因币制紊乱，不愿纳会，商议把会解散，以后仍只由我按年照各足纳会数额归还。于是这个会，成了对我无息贷款的一种帮助了。我只记得卢先生占五会，是我回川后才去还会的。六会以下，我亦皆提前还了。虽然是提前还的，亦使他们蒙受了很大的损失。

杨长祥是城内河街"自成祥"大纸店老板的孙子。王履祥是西充大富豪家的儿子，他两个都要到上海去读书。那时全国的教育事业，上海是教会学校集中的地区，它代表资本主义的教育，算是比较新的教育方式。北京是官办学校集中的地方，它代表比较旧的教育方式。我因为学英语和其他外国语都有困难，不愿在上海读书，但性好游历，很想过上海，从海道赴京，扩拓眼界。到汉口时，打听得坐船由上海赴北京的费用，与从汉口坐火车到北京只有时间上的差别，费用是相当的，于是我便与杨、王两同学同到上海。

　　我们从顺庆坐木船到重庆，下水船走了大约六天。冬令水浅而静，无险滩恶浪。伙食包在船上，连船费不过三元钱左右，卧游了五百余里嘉陵江。他两人总是睡着看书，我好观察地理民俗，总是目不转睛地留心两岸风物，记有日记，全是记的地理风物，常绘有地图在上（自己目测的）。船过大市镇，总要靠岸购物，我亦即便上岸游览。每日生活，总是紧张而愉快的。

　　到重庆住的客店叫"荣茂公"。那时重庆、宜昌之间已有拖轮行驶（一只动力轮船在前，拖带一只货船在后，川江水道有时漕口甚窄，礁石很多，有西商创用此法，效用远远大于木船），售票很拥挤。我感觉木船甚好，费也较廉，多花些时间于我们学业无碍，因为京沪各大学都是秋季始业，夏天招考。商量他二人，一同搭木船到宜昌，可以从容欣赏三峡风景。他们同意。经人介绍是一只载糖的船。船老板姓名忘了，其人活泼健谈，适合我们的性格。船则是相当小的，船尾一个舵师，船首有个艄公，船腹只有六把桡，没有帆樯。我们搬上船的当天并未开船，我们望见几只大船同靠在码头上，很壮丽，走去参观，都是运盐的，并且也是明天解缆，正在招搭船的客人，船既宽大，油漆光洁，篷亦高阔优美，王履祥大悔误搭了糖船。我说："我说既已搭定，就不羡慕盐船了。"劝他安静，不作搬迁之想。并指两船吃水度说，糖船轻，又是新造，泛川江险滩，危险少。盐船巨重，入水深，露出船舷不多，危险性较大。他才勉强安静下来了

(1968.11.7)

　　王履祥介绍一个西充人何质诚一同搭船，他也是到北京考大学的（顺庆联中毕业）。他很难说话，说话也是奇怪难测的。我与船老板则是问答不断的，所经过的滩名、峡名、城邑名、地方歌谣、神话，都是他告诉我的。他只是一个市侩，所说的自然都是些低级趣味的东西，例如涪陵的"蔡龙王"，丰都的"阎罗天子"，秭归的"王昭君"之类，船上颇不寂寞。将到宜昌的头一天，船宿平善坝，是纳官税之处。船老板密向我说："明天到宜昌，你们下船，照例要给船上人的酒钱。你们都是学

生，不可能给得太多。但是，少了，他们会要争诉。你们打算给多少钱，可由我替你们安顿一下。"那是无论行船、坐轿、吃饭、宿店，都是要于正项额费外，再给服役人加一，或加二的"小钱"（酒钱）的，给少了便会挨骂，甚至公然需索，以至于聚众勒索，成为风气。我觉船老板是好意，便问他："你看给多少才适当？"他说："虽无规定，一般都是照船费加一，你们四个人，要两吊以上才行。我替你们说话共出一吊二。但是掌老六百少不得（舟人称舵师为掌老）。掌老不开口争，艄桡照例不敢争。掌老一开口，他们就争起来了。我替你们说通掌老，他明只得二百，实得六百。这样，艄桡和火夫们共分六百钱，就不会争了。"他又去说与掌老，回来说："掌老答应了。"我很感谢他，便来向杨、王、何三人说："我们各出小钱三百，交船老板去分配。"但因舵师暗得一半的话不能泄露，便未向他三人说明如何分配的秘密。他们亦觉三百之数是偏少的，亦都喜慰地各交出三百钱来。我把吊二百钱密交船老板。船老板向船工们宣布："四位客人都是学生，只拿出八百钱送各位喝酒。掌老二百，艄公一百二，余人平分四百八。"船夫们便闹哄起来了。舵师说："别人是学生吗，哪能跟官商贵客作比呢？我虽只得二百，就不争。"果然，船头上就平静了。我在舱听得，很满意。但是，何质诚在睡前和次晨起床后，都不断在骂："贪污到老子名下来了！""吃了我的钱会要屙脓屙血的！""老子的钱是好吃的么？"……我因他是个惯"打独说"（自言自语）的人初未注意，嗣觉其意态是骂我。又见其与王履祥密语，频频顾我，知道他们是怀疑我贪污了四百钱。但要为舵师与船主保密，不便在船上说明，乃邀他三人上岸去看市街，并买到汉口的轮船票。何不肯同行而骂不绝口。王杨同行至城上。杨不信我会贪污，疑王何之议，问我曰："何质诚似为酒钱生疑。此事究竟如何？"我当时不向杨、王作答。回船后，全船吃饭时，我乃向船老板问曰："昨天酒钱，你是怎样分配的，请你公开说明。"他惶然地说："你拿给我八百，掌老二百，他们分六百。"我愤怒大喝道："你是好心，我们中间却有坏人说我贪污，骂我一天了。我要求你把实际分配说给那个不问青红皂白的龟儿子听。"于是何便同我打起来了。船主把我们拉开后，才把那场秘密说给他们三人听。杨、王皆责何鲁莽。何怀惭无言。而船夫辈则喧然鹊起，结果是舵师再拿出四百钱来买酒肉给船夫打牙祭了事。何质诚自觉无趣，便买了当天开的船票先赴汉口赶火车去。后来在北京再与我见面，他的态度大改变，对我甚好。我与杨、王，三人买的直搭上海的船票，当天夜晚开。

(1968.11.8)

那时小学同学西充人杨达璋①，在上海同济大学附中读书。我们买船票后，先发一明信片给他，求他到太古码头接我们。船抵码头，他恰来接得。那时上海是个繁华世界，我们初到，摸门不着。得他指导，获得许多方便。到上海那天，正是旧历除夕，我三人也买了些酒菜在旅馆内度岁。做不来诗，便把旅馆所在街名"洋泾浜"三字拈阄，各得一字来行酒令。王履祥得洋字，他说："有水也认羊，无水也认羊，去了洋边水，添大便成美。美酒佳肴谁不爱，慢吃慢把诗儿做起来。"我得泾字，依样画葫芦地说："有水也认圣，无水也认圣。去了泾边水，添力便成劲。劲风真可怕，吹得来天寒地冻人往被里爬，谁还想把诗儿做一下。"杨长祥得浜字，他说"有水也认兵，无水也认兵，去了浜边水，添宀便成宾。离家万里无宾客，要想做诗做不得，且喜一帆劲风到沪滨，被窝里对饮度除夕。"

次晨起床，索水洗脸，茶房还未起床，很是抱怨。幸在元旦忌讳吵架，勉强敷衍过了。出门一看遍地冰雪。原来上海冬季较四川冷得多。走了几条街，全是关门闭户，家家都有锣鼓之声，只不开门。偶见几个小孩在街上看单人演唱的木偶戏而已。回店待到杨达璋来，领去逛半淞园，游人亦多。次日，达璋引去祭王绍枬墓，他是杨长祥的表亲，先来上海读书，死在这里。墓在虹口郊外，那里有香烛店，只是用吴语交易，达璋也不懂，只好用手比画，指示其物，乃购得。祭墓后，同游先施公司。这是上海华商最先建筑的一座高出全市的大厦，百货商店兼游乐场所，各种歌舞艺剧皆备。我们在这里开始看到"髦儿戏"（全用女子演唱的戏剧），以为奇事。

(1968.11.8)

初三日已经有船开外埠了。我托账房购得海道赴天津的船票。上海客店都设有轮船开行日期的牌，三天以内有哪些船赴哪些港埠，何时开行与票价都在上面。旅店的账房可以替你购票并送你上船。异常方便。只是，无一不要钱的。有些外国公司，规定有加费的百分数，酒钱（又叫小费）亦然。在那时，大都是加一，即百分之十。我们从宜昌到上海是搭的英国船。下船时小费规定照票价加一，写有牌告，故我们下船时未有茶役争索。托购船票，也是加一，比自己到公司去购买为省。当我离开旅馆时，茶役索小费，我照两天的宿费估计给了四个毫洋（毫洋为值一角的小银币，当时实际市价只值八九分）茶役们忿争。再添二枚，他们仍然不收，发生

---

① 杨达璋（1892—1961），名特，字达璋。14岁到顺庆府中学堂读书，因聪慧好学、成绩优异，甚得张澜喜爱。民国期间曾任成都大学训导长、四川省行政督察专员公署教育科长、南充中学校长、四川省教育厅督学等职。新中国成立后，曾任南充蚕桑职业学校副校长、四川省人民政府副秘书长等职。

了口角。旅馆掌柜来把茶役们喝退，教训我一顿，说："这是年节，接客先生接你们来，未给报酬，都还罢了。茶房赏酒，你至少也要一元才拿得出手吧！"我只好收回毫洋，改给银圆一枚，那人拿去交与茶役们才息了事。

上海的船，习惯半夜拔锚。我购的房舱票，上午上船，就不敢下来，入夜临睡，船还未开。次晨天明，船已出海了。我忙穿衣出到甲板上看，崇明岛一个平浅的陆地，近在船下。过此便入东海了，海阔天空，波澜壮伟，海鸥翱翔，不见陆地。不久船身簸荡起来了。邻室相告"已入黑水洋"。我同舱有个福建客人，开始呕吐。我亦恶心。茶役呼开饭了，我勉强扶着壁子走出去，前赴后仰，几次都差一点跌倒。到圆桌时，桌凳也是摇晃的。挨座是个善良人，问我："你晕船么？"我说："晕，不想吃饭。想撒尿，不敢出去。"他说："你大胆出去，扶着栏杆，眼睛甚看远些，便不晕了。"我遵他的话，出舱面去，扶着壁，转攀栏杆，望着海天相接之处，撒了尿，果然就不晕了。于是我贪看海景，直到夜间归寝，都很愉快。后来知道：晕船不是生理病，亦不是物理病，只是视神经失常而引起的心理病。望远处则物影似静，故不晕。

此船到威海卫，曾入港稍停，有人货上下。房舱在高楼上，货舱在下，开壁为门上下货物，未得见其为何物也。时威海卫为英国租借地。为我北海一不冻港，也是良好军港。港内空阔，有大岛蔽其口（刘公岛）。背海一面皆是高山，有炮台。旅客不得上岸。船方旋复开行。入渤海时，可以望见庙岛群峰并列海中。渤海虽大，岸山犹可望见。海内风浪都小，时见大鱼飞跃，出水面甚高，甚远。疑古人所谓"海为龙世界"，由见此鱼跃故也。

(1968.11.9)

此系严冬，海船不能达天津，只订停大沽口。将至，又告大沽冰封，改泊塘沽口。仍用破冰船破冰开漕。近岸之部海冰厚达丈余。其摧破者斜凝于两侧，如川北所见之崩崖。

塘沽无街市。下船时有力夫抢运客货，而加以婪索。其地距火车站尚有数里。有人力车来揽运，语言不甚解。我惧其婪索，见有岗警，向其求定运费。他知我是四川学生，有三件行李。云"给费六角"。车夫遂不更争。甫到车站，已望见火车驶来。我有一箱、一被卷、一大网篮，双手提赴车门，不能登。此小站，车停时间甚短。拥塞车门，在后者呵斥嚷嚷，亦不能顾，乃以行李堆门下，一一举上。车上有善良人为我接去，后者诸人刚上完，车已转动矣。

过天津后，天气愈寒。居车厢中，尚可以耐。抵京站，已夜半。接前门某馆招客证，接客人雇一骡车运我至旅店。车夫皆皮帽毡靴，棉袄皮大衣。我只四川穿的窄棉袄，手足木僵，唇亦硬固不能言语。至客店，揭双重棉帘入，见多人拥一大火盆，顿觉春暖。指住楼上一屋，有椅有炕有铁炉。我不识铁炉何物，未知嘱其生火，亦未知嘱其加被褥。只用自己所携被卷，有一被与一垫絮。寒甚不成眠，乃自起移其垫絮，以一半垫身，一半反卷压棉被上，缩足而寝。初得成眠。次晨茶役问早膳点何菜。我漫应以鱼，以为此间鱼廉也。谁知一宿一餐费三元余。大惧。时同乡前辈罗梓卿（国会议员）住宣武门外之渊卢。往晤之，求指示廉价客栈。他派人引至一寄宿舍，每日膳宿不到一元。至则何质诚在焉。万里孤客，前嫌俱释。我初至无面盆，亦借用之。未几，何又觅得西单牌楼附近一寄宿舍，每月只房租三元，包伙食亦不过十元。遂又迁寓之。

此次坐船出川，经过青居街上下码头，东关与西关连砦下，初步认识了嘉陵江在紫土丘陵地区中的侵蚀作用。过合川小三峡，认识到川北与川东地区地文上的差别。过重庆、长寿、涪陵间的小三峡（铜锣峡、明月峡、鸡冠峡）和奉节、巫山、秭归间的大三峡（瞿塘峡、巫峡、黄牛峡）认识到川东褶皱区的山水结构与四川盆地形成的原因。自宜昌以下看到了洞庭湖口的城陵矶和岳州，汉江口的龟山和蛇山，鄱阳湖口的马当山和大孤、小孤，安徽省的东西梁山和采石矶，江苏省的钟山、浦口、金山、焦山和北固山，以及一些大城市的位置。自上海到北京，看到了大海和内海与海港的区别，认识到南北气候差异的实际情况。这一切奠定了我后来研究本国地理的基础和兴趣。

(1968.11.11)

二十二、我见的民国六年北京景象

民国六年即1917年，新春正月，我初到北京。那时的北京，还是清末旧样的城市。宣统皇帝还住在紫禁城里。每逢朔望或封建节日，还有头发结辫子，身穿马蹄袖补褂，各色顶子插孔雀翎纬帽，项挂朝珠，脚穿靴子的旧老臣们，驾着骡车从后子门进去朝驾。只太和殿和午门有时开放售票，从那里可以看见不长胡子的太监。午门右侧的社稷坛之部，划为"中央公园"，有千年翠柏点缀成古香古色的风景。社稷坛乃是五方五色土筑成的（东青、南赤、西白、北黑，中央即上方黄色）。中央公园之西为"西苑"，有南海、中海、北海。南海之南当大街为"中华门"，内面是民国的总统府。又在南海之东，最大的街为午门外的东西长安街，横连到东城、西城的两条大街，有东四牌楼、东单牌楼，和西四牌楼。西单牌楼作为东西两大街的标识。这两条大街南北端都对着内城的城门。中海、北海之间，有"金鳌玉蝀桥"横通，经过后子门、金沙滩、隆福寺通连东西大街。亦直达东西两道城门。内城凡十二门，四方各三门。都有街道连接这四条街。只中央被紫禁城隔断了。其余都是"胡同"。东单有个市场，是最闹热的。其余大街小巷，都是冷冷清清的，官吏公馆最多。只大街有商店，主要是卖吃食的，全属清代旧式。房屋都很矮，不讲招牌门面的装饰。门外泥路宽阔，骡车往来，尘土蔽天，雨则泥泞污滥。只大街中心是新修的马路，行走马车和人力车。坐马车是阔人。汽车极少见。小贩们肩担售品，沿街叫卖。拾纸片、拾马粪的贫民颇多，都是背的柳条筐装盛。别有一种收荒小商，敲着一个小于掌心的小鼓，声能远闻，串行各胡同收购人家敝废物品。人力车夫和住街居民，大都蓄有发辫。跪拜叩头礼还普遍行着。晚辈见长辈，虽在大街上，也要屈膝垂臂作"请安"礼。除部分学生外，人皆穿的长袍。大街宽约十丈，往往有井，皆用辘轳转绠垂汲，柳条作桶，极少见有箧具。室内各有一炕。富室砖墙，砖铺地道。平民土墙泥路。多有某王府、贝勒府等名称。其时旧宦家皆已零落，多开放其空宅作旅客宿舍，称"寄宿舍"。各大专校多在内城，故学生多住寄宿舍。内城非商业区，故寄宿舍取费特廉。

午门外即今之天安门，为旧禁城的前门，有三门，对跨绕禁城的三桥。过长安街，分为两道，南出内城正南的正阳门，正阳门有三门。中有红墙隔断。其墙直通至正阳门的中门。有极其宏伟的一座橹楼。民国以来，拆去左右二门为大街。留下中门和橹楼，即今所谓"前门"。正阳三门之前，又有三桥跨绕内城之河沟。其南合为前门大街，直通天桥市场。也有牌楼一座在三桥南。所谓牌楼，实即川人所谓"牌坊"，用木建成。

所谓外城，实只包内城之南方一外。面积与内城相当。"京奉""京汉"两铁路的北京站就在护城河外。车站附近，才是北京的商业区。牌楼的西侧，大栅栏这条街是最繁荣的。大衣帽服装公司"瑞蚨祥"、大药店"同仁堂"、大饭菜店"全聚德"（以烤鸭驰名）及其他资本较大之商店、旅店、酒馆、戏园，都集中在此部，稍微有点资本主义社会的气氛，但仍以封建社会的色彩为厚。例如"瑞蚨祥"（罗梓卿引我们买皮袍去过），有许多店员排立在门口，恭敬地齐向进门的顾客"唱喏"，有一人引导你去所欲购货处，倒茶招待。当你要看货时，有人一件一件搬到座前打开请你看。说不合，便收拾搬去，另换一件来。如此任你看选多次，皆一式的笑脸搬运，绝无怨色。无论买与不买，都是恭敬送出。这种营业方法，它能使你好面子的人不得不买，不再嫌价昂。

大栅栏之西为"八大胡同"全是娼妓营业。又西为厂甸，是杂耍和小商贩摆地摊的地方。卖儿童玩物的最多。这时已是日本玩物充斥的年度了。厂甸中有一区叫"琉璃厂"，全是售书籍、字画、雕刻、塑造等艺术品和古物的，全是漫天讨价，欺骗愚妄人的。厂甸之西，当宣武门外大街，与内城西大街正对。惟过城门时要绕个瓮城子的侧门，亦有大桥一座过护城河。宣武门大街之西，便是荒地茅屋贫民区了。四川会馆有宿舍在此。

大栅栏牌楼之东，街道不太繁荣，只有中等的商店、旅舍、酒馆、戏园。又东一些小街，至内城的崇文门外又才稍热闹点。崇文门外大街与宣武门外大街左右相称。有一条外城的横街横连着。这条横街以南，原是荒地。民国初始渐兴盛起来。

前门正南的大街，过此横街后叫"天桥"，是个旧时的地摊区。此时则是芦棚搭成的戏馆、杂耍场和农村商品的市场了。一个铜圆可以看戏，不花钱也可以看摆地摊的卖武艺、玩狗熊等杂技，饮食也都便宜，吃了不给小费。贫民讨钱的可多得很。这是代表北京旧市场形式的一个地区，往时的厂甸、隆福寺与白云寺的庙会期间，也是如此。

天桥之南称为"天坛"，近已售票开放。有祈年殿等奇异建筑。其东为"先农坛",近年有人照上海先施公司办为"游艺园"。宣武门外大横街之南"南下洼",有座陶然亭,都算北京的名胜。实皆荒野中的建筑物而已。

北京那时的币制,名义上已银圆为本位,已经有交通银行与中国银行的纸币,由于不兑现,便把现洋驱逐出市场,全部隐藏起来了。我们从四川来的,全是带的银圆。用出去,人人欢迎。我把带京的现洋全部交托罗子卿代管。后来去零取,只取得中交钞票,用到市场,才知要比现洋贬值一角左右。我便向罗把现洋索回自己保存。辅币通用当十铜圆,总量相当于四个制钱,字面是"当十",北京人则习呼之为"一百"。十枚当为值百,北京人则呼为"一吊"。这可能是封建年代皇帝赏赐大臣钱钞时,经过层层剥削后实得一成的习惯而成的称呼。川人说这叫"说大话,使小钱"。铜币还有只值一个制钱的,称为"镑子",只如一个鸡眼钱大,有"值一文"字样。大城内已不使用,(任何物品,以值铜元一枚起码)惟农村及外城荒僻处油盐小店犹收用之。我在宣外四川会馆宿舍旁一家小店,见一人购物,掌摊铜圆一枚,镑子八枚,云:"一百二的面,四个镑子油,两个镑子盐。"其人头结发辫小如鳝尾,掌心见肉,掌背及指间皆污垢厚结不见皮肉。屈背,褴褛,人呼之曰"二爷",不知其为何如人也。大抵旧时亦公事人,现已穷困,仍守其旧时生活,零购面盐自作食者。一个北京城真是天堂地狱,古往今来,无所不备。

北京是"京戏"发生和发展的地方。据说京戏出现在道咸年间,程长庚是最早的祖师。谭鑫培又才大发展起来的。便在我们初到京那年,谭鑫培死了,梅兰芳刚才红。一个唱武生的杨小楼,传说是清慈禧太后的宠伶。还有孙菊仙、刘鸿声、时慧宝等老艺人,声价都很高。他们都间或出演于新型的剧院,票价很高,一般四角至六角。

另有一个老式的戏院叫"广和楼"在前门外,是著名科班"富连成社"的剧场。戏台是方的,三方都安座,前方的称作"池子",低于戏台。用长条桌向戏台垂直排列,两侧各以长条凳为座位。人要扭身偏头才能看戏。左右方与剧台同高,面向戏台安座。台前池子的三方有楼座。池子每座一百二十文(称吊二百)楼座八十文(称八百)。每天一演,有三场武戏。许多名角(如马良连、谭富英、小翠花、裘盛戎等)都从这里培养出来。未出科时,即在此演,人称价廉物美。我好看戏。看京戏便是从这园子看上了瘾的。还有坤角刘喜奎、鲜灵芝,也是此时最享盛名的。鲜灵芝这个坤角剧团,盘踞大栅栏的"中和园"专演一种又布景,又打京锣鼓,带唱的"时新戏",很能卖座。这说明京戏在开始向上海方面变化了。有一批前清遗老,如樊增祥、易实甫等大捧坤角。另又有批遗老如罗瘿公等大捧旦角。还有一批嗜古的遗老极力鼓吹恢复昆曲，并且把京外一个昆曲剧团接进京来在前门外鲜鱼口演唱了几年。原来盛行的秦腔（梆子腔）在此时没落下去了。

北京的报纸要比上海落后得多。最流行畅销的要数评戏、评花（娼妓）的小报。

北京神庙极少，大庙只有东城、西城各一座。雍和宫是不开放的喇嘛庙。前门外有一座观音庙与关帝庙，皆很小，依城墙建筑。这座关帝庙，世传灵异，见于笔记小说者颇多。有签筒供礼拜者占卜。此外惟清故宫"御花园"里有座"真武庙"而已。这与四川各城内庙寺充斥情况是迥然相异的。

那时全国国立大学只有一个"北京大学"（津沪各地大学都是外国人办的）。外有法政、工业、农业、师范四个专门学校。法、工二校在西城，师校在外城，农校在西郊骆驼庄。北大则在东城。蔡元培任北大校长，聘有极其顽固的"国学大师"，也有国内名流、留洋学生和高唱新思潮的人物如陈独秀、胡适、刘半农等，自由讲学。新思潮派最初为人所排，其后逐渐在学生中发展起来了。

我们初到北京一年，正是袁世凯已死、黎元洪继任大总统，最初制定"植树节"的一年。他曾经两次开放中南海。我去观览过，南海中有浅圆岛叫"瀛台"，是光绪皇帝被幽囚处。亭榭建筑，已记不起了。总的印象，是珍奇古物应接不暇。三殿（太和、中和、保和）也开放过。我初看见皇帝的座位，是一把可怜的雕花硬木椅子。殿陛崇宏得也可怜，干枯地寸草尺木皆无，也没有电灯。两侧朝房更是陋劣。乾清门内，是逊帝皇家住处，禁闭不得入观。

也是这一年，安徽蚌埠驻军旧将张勋，把他的军队开入北京来搞清帝复辟。居然又把总统赶跑了，扶出宣统皇帝来升上太和殿受贺。许多已垮台的遗老，得意扬扬重新坐起骡车去称贺拜官，四处串联。但不几天，便被段祺瑞把张勋打跑了，宣统皇帝再度退避后宫。黎总统从东交民巷（外国领事馆集中区）重新出来了。张勋与他的军队都是留着发辫的。人称为"辫子军"，入城后毫无纪律，三三两两，向戏院妓馆乱串。我在戏园看到过，其人皆浑浑噩噩，像鹿豕一样。

北京夏季很热，冬季很冷。阳历七月最高气温曾达摄氏四十度。一般亦在三十度以上。人到热得难过时，去买一块冰来用脸盆盛着放在屋里，冰渐融化，室内气温便降落了。一月最冷，室外可达摄氏零下二十度。一般在零下十度以上。从农历十月起结冰，入十一月至明年二月底，地上所有一切液体（包括汤饭与粪尿）都结冰如石，斫凿难破。一月份中，撒尿野外，旋撒旋已结冰了。南人编造的形容语说："尿液出体便凝成一条冰棍，要用棒棒敲断才能陆续屙得出来。"事实固不如此，尿液着地成冰，茅厕的人，常是爬上尿山屙尿，致尿山越垒越高则是真的。但是到了农历三月，天气又忽然转暖，两三天内，柳色青绿，河冰亦渐崩解了。四川的春秋两季长达三月或百日，在京则只有一个星期以内的春日秋日。

北京冬春多大风，风速常在 4 秒/米左右，有时大至 20 秒/米。记得我有一天到邮政总局取包裹。步行过前门城门洞时，正逢逆风，推我倒退。我侧身循墙鼓力移进，许久才得过洞口。前进一里如行十里。风从北来，挟寒气尤重。故居民相屋，皆求南房。北向屋墙壁屋顶皆厚土筑，门窗无缝隙。冬日烧炕而寝，长夜炭气窒息，往往杀人。闻旧时冬令窒死一家者各街有之。近年富户及公共宿舍皆烧铁炉，用薄管导煤气于室外。中等人家用煤球炉，上煨水壶，窒死者较少。即有窒死者，行人工呼吸法亦多复活。此则卫生知识渐已普及之效也。

我初至住旅馆一夜，价昂不能胜，经人介绍住寄宿舍。又辗转就廉，数次移徙。最后住宣武门外"皮库营"之四川会馆宿舍，每月所费，膳食之值而已。惟此间四川人聚住甚多，终日嘈杂，甚不利于补习功课。有广安人熊济时，常来此处导人"逛窑子"（狎妓）。故同住乡人囊橐常空。四川川东人多好狎妓，我屡见其囊空窘态。群体并竭时，犹课入院白逛。或以电话与妓纠缠，称为"电逛"。又曾知一大群人入院"镶边"无一人有钱，而主者亦无钱，临去被扣，至于脱衣抵偿"盘子钱"裸体出院者。（甲级妓馆客至，献茶，设瓜子。走时给银圆，称盘子钱。余皆陪嫖者称"镶边"。）我曾写了一幕短剧叫《电逛》来嘲笑他们。

临近夏初，南充又来了一批考大学的，有我二伯的儿子泽震（乃霆）与同场人韩荫谷。还有南充北区人杜象谷、陈文安。又还有一大批准备"留法勤工俭学"的人——任卓宣、蒲敛魂、刘伯庄、赖福洪等，都是南充中学同学。王华宗（恩洋）也来了。他们先后到北京来的时间已记不清。只有我与泽震及杜、陈、韩，在北京考大学。韩荫谷考北大预科，他只准备把两年预科读毕业。有人劝他考高师，他说"北京大学才是正牌子"。杜、陈二人考入政法专门学校（法专），泽震考入工专。我则考入农专本科。

二十三、我在北农的四年

我估计一千吊钱的会金，不够读完北大的预科两年和本科三年。且我很喜欢地理学，而北大无地理系。遂只决定考师专。师专（即北京师范学院）可免学费，又有地理系，我决定去考它。但它招考期定得最晚。农专时称农科大学，招考期定得最早。我又考得了本科，可以少读预科，省得一年用费。并且听说师专的地理系，是白眉初主讲，全是讲的旧籍记载，没有自然科学的理解发挥。我认为地学一定要与自然科学相结合，才得成为可以理解的科学，不能以地名的烦琐记载来作科学。农学与自然科学是密切结合的，读农专亦可以研究地理。因此便不再考其他的学校了。

四个专门学校的本科都是用中文讲义，名词夹注英、法、德、日文。这对于我很适宜。但入学考试要考英文。我的英文很差，且幸出的题是"自述学习英文的经过"，我便可以运用我所记得的一些生字组织成文，文法是不会错的。这样我便混得了本科的甄取。

那时南京也有个国立农专，所以把北京农学院叫作北农。那时只有预科和农学系、林学系三个主任。共七班人。我和上海来考的董时进、刘运筹（皆四川人）同时考得本科（他二人英文都好）。同住一间宿舍，一盏美孚灯下同学了三年。他二人都是大地主家子弟，从上海读中学毕业来，生活得很活泼。我是个穷学生、土包子，人又长得黑，说话也笨，初颇受到冷落。但我用在中学时治学的方法对付功课，考试成绩常列前茅。期考揭榜后，才受到他们的重视。大家成为要好的朋友。

教室座位是用姓的笔画编号的。我与江苏人朱晋荣一张桌。他很漂亮、活泼，整个学期怕挨我。下学期他才说知心话。他说："我初见你吓了一跳。又黑又高大，又不言语。听说是四川人，心想恐怕是个'蛮子'。一直不敢挨着你。半年来，才了解你是个好家伙。"

初入校时，校长名路孝植，是个留东洋学生。所聘教师，殆也全是留学东洋的。教务主任吴立青讲化学，理论和实验都是好的。农学系主任许叔基，中文、日文、德文、英文都好，都能直接阅读原文著述。所以他编的讲义和讲述的条理都好，最受学生欢迎。只可惜在实验一点也不能做。不久路校长调走，换了个安徽人金××来作校长。他是"安福系"政客金邦平的胞弟，留美学生。一进学校就滥用私人。下一学期（民国七年的上半年），聘来了大批留美学生，夺取旧教师的课程。又为农学系新开几门课来安置他的私人。校内那些留日留欧的教师、职员被他们称作"留日派"均予以排斥。这在我们埋头读书的学生来说，本来不问他们这些事的。只想有个真才实学的好老师来教自己。后来因发现他找来的多是轻浮无实的人，与原先教我们许先生等落差很大，渐有不满情绪。偏偏他们又狂妄自大，激起大家反感，被我们抓着了辫子，赶走了三个金校长夸称的权威。

第一个名叫陈××，吹嘘他是国内的数学权威。非常狂妄自大，目空一切，大家对他都很反感。他讲"大代数"，用的一个铅印的书作教本，第一章所讲的，实是中学代数的重复。这章的末尾列有三十道习题。他卖弄聪明，向学生说："我昨夜花了点时间，一气算完三十道。你们照抄罢。"于是写上黑板，全班都各自照抄下来。我当时已感到他的算法有错，抄下来下细核查一过，发现答算方法根本错误的有七八条，算法走了弯路的有十条，还有计算数字错误的几条，共该纠正的有二十四道，几占了习题的六分之五。同学把他的计算和我的算法分题对比抄出来传观。引起全班大哗，当即推举班代表拿去找校长说："农学系本无讲习大代数的必要。纵要讲授，也该是个好教师。像这样的教师，教中学都不胜任，还可来教我们么？"金无法回护，只劝代表回来安慰同学，他嘱陈教授以后谨慎就是。代表们回来说了，于是全班相约不上他的讲堂。陈进教室只见一人，只好自行退聘。大代数这门课也就不再开了。

第二个名叫汪××，是金留美同学，畜牧业毕业，本有专长。但他却来讲自己不熟悉的气象学，闹了笑话。原来农系的气象、畜牧、肥料三课都是许叔基讲，编有讲义，油印成书。金校长要许把气象学让出来交汪讲。汪不能自编讲义，只好用许编的油印本讲。第一章讲到风的级别，讲义上列了一个表：表的第一行是"0级"，即无风之意。其下为"静穗－轻烟直上"。这个"穗"字，显然是油印把"稳"字写错了的。而汪主观自用，竟说为"静穗风。就是把作物花穗都吹不动的风，所以轻烟直上"。我坐在头排，当即提出"应是'静稳'的字伪。便是无风。空气静稳，则轻烟直上。不能算是一个风级。"他脸红，说了一声"也可以如此说"。仍不叫改字。我们下来查了些书，并有人去问许叔基，果然原是"稳"字。于是我们又瞧不起汪了。以后，汪似乎用心备课了来。但不多几天，当他讲到地球外围的空气，上层风速大于下层时，竟作了发挥说："譬如车轮，外轮围三尺，内轴围五寸，转动一周，外轮已走了三尺，内轴才转动五寸。"我又忍不住说："汪先生你讲错了。车轮与轴是固着的，地球与外气是非固着的。这如何可以取喻呢？并且车轮与轴是同向一方转。地球与外气则必然是相反方向的转动。即地球向东转，外气必然相对的向西流动，因为它是流体嘛。至于上层速度大下层速度小的原因，应是由于地心引力（重力）与地面摩擦力的关系。愈上层所受引力愈小，又不受地面携带的影响，所以它与地逆行的速率大些，下层受到地球自转的带动，所以逆行的速度就该小些。"他说："你学过气象学吗？"我说："未学过，猜想道理应该如此。"他说："你上来讲。"我便真的起身上台去拿起粉笔，画起图解讲起来。他气不过，坐到我的座位上听，想拿错处。迨我讲毕，他默坐了大约几分钟，把书包提起下坛走了。再也不到校上课了。金校长为此事挂牌申斥我："妄自卖弄，目无师长，致汪先生拂袖而去。"但还未说要记过处分。

　　这两个留美教师走后，金和他的姊夫胡××（事务主任）和亲信赵××（训育主任），认为我是留日派的死党，团结了一批学生与他们留美派作对。密谋把我们这些爱提意见的学生（多为四川来的）孤立起来。他们的办法，是用乡谊、基督徒等关系，以金钱、饮食等方法拉拢一批学生，结成一个秘密组织，名叫"修养团"，商量拥护他们的领导，维护"师道尊严"，反对向教师提意见。他们定期在农产品储藏室里开会，全是在夜间三点钟的时间，开到天明时才潜回宿舍。搞了将近两个月了。有个湖北学生病泻起夜，月光下望见一群人影潜出，发现了他们秘密的集会看到赵××在领导。知道他们有鬼，来我宿舍说了，大家商量揭发。推举我写一揭发批评文章。我写的题目是"请看修养团的秘密"。

　　我们写好，便用鸡蛋清乘夜贴在宿舍门口的布告牌。（董时进是运动员，常储有生鸡蛋。时无糨糊，便用蛋清贴。贴上便揭不脱。）次晨，全宿舍大哗起来。赵××来撕，撕不脱。便连牌与金校长提去，要追查谁人写的。他们错猜是四川学生凌毓璜所为。因为凌是高年级，与留日派相亲。金把凌叫去审讯了六七次，要他承认或说出谁人干的。凌只说："不知。"我很气愤，请凌说出是我干的来。凌说："我的笔迹不同，他无法诬赖我。不说何人所为，他也无法开除谁。你犯不着自己跑出来。"但我实在气愤不过，便写了封长信去痛责金校长。说："这样秘密组织，这样确凿的事实，如何能禁人揭发呢？'救寒莫如重裘，止谤莫如自修。'"这信送去，他不再审凌毓璜了，只传讯我。我说："知道写的人，不是凌毓璜。"他用尽了软硬功夫，要我说出谁干的。我说："迨毕业以后，我再说出来。"金说："我早知道就是你了。"

我说："你说是就是吧。要把我怎样处置凭你。我不能不去吃饭了。"转身便走。次日晨间，金在全校师生的周会上讲话，号召学生"拥护正谊"，正谊即指他组织的修养团。刘运筹站起来说："校长教育我们拥护正谊。很好。请更明确地指出来哪些是正谊，以便我们拥护。"金瞠目结舌久之才说："我下去再告诉你们。"便散会了。上课到第三堂休息。有人跑上教室来说："凌毓璜与你二人都被开除了。牌挂在宿舍门内的。"我三人跑去看，我与凌罪状是"品行不良，难期造就"，刘的罪名是"妄起发言，目无师长"。我们都气得怒火万丈，但想不出对付办法来。在球场盘桓甚久。刘说："我们到别处去读。"凌说："学校成规，开除学生要经系主任同意。我们去找三主任。"他三人一同出见，说："金校长写成了牌告，才给我们去说的。没有办法。"凌仍苦苦求他三人。已是午饭钟了，一同学跑来了把我叫出去说："我们已邀约好了一百多人，趁金、赵还在食堂里，你们快来。"我们跑进食堂，金、赵、胡和他的另一些亲信都在。本已饿了，原想吃几口饭再去质问他们的。但他们做得很毒，十一点钟挂牌，十二点开饭，便已把我们三人的席位撤了。自然更是怒火压倒饥火，一齐走到他们的桌边，先问："我们缴了食费为什么不给吃饭。"他说："你们已开除了嘛。"凌毓璜拿着一卷文件，用力在桌上一击，打翻了一盏一碟。吼道："那就不行！"随着响声二十多张饭桌一齐推翻了。喊打之声如雷，一齐围攻拢来，把金胡的饭桌围了十几重。齐喊"打死赵××，驱逐金××"。我们三人气更壮了，凌与我要金指出"品行不良"的事实来。刘运筹更是理直气壮，握着拳要开打。赵骇得打抖。金始终瞠着眼一言不发。群情激动，屋瓦都被掌声、喊声震动了。这时修养团的学生，也去找三个主任出来解围。我们说："既举不出事实和理由来，你就要挂牌收回成命。"说着，我们三人都提着凳子。喊打之声浪又爆发。三主任忙拦住说："我们三人担保，限明天答复。如其不能提出'品行不良'的事实，与'妄起发言'罪的法规依据，便收回成命。如不能做到一样，我三人同你三人一路离校。"这样我们才散了。实在已很饿了。同学们跑去买了许多点心和食品来安慰我三人。金坐车跑进城，向教育部控告学生造反。三个主任见金如此顽固，虑到自己难对学生，亦即跑到教育部去说明经过，以免教育部的偏听一面之词。同闹的学生亦各进城去分找自己的熟人京官、学友们作舆论支持。于是四川、湖北等省在京的官吏、议员纷纷打电话给教育部长付增湘（亦四川人），说："要慎重处理。防止学潮扩大。"留日派的职教人员也构成了一片支援学生的舆论。安福派是当时最得势的政党，段祺瑞的羽翼。但金确实输了理，无论把"修养团"说成是宗教组织、学术组织，你下半夜才偷偷秘密开会总是铁的事实。这就不能禁止人怀疑和揭发。金为何不经过三主任同意开除学生，而罪名的"品行不良"又举不出任何证据来，以致发生这么大的学潮。付增湘和教育部对此很重视，派了人员多次来校调查，几于任何一个职工都问到了。最后做出了结论：由教育部挂牌，收回我们三人的处分，恢复学籍；解散修养团；金改调他校任校长。一场学潮才平息了。

我们被开除那天是1918年的5月7日。恢复学籍那天是5月20日。从那天起，农院开始成立了学生会。在修养团秘密开会的独院内设置会所和游艺室。推我负责办个《游艺报》（壁报），每周出一张对方纸大的报纸，贴在游艺室，主要是谐文和漫画。分出若干栏，一体楷写。下周新报出来，再将旧报揭下，依次保存于另一报夹上。每月四期，到我毕业离校时，已积有四十多期。其后七八年，还有人在校看见保存下来的报。这份《游艺报》，供稿的人很多，缮写的人也很认真。起初大部分是揭批修养团的文章。后来，主要是反映学生意见要求，对学校未合理措施的批评和讥议时事。

次年，五四运动爆发，我是农院推举去参加大会的代表。我上台局促，不善交际，不肯去开会。想尽方法推给一个善于言词的同学去的。但是，后来到前门外去宣传，支援被捕学生时，仍被捕了。与从前捕的学生关在一个大院的洋楼上。我进去后，会见了农院的同学，大家都很兴奋，毫无惧色。那里除丧失了自由外，未受其他折磨。各处人民团体、商店、工厂、学校写来的慰问信，送来的慰问品陆续不绝。执勤的军士，都送上楼来交给我们。糖点、面包、手巾、肥皂、面盆、水瓶、书籍堆叠成几座山。反动军阀迫于舆情，终归无条件放了我们。

我在北农的最后两年，有些教职人员很惧我。因为，怕《游艺报》批评到他。有工人特别喜欢我，经常有人来告诉学校里不好的事，要求我提出意见。有个农场主任叫江南春，平时对学生凶得很。自从《游艺报》出两期幽默到他后，他也自己收敛了。

农院地连"钓鱼台"，是清乾隆以来皇帝的行宫。又名"望海楼"，楼台外有座水闸。闸上是一片大苇塘，直到农院墙外。大约从前原是湖泊，故行宫有"望海"之名。后因风沙填污，成了苇塘。农院在苇塘尾部辟成稻田。苇塘南侧一带土冈直连钓鱼台，农院造为刺槐林。我们常常到钓鱼台去玩。有的人便在水闸下的跌水大塘内洗澡。有一天，刘运筹也跳下去，不会游泳，几于淹死了。董时进游去拉了他一把。他心慌乱抓，董亦几被抓淹了，只好撒开他游开。我不会水，在岸上大呼。有个江苏姓叶的同学非常勇敢，脱去衣服，从很高处跳下，把他从灭顶抓起来，游泳上岸。此人可能是修养团的，虽然救了刘运筹，以后仍未往来。我眼看到这一义侠行为，很钦佩他。从此不再骂修养团了。因为已经知道，他们之中也有不少的好人，是我们四川学生所不及的。

大苇塘的内面有许多泥坑，内面的鱼很多。每有闲人在内垂钓。1918年的暑假，我邀约几个同学拿起面盆，选个近边的坑子，戽水求鱼。我们掘开排水沟，四个人从四方戽水。久戽不涸，不能得鱼。一个工人说，坑底有几个泉眼冒水，盆子戽不干。要从农场借龙骨车来车，才可能得鱼。我于是请他引路到管理人葛敬恩那里去借车。敬是留法学生（有个胞弟葛敬应在高年级做学生）。他很客气地说："你们只怕还车不来，车不动。我派工人去帮你们车罢。"便派了两名工人，抬着车去替我们安装，车水。不久便抽干了。我们跳下去用盆子舀鱼。工人拿个大柳筐来装鱼。共得鱼大半筐，约有百斤。我们装了两盆送工人们做菜。欢天喜地抬着大柳筐鱼回宿舍，放在门口，自己各取一条两条到菜馆去打平伙。留下的任凭同学、校工们自取。弄得全宿舍都很快乐。迨我次日去还柳筐时。葛先生拉着我的手说："明年你就毕业了。还有一年在校。你如愿意补习法文，我能教你。只要一年，你能学得好，保证你能官费留法。"我怀疑地说："我记生字困难，英文都未学好，只怕一年时间，不可能学好法文。"他鼓励说："你能够学好，我负责把你教好。"于是我们订下：每天早晨六至七点半到他那里去学。他送我一本法语入门的书。还说："如我愿意的话每天下午和夜间，以至于假日的整天，我都愿意教你。"我感谢他这番热情。去找他学了一个多月。后来，因为连接到家信，要我毕业后早点回去。我想，父兄要我毕业后就业挣钱，留法的事，恐不容许。便谢却了葛先生，不再学了。

我深知自己求学不易，学习一直很努力。为了增加地理知识，常从西郊走到东郊去听白眉初、翁文灏先生的课。第一学期考得第三名。第一名是江苏人郑同善，第二名是预科第一名安徽人金显谟。他们都是修养团的。次年我才挣上了第二名。第三年，才挣上了第一名，那时社会上还保存了科举观念。第一名是容易就业些。所以有前三名资格的，都拼命地挣。四学年读满，第一名仍是郑同善。此人貌美心细，怯弱寡言，功课实在的好，我比不上他。可惜是个书呆子。（抗战期间，他的家乡沦陷了，逃避到重庆来，曾写信到西康，求我介绍工作。我与他通过信，劝他去找胡子昂。胡也是同学，其时在重庆经济界很有地位。此后便无消息了。）

二十四、经陕西回川途中

1920年夏，我在北农大毕业，但失业的恐慌临到头上，回川的旅费也无着。那时，张表方先生设有四川省行署在北京，无事可办。蒲伯英是议员，在京主办《晨报》，与《新青年》杂志同为当时北京宣扬"新思潮"的两大刊物。其副刊译制了一些苏联的文章和高尔基等人的著作。报馆业务，主要是张子芳负责。蒲本人自己在家又办有一张小报叫《实话报》，用语体文谈政俗、民风、戏剧，以他自己写的短篇为多，很是畅销。他也奖励后进。张先生把我和董时荐与他。他把我俩安在晨报馆作校对。薪水不多，总算有饭吃，有住处了。我校高尔基的一本书（忘书名）。董校报纸。不久，董考上清华的官费到美国留学，离去了。这时，张先生的母亲去世，他要奔丧回籍，省长行辕也撤销了。我去请求随同回川，先生喜悦，并承担我途中的一切费用。沈与伯（四川永宁人）有个悍仆名叫杜伸，想回川，也托张先生携带。我们三人从北京赶大车到郑州，转乘陇海铁路火车，经陕西回川。这条路能扩大我的游迹，我很兴奋喜慰。

郑州换车票，只在车站等了一段时间，当夜即上车。我对郑州的印象，是不太繁荣。也未曾上街。见车站多有卖粥的，张先生和我都购吃一碗。先生说："北方不产米。你看这煮粥的米都是粗糙乏味，全不似南方米味。"我则认为是大麦研磨后做粥，似米而非米。应即是古人所谓"麦粥"，可笑我们都不去问当地的人，只凭着主观推测在争。张先生好谈政治。因此虽然车上寂寞，仍少谈论。后来发现车上有个酉阳州的赵玉珊（赵世炎胞弟），好谈政治，并且和张先生谈得拢，他老人家才不寂寞了（时先生五十岁）。

陇海路车，那时只才通到渑池县的观音堂。荒坡上起了许多茅棚房屋成街市。客店都是茅棚，室内却有布置得好的。有许多骡车店，待客雇用。赵玉珊常走此路，一切熟悉，替我们办好雇脚的事。我与杜伸都是完全不懂的。

张先生雇的一乘骡轿。我初次看见这种装置：前后各一头骡子，同扛两条轿杠，与车辕相似。中间绳结卧网如摇篮，上张雨篷。杜伸和我都不懂何用，乱七八糟把提箱、网篮等行李抛上去，才垫上了张先生的铺陈。先生入轿后，卧也不平，坐也不行，受了些苦。已走一站，在张茅憩下，才重行铺垫过。我和杜伸坐的一驾骡车，车内很平，加上我的铺陈，坐来又很软和，木架装的棚窗，纱糊着窗眼，又不怕灰尘，觉得很是舒服。殊不知车开动后，两只硬木轮，在不平的轨道上，不是左边高右边低，便是右边高左边低。车上坐的人，刚碰痛了左边的头，右边又碰痛了。如此左右摆荡起落，令人防不胜防。虽用两只手左右撑着车窗，也是无用。这才知张先生坐的骡轿的好处。张茅息车时，我的头都碰昏了。赵玉珊教我坐到车厢外去"挂辕"，即坐到辕上把双足吊起，这才好了。

骡车过崤坂，是个上下的两大坡。有间骡马客店在附近，专为上下车子帮力。上坡自然要加马。下坡也要请人引绳帮挽制着。

陕县旧为陕州，城临黄河，可以望见"底砫"三门（今为三门峡水库）。险道自崤坂外，还有两段函谷，都是土冈侧坡上开的路，久经车轨碾陷，成为深槽，所谓"车不得方轨，人不得并骑"，的是真确。车夫入函谷必不断大呼，俾对来之车择地避让。如对方亦大呼，则知其无可让处，即当自行择地停车让之。让地不过稍宽处，迫车紧靠土壁，度来车勉强可过而已。两谷相距颇远，皆有石碑刻"古函谷关"字，究不知何者能确当之。出函谷道不远即潼关。自洛阳以西，以为最大一座砖城。有街一条颇繁荣。东西楼观雄伟。城上可望见黄河渡口，即所谓"风陵渡"，山陕交通之要津也。

自潼关而西，地形宽平，骡车当换宽轴。轨辙亦较豫西为宽。闻西行者，自此换宽轴车。至陇上，又换更宽之车。至河西入新疆，又换更宽之车，车厢内可坐四人打麻将牌。车道宽阔，轴长则荡颇微，骡亦省力也。

自潼关入陕西境，第一日打尖于华阴县之华岳庙前。望见华岳五峰。合称太华山，从来奉为"西岳"，列入祀典。庙颇宏伟，前有古柏已枯，有碑称"老子系牛柏"，殊诞妄。华山为秦岭北侧一石灰岩，雨水侵蚀而成。玉女峰最高，在南，傍秦岭大干。莲花峰在西，有苍龙背磴道。明星峰在东。三峰叠峭，如食、中、无名三指。故崔颢诗云"天外三峰削不成"。中峰秀小，如扭小指于三指之间。北峰即最与大道相近之一峰，最低，有似扭拇指出小指前。五峰回抱似莲花，又似五指丛倚，崖壁险削，杂以劲松与道观，风景确好。又西约百里为华县，旧为华州，又有"少华山"结构与太华略似，而较陋小。再过渭南、新丰，至临潼县之华清池，为历史上最著名之一温泉。泉在骊山下，秦始皇墓已不可见，杨贵妃浴池即温泉初出处，凿石池于巨崖下，险入崖腔如屋，外甃石堤壅水。表师、玉珊，与我同浴于此。池水温颇高，尚非烫炙。溢水入清慈禧皇后浴池，有朱柱黄瓦之屋覆之。以下为第三池、第四池，水温渐低，北人乐就之。最后，则引灌县郊之蔬圃，虽冬能长菜蔬。时冬近，我贪久浴，致室困晕去，久之乃醒。

次日，经灞桥、潼桥入西安城。仅内城为砖城。东关外有土筑之外城，狭长如烟斗之柄。中一长街，尚繁盛。城内惟鼓楼附近商肆集中，城不大，西多空地。比于四川之眉州、保宁而已（铁路通后西安始大）。

卢子鹤先生这时为陕西督军陈树藩的家庭教师，很受到陈的尊敬。张先生到西安，寓居一个巨绅的公馆里，也是卢、陈的安排。住下第二日陈便来访。并派出他的卫士八名护送张先生入川。在西安住有三四天，卢先生来陪同游过"碑林""大雁塔"和曲江旧址。碑林在城内，陈列古碑甚多。但也只唐代的为最古，《大秦景教流行碑》是最有名的。唐以前的碑，多是翻摹的，如大禹的"岣嵝碑"则是伪造的。又有贾耽的"禹绩图碑"，似亦翻刻的。又有"昭陵石马"浮雕几块，八骏不全。据传是陈树藩的老太爷出卖给外国商人，已经从墓上剜下来包装上车运至潼关了，因陕西人民哗噪，陈督才派人去追回来一部分。有一块已破裂了。"大雁塔"一名慈恩寺浮图，传是唐三藏法师所建，经兵毁后又重修起来的。砖杂木石修建为重阁，可以上升七级，其上俯瞰西安全市、渭水与南山、北山。有人指点北山汉唐诸陵。时咸阳无桥，但有舟渡，未能往游。曲江旧址又淤，但可见其旧迹。于此望见韦原、杜原，韦曲、杜曲，皆唐代宰相别墅与其聚族而居之处。陕人所谓"原"，但黄土丘陵之平广者耳。

我们循"子午谷"走向汉中。张先生坐轿，我坐滑竿。这是我第一次坐滑竿。它与轿子不同之处，是不用竹扎成的轿舍，而采用骡轿（一名轿窝子）的办法只缚三根横木于轿竿上，一固定于竿，作靠背，一悬系于竿之中部，承臀坐，一悬在其前踏脚，这比轿子减轻了重量，垫上被卷，后横木上可缚衣箱，行李载上也能抬行。实是比轿子进步的运输工具。上路的人，行李多，又因取子午谷路，第二天起就爬山（秦岭大山）。道路险窄，且因沿途无市场，食米须自带走。两个人抬一个人连行李，兼三个人的食粮，爬这样高险的山，力夫实在苦得很。好在我很健步，总是自己步行为多。一路贪看山景，目不暇接。想快就快走，想慢就慢走，既满足我自己游历的需要，也不使滑竿夫感到痛苦。我与他二人一路谈天，问这问那，情感很好。

从西安出，第一站宿子午镇，是平路。次日早起就爬山，赶到沙沟才见人户。米也快吃完了。次日过"东江口"，才见市场。是秦岭山中一个大市。从此再爬山，便不是秦岭大山那样高了，沿途每有城邑，属宁陕县。过宁陕县治，循子午河谷，翻小山，入洋县坝子，便是汉中河两岸的狭长平原了。从洋县经城固，一天就到汉中。

汉中，即南郑县治。这里的川人颇多，风习与四川相近。有汉中道道尹驻此。陈树藩派送的亲兵，执陈氏函嘱道尹转送，便回去了。陆续有许多的四川人来会张先生。有一个姓向的老先生，是成都人，约定同张先生一路回川。有个南充人贾小航也在这里来会晤。最突出的是有个川人自炫能医，来谈他发现此间某药铺新得到真正的"桑寄生"。并强要为张先生诊脉开方，第一味便是"桑寄生"。又坚嘱在某处买而去。次日又来问："药吃了好些么？"张先生实未买服，难于答他，只说："今天好些了。"他很得意地再三提劲说："桑寄生真品难得。药肆皆赝品。真品当怎样辨识。检查过没有？"张先生只好说："检查过了，是真正的。"他才未追问了。他走以后，张先生对我说："我今天说了第一句诳话。"不觉自己发笑。

我对于汉中最难忘的印象有两个：一个是铺街的红石，细腻如端砚石材，其中纵横斜乱的鹦鹉螺化石甚多。每块街石都有一个以上，多至四五个的露面。或当其腰部作正圆形的圈，如茶杯口大。或当其尾部则圆圈较小。或当其微斜之身，则作一端较大，一端较小之长圆形白圈。或正当其侧面，则全螺剖面如画，中有白色隔为若干腔室，作螺旋断面。如此种种形象表达全螺内外结构，不啻解剖其化石。总计汉中各街石包藏之螺体，当在数千近万之多。市居人民与外来客商竟无有人注意及之。即至今日，亦尚未见地质考察者道及此事，亦可怪也。

街石螺骸外，演戏制度奇特，亦难忘。一日薄暮，我步出南门望汉水。见有多人陆续从远郊回城，皆谈戏剧。我度附近有演戏者，以为诸人观剧，剧毕回城也。然又见有城中人陆续向来路去，有售食物者。念必有夜戏。遂亦随之前往。数里至一庙，戏尚未停。《空城计》甫毕。续演《八件衣》《公堂对鞋》。甫竟，又接演鄂戏《王妈问病》，已上灯，未毕。旦角插诨云："已熬三个通夜，嗓音哑矣。"（王妈索旦唱歌时诨）我询土人，乃知此方演三日，则三昼夜连演不停。凡戏班能演之戏，长短皆尽。今夜戏完，明晨散矣。我因独出，未告张先生，不敢久留，遂随回城者步月归寓。因忆在西安，曾至一神庙观剧。戏台甚宽，前方骈四柱，实为三个戏台通连。凡盛大会期，可以三家剧班同时演出。我当日所见，为两家同演。中间一台演《穆桂英破洪州》，锣鼓喧闹。左边一台演《活捉三郎》，弦索低唱，但见小丑跳舞，不知是何词调。实则同在一戏台上，只以一柱标示其为二台而已。当夜再往，则只中间一台演奏，乃得聆其词调。犹记所演为刘寄奴斩蛇故事。刘裕是一武生，蛇妖是一老旦，唱词颇重。一旦饰某氏贵女，悦寄奴而订终身。四川无此戏也。两剧同演，与三日不息，皆属难于设想之怪事。

汉中货币用四川铜圆。于时成都造币厂出有当十、当五十、当百、当二百铜圆。值愈大者，质不相称。运者便之，故其市上尤多当二百之大铜圆，值百、值五十者皆少。当十者几不可见。往时四川汤圆每个二文者，在此值五十文。其他物价亦皆高涨。

自汉中回川，由道尹派军士一排护送。张、向两先生与赵玉珊坐轿，我则赁一西驴乘之，甚稳捷，贤于滑竿远矣。宿沔县，望见定军山及武侯祠墓。次日宿大安驿，汉中平原西端也。又次日，逾金牛峡，宿宁羌县（今宁强）。又次日经黄坝驿，上七盘关，为川陕界山，不甚高险。向老先生能诗，诵某友人返川过此诗云："虎口余生在，飘零幸得还。家乡知日近，笑上七盘关。"我甚爱此诗，至今未忘。

上七盘关后，我骑骡遵大道行，过一山湾，无人迹，忽闻山下鸣枪，有子弹从马前过。我疾速下骡，待后队至乃进。过龙洞背，见山溪入上洞，出下洞，中当大路下约十里。即古所谓"潜水"也。水入嘉陵江。朝天关下为朝天驿，在江边，有市街属广元。有皇泽寺，传为武则天出生处。又传清慈禧后亦生于此。

自朝天驿至广元，皆循江岸行。过"千佛崖"，凿山嘴为小龛甚密，佛像皆渺小，且多风化，传为唐代所凿。四川如此石龛颇多，与云冈、麦积等规模迥别。时广元城殊寥寞，与今日截然不同。陕西护送军士至此引回。

自广元换雇肩舆。经昭化、苍溪到阆中。中间要穿过灵台山，旧籍传为张道陵与弟子王长升仙处，道家洞天福地之一。过时见皆石盘上农地，全无林泉。人谓其侧有仙洞灵泉，未及往探。

阆中城较繁华，有旅长潘文华驻此，曾请吃饭，欲以军士护送。张先生辞不受。自阆中南行过南部宿，曾谐赵玉珊往戏园观剧。县城，有盐业之利，故常有戏园。尚记所演为向耀山之《游龙戏凤》。

自南部一日入南充界，宿金台场。虽紫土丘陵地，无深谷，路殊平坦。沿途多有农民候于路站揽"加班"（滑竿夫疲者雇其代抬，所费甚廉）。其行甚速，一日百余里。张先生与赵玉珊往顺庆城有耽搁。我自小道径回双桂场家（赵由重庆返酉阳家）。

这次从陕西回川，满足了我扩展游迹的愿望。旅费是用张先生的。大约走了一月之久，我对张先生则是毫无帮助的，不但饮食起居上全是别人代为办理，便如旅中寂寞时，谈闲消遣亦是赵玉珊和向老先生们才能对付。张先生喜谈政治，政治我不懂。我喜谈经济建设，张先生又多是不感兴趣的。只曾谈过一次《镜花缘》便又说不拢了。张先生赏识那些文字，我又讨厌那类的文字。张先生曾命我给他起个答谢陈树藩的信稿，我完全不知道宦场文字的体裁，自然写得不像样。结果是他自己写信去。沈与伯托他带回四川的仆人杜伸，封建官僚长班的脾气极重，钱一过手就照例地要吃去一节，拿去买酒宿娼，经常吃得稀糊滥醉，打胡乱说，骂人使气。张先生嘱我管教，我半点也不敢理。临别的前夜，张先生叫我与他清结账目，他怒哄哄同我吵起来。出门去大唱大醉，再回来找我怒骂。骂了大半夜不休。张先生把他喝止不了，气得拿起手杖出来要打他。我怕他还手造成事故，用劲把张先生拦阻回去了。让他直骂到睡着。次日张先生才教育了他，给他的钱，让他从广元向成都回他川南家乡去。我经过这些锻炼才知到学校考试的成绩是无用的，人与人接触的知识，即生活知识，只能从生活阅历中锻炼得来。假如我一路注意杜伸的生活，及早加以劝告，他也不会发展到那程度。

有一次，张先生和我谈历史。我说四川历史上只出文人学士，不出皇帝。张先生说："大禹，不是四川出的皇帝么？"当我举出司马相如、王褒、扬雄、谯周、陈寿、陈子昂、李白和三苏父子、杨慎父子以后。先生问："能举出清代的文人么？"我想了许久，才说出个"刘止唐"来。先生说："汉代举够了。宋代举得远远不够。清代四川有李调元、李西沤、廖季平这些人。刘止唐是说不上的。"我又才感到我的一知半解是经不得考试的。后来我便留意四川的历史人物了。

我在沿途，很留心农田生产情况。看见华北土地的腴厚和气候刺激性的有利于农业生长，理会到中华文化所以产生于此地区的原因。又看到山林树木几于完全摧毁尽了。从北京到郑州，沿太行山脉行进，只望见丛上石山，未见有森林。河南的崤函地区，本是土山，也无竹木，只人家宅近有些枣树、柿树，土山上连草也没有。即如秦岭山区也只有阔叶杂树，不成材用，凡属松柏类建筑用材，与有用果树几于绝迹。所谓"栖奥绿竹""渭川千亩竹"之地，今天连竹叶做药亦须从南方办买。草木不能蔽地，水土无法保持，耕地就会逐渐缩小，而黄河淤泥泛滥亦会灾患日深。但是这些话，在那时能向谁谈呢？

《豳风·七月》诗，"十月获稻"。稻是谷物中产量最高、用力较少的农作物。周初即已在陕西成为主要作物了，经历四千年至今，反由于灌溉无水，不得栽培。我只见到渭水平原大道侧有些路边淤田种植。陕省作物，仍以粟、黍为主（当时已有棉花，但还不多）。既入汉中，始见稻田。水利不修，民生憔悴，全是封建统治的贻害。

又认识到汉中这块地区，自然条件全与四川相近，与陕西迥别，但行政上长期隶属陕西，于是成了川陕两省的军阀和匪徒的捕逃薮。四川军阀失败，便跑到汉中来。陕西匪徒溃败，也跑到汉中来，一批一批地蹂躏当地人民，使之一次一次的烟火断绝。生产事业，更无从发展起来。传世数百年的土著，殆不可得。传世百年以上的产业机构，更未曾有。我以为这个地区，宜从陕西划出，与甘南的嘉陵江流域各县，包括四川的广元，成立一个中央政权直辖的省区。这才利于安定土著，发展生产，禁阻他省军匪流窜进来。这些都是我当时的幼稚想法，未能敢于向人表达。但这些念头的郁结，对于我后来研究经济地理起了推动的作用。

二十五、参与南充地方自治

张表方先生在北京时,正是俄国十月革命后和中国的五四运动期间,各种新的思潮,都在北京城里涌动起来。张先生在北京的两年期间受到了这些新思潮的影响,不满意于南北军阀的统治,倾向于"地方自治"的主张。我呢,思想上还是一张白纸,但因是学农的人,并且在毕业那年参观了南通县的经济建设事业(那时大专毕业之年照例有一次参观旅行,我们便是参观江苏的南通县),认为那是地方自治的典范,常向张先生鼓吹,希望他能成为"四川的张季直①"。

张先生回县时,驻顺庆的师长何光烈和嘉陵道尹黄骕方,都是熊克武的旧部。在四川的南北两派军阀中是动摇的。他们接受了张先生地方自治的主张,允予赞助。地方绅士先生们自然一致赞同(县长似是郑东琴,是卢作孚的朋友,也算当时的新人物)。于是通过县政府,召集全县中小学教师们开办个"自治讲习会"。组成了"南充县自治筹备处"推王伯安为主任委员。接收了县团练局、教育局、实业局、警察局,由地方人推举局长。乡村区、保长,也由自治筹备处委放。县政府只管司法和田赋的事。地方政务有一定的革新。张先生任城内县中学、小学和女校三校的校长,聘我作中学的教务主任。团练局长是吴钟南。教育局长是庞一儒。实业局长是蒲子章。警察局长是冯伯禄。还有盛克勤,他是留学日本的一个绅士,也是南充资本家的首领。文字甚好,也有学问才能。是赞襄自治事业最力的人。他邀集一些资本家拥护自治事业。奚致和也是这时才开始政治活动的。不久卢子鹤先生也从陕西回来了。张先生又聘来蓬溪的耿成九、曾修武、李青之等绅士来县中教书,主要是使他们见习自治事业,做推行邻县的准备。

张先生采纳了我的意见,把南充县中学校的普通旧制班结束了,分办这样几个

---

① 原注:南通张季直,是清朝的状元,袁世凯称帝时的"嵩山四友"之一。民国做过农商部长,主张"棉铁救国"。交卸部长后,回县提倡棉花栽培,筹资举办"大生纱厂"。由南通发展到上海,把个过去穷乡僻壤的南通,弄得很富足,举办了许多社会福利事业,当时是发展地方经济的一个榜样。全国有许多县都在学他。

班业：

进修班，审招具有必升大学之能力（包括智慧和财力）的青年，着重英语、数、理化和国文的培养，期于必能考升大学。其不能者，劝改考别班。

师范班，招志在毕业后从事小学教师工作者，减轻英文、数、理、化的课程，加授教育学，注重小学教育技能的培养。

农蚕班，招收志愿毕业后从事农耕、养蚕缫丝等生产技术的青年，分农艺、蚕丝二班授课，注重生产实习和地方经济的知识。

工业班，实际只开了纺织班，培养与蚕丝业相配合的丝织工业人才。并组织开办"南充丝织厂"作为实习场所。还准备把南充榨油厂肥皂厂组成后再办"应用化学班"。后未成。

医学班，收志在学医的青年，延聘地方名医向他们传授内、外科的旧医术。加上生理、卫生，与看护知识等新的科学课程，旨在培养一批能够中西汇通的乡村医生。

张先生是一心要从教育方面培养革新力量的人。但他无一定的目标。我劝他走南通张季直的路，用发展蚕丝纺织一条线的经济建设作目标，来奠定地方自治的基础。他接受了，所以敢于作如此的改革。这是当时教育部"规定"所不容的，只张先生才敢于不顾教育法令，毅然各自搞起来。但是一开始便发生了严重的困难。

首先是，青年们投考，皆只愿投考进修班，虽经张先生亲自审核，再三劝阻，他们的志趣仍不变。结果是进修班开了双班。又强迫一些考生，改编入师范、工业、中医和农蚕班，才得凑齐足够人数，同时开班。分在农蚕班的，又皆不愿进农业班。再经劝导，农业班才勉强得到十多人。我很气愤，决意自己去教这十多个人（原十个，后来收了两个，得十二人毕业），发誓要把他们的国文教通，能力培足，成为在未来社会上无往不宜的青年。次年我出川考察职业教育，（杨晋民接任教务长）归来专任农蚕部主任，常住农蚕部，竭力培养这十二个农业班的学生，除上课和课外辅导外，又领着他们搞谈话会、写作竞赛、旅行观察、文娱排演等多种锻炼生活能力的活动。三年毕业时，这十二个学生都成了当时社会就业受欢迎的人，有一个姓陈的成了文学出众的青年。有一个跟谢竹勋在松理茂汶搞垦边采矿的工作（姓何）。有一个在西康成了得力干部，解放初还任南充县农场要职（名贾一伦）。有几个成了农村的好教师，比师范班学生受欢迎。还有人参加了革命工作。这班毕业后，未再招农业班了。因为当时学农业的最无出路。而学校学得的农业知识，都不能用于生产实践，也不受农民欢迎。

1921年春天，实业局长蒲子章，邀集我与同几个在成都工、农、商专毕业的人组成《实业半月刊》社，推我任主编，派一个职员住自治筹备处内任收发督印的事。先石印，后改铅印。自治筹备处内有印刷部，印行《南充日报》与此刊物。未到半年，原认写稿的人没一个供稿了，我只好一个人化名为若干人写出多种多样的稿件，把它支持下去。封面原请教图画的林旭村画，因为无报酬，他不肯画，我便自己画（石印）。并且自创一种用毛笔拟钢笔画的画法，描写地方风景和应时题诗的生物生态。又在刊底面创作讥讽时事的漫画。很受观众欢迎。那时国内初有漫画出世。四川漫画，此为首出。此刊物由我个人支持，直到1926年，我到成都赴劝业会，五年间未有脱期（只1922年出省考察期间暂停）共出了九十几期。我在这五年中，绝大部分精力都花在这个刊物上，把它由艰难撑持做到站住了脚，再做到受人欢迎，以至于受人称道。凡属反对南充地方自治的人和在南充反对我一切主张的人，对于这个刊物都无遣词。刊物只有巴掌大（十六开），内容则包括有农、蚕、工、商、医药、卫生各方面的应用知识，和各种体裁的文字。封面图案和底页的漫画是最突出的，也都是我从困难中自己学着画出来的。我未受一文钱的报酬，而能长期地表现出新成绩来，所以能让人欢迎这个刊物。

　　《实业半月刊》这个刊物，是辛酉年（1921）桃花初开时创立的，我在壬戌年底，癸亥年（1923）开初的一期，写一篇题为《猪年给地方自治算的一张命》，讽刺地方士绅不能走经济建设的路，只注意政权的树立，是不行的。又骂了"文党"的人争权夺利，破坏自治事业。这篇文是用鸡（辛酉）狗（壬戌）猪（癸亥）做比喻的。激怒了地方士绅，向张先生提出要求惩治我，说我用鸡狗猪来骂人，把张先生也骂在内。张先生看到这篇文也很生气。但他把那些士绅们的怒火压下去了，说："他提的意见是好的，不能因他骂人就受不了。"那时张先生住在三十里外的庞家寨，只写了一封信来责备我。我未回信辩白。后在何干侯先生的追悼会上（在金宝场举行的）会到张先生，我才做了辩白。

　　就在这年三月，桃花开时，我又写了一篇《两跬步嘲懒社员》，谴责成立时踊跃写稿，三两期后便泄了气的人。文章幽默，县人传诵。也得罪了不少人。那时在南充，只有张先生一个人才容得我。

　　南充地方自治，既以学校教育为中心。南充中学也办得很有名气，外县来的学生，川北各县固多，川东南各县也有。张先生聘了许多有名气的教师来任课。其中除曾修武、李青芝（皆蓬溪人）等老先生外，又聘来张秀熟、袁诗尧、王平叔、江东之、钟伯良，（皆成都高师毕业）盛德滋、杜佩绅、谢敬三等许多人，就如蔡元培办北京大学一样，新旧各派都有。就中袁诗尧、张秀熟是共产党，他二人教书最受学生欢迎。他们随时发表言论或写文章宣传社会主义，骂青年党。张先生也憎恶青年党，故青年党的人，打不进南充中学来。

南充自治，又是在何光烈（驻军师长）支持下建立起来的。当时何光烈是败残失势的熊克武的部将，他亦需要与张先生合作，才有长在顺庆地区立脚的希望，所以他能支持自治。迨既经站住了脚以后，这个军阀的魔爪便张舞起来了。他从前是革命党员，立过这样一个誓："不灭清朝不开荤，不灭日本不娶婚。"他的军官士兵们都如此为他宣传。那时他果然也是吃素、未娶的。既已占稳了顺庆八县，他成了个酒色之徒、鸡鱼囊袋。他本人剥削八县人民的数额巨大。但他的兵士呢，仍是饥寒不免。刘伯承将军领导泸州江津驻军起义的时候，何光烈的旅长秦汉三、杜伯乾，推翻何光烈，在顺庆建立红色政权。但不久泸州江津被反动军阀围攻，失败了。秦杜亦即弃职逃去。何光烈乘顺庆真空之际，跑来复辟。他借口军饷缺乏，大肆搜刮，用南充的秦同淮的计，征收"典当捐"（田地不履买卖手续，而只作为暂时抵借的，叫作典当，向无捐税印契规定）。何不商县自治筹备处，径行派员分四路下乡办理。县人纷赴自治筹备处控诉，未理。激怒南充中学的学生，由学生会组织人员，亦分四路追往阻止。东北两路委员皆慑迹回城了，惟南西路秦同淮等反抗，被学生殴打重伤，跪地求饶。何光烈闻讯，派便衣兵士前往截殴学生。学生赵韬被打至半死。

团练局长杜象谷出面邀请何师部军官及南充与八县绅耆和谈。何光烈谓其创典当捐是为了办嘉陵高中。有蓬安人伍非百者，原熊克武等九人团下干员，原与张先生不合，此时首先发言斥何，谓其"用人民血液来建设嘉陵高中"，言已离席而去，何师为之气夺。事遂得息。张伍乃复订交。

何光烈驻顺庆，得成都造币厂小二百铜圆印模，遂收购地方制钱与废铜，在其师部内铸造，强制通行，物价亦即逐渐上涨，何又频频预征田粮。使钱值贬低，怨声载道，而莫可如何。我在《实业半月刊》用短文与漫画批评此事。还画作了"生活之水涨了""农人的锄头""预征""他把银圆身价抬上天而把米价压到死"等几幅漫画在《实业半月刊》发表，轰动全县，何光烈遂把我逮捕了。要我向他认罪。我那时是南充民选的实业局长，恃有民众后盾，抗辩不服。张先生闻讯，亲到自治筹备处召集县绅临时紧急会议，进行营救。何只好把我放了（时间似在1925年内）。

南充中学的农业班毕业以后，恰逢南充的实业局长韩金庸死了（韩继蒲子章任），我被推为继任人。不久张先生任成都大学校长，到成都去了。王伯安也都到重庆去了。蒲子章任自治筹备处主任，秦树凤任南充中学校长，陈文安任南充教育局长，庞明钦任女学校长。地方自治的力量显得分散而微弱。但还能够维持。

南充从自治筹备开办那天起，就从绅士内部产生一股逆流。一批企图钻入自治政权机构而未得钻进来的人，推文瑞卿为首，专与张先生为难。地方人把他叫作"文党"。我因文瑞卿是我筹赴京读书学费的一足，又劳他烟店为我转信，对他相当敷衍，原无嫌隙。堂兄文伯与他们亦有私情往来。但我一次失言，把文党触犯了，因而遭到他们的攻讦。

事情是有趣的，我有一天回家，过双桂场，恰逢高小校招待县视学和邻场的几个校董。校长韩某，也把我邀去午饭，一桌八个人就有六个是"文党"。他们知我是搞经济建设的，特提一些生产知识问我，无非藉为联络之意。那时有种子商大力宣传"黄金树"（即桉树）栽培利大。有人问："黄金树宣传可靠否？"我说："黄金树是热带植物，在热带地方，诚然生长快，木材好，又可提取圭那作药。四川是温带，栽培它未见就有大利。譬如人参，市价极高，但要是关东野山生产的，才有值价。昔人把它引种到山西上党一带栽培，虽然成功了，品质却变了，称为'党参'。党参就远不如关东人参值钱了。但党参尚具有人参功效，还算比较值钱的药。又有甘肃的人，把它引种到文县山中栽培，虽亦成功，品质变得更劣，称为'文党'。文党就更不值钱了。"说到此处，全席突然默然。韩校长急乱以他语。我亦警悟到失言，不待终席而去。事过不久，文伯传来文瑞卿言："任某是我送他入京读书，回来了反编造怪话来骂我。我要叫他知道我的厉害。"我对文伯发笑说："文党本来是不值钱嘛。但我那天确非有意骂他。他既发生了误会，亦只好听他拿出厉害来。"我是一个没有"世故"的人，无意中说话开罪于人，不只这一件事，类似于此者还多。尝读韩愈《送穷文》，中有"转喉触讳"句，窃以为如为说我。卢子鹤先生尝谓我"文似韩愈"，我则自谓：文不似之，身世遭遇则有似也。

我在地方自治期中五年多，全年薪水由七百吊逐年微增至一千吊，实值银圆五十元，而不以为少者，感张表方先生培植之私，而报其地方自治之公，原不计较得钱多少也（地方中人亦率皆如此，惟聘用外县人是高薪）。迨张先生既就成都大学校长离县，而南充自治事业涣散无力，实业局无可施展，意切离去。1926年，因赴成都劝业会，遂向自治筹备处辞职，因纵游青城峨眉不归。然当时军阀割据四川，政务混乱，大学生就业困难者甚多，我游川西半年，无地就业。时秦树风任县中校长，连函促归。我复函要求：（1）交卸实业局长。（2）仍住农蚕部，编写《乡土史地》讲义，在县中校各班只讲此课。（3）月薪银计，当接近于原薪五十元。秦与蒲子章等商量，全答应了，我才回县。

我编的《乡土史地》原拟分为"四川史地"与"南充史地"两部。随编随讲。后学校欲铅印成书，我阅时一年，将四川之部，改写成《四川史地》，印成八开本一厚册的书。内容首篇为叙言。次为四川地质地理特点。继乃由社会发展过程，接入人事，至军阀混战时止。秦树凤为所有班次皆开此课，每周二小时。由于学生喜学，屡请增加学时，渐增至四小时，有师范班竟增至八小时。《四川史地》印行后，颇受当时学人称道。有用为大学讲义者。我寄北京农学院长董时进一册，董嘱李四光评阅，李复函谓"从地史讲起，为世界史学新型"（时英国人威尔斯著《世界史纲》亦从地史讲起，中国尚未有译本）。重庆乡村学院欲开此课，无人能讲，有表侄蒲梓完，窃用此书，伪为己作，就聘讲授。后我到重庆，该院有知其书为我所作者，请我重开此课。我只连续为他讲一周，纠正其前讲错误而已。成都高等师范亦因知有此书，聘我为地质教师，我辞却不就。叶秉诚先生时任成大教授，颇赞此书。张先生则不以为然，谓"内容狭隘，无当世用"云。

1927年冬，刘东塘为嘉陵道尹。谓八县建设局经费微弱，不堪举办一事，莫如集中于道署举办一各县皆可有利的事业。已获批准，而应何举办尚茫无成竹。不知何人推荐我为设计。时当寒假，我终日犹住南中图书馆内，蒐讨乡土史地资料，拟续撰《南充史地》。突有杜象谷、陈文安两人觅至，云刘东塘托其相邀。既晤，乃知此故。我建议开办"嘉陵道苗圃"，供应各县植树造林各种树苗，即于南充西山建设示范林场。刘立即开办，遂聘我为苗圃主任。又南充县修志局开办，编撰《新修南充县志》新前清进士王石僧主其事，他聘了一批举人秀才等遗老来修志，但这些人不懂自然科学，所以王进士又跑来邀我兼任修撰，为其撰《舆地志》《沿革志》《物产志》三篇。后又加《农业志》一篇。我遂不再自己编《南充史地》了。同时，嘉陵高中亦招生开班，聘我任地理教师。

1928年，军阀罗泽周割据顺庆，地方自治事业全部坍塌，青年党势力猖獗，张先生所信任的干部全遭排斥，自治筹备处也搞垮了。我知道终被排陷，难再有作为，极图他去。恰逢刘文辉兼并西康，在他的军部内新成立边务处，统筹西康事务。处长胡子昂是北农同学，而刘运筹也正在刘文辉的边政人员训练所任副所长，准备开办边区的垦殖局，联函邀我前去。乃向道署辞苗圃与嘉中职，赴成都。王石僧仍坚请交《农业志》篇，我允到蓉后写好寄他。才允我走。

(1968.11.20)

二十六、初到成都

我于1928年正月初六，雇滑竿由南充赴成都。既至，寓刘运筹家。赴成都道中，雇家乡二农民为舆夫，沿途讨论地方农作情形，夜宿栈时于油灯下记之。五日至成都，而《南充农业志》脱稿也。遂函寄王石僧，王已修志年余，志局诸遗老皆受高薪，两年无所作为。惟我以局外人帮写，写成了四篇（尚拟写《实业志》，因赴康考察而辍）。王石僧意不安，特开一例，各篇分署作者姓名。及刊出，人每误谓《南充新县志》是我主编焉。

我到二十四军部边务处报到时，正逢罗泽洲、李家钰联合进攻刘文辉的内江等地，刘文辉赶赴内江督战之时，顾不上派我考察之事。直到四月刘才批准委我以"边务视察员"名义赴康考察。并派边政训练所两学生董兆孚、万腾蛟同行。

这里须先说下当时四川军阀割据的情况：

我在1927年写《四川史地》时，曾对四川军阀做过一番研究，把他们发展情况编为若干幅表，把各部队的番号、官长姓名、籍贯、派系，与其驻防地方分栏排列。编至是年为止。书的封底还绘有一幅当年各军阀割据的地图。后来互争雄长，到我1929年赴成都时，四川各军阀分布形势大概如下：

成都市区，是刘文辉、邓锡侯、田颂尧三军合驻。刘文辉部称二十四军，军部在将军衙门，占有城之西南隅，及川南和川西的温江以西。川东自江津接泸县，原为赖心辉（称江防军）驻地。赖与杨森、罗泽洲等联合攻重庆时，为刘文辉所夺（时二刘联军。赖败出川不返）。永川至内江，本邓锡侯属李家钰防地，本年被刘文辉击败，被刘夺去。新津以西雅州、宁远两府各县，及川边特别区域地方，原是二十三军刘成勋（禹九）防地，兼川康边防总指挥，1926年为刘文辉所夺。于是刘文辉辖县达全川的百分之七十以上。又占有自贡、五通桥、牛华溪等盐井富源与云南烟土入川必经之西昌、雅州、宜宾、泸县等路口，以及专销康藏之雅州茶场，税收田赋之多，亦并为全川第一。

重庆为二十一军兼川康督办的刘湘驻地。辖县原只巴、江（北）、綦（江）、南

（川）四县，后来战胜杨、罗、李、赖、郭联军，夺得重庆以下，涪陵、万县直至巫山、酉阳，整个"下川东"及陵水县。防地面积不及刘文辉，而富庶过之。重庆、万县海关，与奉节（税关）受其操纵，强于刘文辉。地据川之出口，得以操纵全川产业经济之兴衰与军火之购入。自己拥有轮船、飞机，军事装备压倒全川各军阀。

邓锡侯称二十五军，兼川康绥靖督办衔。占有成都东城一隅及新都、郫县与灌县以外之少数民族地区，设有屯殖司令部。李家钰原为其师长，惟久已尾大不掉，有逼宫夺位之势。近因李家钰战败，永川、荣、隆、内、资等防地尽失，仅保有简阳、乐至，难于自存，而邓尚拥有成都之兵工、造币两厂，差可自给，故李转而依之（后李出川抗战，在山东阵亡，新都为之铸立铜像）。

罗泽洲原亦隶属邓锡侯，取得顺庆防地后，叛离邓独立。先与杨森、李家钰等联合攻刘湘。败溃，失陵水防地。杨森防地全失，率残军寄食于广安。乃又联李家钰攻夺内江。再战败。旅长陈光藻叛降刘文辉，罗被逐下野。

四川老军阀刘存厚（积之）1917年败走汉中，复为陕军所逐，退驻四川绥定，占有万源、大竹、宣汉数县，贬"督军"衔，称川陕边区司令。地瘠民贫，各军阀所不注意，占据甚久。

田颂尧本刘存厚旧部，后独立，受二十六军称号，此时驻成都北城一隅，及郫河以北绵州保宁两属旧县，人既昏庸，地亦贫瘠，仅面积尚大，田赋足以自给而已。

杨森，旧为四川督理（吴佩孚委），军力最大。图统一全川，为诸小军阀助刘湘合力击破。再依北洋军阀，入据下川东。再被击破，寄食罗泽洲、李家钰等处，仍称二十二军。罗泽洲败亡时，杨据有营山县。后渐得广、岳，又占顺庆。与蒋介石结亲，后同逃台湾。

自二十一至二十七军，全称皆当冠以"国民革命军"字样，盖孙中山北伐时所委。一般评论，四川诸军阀中，愚顽无耻者，刘存厚为最。成都先有革命党人樊孔周，为怨家用机枪射杀，人为之诨语云："樊孔周周身是孔。刘存厚厚脸犹存。"赖星辉，善于指挥作战而不能抚有军队。每两派作战，各组联军，必有一方邀赖，而推为总指挥，往往获胜。然以其军队无多，分利时恒在末位，有时仅得一县。其人滥吸鸦片，生活腐朽，久而愈甚。终被刘文辉逐，入广东消灭。刘成勋，字禹九，与赖皆曾作省长。赖慵惰无所事，人呼赖烟灰。刘遇人和悦，伪为恳挚，轻诺寡信。川人呼为"刘禹公"。久而信誉扫地，人知其然，呼为"刘水公"。当面亦然，彼亦笑应。于是有人更为诨联云："流水为灾因雨久（叶刘水为灾因禹九字音），赖人成事总心灰（叶星辉字音）。"远近传诵，以为妙谑。

杨森品质最恶欲，娶数十妻，生百余子，每有所悦即娶之。每娶即以万元压妆。生一子给五千元，一女给三千元。年近六十，尚娶十余龄少女。纵其妻妾与人交际，若闻通奸，即并男女与媒人皆杀之。慕西洋风尚，好打网球，玩狗。所用秘书数十人，皆令西装革履，手杖相持。为督理时，成都青年会放映外文电影，雇哲学博士杨伯钦为观众译述。有人作长歌讽笑时事，有一联云："博士无聊说电影，秘书有劲穿洋装。"谓彼辈文士，强伸驼背，挺胸阔步，如有劲力。人传为笑。传诸秘书求为县长者，自书一条云"兹委某人知某县事"，持请署名盖章，例必斥之，不肯。少许，再持求之，则掷之于地。拾起再求之，则唾云"滚开"。拭面再求之，则怒骂云："这样不要脸，老子就让你去丢人。做得不好老子杀你的头。"骂声起则执笔署名矣。当时士流之无耻如此。

邓锡侯，壮年时卖弄聪明，在川军阀中号为玲珑，人称"水晶猴子"。早负声誉，而实庸碌无能。部下次第崩溃。又以惧内著名。

比较诸人，刘湘、刘文辉（叔侄）较有能名。能在能招揽人才，能驾驭其将领。刘文辉私德不如刘湘，得人较多而不能尽事，又好以金钱收买他人部下将领，为其他将领所恨。故能在军阀混战中脱颖而出，至于川省主席、川康边防总指挥、二十四军军长之尊。也因此故被其他军阀所忌，为其侄刘湘大败，尽失地盘。后又能在蜷居雅州后，发奋图强，抓住西康建省之机，重霸一方，左右于各党派之间，令老蒋亦无之奈何。

刘虽在西康，倾力结交朝中权贵、社会名士，招揽各种人才，并礼贤下士，善纳意见。他与张表方先生交好，又延揽有我的好友刘运筹、胡子昂等于其麾下，故我对其无甚恶感。且因他能使我赴川边考察，了我夙愿。故离南充径投其部。我视察一年，寄回十县视察报告，刘甚为称赏，频催索阅。考察完后，他对我甚为嘉许，高薪挽留，并多次采纳我的意见，使我有知遇之感，所以便留在其处工作，从1929年至1942年秋，前后十四年，皆在刘部（中间只有三年离刘，在重庆和外省）。在刘部这段时期，给我提供了研究川、康、藏与甘南、滇北等少数民族地区历史、地理、文化、民俗，与其经济建设、社会发展问题的有利条件，对我一生的学术取向和成就，影响甚大。我也帮助刘解决了建省中一些重大难题。缘刘文辉虽久任川康边防总指挥，而于边事初无所知。败退雅安后，亟于求西省建省之事。不能不求教于我，故建省前对我颇倚重，几乎言听计从。然他甚憎我桀骜不驯，孤高自赏，与他和其心腹党羽搞不好关系。故西康建省既成，即摒我不用。我遂离康回成都教书，与刘脱离了关系。其间委屈变化，人事繁杂，后面再详述。

二十七、初次考察西康

我在编写《四川史地》时，发现了四川盆地在历史上曾经有三次是人烟断绝了的。第一次，是公元300年至320年（西晋末东晋初年）间，由于关中流民入蜀后，土著地主阶级与流民发生冲突，结果是地主阶级兵败，咸挟其族党和客户、奴军向荆湘两州及南中七郡逃跑了。余下的少数人民与流民军队没有吃的，整个成都平原荒无人烟，"燕巢于林"。赖流民首领李雄和结寨自保的范长生合作，拿出部分口粮来做种子，督军士从新开垦，才保存了流民军队。十来年后，才把占据川东北的地主残军消灭了，统一四川。但四川盆地内的汉族人民得保存下来的不到百分之一。荒地在百分九十以上。贵州地区（原牂牁郡）的僚民徙入填占了川南、川东、川北的广大地面，又复延续了三百多年的土客冲突，互相残杀，四川成为黑暗世界。至唐初叶才逐渐地从北到南恢复了富庶和文化。这一次人虽幸未死尽，文化是全面死绝了来的。

第二次，是1240年至1280年（南宋末叶）的四十年间，蒙古铁骑入蜀千百余次，纵横蹂躏，无处不到。蜀人结砦相抗，次第被其攻破，全遭屠杀。直到南宋朝廷已亡，四川的合州钓鱼城还在抗战。结果是全川只保存得几千降民和几十万从陕甘地区随蒙古军来占垦的农民。整个元代统治的七十年中（1280－1350），虽然陆续招有邻省的人入川占垦，为数有限，四川盆地的人口仍是很稀的。只由于元末天下大乱，湖广的农民军首领陈友亮把徐寿辉杀了。徐的旧将叫明玉珍的，逃避到四川来。见得四川这样肥沃而荒凉，便就重庆附近屯垦自立，不再回去了。一时湖广农民厌战的都襁负搬迁而来，巩固了明氏的"夏国"。从此四川盆地的人口、产业、文化又才逐步臻于恢复（四川宋代文化很高，人口亦最密，产业亦相当发达，明代就差了些）。这一次，全川经历了一百年的黑暗时代。

第三次，是1630年至1670年（明末清初）的四十年间，四川的战争不息，尤其是张献忠据蜀的三年中（1645前后），四川的地主军队与张献忠的农民流军纠打不休，都不顾及农业生产，专恃掠粮为活，结果是双方都没吃的，杀人为粮，四川绝大部分人都被吃光了。农田愈肥沃的地区，荒得最早。接近城市的山区亦皆不免。只杨展在嘉定能办军垦，清军占领保宁还能保护部分农民。川东则秦良玉闭关自守，保护了部分沿江居民维持农耕而已。其后清军与南明军，便以保宁与嘉定各为据点，你穿过几百里无人之地来攻我，我穿过几百里无人之地来攻你。又打了十几年，无人地面搞得更宽了。到吴三桂叛清，四川残民响应又打了十几年，直至1665年（康熙三年）四川才结束了战争，所以在这二十多年中，四川残存的人口还在不断减缩。到了乾隆元年（1736），四川编审户口，土著客民共总才三百多万户。这些全是历史的事实，说明：像四川盆地这样一个对外交通不便的地方，虽然土地腴沃，生产力大，但如其仅仅是发展自给自足的农业自然经济，到了人口膨胀至土地生产力已不能维持人口的生活时，或是外来压力破坏了农村生产的时候，社会必然会发生动乱。导致大批的人饿死，很难免于"人吃人"的事象。

受有马尔萨斯人口论的影响。我觉得四川经过二百年的大体安定，人口又已经达到饱和程度了。而军阀们混战不休，大家都在极力吸取农民的血汗，更造成农经衰败，生业困难，粮食入不敷出。社会危机积累，历史上人吃人和饿死人的那种局面随时都会到来了。在此情况下，只有开拓川边，扩大耕种，发掘资源，将荒弃之边地开发建设为繁荣之腹地，既分散人口压力，又消除民族隔膜；既增富四川，又巩固国防，杜外人对康藏之觊觎。是为万年之计也。并且是会及身就可实现的事。早在写《四川史地》时，我就发现占四川三分之二面积的盆周边民族地区，历代政府开发未及，被人关注甚少，资源不清、地况不明，民族隔阂，甚至连一幅像样地图都找不到。是应该特别研究的地方。故迨刘文辉的边务处长胡子昂发函来招我时，我便立下这个方向的志愿了。

那时西康（即原来的"川边特别区域"）经刘文辉接管了一年多，成立了"西康政务委员会"，管泸定以西三十县的民政。龙邦俊任主任委员，程仲梁任财务处长。先在成都办了一个财务训练班，就用这批学生去推动打箭炉关和各县的财政工作。另外，由刘氏派的一团长马某驻康定，管康区的防卫，形成军、民、财政鼎立的形式。宁远一面也是如此，多了个垦务局。局长陈正刚，汉源县人，北京大学毕业。吸烟，体弱，实际未办垦事。胡子昂他们找我来，原为准备成立西康垦务局，叫我先去视察，目的在筹划垦务。

我到成都时，边务处已经向西康、宁远征集到了许多的少数民族文物来，在青羊宫的劝业会场，举办"四川边区风物展览会"，我到后，即派我作筹备主任。这对我初步认识川边地区人民生活情况有些帮助。会闭幕后，我频频催促胡子昂，求他函电刘文辉派我赴康考察。大约是四月芒种节后，刘批准电来了。西康政务委员会的干部，主要是依靠成都办的边政训练所学生。该所学生原留了董兆孚、万腾蛟等几名在成都军部，此时，派他二人与我同行考察，作为随委，以便与西康政委会接洽。同行的还有运还西康征来民族文物展览品的蒋显光（政委会干部）一行。同乡杜象谷，时任康定县长，派人向成都接眷，也来约同行。大家一路，甚为热闹。那时川西沿途有匪，刘还电饬沿途军队护送。护送费开支很大。走时只发了两百元给我，未到康定就快完了。好在入泸定境便已是视察地界，一切有人招待，我三人都很简朴，未曾忧虑过经费问题。

滑竿夫马都是从成都定到康定的。入泸定境的第一天宿化林坪，有个分县知事接送。第二天宿泸定，余人前行了，我与董万二人留住了一天。这个县治，只有百来户，千来人，一天便什么也调查清楚了。向一个边政学生借来一张他新测绘的地图，便又前进，到康定再写报告。泸定本来只占大渡河的一段河谷，我这三天的行程，便把它什么也看透了。这份《泸定视察报告》，从泸定的地势、地质、气候、物产、农村分布、居民的种族、风俗、历史发展和吏治情形，以及这各种地理因素的相关系，条分理析，解剖陈述，插附地图和一部分的图解。寄回军部边务处后，同事的文人们都夸称"开从来报告书所未有，使人如身历其境，全面朗然。"董兆孚、万腾蛟也向边财两所同学那里钞来一些调查表，一并寄去。刘文辉见到这份报告，深感兴趣。以后经常催问我的报告。我在康定先住了十多天，了解当地情况，因尚未出关视察过它的乡，全县报告未写，只向胡子昂、刘运筹们通讯时写了一些笔记细事寄回去。他们都拿与刘文辉看了。后来也全登在《边政月刊》上。

我先从康定赴丹巴县视察。这是一条独路。视察后仍从原路回来。丹巴在大小金川的回合之处，合为大渡河流入泸定。又还有旋牛河、丹东河亦会于此。五个河谷深险相当。县治有一条街，几十户汉人。我把这五条河谷都是走通了的，用一个指南针和步度器及气压表，逐步观察制图，晚上回来整理校正，所制丹巴县图，与后来刘文辉延请陆地测量局测绘的十万分之一缩尺的地图完全吻合，而详密过之。仍如分析泸定地理历史的方法，回康定后写成报告寄回边务处。在丹巴耽搁一月余日，故有两月未续寄报告回部，刘文辉连次催问，电询我的踪迹数次。迨此份报告寄回，刘大愉悦。索阅我向私人通讯笔记皆尽。电政务委员会委我记查关外未了各案，考核各县官吏贪廉，时间费用，皆不限制。那时政财两机关干部为康定新人，与旧时所谓"老边务"者不协。胡子昂嘱我密查，我答复的信，被刘看到了，加强了对新员的信任，康定（时通称炉城）谣诼煽诬之风乃息。我实与刘无一面之缘，但以我的报告受知,许为"踏实不苟"而加信任也。

从康定出发逾折多山,经过上木雅乡,泰宁(今乾宁县,时属康定),向道孚。在道孚寄回了《康定视察报告》。康定县面积辽阔,东部属大渡河流域,以康定为中心,我已把它所有的河谷农村踏遍了。西部属雅砻江流域,尽属草原,名"木雅乡",为旧明正土司辖四十八土百户地。此行只经过"上木雅"及泰宁(本亦上木雅地。雍正时于泰宁建寺,迎住达赖数年,后划为汉民垦区。附近荒地甚多,后办为垦场。)于"下木雅"尚无所知,其地图缺之,从雅江回康定后乃补成。此份报告但详于康定附近。加附有康定市区图。

从道孚出发至炉霍,缮发《道孚视察报告》。所属雅砻江大支流"鲜曲"河下流三查坝地区,未能前往,于时夷匪猖獗故也。

住炉霍县较久,调查亦较详。经朱倭到甘孜后缮发报告。

任甘孜最久,曾参加秋收后(收麦)喇嘛寺举办之坝会,看演藏戏。又曾赴炉霍河上游之东谷寺(有市场),乃龙神山,与绒坝岔,大金寺等处调查。又派董万二员赴杂科与绒岔沟调查。皆缴纳路线地图,故甘孜报告,较之丹巴尤为详密。孔撒、麻书与五霍尔土司之历史与现状,霍尔十三大黄教喇嘛寺之分布情形,札呷、朗章、香根与炉霍疯子喇嘛之事迹,民七大金寺战役之两军形势与作战情形,及常受雹灾之原因与防止之方法,道、炉、甘三县可以疏河行船之计划,及弹劾此间政军不法人员舞弊两案,皆入报告。于自甘孜赴瞻化后缮发。这份报告,很得罪了一些人,包括有韩文畦(时在边政处,曾任刘文辉之行营秘书长)的亲弟韩又琦,与驻军营长向某在内。他们都被撤了职。当他们知我发出弹章后,曾多方造谣诬蔑,加害于我。我毫不动摇,只函请胡子昂向刘文辉为我具结:"如其我有诬蔑,情甘枪毙。如他们所控为诬,请但依法处办而已。"此后未再作任何辩说。结果是他们免职了。在这些地方,我是钦佩刘文辉的。这是后来愿为他工作的主要原因。

在瞻化(今云新龙县)又住得很久,因为是要在这里办理一个"大盖喇嘛寺的凶案"。这案子很棘手,一经遭遇着了便脱手不得。结果是办妥善了才走的。住此既久,对于全县社会情形和地理环境也弄得很清楚。在甘孜和这里,写了很多的笔记,后来都被登在《边政》和《四川日报》(刘文辉办的)上,并加印成书叫《西康诡异录》。

我初次入康就对康藏这块未开发的宝地产生了浓厚的兴趣,在康考察近一年后,更决意从此专心致力于此地的研究,但深感语言不通,民族隔阂之苦,因而想觅一能帮助我解决此问题的藏族女子为内助,在瞻化停留较久,当地人盛赞夺吉郎加家女儿，称均美而慧，精通藏文，十分能干。董兆孚遂力劝我向其求亲，并主动替我去说合。夺吉郎加见我处事公正，不受贿买，本对我有好感，当即应允，但因二女已嫁，只有甥女罗哲情措自幼养在家中，愿嫁我。我于是娶了罗哲为妻。婚后才知她未谙藏文，仅其姐曾教识字母而已。然罗哲甚聪明，嫁我后努力学习，后来藏汉文均佳，成为我研究康藏之得力助手和持家能手。师友恒赞之，我亦甚庆幸。不幸1949年病故，嫁我方二十年也（详见《悼罗哲情措》文）。

当我在瞻化时，胡子昂所布置的宁远政局，发生了激变，羊仁安把他推荐去代替屯垦司令的军官蒋儒珍杀了，宣布独立。刘文辉不免于迁怒胡子昂。胡的地位岌岌可危，连电转到瞻化，催我速归。我仍待把大盖寺案结束以后（详《西康诡异录》），才自瞻化转向理化。在瞻化的乌虾村过了藏族的年。到理化过的阳历年。因胡氏电催甚急，便未在理化停留，起乌虾向雅江。在雅江过的阴历年。记得董兆孚贴副春联在所寓的小学校门上，说"蛮马蹉跎十个月，边城荏苒三回年"。从雅江回康定才写《瞻化、理化、雅江三县报告》。理雅两县，尚有大部分地面未曾走到。只主要地区是经过视察的，报告书的质量还不太低。

回边务处后，仍未与刘文辉见面。只是把我安置在军部设立的"经济建设委员会"作委员，月薪由七十元升为百二十元，并核免我在康一切私人借支而已。

这次入康视察从1929年农历四月到次年三月，约一年的时间，考察了十县，写交了十份报告书。原想由理化到巴安，再由得荣、定乡、稻城、雅江、九龙返康定的计划放弃了。回成都以后，又才缮写了《西康视察总报告》一份，附了几篇计划书。那时的刘文辉，虽仍用胡子昂为边务处长，自己全力于收拾宁远的局势，不暇顾及康局，对于我这份总报告的建议，不再感兴趣。我则开始写我的《西康图经》，准备从学术方面谋取自立。因此，我仍然不与军部的官吏们交际往来，每天，除照例的办公时间去画到，与同事谈天和领薪水外，总是住在家里整理调查资料，或到图书馆看书，找资料。那时少城公园（今为人民公园）有个图书馆藏书最多，我每逢星期日，必是坐整天，吃饭也在附近街上。

我这时选定的奋斗目标，是川康藏的经济地理和民族地理。这是因为我已经熟悉四川史地和西康地理了。西康与西藏地理条件是一致的，我既有西康地理实践的积累，再来读有关西藏的书籍和游记，就比别人悬想空谈的优越得多。在此中国边疆问题极为严重的康藏地区，也是必须要有人肩荷起这一研究任务的。当时我虽还未曾学会藏文藏语，有个藏妇相助，也等于自己学会了是一样，这也是一个优越于一些边疆学者的条件。自然，也还要顾到吃饭的问题，这就不能不依靠刘文辉这百二十元一月的薪水了。他把我们闲养着在建设委员会里，正好给我充分时间来搞这一工作。于是我开始准备写绘《西康图经》的第一篇《境域篇》的文和图。四川高等师范学校曾托人来邀我去讲地质地理课，因为不是专任，我都谢绝了，一心只在著书。

二十八、处理大盖凶杀案

瞻化县上瞻区土司夺吉朗加住饶禄,辖地沿雅龙上抵甘孜县界之沙堆村。沙堆与饶禄之间,有上、下大盖村及西大盖,凡百余户番民跨雅砻江两岸,共奉一红教喇嘛寺曰大盖寺。寺主喇嘛赤乃,素不服土司统治。土司有侄女嫁大盖村民某。其人恃土司家戚,每与赤乃为难。赤乃于1928年跳神日,托神言激众,率往杀其全家,仅留土司侄女,亦押入寺幽闭甚久。土司求之得释。既释,土司助之控于县府。县知事张赐培依藏族习惯召集两造于上瞻之某地说理。除带去通事外,更倚用"夷务委员"工布汪青(为县府办理夷务之职员)。其人本理塘县噶坝村巨猾,因犯案逃此任职,微解汉语。赤乃贿之向县长行贿藏洋一千元(约值大洋五百元),张赐培受之。仍令其赔偿尸家人命银一百秤。赤乃以县官既已受贿,即不遵示赔偿人命银。尸家向县府追控。张出差票令其遵赔,则汹汹调民兵自卫,抗差不得入境。我在甘孜时已闻其事,但不知张之受贿,但以为寺僧抗官而已。既入瞻化境,第一日宿沙堆。第二日宿大盖台站。赤乃送土产食品来,诉称寺僧为地方除匪盗,而县官以为杀好人,将用兵征讨,僧民不服,请做主。我却其礼,嘱另具事由交县府转。候查明酌处。次晨即去,宿饶禄。询土司以此事,土司意袒尸家。第四日行抵县治,无城,就一桥头筑大碉为县署,外有汉番三十余,成小街状而已。张赐培迎住县府,述此案,讳其受贿及携工布汪青同往事。既而大盖寺"夷禀"至,译之,仍言为民除害,有功当奖,不能受赔罚。亦不言贿赂事。我商张知事,重召两造说理于汝古寺(江干小寺,在大盖南二十里)。届时同往,尸家已到而寺僧不来。遣通事催之,来则人枪百余皆戎服怒马。时我适闲步在寺外,与之遭遇。方微雪,我就旷野中设座使通事译责之曰:"我赤手来此,县官有枪十支耳。但欲以理服汝。已查明:你等犯法,县官处理不差。明日我向你两造说明法理后,拟稍减轻罚赔。汝等心服即具结完案。不服,则我亦即去,将更有人来理此案。如其你等怕我上报此案,杀我灭口,扣我不放,亦凭尔等为之,我不因你等人马汹汹而有所迁就也。"

赤乃跪伏服罪。率其众另住一寺。次日,果来听审。我向其说明汉人法律与佛家因果后，议减为赔罚六十五秤。仍许其以物品折价偿付。番俗物价以秤计。每秤名为银五十两。但可以物折高价付之，如一铜锅值银五两者可折银一秤二秤。由中间人定之。留此伸缩余地免致因超过其力所能伸与情所能甘之限度。因不实以银锭过秤。寺僧已服，已具结认案，订明日起缴入县官转发尸家。咸喜案已结矣。殊次日寂无僧至，探其住处，僧人枪马皆已潜去，留一便条交通事云："我寺杀匪有功，不能认罚。"相与叹息夷情反复如此。回县府后。上瞻土司来请用兵。张赐培檄调四土司出兵（瞻化旧有上瞻、下瞻、河东、河西四土司）。惟上瞻至。余三土司皆具禀不遵。我欲留案请军部处理。将行矣。上瞻土司邀我出县府，由其自带之通事，译交一工布汪青给赤乃之信函原件云："案罚勿承。委员不能调兵。寺送县一千元已交割了的。"如此三句。我询："何为落入你手。"译告云："工布汪青行贿县官千元，教寺僧勿遵官府，官终不敢强其缴案。"事情我已早知。此次汝古寺说理，我避嫌未去，亦知工布汪青未去。见有大盖差民常往来于汪青处者过此，疑之。迨其归来再过此，留之饮酒大醉睡去，检其身袋，果有汪青致赤乃复信，盖有汪青谛子（此间人称印章为"谛子"，铁铸，于函末涂火漆趁未冷凝时印之，则如镌刻，以为信验）。其女曲梅折妈善藏文，能伪其书与谛子，另以纸照式缮制易之，而匿其真本如此。赤乃所得者伪本，匆匆未细验谛子印。遂撤去不遵判耳。请以汪青他件谛子验之，当明其不谬矣。

我持其物回县署，密询张赐培，张承认其事，言"初以为办案陋规如此，不知其意为贿。"乃商其诱擒工布汪青收监，取其旧件谛子与文字验证，彼亦承服。其意盖疑为寺僧所卖，请仍函劝其归案认赔。乃作函，由县府交去，云："前你所得函，伪函也。现我已被囚禁，请相救。"我商张给杖一百，饬改"请相救"一语。自行着人去投。我与约曰："系铃者解铃。如大盖信回不遵，斫去你左手。再不遵，斫右手。"彼始知惧，倩人远招曲了、崇禧等土司来说情。我坚持不变。又倩夺吉郎加来向我行贿，求缓其事。我大怒，斥责之，彼仓皇扬指而去。届订宰手期，前一日，大盖夷禀至请遵案赔缴。翌日，寺僧亦至，言限一星期缴齐。时成都催我回省甚急，遂于其日离瞻向理化行。县人闻大盖案结，皆额手称庆，赶来送行者僧俗千余人。远送十余里，再三劝阻乃归。

行时，张赐培问如何处置工布汪青？答以"待我至理化时放之。"殊未至理化，县署派人飞骑送张函谓噶坝匪徒在我离县之第三日，来县劫狱，取汪青去。嘱沿戒备，一行皆惧。离理化时，护送军又不至。行程当过噶坝后山及崇禧土司官署。同行欲折回理化候护送军。我说："番人虽凶横，能服于理。所恶者贪官耳。彼犯法弄权有确证。行贿我无所动。斫手亦未行。彼将畏见我面，安敢害我。"竟前行，宿于其山后，亦竟亦无事。其事详记《西康札记》中。兹撮忆记其梗概如此。

二十九、在建设委员会和交通处

刘文辉防地（割据地）占了川康七十余县，远达南充、内江、江津，包有泸州、叙州（宜宾）自流井、嘉定、西昌与打箭炉（康定），无论在田粮上与过道商品税上及其他方面的不法收入上都是全川第一。但他的理财人员总还嫌得钱不够用。替他想出种种生财之道。（当时四川军阀，固亦莫不如此。惟刘最富而犹无厌为可怪。）防区旧县旧时各种陋规，大都剔出作为上缴经费了。县官贪污，全恃"诉讼"勒索，"筹款"挹留，"剿匪"饷需等等新的陋规。狡者年可千万，拙者能敷钻营之费而已。委任僚属作县知事，公开称为"调剂"，谓僚属事烦薪薄者，得作县局官一任，可以赡家享乐，故曰调剂。官一任为时一年为率，达二年者绝难，三年者则断无有。有既官而诉仍贫者，则同辈咸讥笑之，呼以为"瘟"。其处级人员必斥其为"无能"而疏远之。然或其人因贪婪而得罪于巨绅，被诉于刘，刘亦诛之不惜。故其军区虽屡枪毙知事而民政之紊乱如故。夫以委派亲民之官而公开称曰"调剂"，则其财务之紊乱又可知已。

云南烟土，于时畅销全川，并由重庆输运潜销沿江各省，称为"南土"价格特高。南土入川之道，叙府（宜宾）为主，泸州、西昌与康定次之，（雅州为西昌、康定两路集合地，其货主销成都。）凡次诸城，"烟酒税捐局长"富于国王。大都为其兄弟、侄男所据，或有调剂功臣者不过半年之久，即已富可敌国。故刘氏家族之富不可计量。而军部仍常感支绌也。（惟其长兄刘星廷有贤称，与其他三人不同。）其他四川军阀亦正如此，只刘军更突出耳。

我到军部时，已有人献计，"清理各县官、公营、庙产"。官产，如祭祀田、养济田之类；公产，如学产、三费局田、祠会田之类；庙产，如僧田、神会田之类；营产，即旧时军屯田，宁远与川边最多。此等田产，襄皆为地方绅士们占有，清理自是合理。惟派员工作，仍当假手于地方人员，清得拍卖，弊出多端，结果仍为地方绅粮大户之利而军部所得殊微。本可用行政命令责由地方人自行清理举办公益之事，无容军部染指者也。各军阀间每有新创"理财"之法，亦即互相仿效，数年以内，无一地犹有残余之官公营庙产者，刘氏所倡也。（倡议人升军部"经理处"副处县，今存。）

我自西康回部时，南充已是刘氏辖区，罗泽周所创集中属县建设经费于军部统筹规划举办大型建设事业之法，亦为二十四军所仿效。于军部设立"经济建设委员会"，（办公地点在"边务处"侧）进行计划。委员皆军区内留学日本学工、农、商、矿者，文藻青任主任委员。我回军部亦被调充此会委员。到会时，每日到会办公者只文藻青（学工，曾任工专校长），刘丹梧（学矿，曾任建厅科长），另一姓曾者（学蚕桑），余人不更记忆，大都挂名，不到办公室者为多。亦从未见召集开会。所谓"办公"，于画到簿签名而已。签名后，闲谈，亦不及建设事。话尽则散，以为常。

我不惯处此种环境，签请文藻青转呈，要求派往川南各县考察地形、土壤、气候、物宜，以便正确设计。刘文辉批准了。于是我一人离部，于东门雇木船搭载至彭山，考察其蔗糖生产情况。认为发展蔗糖无可能。又陆行至眉山，觉宜植棉，而当地无棉。又至青神、乐山，觉皆非宜棉之地。折西行入夹江、洪雅，查见那里城乡人家，都织行销川边少数民族的窄布，已多采用拉梭机，其棉花则自仁寿运来，民间自纺，或购用洋纱作经线。（其纱或自云南、西昌输入，或自重庆、嘉定输入。）洪雅夹河谷小平原皆甚温暖，未作稻田者多，夏季长而少雨，宜种短绒美棉自供纺织，并推广至眉山平原与犍为境。乃更由洪雅转向丹棱，至蒲江，此地在总冈山脉之北，属川西大平原。拟自此经邛崃、大邑、崇庆、温江、双流回成都，考察水利能否有更大发展，及种麻事业。因在蒲江大量吐血，乃雇舆疾行回成都。病愈后，写成"开办夹江棉场，推广短绒美棉于上川南地区计划"交文藻青提出商讨。

附：蒲江吐血与独一味事

我祖代遗传有肺结核病。1927年，年三十三，因编撰并讲授南充中学各班的《四川史地》过劳，咯血，医治并休息调养二月余，获愈。医用凉药止血，故病似愈而根未除。1929年在瞻化视察时，左肺发剧痛，自前胸彻达后背若刀穿状。边区无医药，苦甚。自认为前年服凉药，凝血在肺，结痂，兹又破坏所致。县府高师爷，出土药名"独一味"一支，云"此药治跌打破损奇效"。长寸余，粗如烛柄，黄褐色，嚼之微甘，始嚼一半，寝，次日病良已。奇之，藏余半以备再发，至成都后遗失。据高君言：有丹巴采药人识此药而秘不告人。后来瞻化赘藏民家。藏民之俗赘一婿，一家妇女皆与之通。其人悦小妻少艾，厌其姊与妻母。妻母与长女恨之，乘夜寝以石击其头，脑破昏死。一家皆逃避，小妻怜而往抚之。其人醒转，告其小妻曰："某山某处有草四叶平张，叶皱作老人胸皮状，番名打札，你去连根采来捣敷创处，可以医好。"其小妻遵采敷创，果然渐合创口，竟得不死。其妻母女归，则伪为不知其所为者，但云："遭盗伤，不死。"遂暂相安。约半年，续采其根服食。创处生疮，再用此药敷之，脓溃，杂碎骨数片。盖新骨又复长满，始痊愈矣。其人既愈，乃控告"谋财害命"于县署，引其小妻为证。县官谓头破复愈，事理所无，不准。其人乃泄言此药。命其采来试于牛羊，有效。试于人，果愈创伤。乃准案拘审，一家皆服。由是其药始传。高索其药多支，寄赠川中亲友试之，盲者复明，伤者尽愈，痨伤、虚损，无不皆愈。故常宝藏数支，以备非常。

我既病困数日，得此而骤愈。谨藏其余半。已回省，无意中遗失。胸背久无事，亦渐忘之。在蒲江，夜寝中如有浓痰欲咳，无灯，吐床前痰盂中数口。寝亦平静。次晨，则痰盂内外皆血。盂内大血块数团。以为旧疾再发，大惧。急雇软舆回成都。沿途则未更吐，亦无头昏心烦现象。抵家，竟无事。盖肺中血愈合，瘀血自排出，与肺破流血不同也。此后亦更未吐血。显然是独一味药效所致。我曾两次写文介绍此药功效，又曾深入雪山亲采此药，至今常服之。国人亦曾争购此药，遂成康区入口之大宗商品。然此物质极柔，产于雪山，入关后，经夏则发霉。体为霉菌所侵踞，失其药效。故旋复不行。我所常服者，皆嘱亲友于冬春购寄，不使入夏。至即用酒或白糖浸渍之，以防霉菌侵袭。我自幼多病，体弱而七十犹健者，此药之力为多。

文藻青不习农艺，又不相信我。得我所写计划，持请其留日友人农专校之徐孝恢等审核。徐等皆洋八股，又不谙经济配置之理，亦于四川地文不习，久之不能定议。我念与此辈共事，无异与盲人同行，情甚愤郁，乃自谋扩张考察地面，自从学术著述，宣扬川康经建之宜。遂再自成都向仁寿考察棉业。绕铁山地区，由井研、荣县、威远，至内江，考察自贡盐井与荣威矿产，内江糖业与橘橙生产。见自贡地区用牛屎晒干煮盐。荣威矿坑，撑木尤为缺乏。岷沱两江之间，森林残败，至于薪材缺乏至此。又缮建议书一份，谓宜在内江开设林苗圃，供应大量苗木，就附近各县大力提倡造林。自内江缮发。时二十四军防地东至永川、江津，与巴县连界。因言"成渝铁路，终必兴建，钢材不难自给，枕木即不可不预为储备。"所写造林计划，亦与此论结合。然度文藻青辈终不推荐，刘文辉亦未必能用。时刘又兼有南充县地，我遂由资中、安岳、遂宁、蓬溪回南充家乡。时我撰《西康图经》第一册（境域篇）将成，游记为各报登载。念著书卖文，终不穷困，不更作依人成事想。遂不回军部，遁世著书，或再图教书生活。殊住家未半月，城内送来军部急电催速返。谓："所拟两计划，军长已批立即举办。"遂复返成都。

先是，文藻青为人黏滞，谨慎，乏于才识。在职年余，迄未筹办一事。而各县解部之"建设经费"积存银行者已巨亿，每月开支"建设委员薪水千余元而已"。刘氏军部，原聘有属区巨绅与军部元老为监察委员会委员。及是，该委员会向刘提出诘问。刘始忆及，大怒，召文藻青责之。文仓皇无可置答，乃遽以我所拟两计划对之。刘命取至，怒批"立即照办"四字。并饬更拟工矿计划。文悚惧持出，觅我施行。而我自内江发函后，未再通讯。文乃急电内江，查询跟电追送，乃达我家。

既返成都，文奉刘谕，人员由我推荐。故文亦不敢自推。一切听我部署。然我素无交游，一时无人可推。忆民国十五年游牛华溪五通桥时遇北农林学系同学陈平伯，颇长厚，近曾通讯。乃荐任"内江林苗圃"主任。又有犍为人陈伯宣，亦北农同学，颇习种棉，拟推为"夹江棉场"场长，然其人前任西昌建设局长，卸任时交代未清，现方扣留在省。我乃自兼场长，而任陈伯宣为技正，代我主持场务。乃再至夹江相地。得东门外建设局侧，近青衣江畔，有河原五十余亩，本官地，为县绅霸租，分散转佃于贫农耕种。附近有破旧大川主庙可以修理为办事处。因请收为棉场，而招旧日佃耕之贫农为场工。又因棉场是试办性质，规模不大，当重在业务经费，节约机关开支。我既兼职，不受兼薪及舆马。即请委陈伯宣为夹江建设局长，则兼棉场技正亦不兼薪。待将来棉场成效卓著，再行扩张，另设专职技正。这一切，都批准了。惟监察委员会提出："陈伯宣前任交代未清不得又委新任。"刘嘱胡子昂转示另求人选。我实无人可推，则具签称："我既受委承担兼职，惟知此人可用，无可另举。"刘遂批："陈伯宣交代事另案办理，仍准其履夹江建设局长任，以便协助棉场工作。"竟这样硬把陈伯宣保过了。那时我仍尚未与刘氏见面，而敢于如此强硬者，只缘意存遁世著书，不屑依军阀做事，去留无所不可故也。未几，刘丹梧亦拟具有勘探五通桥区地下煤气计划。亦获批准施行。此三事业施行，与七十余县集中之建设经费约略相称。人言乃息。

场、团领去经费办法甚为曲折。时刘氏兼任四川省长，以其旧属师长向育仁为建设厅长。场圃造具年预算书，分摊于各月，按月造表，经建厅核转军部之"建设经费保管委员会"通知保管此项经费之和成银行具领。两处不能派专人来，皆只函我代领汇彼。这也是我不能离开成都的原因之一。我若离开，两处领款便很困难了。

当棉场相地时，我亦曾留心夹江水文。曾查县志并询问土人，咸谓江水约六十年有夏涨上岸，淹及河原者。初谓此不足虑。殊开种第一年，即遭水灾。棉花损失颇大。次年，收入亦不抵开支。工人无除虫技能，药物亦甚缺乏，虫害严重故也。文藻青颇以责难，我皆抗不接受，谓"创办事业，尚当摸索经验，培养工人，安能一帆风顺，一举赚钱？若还兴办建设事业，皆必责以赚钱，则除经商外，谁敢更建一议乎？"

1932年，夏，有议"集中建设经费，既已举办事业，建设委员会即可裁撤，以省开支"者。文藻青遂辞职去。我念：撤建设委员会，我便无薪水可领。便准备听其裁汰，闭门去专写《西康图经》。遂往棉场嘱陈伯宣专一场务，即将推以自代。返成都后，更不前往军部办公，亦不与任何人物周旋，专心著书。一日，忽有新任交通处长蓝尧衢与相识人萧杰三同来寓中，邀我任其第一科科长。蓝尧衢我原不认识，后来知道：他是新津人，曾做过刘的营长，后来离开了军职，专搞商业，搞了一个什么公司，做长江到上海的水上运货。刘文辉要在军部成立个交通处，大约是为了要他搞水上运输，利用他的公司弄上一些军事物资来，与刘湘的水、陆、空军装备相对抗的。萧杰三是川东某县人，学建筑工程的，人很能干，是蓝尧衢手下很得力的技术人员。他与胡子昂的表弟李伯谐相好（都是学工的）。李伯谐因胡子昂的关系与我相好，因而与萧会过几次面。他们来找我作科长，我很诧异。我素来是厌恶行政工作的，又与他们原较陌生，自然不肯接受。我推举李伯谐。（其时也是建设委员会的委员）这时萧杰三亮相了，说："蓝处长原也曾考虑到他。但军长指定要你。"我说："我还未与军长见过面，又向来都只是做考查经济建设工作的，如何会把我安到这个搞总务的位置来？我请替我辞掉。李伯谐比我适当得多。"蓝尧衢说："这是军长指定的。伯谐另作安顿。你说还未见到军长。军长正说他要见见你哩。我明日引你去见他，你当面去辞吧。"

次日，萧杰三来，引我到交通处去。途间对我说："你是军长指定的人，不可再推了。伯谐可能任建设委员会主任，但因有人反对，蓝处长希望你能向军长帮他说一说，把建委会附设到交通处来。你原是委员嘛。"我说："我是一个外来的人，如何会有帮他说话的身份？"他说："蓝处长既然这样托你，就必然有你的身份嘛。"到军部的交通处，李伯谐也在。蓝尧衢来引我去会刘。引到一间会客厅里，约有百来个人拥挤在那里，我一个也不认识。蓝给我找得个座位，嘱我等候着，他去看"有时间没有"。去了许久没来。我坐看那些形形色色、飞扬跋扈的人谑浪笑傲闹着一团，心里十分厌恶，几于起身避出屋去。蓝回来了，说了声"走嘛"，便引我到个小屋里，见着刘军长。我才说到"我不会干行政业务，盼望另选……"刘便用"勉为其难吧"一语截住了。我又说："我现兼任着夹江棉场场长，不宜兼任……"话未说完,他即说:"请仍兼下去,难得你这样踏实的人。"我又说:"建设委员会能否移并到交通处来呢?"他说:"这个考虑过了。建设可以包括交通。交通不能包括建设。"我说:"这也不尽然。军部政务体系,与行政正规体系不同,当因顺军政方便。日本的南满铁路株式会社,就管理他在满洲的建设事务。英国的东印度公司亦然。"他问:"你的意怎么办?"我说:"可否这样:建设经费办理事务,于交通处附设建设委员会管理。"他便拿起笔来写成条子。交与蓝尧衢。但把"事务"改写为"业务"二字。我感到这个字改得好。一共只说了这几句话,未曾超过五分钟,便出来了。

我于这次会面,异常惊异到刘文辉的才能。从而对他寄予了收拾川局的希望。但据久在军部的人谈说,他的短处可多了。他这个人的一生,今天已有人做出结论。后篇再说我最后对他的看法。

交通处有两个副处长,一个叫李汉秋,大邑人,据说是留学日本学兽医的。我从未听得他说过一句兽医的话,连一个家畜和医药的名词都未听见过。他是讲佛学的老头子。一个姓胡,是原来搞电台的,现在是赋闲的元老。有四个科长,第一科管总务。第二科科长萧杰三,管建筑。第三科科长且维屏,也是大邑人,管矿务。第四科科长姓夏,江津人,刘的旧师长夏仲实的兄弟,管电务。四科下还设有一些主任和科员。附设建设委员会,科长们都是委员。只有主任委员李伯谐一个人开支薪水。那时我的薪水被提高到二百元,与处长级相当。萧杰三,且维屏同。(夏科长又只九十元)这都是刘氏作为技术专家储备作的高薪人员,常向外人作为宣传资料的。大约成立一年的时间,刘氏便被刘湘与邓锡侯和田颂尧的联军打垮了。

我在这一年内,就总务科的业务说,只办了一件招考四名缮写员(当时叫作书记)的事。整个办公时间,除了划到以外,就是谈天。这种生活我很不惯。与在建设委员会一样,全力只在于撰写《西康图经》这部书,和搜罗有关康藏的资料。甚至把它带到办公室来搞。就总务科业务以外来说,倒还替刘文辉办了几件事。第一件是我经常坐公共汽车跑到夹江去抓棉场的生产,把职员工役们都聚拢来开会,商讨搞好业务的方法。这一年棉花获得丰收了。第二件,是夹江的胡县长,延请一个土工程师姓王的制定计划书,开千佛岩石堰,引上游的青衣江水灌东郊的稻田。呈请在计划受灌的田赋上加了一笔征额作开办费。地方绅粮承认,军部也批准了。开工兴建,才得工程一半,钱用完了。绅粮与胡、王发生争讼,军部委我去查勘。我看王的设计与现在地形,也都是合理的。只是对地质条件的认识太差。千佛岩是唐代古迹,石壁临江,穿崖过水,不损石像,原是县绅要求。从上下双方凿峒,未能对准,耗工特多,款尽未通,工程师不能辞责。惟事已至此,未可中废。建议军部借与建设经费。完成工程，将来由受益田户按年摊还归垫。官绅皆悦，军部也批准了。于是罢讼复工。其后渠成，请军部派人主持开堰典礼，又是派我去的。我看自千佛崖以上，至堰口龙门，数里都是沙坝上开渠。渗透漏逸，水入石洞者遂微。建议改用黄泥卵石，砌筑石渠。渠外沙坝栽培葭苇、麻柳，保护渠道。这就是现在夹江县的千佛大堰。也算得军阀割据年代中，有实际利益于农田生产的一个较大的事业。第三件是把自崇庆县怀远镇（旧曰分州）开渠，绕山引水溉灌大邑、邛崃百万亩稻田的工程建立起来了。这原是邛、大两县农户请求开办的。崇庆县人民反对，崇庆县的黄家，是清代咸同以来世代的大军阀，黄鳌虽任刘文辉的旅长，地方势力雄厚，刘文辉也不敢忤他。他的弟兄，全是崇庆的土皇帝。因为怕开堰要破坏他的"风水"，纠合县人反抗。测勘工程无法进行。军部派我和技术员张嘉瑞前去查看。我们用种种方法说服县人，才得准许测量。测量结果，水道甚顺，土质亦佳。工程费远小于夹江，而灌溉面积则大于夹江数十倍。用尽一切力量，说服了黄家，仍不敢就说必须开工，而只说："如得崇庆绅耆协助，克以完成，福德属于崇庆。邛、大人是要歌颂崇庆绅民的。"因知崇庆界内，多是黄氏田产，又说以堰如开成，堰首缘山各高田，亦皆得改造稻田，非只邛大两县之利。黄氏弟兄，斥我们是"为大邑刘家做说客"。我们指天誓日，声明是纯粹站在技术立场发言。闹了许多天，他们才松了口。后来工程进行，我未再知。只知不久便开成了，曾给它取名为"刘公堰"。（实该叫作怀远大堰）是近百年来军阀建设的最大一座自流灌溉堰。

这一年中，刘氏又招来了一个孔庆宗。他是川东垫江人，留法学生，曾在中国驻比利时的公使馆工作过，是一个讲究资本主义殖民政策的人。他对中国的边疆问题很感兴趣。经常到我家来访问西藏民俗。刘文辉自他来后，把交通处的建设委员会裁了，另行成立一个"川康经济建设委员会"，以吴景伯和孔庆宗为正、副主任，独立办公。有二十多个委员，我与萧杰三、李伯谐、且维屏，都列名备数。但开成立会后便无声无息了。那时我的《西康图经》第一册已经完成寄沪。孔庆宗又邀了许多人，由我拟具"西康垦牧公司"的宣言和计划，都已印装成册，准备募股了。因刘湘联合邓、田进攻刘文辉的战争开始而罢。

这次战役，是四川军阀混战四十年中最大的、最激烈的一次火并战斗。一开始刘文辉便放弃政务，专力对付战争。军部各处会工作全部停顿。刘湘水陆空并进，刘文辉部署的江津、永川防线被突破了。泸州、内江防线又被突破了。在荣县、宜宾的第三道防线上作拼死的拉锯战时，邓、田两军亦在成都市内与二十四军混战。到二十四军放弃第三道防线退守岷江时，成都军部也撤退了。邓、田军占领全城后，四处搜拿二十四军人员。我便从成都回南充家乡暂避。

从战争开始以来，刘氏便将所集中的各县建设经费提作军费。内江苗圃与夹江棉场皆无法领款。内江是战场，苗圃职工星散，无疾而终。夹江棉场，靠棉花丰收，还自力支持着。迨第三线防御放弃，退守岷江以后，后方大乱，棉场亦即停办了。

附：二十四军军长刘文辉，是二十一军军长刘湘同曾祖父血统的叔父，故世呼为"刘幺伯"。二人一贯联合战斗，发展成为此时全川最大最强的两个军阀。他二人也都各自想统一全川。刘湘的作风比较是封建正统派的姿态，恃的军队和军事装备的优越谋发展。刘文辉则恃在钱多，用收买别人将领的方法去拉垮敌人。他已经从邓锡侯那里拉过来了顺庆的陈鸿文和驻成都兵工厂的王惠安。又自己到重庆去住了许久，拉刘湘的师长蓝文彬和范绍增。被范告发了。刘湘软禁了蓝文彬。刘文辉几于不免，但仍放了。从此两军双方都在备战。双方的将领，策士都在设计献策。在二十四军这一方面，有联合邓、田，打刘湘，与先吞并邓、田，再打刘湘，及先让邓、田中立，全力打下刘湘，邓、田自然消亡。还有广安杨森和绥定刘存厚两人，都不在双方计虑之内。刘文辉是走第三条路的。重庆方面，刘湘的将领谋士们也是如此三派，但是走的第一条路。邓、田两部则一直是采取观望态度的。另外还有一批人奔走成渝之间，鼓吹二刘合作，统一全川的。也有一批人挑拨于成渝之间，促成火并的。

他们双方都各自高估了自己的实力，而刘文辉为尤甚。1931年冬，刘氏生日方正街新居落成，僚属给他送一副对联，是他秘书长杨湘承做的，"三巴生佛群龙首，万里中原百尺楼"。意谓不仅要成为刘湘防区的生佛，而且还要再"百尺竿头"更进一步去窥视万里中原，谋求统一全中国。这副对联，一直悬在他宴客的大厅里。

刘湘虽曾垮到只有重庆四县防地时候，都还不放弃他"川康督办"的头衔，他之要想兼并刘文辉，统一全川的心，也是昭然若揭的了。

刘文辉防地直到永川江津，逼邻重庆郊区，自然是刘湘所不能容许的。战争一开，二十一军就占有绝对优势。打到荣、威、叙州时，二十一军也疲乏了。才去催促邓、田进兵。自己休整一段时间，再度猛攻。二十四军退守岷江一线，双方又都暂时休整。和使往来商谈停战。二十四军此时又分出石绍武等部把邓、田两军赶出成都，退到郫河以北去。石绍武是巨绍招安的部队，本人与他的士兵全是恶名昭著的，由于不得民众协助，始终未曾抢渡过河。邓、田向刘湘告急。二十一军又进攻岷江。二十四军如黄叶临风，纷纷溃降。刘文辉从雅州退入汉源，只残部约一师人相随。刘湘不追。保留其衔称,令至成都见面。乃开全川军事善后会议,形成假统一局面。

时刘湘军师刘从云以左道妖言惑众刘湘,自为之跪拜作徒。凡川中将领来归者,皆令之拜刘从云为师。刘文辉、邓锡侯、田颂尧、杨森皆拜倒之。其属下将领更无论矣。故有人谓刘湘督川是"以神统军,以军干政,以政虚民"云云。

此次大混战,有人谓为"五行内讧",言:刘湘为水,刘文辉为火,邓锡侯为金,田颂尧为土,杨森为木。火能克金,水能克火。世传以为笑。

三十、撰成《西康图经》

我自1930年自西康视察回成都，在报纸上陆续发表我在康的见闻，很有许多的人对它感兴趣。至于有人把那一块报纸挖下来保存的。那时全国都有人在谈康藏问题，四川的人更要关心一些，但实际深入调查，能把它基层社会情形做出报道的却还未有。有些人，是只从康雍乾隆年代的旧著里去找资料、翻旧话。有些人打起调查的旗号，用了国家一笔旅费，只跑到康定去住了几天，便写出什么"西藏问题"的巨著来骗人。这几年中，我收集的用"西藏问题"及其类似名称标题的书籍近二十种，各家书局皆有，全是东抄西凑，自欺欺人的翻旧话，一两句新的调查资料都没有。甚至如有一个叫梅心如的人，用了国民党政府的很大一笔考察费，只走到成都，向胡子昂要到一部《边政》月刊，把我发表在上面的十县视察报告和地图全部盗用，一字不易地作为是他的调查材料，印出很大一部书来卖钱。（此人后在汉口与我相遇，竟觍着脸对我说："任先生，我的著作里采用了你的材料。"真叫人啼笑皆非。）更坏的是有个叫陈重为的（传说他是崇庆州州官的一个儿子）凭空捏造了一部《西行艳异记》，说他走遍茂、汶、松、理和西康各县，所至都有少女伴宿，说这是藏民风俗如此。并且用日记体裁写成的，骗得了申报馆很大一笔稿费，还要给它单独出书。曾激起在沪康藏人士的反对。至于那些进入内地各大城市的康藏人物，他们大都不能分析自己社会的特点，并且汉文不行，不能完全介绍出自己社会的情实来。我发表那些小品、随笔，虽非经意之作，亦无系统的叙述，却是事物的真实，所以能得到广大读者的喜爱。尽管《边政》和《四川日报》都是刘文辉的私家刊物，却因有那些报道而受到人重视、收藏。这些，都是鼓励我下决心写出一部书来介绍康地实况的推动力量。

书名《西康图经》，因我还未跨入西藏境。只缘西康与西藏同是一个高原、一个民族，在同一个自然条件下发展所达到的社会情况，故能灵活运用古今中外有关西藏历史的记录、档案与游记。连带谈到的西藏方面是可以字字落实的。不过仍只用"西康"二字为主体，以符"实事求是"之义。至于"图经"二字，则是沿用宋代地方志的旧称。以图为主，文字为翼，真实不虚，无可更易，则可以称经了。全书预定十篇，第一册为《境域篇》，约有二十万字。首先把康藏高原的地文特点做了个简单而可以概括的分析，说明海拔四千公尺以上的康藏高原，几百万年以来被许多水流侵蚀，刻削成为若干深谷，与其支流所造成的若干三千公尺以下的浅谷。浅谷深谷之间，有被崖岸割断的一些河谷小平原，则是农民耕种粮食的地方。这些断断续续的河谷农村，便是康藏历史上大小各土司、头人所割据的核心地方。河谷局面大的便是大土司，河谷局面小的则附属于其接近的小土司，为之充当头人，或官吏。河谷局面小而又四面闭塞不易被大土司所征服的，则常自立为小土司。还有高原顶部广大牧场（草原、雪山、无树木与农作的地方），则亦有纯牧部的大小土司与头人。或附属于河谷之大土司，或独立。这些土、头割据的地域，大体与高原上的自然区划相符合。两千年来的藏族人民，给了这些自然区域的固定名称，曰卫（前藏）曰藏（后藏）曰康（西康）曰多（安多，包括青海与甘边）曰阿里，几个大部。大部又各分为若干小部。西藏地方政府所设置的"宗"，和川边、青海、滇北、甘边设置的"县"，便是依据这些小部地区设立的。此下才列具康藏高原区域层分的体系表来，具其沿革，插绘地图。

这样，把康藏高原的地理区划形势和沿革弄清楚了，才来叙述历史上的界务纠纷。从汉唐时代华夷界限的发展变化，说到清朝历代平定康、青、藏，廓后各次订立之界碑。与民国以来的康藏界务纠纷，森姆拉会议的争执，与会后康藏两军作战所造成的临时分防的军事线，以及现在双方军事对峙情形。也提出批判前人功罪与今后解决的合理办法。打破了过去一切朝野人物，望空瞎说、隔靴搔痒、自欺欺人的谬论。把整个康藏高原的地理特性落实到各个区域的具体情况上来了。以下才分为民俗、地文、交通、产业、宗教、史事、外交、防务、商务、杂记，共为十一篇，完成一部现代的、新型的、全面叙述的康藏地方志。由于要求吸引国人愿意看这部书，知道他们都是厌恶长篇议论的，故采用笔记的形式，每条只用几十字到百多字，最多不过三百字，并分条标目，以便国人信手翻阅，选择观览。务要使其看过一条便有跟看次条之可能，如此以生动之笔描述真人真事，引人入胜，自然会逐步了解此藏族地区社会真实的全貌。每篇一二百条，实际就是十余章中的一二百节，但不用章、节之名，而依次割割成若干条之笔记文体而已。这原是体会唐宋人《图经》编撰精神的著书，故定名为《西康图经》。

第一册《境域篇》，于1932年完成。时刘伯量（运筹）任南京中大农学院长，我给他寄去，请其就近向上海各书店接洽印售。刘携往上海，历向商务印书馆、中华书局、开明书店、正中书局接洽，皆因为我不是个知名人士，又都嫌内容过于专门，不利销售，不肯接受。刘伯量气了，回信给我，说明这情形后，说他愿出资替我印行。后又来信，说：南京柳××，招牌是搞边疆民族问题的，他愿刊行这部书，但要署作他的研究所写的，不用我的名字。伯量也拒绝了。我得信，很是痛恨这些书贾们只是为了赚钱，不问内容质量，嫌此书没有销场而一致摒弃。但亦把他们无可如何。至于那位鼎鼎大名的人，要想我把著作者的姓名都卖给他，我倒是愿意的，因为我写这部书的目的原只是为唤起国人注意康藏问题和了解康藏实况，并不为了自己出名。纵使他盗为己有，只要能出版，便算我达到目的了。函商刘伯量。伯量不肯，定要自己出钱替我印。恰好在这时候，农院老同学魏乾初在成都，常邀我到他家去打纸牌。有一天我去了，另一个人久久未来，我们两人闲谈，说到我这部书卖不脱，和柳××要买作他的作品发表的事。魏大言曰："你交与我，包你满意，立即印行。"因为他是大话说惯了的人，我说："你又瞎吹。刘伯量都找遍上海各大书局了，卖不脱。你还能够包我满意呀。"他说："吹牛吗？我立即发信，让你自己去证实。"原来他有个兄弟魏晴岚在考试院属的"新亚细亚学会"搞出版工作，正在购印大批边疆问题的书籍。于是他果然立即替我写信了。他是写信给考试院长戴季陶的，大意是介绍这部书，是实地考察的、绝对可靠的著作，请他购印。同时开个便条寄魏晴岚，交与我，嘱函寄刘伯量，把那册书稿同这便条给魏晴岚送去。这一天未打成牌，却把这事搞成了。

大约经过一个月的时间，我收到了"新亚细亚学会"寄来的一封信和五百元的稿费，说他们先在会刊《新亚细亚》上分期发表后，再行印成专书。并请我陆续寄去其余各篇。再寄上表格，要我加入学会做会员。此后随时都在寄来杂志。1934年，果然出书了，寄来了十本，连同戴季陶写的序文手稿（其字拍照印在书里），又从《边政》里把我的一些通讯小品辑出成书，名曰《西康札记》。说明不送稿费，即以《图经》十册抵偿。（戴季陶作序那篇文，全是学会主编人搞的，他们以为这样就可以使我感激他了。但我并不重视这一套。寄来的"手迹"，我随手抛弃，也未回信致谢。）这十册书，我送了刘文辉、刘伯量、胡子昂、张表方、蒲伯英、魏乾初各一册。

《西康图经·民俗篇》也是1932年（下半年）完成，内容全是我所亲见的和罗哲情措告诉的。那时的罗哲情措已经能说汉语、写汉字了。她供给了许多琐细的民间事情，和我所访问的一些民间细事，使国人对于藏族的文化生活和经济生活有切实的了解。1933年我随张先生出川考察，自己携带到南京新亚细亚学会去，同主持评稿议价的人陈大祺说明它与一般的民俗调查报告的不同之处，再得了五百元的稿费。这是当时最高的一种稿费。其实当时审稿的人，对于康藏情俗全是隔膜不通的，而能相信这部书的内容真实，肯出最高稿费者，巴塘人格桑泽仁吹嘘之力为多。我这次过南京才知道。

格桑泽仁是清末在巴塘经商人娶藏女所生的儿子。本名王天杰，是赵尔丰在巴塘开办的巴安小学毕业的学生。能汉藏语及汉文，程度不高。巴塘原是赵尔丰奏定的川边巡抚驻地。修建有巡抚衙门，同时建有汉文学堂（民国为巴安小学）、制革工厂、铅字印刷厂、农业试验场，一切都是省会的规模。英法各国传教士亦争着来此设立教堂，办有医院，学校和果园；并还开渠引水到他的教堂区来。所以这里的青年人，在整个西康地区说来，要算是先进的。但赵尔丰在巴塘布置省会规模后，走向康北各县去进行"改土归流"，才到康定，便被清廷调任为四川总督了。他把川边建省的事，交与其总文案（相当于近世的所谓秘书长）付嵩炑（字华封，四川永宁人）接办。赵尔丰做四川总督未一年，便激成"四川保路同志会"的怒潮，各县哥老会起义，围困了成都。赵调他的"边军"自卫。付嵩炑把边军主力全抽调来开向成都，刚走到康定，满清政府已被推翻，赵尔丰成了民军的俘虏，被斫头了。付嵩炑的边军到雅安，闻赵已死，亦缴了械。西藏的达赖喇嘛，这时也宣布自治，出兵夺去昌都以西的地盘。民国以来，历届的"川边镇守使"都只驻在康定。巴塘成了极边悬绝之区。巴塘的青年人，作了多次恢复省治的要求，都成绝望。便以王天杰为首，作过反对"川边镇守使"的活动。失败后，他从云南回到内地活动。由于当时国人多很注意康藏国防问题，故他们所至，得到部分国人同情，在舆论界发生一些影响。也由于国人对于康藏情形的隔阂，而他们又无法把它清楚表达出来，不能说明问题的关键，所以他们亦未得到任何一种力量来帮助，到处流落，解决不了问题（实际是他们自己也提不出任何办法来）。后来王天杰到班禅行辕去担任翻译。南京政府成立以后，设立蒙藏委员会，班禅南京行辕有四川办事处。王天杰已改名格桑泽仁，任蒙藏委员会委员。其人精悍好事，在蒙藏委员会中为风头人物。其时南京政权趁达赖十三世死，新达赖立，亟于招抚西藏。遂依格桑泽仁等议，派刘曼卿（女）进藏试探，不得要领而还。时国内《西藏问题》论著蓬兴，然多为空虚无实者。格桑等甚欲得能踏实研究康藏问题之人与之合作，以壮声势。从《新亚细亚》中见我此书文字，而不知我为何人。乃向戴季陶询我根底，戴不能答，谓是向育仁推荐。格又函询向育仁。向亦不知。格又托成都班禅行辕办事处及康定、巴安人士，皆无有知我者。迨我此次路过南京交《民俗篇》稿，恰逢新亚细亚学会开常会，欢迎新疆人名艾沙者讲演。魏崇阳邀我参加。我去时，艾沙已讲演甚久。格桑泽仁见魏崇阳交上我签到介绍名字，大喜，嘱主席坚要我上台讲话。我只好讲了十五分钟。讲毕，会中人纷至台上握手，中有格桑泽仁。他坚邀我次日在其家晤谈。次日我因事未去。他又大请其客，介绍我会见许多头面人物，汉人、藏人均有。并向我说了他多方寻我不着的周折，赞扬我的书说出了他想说而未能表达的话，和他极力要求新亚细亚学会刊行此书的经过。意甚殷勤。但我频频呼之作"王先生"。他多次说："我叫格桑泽仁。"旁人亦屡指点我云："这是格委员。"我云："呵！我习惯了用你的旧名字。"格桑颇为不快，后亦遂未再有接洽了。

《西康图经》第三册《地文篇》，是我1935年重庆大学辞职后开写的。寄往新亚细亚学会后，回信称经费困难只酬稿费四百元。我亦随即赴康工作，未更续写。

《西康图经》我原拟还要写历史、政治等几卷。嗣因1938年起在省训团讲"西康史地"课程，编写的讲义，后改写成《康藏史地大纲》一书，即不更写《图经》矣。

附注：格桑泽仁后曾由蒋政权委为滇康边防司令，拨予少量军队率由云南维西、阿敦子，自盐井县之中岩，入据巴塘。后为刘文辉军队所逐。回京。入班禅行辕。又从商业方面求富。组成印藏贸易公司。1939年西康建省后，曾过康定。刘文辉亦与之周旋，助予投资，并调庄学本从往赴印度。大约1944年时，他肺病恶化，到成都就医。我曾往访一次。未几遂死。

刘曼卿亦巴安人，入藏归后发表有《藏輶纪行》一书，一时声名甚噪。我赞赏其勇气，却以南京派她欠妥，是昧于藏俗的行动。当新亚细亚学会请我作简短讲话时，我说："西藏自然状况、社会经济、历史发展、人民习俗与内地迥然不同。不知其实际情俗，即难言解决西藏问题的措施。故今日而求解决西藏问题，尚当从切实地调查研究入手。例如：有人因为藏俗一妻多夫，女子当家，遂以为是俗重妇女的女性中心社会，派女使入藏，好交际。其实是昧于藏俗的。藏族尊信喇嘛教，喇嘛教极其贱视妇女。若干喇嘛寺皆严禁妇女入寺。虽有尼寺，尼则只羊卓雍湖那里有一女活佛，称多吉帕姆（金刚亥母）。是西藏唯一女活佛。但黄教徒多贱视之，有斥为猪妖者。喇嘛云：'女子虽极苦行精进，亦当先转身为男子后，继续精进，乃得成佛。'其妇女有多夫为家主人者，正是由于贱视妇女，使躬亲琐务，俾男子得闲逸自适，便于从事经商、战斗及服公务、学喇嘛等高贵业务也。土司有以女主承继者，亦不得随意出入黄教喇嘛寺。女子地位如此，岂能认为西藏是女性中心社会吗？"

我这短短的讲话，并不贬是刘曼卿其人，只是认为应谙藏俗，派出之人应为国府要员，以表中央对藏之重视，与争取达赖之诚心。刘曼卿当时在座，会后随众散去，未来与我握晤。格桑泽仁则仍来致殷勤。其时格桑犹未婚，有人传其与刘相好，必结婚。而格乃与另一巴塘女子巴月照结婚。故于我的涉刘讲话尚无所嫌。惟于我呼之为"王先生"，似甚内憎。

格桑泽仁有小妹1936年自南京奉其母归巴安，过康定，仅十余岁，西装革履，风度翩翩。从人皆呼之为"格小姐"，呼其母为"格老太太"。我询之曰："向者我知尊府姓王，格桑为藏名，而南京人皆呼令兄为'格委员'。我今对你当称王小姐，还是格小姐呢？"她嗫嚅曰："人们都呼我格小姐。"此女后回巴安，嫁与格桑泽仁一死难友人之子，人称其义。

格桑泽仁有弟，学喇嘛，通藏文，后还俗名格桑悦西，住康定颇久。新中国成立后仍在。

三十一、考察川康公路

我在撰写《西康图经》前,还曾于1938年考察川边一次。兹补述如下:

1931年的春末,我到夹江去督导棉场播种耘苗的期中,接到二十四军川边屯垦司令青飞如的信,邀我同路去考察二郎山。这个司令员,我曾在成都胡子昂家里会面过。据说:他原是二十四军的一个旅长,富于事业心,经常在其驻防的地方搞些经济建设的事业。现在刘文辉把雅安地区划给他驻防,称为屯垦司令。他在雅安设立司令部,延用了一批新人物(有余叔平、吴毓江、程绍焖等),他专人送信到夹江来,说他自己率领的考察队明天就要出发,等候我同行。我遣回送信人时,答应明天一早赴雅,午时可以赶到。其实夹江经洪雅到雅安还有八十里。我高价雇得滑竿,天明即行。午刻前已到雅安司令部。部里的人对我说:"因为在天全还有事待处理,所以他们先走了。留信请你到雅后跟即赶去。他们一定会在天全等你。"雅安至天全三十余里。我又再出高价,雇滑竿赶到天全。他们已经前队出发。见我到了,不暇寒暄和吃饭,立即又走。这天宿的"冒水孔",只天全城西十多二十里。为的是查看山中冒出这股大水,有无可以利用之处。

我为什么肯这样热心地应他邀请呢?正是因为我想利用这个机会去考察川康公路建设的选线问题,为我撰写《西康图经·交通篇》补足我实践需要到达的部分。

我从一般的地理书籍里,知道了四川盆地与康藏高原之间,隔了一条邛崃山脉和一条大渡河谷,再加上一条折多山脉。已经考察知道:折多山脉海拔虽高(四千多米),实只算得西康高原东侧的边缘,只需从康定选择一个较低的山口过去就行了。重点问题当在通过邛崃山脉的选线。邛崃山脉的山口:大相岭,走过了几次;蒲麦地,有了刘禹九实时测的二万五千分之一缩尺的实测地图;马鞍山,也考察过;都有缺点。只最为直捷的二郎山未知其详。那一带多有土匪,平时是不敢去的。这次有青飞如同行,有军队护送,可以保险。故虽自费,我也愿去。扩张地理考察面,正是我的愿望。

天全河的上游,有两个大支,从沙坪分出。一条河谷通马鞍山,在北。一条河谷通二郎山，在南。都是负贩于川康间的劳动人民创造出来的道路。从来没有官府或地方上的"善人"修过路来，有些地方全是千年老林，或丛箐灌木密蔽的林迹地（从前也是原始森林，被人斫完后的荒地）。有些地方是长满蕨萁（羊齿植物）的山坡。只河谷下半段才有人户，有农民修造的田坎路和进城的路。马鞍山一路，走的苦力要多些（主要是运天全的乌茶到康定）。沙坪以上，还有几处有店户。二郎山一路，则沙坪以上无店户。蕨萁坪以上无人家，（就当时情形说）只偶有砍山烧碱的草棚子，和自负苞谷粑为粮野餐露宿，到泸定冷碛卖粮的苦力小贩了。

我们是向二郎山。第二天，从冒水孔出发，经城墙岩，到蕨萁坪宿。只有三五垦荒的农户茅屋。我带有行军床，夜寝无苦。只白天吃饭太困难了。我的胃病严重，食量原少。一路随军吃饭，吃的是"军米"，既很粗糙，又很硬，都还罢了，难于入口之处尤在于稗子和石沙太多。我每顿都只盛半碗来，泡上开水搅动，让沙石沉淀到碗底，才掠上面的硬饭，慢慢细嚼。吃完半碗，全队都吃毕了，只得饿着上路。那时我才三十七岁，还支持得下去。只恨一路仓促，未曾带有点心、烧饼或玉米粑来。路上毫无办法了。

第三日要翻二郎山，天亮就吃饭。那一天根本就无路，只能跟着前队足迹走。亦无地方煮午饭，定要翻过了山才有人户和锅灶。虽然雇有滑竿，是不能坐的。我走到十点左右，饥疲已极，腿便提不开了。眼望一队一队的人超过我过去。我由前队掉到后队，由后队又掉到队末了。若还不勉强跟上，就要会被荒林里的野兽伤害。幸喜两个滑竿夫还跟着我的。一个掮着竿子走，一个背着行军床和铺盖走。我的后面，还有几个青年人走来。他们都是健步如飞的，是出发得很迟的炊事员。我向他们要吃的，回答是一点没有了。我把痛苦说给他们，请他们向前路几个官吏说我饿极了，要求他们带有食品的，留点在道旁。这一请求，竟收到了效果。

当我踯躅前行到一个小溪横渡的乱石间时，实在走不动了，想蹬到一块石台上去仰卧着歇一歇。走近石台，见上面放有一个纸盒，压着一张纸条，水笔写"留给任委员"五个字。未署下款和时间。打开一看，装了半盒蜜饯。这真是救命良药。我不敢喝冷水，渴饿之际得此易于消化而水分丰富的蜜饯，恰似吃到人参汤一般。吃完以后，腿能开了。这时还未到达山脚。迨走近山脚时，还有大批人在等待我。内中有个马啸尘，他时北方人，才二十几岁，是从汉口某机关派到川边考查的，亦附青飞如队伍同行。他是刘伯量做北京农学院院长时的得意门生，对我特别相好。蜜饯便是他留下的，通过了青飞如写的条子，所以过路人都未窃用。待我到后，照料我爬山。知道我懂京戏，一路谈京戏，并唱京戏以调剂我的疲劳。使我勉强翻过了这座大山。

　　山中最险处叫"手爬崖"，是森林中一片绝壁，只有从前翻山的人用镰斧斫出的几十个石凹或土凹着足，人攀着上方树木向上挣扎。若还没有马啸尘扶挽，我一个人断爬不上去。过了手爬崖，从一个干沟浅谷，缓斜地走上山顶，才是一片平路。是一段没有树木的山脊，相当宽阔。这里海拔虽才三千多点公尺，却与峨眉山一样，由于山顶部放热迅速，已经由森林带变入了草原带了。

　　走了一段山顶平路，望见了大渡河谷，和对面的雪山（木雅贡噶）森林，直下到大渡河沿岸的农村（海拔一千四百米，比贡嘎雪山低六千米）。下细辨认，冷碛市街就在脚下。从此要下难于置足的陡坡。青飞如和许多人，都像腾云一般顺坡溜向大坝官道上去了。我无法走，与马啸尘等数人就最高几家农户借宿。那地名叫白拖，就在冷碛的后山上。

　　这一天，是我一生吃苦最大的日子。虽然是精疲力竭，饥渴交加，勉强地拖过山来，但也未曾放弃对于沿途风物的观察。我在穿过这山腰的原始森林时，认识到川边的几种特产的植物。马啸尘介绍我认识到当时名震全国的"珙桐"，采集了珙桐的花来仔细观察。特点是他每朵花都有大小两片苞叶作玉白色，相对如雀嘴，大者过于掌，远望甚美观。近似亦如玉兰之柔细。花冠则反，退化近于无了。又见到胡桃树的原种，茎叶果实都与家种胡桃一样，只是果仁仅有两片褐皮，与些微的白肉，厚如纸片而已。这可证明昔人所说"胡桃是张骞从西域传种来华"的话是错的。胡桃只应是我们西南劳动人民从这样的野生种培养成为壳薄仁大的新品种。（西域也不是产胡桃的地区）又还见到了漆树、厚朴树及林间生长的多种药材，高大没人的羊齿植物（蕨）、烧碱、采药、采木人的棚子，与其生活情况。也大略看了一下构成此山的地层，是石灰岩在下，砂岩和花岗岩在上。分布山间的草木也有个层次。尤可贵处，在于对劳动人民创造道路一事，有了极为深刻的认识。

　　川康间许多道路的历史发展，一律都是入山采集的劳动人民最先发现的、最先创造成功的。这种原始形式的道路，我所看到二郎山当时的路线，是最典型的例子。马鞍山路，则是元明以来所开成的官道，运茶力夫与土司入贡者遵循之，这是由原始创造进入社会加工的一种发展形式。但还只是原始的加工，只不过把一些陡岩改成盘道，缓坡凿成梯级，和斫伐去挡路的树木、丛箐以取直梯而已。店铺的设置，全是自发的，是为开店之家需要而设立的，不是为旅客的方便而设立的。大相岭官道，是已有了社会进一步加工的道路。它在汉唐年代，亦与元明清代之马鞍山道路相似。只是在明清代才开始设置驿站铺递，改修成驰马军邮的道路。由于有了官府的加工，而遂有了人民农垦商贩的依集，在沿途站口附近有了店铺和垦田，行人深资食宿之便，而居民亦恃行旅之所便以资其生，故虽如草鞋坪、长老寨等高寒冰雾之地，亦各有居民十余户之多了。这是进入政府加工阶段的道路，是封建社会展拓到边区以后才有的，亦只是大面积地区所仅有的。它的任务是便于行政，不是便于人民的。但亦附带收到便于人民的功效。政府加工，亦有等级的区别：古代的政府加工是驿路。例如大相岭官道，即四川人所谓"南大路"，从成都南门，经新津、邛崃、雅安，到汉源，而通打箭炉（康定），南经西昌到会理，都是如此的驿路。还有"北大路"，即自成都北门经广汉、绵阳、剑阁、广元入陕的南北栈道一路，是秦汉间已经开辟的四川最早的官道（驿道）。又还有"东大路"，即由成都东门经简阳、内江到重庆的官道，是南宋开创，明代完成，清代才繁盛起来的。这些路都是封建社会官道的典型形式，属于古代政府加工之例。

近代政府加工的路是公路。是军阀统治时期开始搞起来的。川康之间，则有二郎山公路（川康公路），1939年开始修建的。刘文辉部旧人参加选线工作的有姚仲良，他问过我。我推荐二郎山这条线最捷。后来他们采用了。1939年测定，开工，1942年完成。1944年我由此路考察西康（第四次），路线在绕岩越山一段有所不同，沿途情形大异旧游。手爬岩已不知在何处，新兴市街"两路口"已成闹市。与1931年相较，如隔数百年矣。

现在人民政府加工的道路，是以铁路为主的。当前，川康之间尚无铁路，但可以肯定，必然是不久就会修建的。铁路通过邛崃山脉的路线，依我推断，必然是要经过马鞍山的山洞。这待将来谈述。这里说的只是说明我对于川康公路选线工作所贡献出的力量。

我与马啸尘那次在白拖宿了一夜。次日下坡到大坝走上驿递大路宿泸定。第三天宿瓦斯沟。第四天到康定。青飞如等已先到了。那时驻防旅长马骕，已挑起了大金寺和白利土司的战争，妄猜青飞如和我是来查案的，收拾了他从前的骄傲态度，对我们十分恭敬。但我们都未接受他的宴请，只宿一晚便离开了。

青飞如等从马鞍山返回雅安。我则独自一人，逾雅加埂，循大渡河谷，直出峨眉县重回夹江棉场。我为什么要这样走呢？自然是我有扩张旅行探察地面的癖性，更主要的还在于勘察沿着大渡河谷修造川康公路这样设计，是否比翻越邛崃山脉好些。

青飞如的屯垦司令部在雅州，他的目的是从雅州修条公路到康定，以便把屯垦事业推展到西康去。从前刘成勋（禹九）做川康屯垦司令时，已经雇用测量队，把从雅安经荥经小河，逾蒲麦地山口，出大渡河谷到康定的公路线设计、测定，制成二万分之一缩尺的图册，准备筹款修建了。因被刘文辉打垮，其旅长陈宪周投降，留驻雅州，缴上这一图册。刘文辉派人履勘，认为小河的"硝岩"与冷碛的"佛儿岩"都难施工，且较纡远。主张重新勘测较捷路线。现在青飞如任屯垦司令，特往二郎山勘察，又从马鞍山回雅，便是为了改选公路线的原因。他只是寻求雅安、康定间的捷径。我则以为川康公路，当兼顾宁远（西昌，旧宁远府治），不必经过雅州。沿大渡河谷修造，则可康、宁兼顾。沿河兴工，交通价值较高，（有利于开发沿河温暖地区生产事业）气候变化小，不盘山道，行车较便，可省养路费与耗油量。工程或较艰巨，多需炸岩与架桥，然一劳永逸。且炸岩石渣入河，即被冲去，无所阻滞，亦能省工。架桥则兼利两岸人民往来。自综合利益与长久利益计算，实较逾山为得。然此不可以商之青飞如，但可写入《西康图经》以商之国人，虽不能及身实现，后世必有采行之者。此我当时之见解也。

惟大渡河谷之实际情形迄无所知，则欲作此议论，即嫌在空洞。故欲乘此时一往探之。我以此意告青飞如。他赞我之行，虑我旅费不足，赠五十元。次日遂别（青未久病死）。

我留康定一日，应政务委员会主任委员龙邦俊私人邀晚膳（龙，垫江人，北大毕业，以老成长厚著称）。有陈蓉光在座（陈蓉光后任德格县长，为诺那与夏克刀登杀害）。次晨乃别，滑竿宿榆林宫，就温泉浴。

自榆林宫上雅加埂（海拔四千余米）无人户。初穿森林，林尽处有"长海子"长里余，宽数十丈，行人从海口水浸石踏间过，已近山口。山口颇宽阔，有一嘛呢堆。云雾迷漫，虽盛夏，寒侵肌骨，嘴唇木僵。下山穿大杉林十余里。有采药者数人在林中道旁结棚，燃大火昼夜不息，以御寒兼斥野兽。即伐巨木于纵横架为火塘，烧其枝梢。我亦就此稍息，暖体。再前下穿林而出，出一谷间，名长河坝，初见人户，已直下二千余米矣。光绪时，有打箭炉军粮府刘献齐于长河坝开渠引水灌磨西面。我即循渠下路至磨西面宿。

磨西面为一舌状之冲积台地。左长河，右燕子沟二水皆自雪山穿林而出，刻削此台地成绝壁十余丈，自舌端汇为一水，穿出作峡，入大渡河。大抵往古时峡未通决，闭水成湖，沉淀泥沙厚十余丈，以后，峡口乃开，水泄而出，逐年侵刻，峡愈深陷则台地两侧之河谷亦逐步随之深陷，积数十万年，山峡深达现在程度，而舌状台地亦高出两沟水上如此。舌状台地之左右对岸山侧，亦各有小型土台高与此台地相当，明古昔原自合为一平原也。刘献齐本欲引水于台地上种稻。然土善渗，不能成田，迄今仍只以产玉米驰名。台地上百余户农民，有短街，而无市集。有法国天主教堂与所办麻风医院及小学。有一小庙如内地之土地庙大，其旁古柏一株则近千年之大树，足见此地汉民居住之早。

我目测了这个盆地的全部地形，绘为地图。察看土质，不能造成水田。惟种豆类必能大好。土中多间隙，空气流通，适于根瘤菌发展。故宜种豆类，与玉蜀黍间种，更可增加氮肥，大有利于双丰收。其两旁土壁，微有梯级亦都渐有破坏，则宜种洋槐与紫穗槐，保固土壁，亦可资其叶为肥料与饲料。如此可以提高此区农民生计。地僻而局面狭促，终不可能成为繁盛之区也。

自磨西面出发，下土壁入沟，本有山道经湾东至田湾。但我欲出大渡河岸，循岸察看沿河能修公路否。询之土人，云有路。遂与舆夫步行出山峡，缘峡之南壁爬行，亦如过手爬岩时。赖有林木攀扪而过。河岸望见对岸"得妥村"，颇宽展。然村末亦是绝壁十余里。峡之北侧为"猛虎冈"，系一山爪。路通沈村斜对之咱威河坝。（有小街）设果沿河修路，则当自咱威建桥过得妥。又自得妥下村架桥过对岸修至田湾。工程之大，当时估为不能。然若沿河修造铁路，则当如此。

循得妥斜对之绝壁，向下流，缘西岸行。绝壁长约五里，系山爪截断部，绝高。虽有密林固土，仍常有崩石溜沙，冲去岩上树木，此则断不可能造沿江路也。幸临近水面处有旧河床一条露出，可资以通行。过岩，岸稍宽。当日更逾一小山冈，下沟宿田湾。在大渡河一支流中，为"河道七场"之一，其河称"田湾河"，上游有大森林，路通西康之九龙县（须逾雪山二重）。下游尚有数里乃入大渡河。中间在山间弯曲之部，扩为一农田区场镇由之建立。属越嶲最北之部（今分越嶲为石棉县）。

自田湾而南，傍河为路，升降不大，修路甚易。约六十里宿海尔挖，河道七场之一。市街沿小溪，约百户人家，竟有红宝赌场，有人沿街鸣锣高呼"红宝开场了"号召人往赌。我曾往观之，赌者亦众。边地人不正事业，从事烟赌营业，作奸犯科者习为自然，亦可叹矣。

自海尔挖（洼字同）再南沿河四十里过"紫打地"，一名"安顺场"，当一较大支流入大渡河处。场颇大，次于富林。石达开被困地也。大渡河自此急折向东，成直角处在其稍南。左岸皆绝壁，地属汉源县。右岸平缓，修公路至田湾甚易。午饭后再前进。地势平阔，当大渡河直南折东之部，南有大冲河流入，平阔甚远。往古时之大渡河当是直南，后为东流之水所袭夺，乃有此急折也。折东以后，平阔部不多，即是绝壁，人称"乔白马"大山，直至富林对岸之大树堡，始见河岸耕地。急折处之南为"农场"，旧名"老鸦漩"，其下游为"草八排"。有渡口，即石达开抢渡未成处。夏季水急,自老鸦漩北渡,须泛至草八排对面乃得到岸(今已建成钢桥)。我宿于农场,待明晨渡。

农场市街一条,皆当地豪绅李德吾所新建。李德吾者,此地人,是川边旧军官,在川边镇守使陈遐龄部任职,当刘成勋攻走陈遐龄时,投附刘成勋,曾做县官,又经营土特产商业,开石棉矿,颇豪于财。老鸦漩旧市曾为山洪漂石所毁。李改建此新市街。其人既以石棉致富,颇留心新知识,曾在漂沙不定之小溪上建铁索桥,筑堤障遏流沙。然流沙年年泛滥,淹没及桥。当我过桥时,两岸桥柱俱没于沙,桥面与沙面殆近于叠合矣。其时李已死。土人传说如此云云。

次晨,渡过北岸,地名小冲。沿江东行,只过一小山爪,名狮子岩,有煤矿与良稻田。余途皆江岸平路。至大冲,逾一小冈,其下即流沙河,望见富林(今为汉源县治),河道七场之最繁盛者。下冈,涉河,宿于此。

店家问知我是军部委员,询曰:"欲会羊司令乎?前途多匪,得其一名片,便可安行。"我素知有羊仁安其人,求店家导至其公馆投一有职衔之名刺。须臾有人出见,谓:"羊司令现不在此。三太太嘱为之招待。"便请移住其宅。我谓:"明日即行,来询由黄木厂出峨边一路清平否。"(时人谓无匪为清平。)因求一名片。他送我至客店,嘱主人勿收宿食费。云"明日送名片来"。

注:羊仁安者,不知何处人,清季流落至此,初以摆赌场为业。渐有赀经营土特产小贸。性好客,任侠,能以财力济人,遂为一方袍哥首领。辛亥革命,羊起义附保路同志军,据有汉源一县。民国初,编为军官。在军阀割据时代,附此附彼,反复投机,遂至将级军衔。然其实力,尚不在于军队,主要在于袍哥。凡河道七场,汉源、越巂两县汉彝人民皆尊奉之为总舵把子。河道产香杉,为一种喜暖燥之松柏科植物,木材强劲而具奇香。古代似在此河谷中成林,每因山崩陷没地下。再若干年又被山水冲露,则已因矽钙等质侵入木细胞而成半石化之木材。昔曾有人用以制成棺材,纹理甚美而香,入土不朽,死者之尸亦不易坏。最上者销上海、北京,每口值银万两左右。其次者木多破裂,镶补无迹,亦值数千两。最低者在川售之,亦值数百两。然难凑合一棺之材。羊仁安藉军、袍威势,四出收购,运积于富林,雇专业匠师数十人,从事配合修补,运成渝、京沪售之,岁获利以亿计。一方人户有发现香杉冲露者,不敢自取,必驰报之,可以获赏。自取藏匿者,其祸不测。往往一条发露,循而掘之,得数条至数十条。其家为大碉房,甚坚固,绕宅为香杉工厂数十间,储积香杉百千条,棺材成品数百副,正从事修补者数十人。厂地香气扑鼻,

与沉香近似（香杉出土者，亦曰阴沉木）。羊之致富，盖于此。其人原不识字，能记姓名而已。既已富势冠一方，益好客，凡过富林者但能登门投刺，必受延接。其家食客常数十人，分级住以屋，致以饮食，行者馈送资粮，告贫者资以衣食，务各使其满意以去。故失业无告者多往依之，为之出力效死。一县行政官吏与驻军皆仰其鼻息。附近各县人闻其名者，亦莫不慑服。过往商贩，登门送礼求其一名片，即可安行，归复交还。如途中遇匪，出示其名片，匪不敢劫。有三妻。姓杨者最强悍，与羊势力匹敌。杨森为四川督理时，委羊为旅长。杨森败出川东后，刘成勋委羊为宁远屯垦司令。刘成勋被刘文辉消灭后，羊以宁远六县防地逼刘文辉。刘文辉利用羊之把弟蒋儒珍（旅长，驻盐源）倒羊。羊与其另一把弟邓秀廷谋，（营长，驻越巂）诱蒋至西昌交代。杀之。遂叛刘文辉。（1930）已而复受刘文辉安抚，仍驻西昌为屯垦司令。（有名黄汉臣者抚得之）此时已复受抚，故其家人仍能优待二十四军人员。羊仁安解放初叛乱，杀害干部群众，攻击解放军。被擒枪决。

次晨，其人送名片来，赠路费数元。我坚辞其路费。彼又致主人意，留住一日，俾供午餐。我亦婉谢。当日宿黄木厂，亦河道七场之一，有汉源分县署设此。自富林至黄木厂，皆赤色页岩山谷，与川北相似。沿途多种当归、黄连等药材。盖粮食有余而输出不便，故农人多种经济植物，以利输出也。路去大渡河较远，不能望见。闻自富林沿江有路至万工堰而绝。以下皆石峡无路，亦不知沿江情况矣。

"河道七场"者自田湾、海尔挖至紫打地三场皆在大渡河西岸。老鸦漩（农场）与大树堡皆在大渡河南，并属越巂县。富林、黄木厂皆在大渡河北，属汉源县。两县以河为界，只此七处有市街，定期赶集。清嘉道咸同间所兴。其时沿河采矿业大兴，以采铜、银为主，故大渡河别称铜河。统此七场所在之地，一称河道。其后矿业衰息而七场不废。就中富林当四川盆地与宁远地区往来要道，故特为繁盛。

自黄木厂而东，皆石灰岩山地。山水入大渡河者，侵刻岩石甚速。曾过一剪子湾，循石灰岩岸渐下至中上游之溪渡，复循对岸渐斜上至岸口，与原对岸初下处甚近，可以对话，因无桥，绕行十五里矣。逾蓑衣岭，瓦山与荥经大山相连之山脊也。向以多匪著称，此行未遇。过岭一直斜下，历农村数处，直降至金口场宿。属峨边县，已在大渡河岸矣。

瓦山，为一平叠之层理石灰岩构成，四围绝壁，如切。只蓑衣岭一线相连，亦有绝壁间之。其上宽平者十余里。庙宇可以望见，不知上下之路。此系"东瓦山"临大渡河。河面海拔六百米，山顶约千八百米。又有"西瓦山者"，在荥经县界，形正相似。昔在峨眉山顶，皆望见之。今乃得至东瓦山下（其山之结构大抵与南川之金佛山同）。

自金口离河岸取山道行，二十余里至大为，有市街，在大渡河一支流上。前进皆平地稻田，然土富石灰质，稻不甚茂。过一处，望见鱼池湖。微上至黄茅冈，再下入峨眉平原，皆美稻田矣。夜宿冠峨场，在峨眉山下，望舍身岩与三顶寺庙，如在崖间。夜热甚，敞户而寝。次晨坠地絮被及挂衣皆被人盗去。次日宿峨眉魏乾初家。休息一日，追盗衣人未得，遂回夹江。夹、峨相距四十余里。过周渡耽延，下午回抵棉场。又数日，乃回成都。全程二十日，行千七百里。

先是，过泸定时，泸定知事吴文渊，言将开工重修刘军粮府所治磨西水堰，种稻以救康定米荒。出示其计划及革图。时我尚不知磨西面情况，抄录其草图，许为前往考察。及回成都，已知磨西面不可能开辟稻田，而自磨西经湾东、田湾、海尔洼、安顺场南通冕宁西昌之公路可以建设，因给吴知事函，劝其停止修堰计划，而用其款先行修治康定经磨西、田湾至紫打地之道路，俾能先通骡队驮运，为将来修建公路打下基础。其时成都米每斗（三十斤）值银八九角，康定每斗值银近于三元，而西昌米每箩（二斗）值银不到五角，即康定米价高于西昌十余倍。缘当时西昌米运至康定，须经由泸沽、小相岭、越嶲、大树堡过河，再经富林、汉源街、富庄、泥头、逾飞越岭，经化林坪、冷碛、泸定、瓦斯沟至康定，曲折，上下，迂回，替换，千里途程，运费每斤超过两元。若能自西昌、冕宁、磨西面逾雅加埂径达康定，则运费可以减缩一半。更能建成公路，则更可大大缩小。西康之食盐与畜产林产品运入宁远，又可解决宁属居民生活上重大问题。其利之大胜于磨西种稻百倍。我把此意写出长函，附缩二万分之一《河道图说》四大幅寄去，嘱其向政务委员会申请察堪施行。原函与图亦在《边政》（大约十期以后）发表。吴文渊采纳此言，转呈至政务委员会，政务委员会转呈军部。军部登出这篇文章，便搁置下了。

我又写成《川康交通考》长文，把从汉代到现代川康间道路发展变迁的各条路线改订出来，绘成地图，寄给青飞如办的《屯垦》期刊登载，藉以酬谢他所赠的五十元旅费。

现在，川康之间的二郎山公路已延长为川藏公路远达拉萨了。川宁间的公路亦由荥经的泥巴山延续入滇，并已创建有川滇铁路了。泸定铁索桥与老鸦漩渡口已各建成钢桥了。而泸定车站与石棉（老鸦漩今为石棉县治）之间二百余里之河道仍未有公路连接，但这是必然要修筑的。但待渡口通铁路后，自然就会要修成石泸段的河道公路，把康区和西昌区联络起来。这是社会发展的自然规律，我深信这点。

三十二、从张先生出川考察

1932年冬，刘文辉被刘湘、田颂尧、邓锡侯联军打败，撤出成都军部退守上川南。我回南充。时南充为杨森防地。张表方先生（澜）交卸成大校长后，筑宅于南溪口。犹与地方人士，勉强坚持地方自治残局。原住城内，不胜杨森逼迫，教育局与县中校皆为杨氏派人夺去。我过县城，适逢杨派吴光普逼迫民选教育局长任子勋交代之时。张嘱子勋避勿见面。我掩护子勋到我家乡隐藏。又住我岳家三日，均被人发现。子勋辞去，云往金宝场友人家。后仍被发现，交卸。新年既过，我得胡子昂函，谓刘军长已回驻成都，恢复军部，促我前往。已雇滑竿，订翌晨上路矣。复得张先生函，邀同路出省考察。主要是考察广西（时广西省政喧腾各报）。我脚迹未至华南，常引为憾。得此甚喜。思考一夜，决从张先生。翌晨，舆夫至，家人乃知改计。

到渝后，张先生住牛角沱特园（鲜特生公馆）。我住朝天门内顺渝字号（奚致和庞明钦亦住此）。我在《新蜀报》上发表了《论四川教育改革问题》的长文，仍是我对南充中学的改革意见。反对遍设普通中学，主张多办农、工、会计，医药等中级学校，注重实习。大学则全川合办一所，文哲、教育、农学三院设于成都，数理、工学、商业三院设于重庆。此文发表后曾发生甚大影响，成都报纸亦转载。（又有小册刊物名《四川人》者专收载川人论著，亦有此篇。）刘湘见之，特召集其军区内及在渝谈教育者百余人，在其军部开四川教育改革会议（我亦被邀，但未与刘湘接谈）。他自己主席，谓"久已怀疑当前学制造成学生无用途。窃欲有所改革。但自以军人，不当谈议学制。冀必能有人具同感者发之。若干年来只有太虚法师过渝曾论及此。然此人是僧，亦未宜采其言。今有从事教育有年之任筱庄言之，此当可信赖矣。特约诸君详议此事，期在必行。"会中，只何鲁（重大教授，字奎元，广安人）发言，表示支持。遂决议开会商讨具体办法一星期。由郑献珍及某人主持其事。刘湘宰臣甘典夔殊恶此文。故我虽被邀列席，亦不介绍发言，刘湘则似不知我已列席者。其后虽连日会议，皆敷衍空文，议决而罢，竟未实行。时甘典夔兼重庆大学校长，其表弟郑献珍为之负实际责任，已办文学、理学、农学三院。而文学院为重点。故恶我之主张也。我托张先生致意刘湘请出川考察教育与实业。刘湘许送旅费一万元。已而又改为张先生随员同行。张先生外又派其师长鲜英同行。尚有杨达璋亦是随员。又有杜象谷自费同行。

我们四月十七日上民生公司的民主轮船。午夜后开驶，十九日过万县，二十日过宜昌，二十一日六钟抵汉口，下水，仅四日行二千六百余里。潦草日记现犹保存（里面记录部称《峡外游痕》）。时我三十九岁，甚健。兹录十七日所记，足见一日所办事务之多。

六时起，写家信，付何役投邮。赴胡永龄约，唐及甫、杨茂石已在，如昨约，打牌八圈。急赴牛角沱吴德裕约（南中同学时作鲜特生家庭教师，为张、鲜及我等饯行）。已席散矣。问明张先生准本日午后七八钟上民主船。电询重大彭用仪。拟退本日讲演约，未通。自张先生处取洋六十元归，道购枕褥材。抵寓，已午后三时矣。适彭来话催如约。急以所购箱物与整理行装事嘱托聂素宣。坐人力车赴重大（时在七星冈下）已四时四十分，彭仍请讲演。五时，开讲康藏问题，归结在：（1）重视喇嘛教。（2）移民。（3）学习藏文语。学生颇感动。茶点，返寓已六钟后。收拾行李，赴顺余，交兑奚致和五十元。赴小梁子化成宅，会齐张先生，且践林萧丛先生约晤。未离文宅已夜昏，天复雨，急趋朝天门觅民主船。幸鲜伯良已先订船位，未被阻。待至十时，张、鲜始至。十二时寝。船中客过量，不能容。余所住为管事房，逼近厨仓与大烟囱，一夜如在甑中。

船上客有于邦沂（名渊，开明军人，牺牲在十二桥外）、吴锦棠（陈兰廷部军官，于之友人）与张、鲜谈论川事，至万别去。船过新滩，空岭滩时（巴峡中），李经理延张、鲜入领江台，我得同住。参观航行地图，副船主"海里土"（英人）指点各滩险部位，参对航图，我倍感兴味。其航用地图，绘有暗礁、石阙，缩尺大约二万五二分一，皆英文，盖清末与英商出资测制，闻其上游曾至会理三磊子（在今"渡口"附近），民生公司无此图。故其各只轮船皆必雇用英人主航也。

住汉口四日，张先生长子张乔啬（单名骏）夫妇（其妻李华芳，三会场李湘浦女，李揖清之侄女）住在湖南街咸安坊九号。子女已多。乔啬留美归国在铁道部任职，时在郑州，闻其父至，亦赶回迎张先生住其家。我与鲜等寓扬子江饭店。

张、鲜出发前，似有人通知汉口，先有民生公司汉口经理李龙章，于下船时即邀往金城银行晚餐，座中有邱秉彝（名甲，北京工专毕业，旧相识，此时任刘湘驻汉口代表）、王毅灵、何九渊，今皆不能记忆。后皆请饭。何九渊曾邀往游东湖，参观新建成之武汉大学，值附近洪山寺东狱庙会，游人拥挤。闻会期原在三月二十八，今已过期，顶礼者犹众。轮渡、火车均不能容。我等勉渡江雇人力车往。归途游黄鹤楼。

我还请张乔啬介绍我到实业部商品检疫局去访问化验处主任贺嘉尹君询问桐油产地分布，集散市场与检定方法以及出国的用途。尽量积累一些关于桐油商品的知识，准备再回南充或在渝、万做出开展桐油生产的计划。承他详细告诉我许多检验油类的技术知识并赠送我许多的书。中有《汉口检疫局业务报告》《检验年刊》（英文）《桐油概况》和林天骥著的《桐油检验浅说》，还有他自己著的关于锑业及芥气制造的两册书。

我承担着写此次游记寄《新蜀报》发表的任务。是鲜特生要求，张先生指派的。初次通讯稿记的出峡情形。我曾指出："当我们船过边邑溪川楚界下时，由于夏涨水高，船舱又高，清楚地望见峡上四川界的山间种满桐树，而湖北界的山间，截然不同，不惟桐树，便一根树苗也不见。这可说明，桐树的生长，在川江两岸，不是地宜问题，而只是人民种不种的问题。四川有万县为桐油集散市场，种桐利多，故川东直至巫山东界，也是种起桐树的。湖北桐油集散地在老河口，便只能促进陕南、豫西和鄂西的汉水流域种桐，属于长江流域的巴东、秭归、兴山、荆宜一带的山地，就无人种植了。既是如此，则若能把桐油收集市场上推到合川与宜宾，就必能促进川北和川西南桐油生产的数量。又如把桐油收集市场下推到宜昌，则亦可以促进巴、归、兴、宜、长阳等县桐树的种植。桐油，是全世界仰给于我国的商品，占地只是荒山隙地，大量生产，即可利用荒山换回巨大外汇。这是川鄂农民久已掌握了的生产技术，只待政府设法诱导和保护而已。"这段记载，深得张先生的称赏，认为我观察敏锐，考虑深入、宏远，见解是正确的。当时的《新蜀报》逐日给我把考察通讯（叫《峡外游记》）登出来。但是因为我讥议国民党的地方太多，我不许他们删节。后来发生为争执。他们虽不删，却故意颠乱次序，登出来。才登到上海，我便拒不发稿了。

我们四月二十五日搭太古公司的"吴淞"轮，二十七日十一时抵南京。船大客少，鸦雀无声地在宽平的长江中进行。与川江中的民生轮船迥然不同。这说明川江的船太少了而大江里的轮船很多的，或许还是供过于求的。

张先生等只在南京住了一星期，会着许多的同乡人。二十七日到码头上来接的，有伍非百夫妇（考试院任职），蒙文通与刘衡如。当天邀吃饭的有二十一军驻京代表崔某和与张先生同时起义反袁（世凯）的师长钟乃奄。我也会着了老同学刘伯量，和同到西康考察的董兆孚与万腾蛟。次日：崔某招待我们一行人去游了中山陵墓、灵谷寺和钟山孝陵。第二日张、鲜和我去访欧阳竟吾（西宜黄人，当时甚有名的佛学大师）又游了清凉山、鸡鸣寺、雨花台。第三日张、鲜去访问了一些军政朋友探询时局去了。我同刘伯量玩了一天。还有董、万二人及一姓郑的同学一起。五月一日，我和杨达璋、杜象谷二人开始参观访问。我参观了金陵大学各部门，中大农学院各系及推广部与研究院、图书馆与博物馆。会见了曾到西康采集生物标本的郑万钧，同他去游过夫子庙（秦淮河）。还有个叫何玉书的与杜象谷相熟（大概是北京法政专门学校的同学），时任"中央政治分校"的校长。办个"蒙藏班"在郊外的"晓庄师范"（前是陶知行搞乡村师范的地方）。邀我同象谷去作了一次讲演。有一批蒙藏班的学生陪同我去游了燕子矶。那些蒙藏班学生，全是内地的汉人，故我对他们的讲演主要是劝他们学蒙藏语文。这实在是一大讽刺。但那些学生并不以为忤。

五月六日，张、鲜、杨、杜和鲜的一个勤务员都赶特别快车赴上海去了。我则因带来的《西康图经·民俗篇》稿要向新亚细亚学会议稿费，找到魏乾初的兄弟魏晴岚（名崇阳）。他说负责人陈大齐出差未回，要我待他回来面议。因此，单独留下来。这天，伯量邀游后湖（五洲公园）一日，次日他也出差去了。

即是这天下午，魏崇阳说陈大齐回来了，邀我去会他。未遇，而戴季陶来函约会。这场会晤是很滑稽的。我递上名片，坐到他会客室里，有个秘书出来，问我会他何事。我真惊异起来了。"院长约会。藉此瞻望丰采。没有甚事。"后才知道：这是知我从西康来，有何礼物作赞的意思。秘书去后，又来叫我到内厅相会。我进去有两个人在。戴对他二人宣扬了一场我著的书。一人先去。另一人是个作曲家，把戴的《野火歌》再三谱曲，二人推敲拍板。唱到吃饭。我也同吃了饭。饭后，那人去了。我亦辞出，始终他未问我一句，我亦未发一言，听他二人唱了一场，便出来了。我初以为他要向我询问藏事康事。又疑他要我捐赠《图经》的稿费。或许要留我在新亚细亚学会工作。却都不是。迄今不知他要会我为了何事。

其次日（五月七日），新亚细亚学会开会欢迎新社员（我已填入社表），魏晴岚来邀我同去。这一天会见了许多搞边疆问题的人，我在新疆人爱沙之后做了十多分钟的讲话。开始认得格桑泽仁、许公武、马鹤天、董兆宁等。还有两个盐务署的人坚约我吃饭，询问川边盐业情形（为的要写一本关于盐务的）。董道宁、许公武都是考试院的高级官吏引我会着了陈大齐，讲定了《民俗篇》稿费仍是五百元。我取来，汇回家去了。五月十日我乘火车赴沪。

我抵沪之次日，随张、鲜谒晤了黄任之（炎培），参观了他搞的"中华职业教育社"。这是我第二次参观他这一事业了。十年以来，已有很大的发展。从前是附设在江苏省教育会的，现则自建一栋大洋楼了。学校与实习工厂同气一体。是他的优点。学生还是没有出路，靠自己发展工、商、乡建等事业来安顿。由黄的社会地位介绍到工厂商店工作的人不多。他们为了与乡建事业联系，曾制造有农田汲水机，供稻田灌水排水使用，曾对我等试验。又介绍我观其徐公桥实验乡。

五月十二日我独往昆山县徐公桥（安亭车站下六里）乡村改进会，在彼住三日。与土人语言不通，仅陆叔昂等数人懂官话赖其翻译。有金大毕业陈鸣皋者，我同他访问农民对乡村改良会之意见。农民意殊淡漠，显然不甚关切。陆叔昂主办"中心小学"兼主持改进会事，一切措施务在装饰门面。其兴利能及农民者惟"花边合作"一事，向沪市西商领麻布归转发民家妇女按规定图案绘扎成桌毯、窗帘等花边集合缴商，所得酬金足补助农民生计，然惟中农女生能为之，贫农不得其利。其他事业更无论矣。

中心校有图表多种，表明此区佃农占70％、半佃农20％、自业农10％。土地兼并之严重如此。闻顾维钧即此区之大地主。于此可知所谓"乡村改进会"不受农民欢迎为必然矣。去时陆叔昂索评语。我写的如下：

抚徐公桥乡村改进会三日，觉本会对于乡村治安、乡村清洁、乡村教育、乡民团结等各事务皆已善美，洵足当乡村改进事业之楷模。惟微觉于农业技术，农业经济之改进尚多缺憾。夫乡村原以农民为基础，窃恐一般农民未有直觉的利益之享受，则于本会之一切建设事业无所关心，他日或有"人亡政息"之憾也。

我在这里看到"民国二十二年三月"印的《江西省政府特派国内农村改进事业考察团报告书》。列举他们考察的地方如下：

定县，平民教育促进会实验区。（晏阳初搞的）

北平，清河镇燕京大学社会学系实验区。

济南、周村、邹平，山东乡村建设学院及其实验区。（梁漱溟搞的）

镇江，民众教育馆附设桥头镇实验区和黄墟农村改进实验区。

无锡、黄巷，江苏省立教育学院及其民众教育实验区。

苏州，青年会唯亭农村改进社。

上海，中华职业教育社。（黄炎培搞的）

杭州，浙江省立民众实验学校。民政厅、建设厅、杭州市政府昆虫局。

上海，俞塘民众教育馆。安亭，徐公桥乡村改进会。昆嘉青三县共立乡村师范。

南京，栖霞乡村师范（即陶知行搞的晓庄师范）。

单只河北、山东、江苏三省，当时所搞出来的乡村建设事业就有这样的多。说国人不重视农村建设，似乎不然。然而他们能够有何裨补于中国农村的改进呢？晏阳初、梁漱溟、黄炎培是当时最出色的三个人。比较起来，黄氏又是最出色的。他在上海和无锡推动了这些事业很多，而徐公桥又是其最出色的，我在那里三天多点时间来参观的人就已很有几个。但是我的看法，都正如做花边窗帘一样，用别人织成的夏布，来加工绣花，拿给商店卖供富豪人家作装饰品而已。他们的做法与其成效，还远远比不上湖南办枫林中学的周惠奄（载《人物杂志》），更不能说比四川北碚的卢作孚，更更不能比得南通的张季直了。因为他们的一套，都是资产阶级秀才造反那一套。

但是就当时的资产阶级士流人物说来，又该算是进步的了。他们到底还在替农村人民抱不平，而要牺牲自己的精力去把他当作一番事业来做，毕竟比那些买办奸商、贪污官吏们一心剥削农村的人好一些。大陆解放后，党把黄炎培、梁漱溟等接入统战线内来优待着，可能就是为了他们还有这点好处。

五月十五日从徐公桥回上海，张先生已购船票订明日赴香港。船票是中国旅行社代办的，是一只英国邮船。非常高大阔绰。原购二等舱票两张，四等舱票四张。由外滩用汽艇载送至杨树浦上船。开船后始知无所谓四等舱。以二等舱为最卑，乃倩一买办改换二等舱，黑票，加银一百九十二元与茶役。盖船上公开之陋规甚多，旅行社亦知之，故意以此四票交好于其茶役也。我等一行六人皆不谙英语，船上所闹笑话甚多。其船名 Carthaga，载重一万五千吨，行颇速，二日未半抵香港。铺被日换一次，三餐三点，生活华侈。（一等舱皆西人，华人无购之者）甲板眺台甚宽阔清洁，吸烟室有航海地图，逐时示航程所届。昼有音乐，夜有电影。生平享受此二日为极。

每床有一塑料球体着柱间，初以为挂衣帽用，怪其大而有若干圆孔，又是双层。我反复研究，试用指探其外层，能转动。屡转之，偶与内层孔相对，大风射出，始知其为风扇。正苦郁热，大喜相告。咸开转之，各室凉爽。又每室除内侧之门外只一圆窗。装有玻盖，钢钮闭之甚固。望海面，时有浪花飞溅入床。但郁甚，必须开之。退钮开窗，不顾浪花射入。思待浪平再闭窗。与浪相斗，开闭久之亦倦。仰卧，见壁上挂亚铅皮物似箕而作半圆状，试取研究其用处，见底部圆经与窗口相当，嵌之，恰合。先以口向内，则溅水仍内流铺上。乃向外嵌之。则浪花不得入窗口，溅水近窗者亦流入海中。始知其固为此而设者。又大喜，传告张、鲜一室，俱得开窗观海矣。又各床有一白瓷缸，大于碗而有耳。有以为溺器者。我回想曩年航海时，同室呕吐，床下狼藉。此必备吐秽之物，故敞其口也。以告同行，乃不再溺其中，而潜持向浴室洗之。又虽知厕所所在而不辨男女字，乃灯之色别。则入浴室溺于盆中，窥他男女所就而后识之。又日，三次糖点皆茶役送至寝室。三次大餐，则须就食堂。我与杨、杜入厅，见张、鲜已与二三老人一桌，遂别就旁桌座。有印度侍者奉事颇谨。桌上有例菜单，仍持别单来请点菜。我等不谙其语，但挥去之。次餐，我等随张、鲜入座，坐其桌。该侍者来，挥手指原座，我等不解。张先生已知餐座规定，谓我等曰："他叫你们回原座。"我等怀惭归座。邻座有窃笑者。每人六次皆乳肉之类，我等渴燥，思食鲜菜水果，而不知菜名。侍至捧别单至，我见一菜名似是香蕉，点定。杨、杜亦各要一份。迨捧至，则三盘冰冻牛肉，皆不能尝，全委桌上而去。抵香港时一次进餐，我三人未去。英人之俗，抵埠一餐，当给侍者小钱，并赏外点菜价。我等不知，但亟于收拾行李上甲板眺台，待搬运。幸张、鲜先有同席广东人指示，一切皆备，我等但待接客人而已。其时甲板眺台上人多拥挤，皆华人。惟前一印度侍者，穿梭往来于其间若有所觅。我等欲呼之而不通其语，但静观之。已而搬运人至，皆下船。望见留船华人十余人指点我等相视而笑，印度侍者在其间。亦不知其故。后闻张、鲜谈船上例规，始知此印人为索我等要小钱，因不能辨华人面貌衣着，屡过不能识也。

凡此笑语种种，皆缘不谙英语所至。乃知沿海各省人多熟谙英语之原因，在于生活阅历知所需要故也。

抵香港，住新亚酒店，仅得一室如斗，日价四元六角。一行六人暂寄行李而已。候久之，有三楼301室客去，日价八元。张、鲜移住之，我等四人即住此斗室（506）。寸土寸金，此地足以当之。街上饮食价亦奇昂，我与杨、杜三人觅得一广东馆吃小菜饭，费三元。

次日，议欲登山游览。时胡汉民（展堂）为蒋介石所挤，避居香港，电邀张、鲜去。有桂第四集团军吏王某与副官邱某来访张、鲜，云得广州电话嘱托招待。邱君导我等游遍港市并登山（电缆车），遇雨折回。邱言新亚一带地皮最贵每方丈五千元。后山荒凉，地价亦不高，全岛土人，被驱住于后山海浴场旁，地名香港围。有船居者，有种菜蔬者。胡展堂所住名望乡台，是一大坡岩地，尽官商住宅区。海浴场附近有大蓄水池，原供全市饮水。近仍不足供，则自九龙引水过海供给。新亚地区，隔海与九龙相对，夜则灯火相照如在一市。故堑山填海，建成此中心市场。全岛皆华人，英人自总督至官商兵士不到百人。炮台在山顶。山顶可以环绕不许登顶。亦建有跑马场。填海港为之。其旁皆贵胄别墅。又有造船厂，只能造数千吨之海船，主要为供修理大海船用。登山电车座位顶踵相接而人如坐平椅。有保险索。座缆纵断，车仍安全。

次日，同张、鲜乘缆车登山，循偏桥水泥路环山一周。是日星期，中国旅行社及商务书馆皆停门。邱敛成来，谓可买夜航船赴广州。今夜九时开船，明晨恰到。广州公务人员往来香港者皆如此，可以节劳。内河水平，航行安稳。广九铁路徒供货品运输，人趁者少也。从之。购西安船堂铺（唐餐楼票，每人二元六角），卧具实铺船中平台上。海风清凉，一夜安寝。晨已至广州。沙面、虎门、黄埔皆未及见。

到广州，住沙面之"东亚酒店"（广东言，酒店皆旅店附餐馆）。广东政军官长已知，先接张、鲜去，旋复来接我三人往同午餐。于此识邹海滨（名鲁，中大校长）萧佛成、唐绍仪、邓泽民等西南政委会委员。邹招待往观其石碑新校地，凡三车人同往。地在红土浅丘上，原是七千亩之大农场。土壤酸性严重，所种菠萝为多。建校始开工耳。便道谒黄花岗七十二烈士墓。皆刊有姓名籍贯，四川有喻培伦等三人。

我住广州十五日，与杜象谷先行赴桂。张、鲜与杨达璋留广州，缘桂省之李宗仁、白崇禧即将来此会晤故也。此时两广联合反蒋，各省代表云集广州。张、鲜以四川代表身份参加各种政治商谈，我与杨、杜则分道参观。由于有广东省政府作为来宾看待，参观皆用汽车送迎，且先通知其负责人详尽引导，故参观所获较多。杨达璋因病，只参观医、工厂院数处。杜象谷曾随张、鲜往中山县考察县政（唐绍仪任县长），并游澳门。他们因我撰游记寄川，故皆以所获知者见告。我则参观了广东中大（中山大学）的各院系部门及其附小，附小部，岭南大学，广东农学院各部门，广东中央医科学院各部门，与其附设之医院。广东省农林局各部门，两广地质调查所。总的印象，是此间实事求是的精神比较浓厚，与南京蒋政权地区大有不同。张、鲜、杨、杜印象亦正如此。

在农学院会着十三年前北农老友彭家元，承他导引解说。又招待我过端午节，游珠江水戏眺台观察龙舟。又曾与象谷游白云山、中山堂。又同张、鲜两次游荔枝湾。我在这里吃了各种各样的香蕉，在岭南大学吃了杧果，在荔枝湾吃了椰子，都是初见之物。在岭大参观养蚕，及丝茧，始知广州皆绿丝，与川闽及江浙、山东丝不同。其绸缩水性强。广州温暖每年养蚕八次。

广东政府延用了许多德国人，尤其是医学方面。中央医科学院原有德国教授九名，现尚有六名月薪支一万五千余元（订约时系海关金币，每人八百元近已涨至六倍）。其人皆不谙华语。教授用翻译。学生当力学德文，后二年要直接听讲。建议亦皆德文。其附设医院，单室病房每日三元半，至九元多。统房每日最低者五角，一般每日六角（三等客）。这些资产阶级医院和学校，实际是与劳动人民无缘的。岭南大学名为教会出资。据称年用在百万元左右，广东省府拨助二十六万，学费收入约三十万，退还庚子赔款的美国基金委员会送教授二十五名，实际仍是中国人膏血所办也。

我好看戏和电影，自汉口以下每夜无特别事故必进戏院。此间语言不通，询访困难，犹尽力访得之。初看粤剧，虽不解其词，亦乐观之。张先生不乐此，杨、杜亦不乐此，惟鲜特生偶肯同往。大多次皆我独往焉。别时张先生戒以节用，我不服。谓惟此嗜好，盼能满足。他无所费也。

六月六日下午，赴西濠口购三水火车票，始见排队。（于时广州剧院，始兴对号，后皆风行全国。）车行约一小时至三水，改乘汽轮"广雄"，载重130吨，多是海外来米。两广皆位回归线下，终年无霜雪，多雨（年雨量广州1600毫米至2000左右），地势平衍无高山大岭，惟圆滑浅丘陵，而产粮不足，年销海外大米甚多者。土皆酸性红壤，难耕而产量低故也。我审其全属酸性土之原因，在于雨水多，流失土壤中之盐基，留存"酸根"，故耕种者皆须施用大量石灰以调和其酸性。彭家元即研究土壤学者，我尝与论其理，以为两广改良土壤之法，莫如修建梯田蓄水种稻。使雨水从水田流过，则不大损失土壤中盐基，可以保持微酸性及中性，大量产米。杜绝洋米，且可远济云贵少数民族地区。但只造梯田费工而已。此论彭亦不能推行。盖地主绝不愿出资造田，佃农更不愿为地主造田，贫小自业农亦无力造田。当我过两广时惟沿河平原种稻，地面不及全省千分之一二，宜其人赖洋米为食，人口虽少而嫌密被迫出海为华侨者之多也。

近闻两广于新中国成立后造梯田，粮食已基本自给。想在学大寨运动后，蓄水之梯田必更增多。我三十年前所屡向两广人士宣传之四川梯田法，当已全面实现，惜我衰病不能见之矣。

我在这天日记中记录了我游粤的印象,有当学习者十条,不满者五条。如下:(1)政府诸老毫无官气,不用弁兵和仆役,对客亲自斟酒、盛饭。(2)省府及各机关纪律严肃,不哗不紊。(3)学校与科研机关皆有一定的成绩可以见客。(4)一切建设规模务规其大其远。(5)平民一般对人客气,旧传械斗之风迄未有见,口角亦无所有。(6)商店大都定价,绝无瞒天喊价之事。(7)店员对雇主态度亦好,与上海大不相同。(8)平民识字者占多数。(9)不见兵士在街上行走。(10)农业新品种特多。这都是四川所没有的。至于剧场对号,购物排队,都是社会秩序建立的好现象,不久便风行全国。这都说明孙中山联俄联共后所发生的影响。

我还有未满意的是:(1)官话尚未流行。(2)文字也不统一,地方特造字还多。如卖为沽,牌为唠,保险曰燕梳,赌博为赢牌,及其他许多不可解之译音字在市通用。(3)妇女短衣短袖长裤,既不便于劳动亦不美观。(4)男女多赤脚。(5)荒地待垦者甚多。

入桂船先过肇庆、羚羊二峡(其间为高要县),皆穿山爪为江,造成北岸二离堆。于此,我绘成目测图入日记。高要之北为七星岩与鼎湖山,惜未能游。

船至梧州,我们下船,住大南酒店,为考察广西开始。留梧州二日半,参观了自来水建筑、中山纪念堂、北山公园与河滨公园、广西大学(校长马君武),省二中、硫酸厂。访问了第十五军军部及公安局。据云,梧州人口八万余,过去多广东人所开商店,共二千余家,去年收归广西,粤商倒闭者百余家。广西全省人口一千三百万,岁收三千万元云云。

自梧州乘汽船夜航至桂平,访问了民团指挥部。广西民团最有名,象谷此来主要是考察民团,故特至此。桂平旧浔阳府,为桂省农业中心区,城市原以赌税为最大收入,现禁赌故市骤萧条。留桂平一日,复乘船赴贵县,买汽车票至省会邕宁(南宁),公路甚修整。车经昆仑关(狄青破敌处,只浅冈而已),宾阳。宾阳原晏阳初搞的实验县,因汽车碾死行人,晏遂枪毙司机激成民愤(全省司机罢工)而逸。过时人争传其事。

南宁虽省会,俗俭朴与梧州、广州不同。我至此始见桂戏,与粤剧全异,与川剧多似。

我与象谷先至,往谒省长黄旭初(原十五军军长,现专主省政)和桂军总司令白健生(崇禧),请指示参观地点。先有张先生及粤当道函电,故皆殷勤延接。倾诚谈吐。其时桂粤联合反蒋。兹记白氏所谈要点如下:

"广西虽有新政,并无成绩。不虞之誉,深惭难副。惟有差堪自慰者:(1)军政首脑同心，和衷共济。（2）俭以救贫，庶事覆实，尚无浮费。（3）一切设施皆先取实验态度，目标一成不变，方法则随时变更。例如学生军训已改为三次，民团会操改为六次。"又云："委员制不适中国国情。政因人举则事权宜一。桂省今下年起，将各厅合署办公。县府，则早已并局为科。"又云："蒋先生把持党务，党政极坏。各处党员滥支俸给，号为党官。本省缩减党费，非工作当用，不能动支公款。党员应自就职业而又工作于党部。"

又云："广西省不能不俭。岁收过少，故增入口关税，过道厘金，保护本省工商业。提倡土货与节俭保持省民富力。工业正在提倡，现有硫酸、酒精、火柴等厂。正拟开办制革等厂。农业注重垦荒，造林与水利。矿业将设法探采。公路已千余里，行车汽油价昂，正图以酒精与木炭代之。广西民团初由陆荣廷剿匪，匪遍全省，民不安业，先自组团自卫。1929—1930年，对粤战争，深得团力，乃始注意团政。现在全省匪已肃清，军队减缩至十六团，军费始终保持千五百万元。扩充民团以当军队。学生施行军训，'寓将于学'。且以矫正青年浪漫，萎靡积习，行之一年父老称善。初亦曾有学潮，近则习惯成自然矣。"

其结语为"盼川省当局觉悟，弭息内争，整顿庶政，结合西南成为中华最后对外挣扎的力量"。

当时白氏所言如此心窃悦服，参观各处，亦皆与其言相符，私心以为中国被蒋帮残败后，能起而收拾残局，重振国脉者，惟此广西之李、白、黄三人之徒也。故我回川后，每为广西宣扬，力劝刘文辉追踪广西，可以转弱为强。其后闻蒋帮以军力威胁广西，心窃不服，以为广西必能抵抗，虽势危，有国内外舆论支持，蒋不得而吞之。其后未闻战事如何结束，而李、白已入中央任要职，变为蒋匪死党，则真所不解矣。

在邕前四日，参观了统计局、团务处（时即将结束并入第四集团军总指挥部办理）、图书馆、省志局、公路管理局、教育厅，第一高中，军校。我患肠炎严重，卧病四日，张、鲜、杨到，总部接入"后方医院"诊为肠加答儿，治一日，稍愈。六月二十二日随张、鲜同赴柳州。

过宾阳进入迁江以北，乃由回归线带进入多雨之农业地区。所在有石灰岩奇峰。本土多钙而农田尚需多施石灰。足见土壤酸化之烈。

在柳州，白始与张、鲜晤，谈略如前。遣人导观其飞机场，有苏联专家教导自制飞机和驾驶。又参观其农林场、养鸡场、图书馆、陈列馆、土壤化验所、农具室及办公厅。全场有地四千余亩，有职员三十余人，工警十余人，月开支四千余元而事业费不过千元。外有临时费九千余元。又参观酒精厂，开办费五万元，日可出酒精百斤，需用玉米五千斤，养猪二千余头加薯制糟，养达五千头。职工三十余人，每月经费二千元临时费无定。每斤售价五角低于舶来品。目的在于行驶汽车。

又同往沙塘参观伍廷枢所办之农场。距柳州四十里，系一荒盖平原，面积二千一二百方里，只住民五万二千人。伍氏借广西银行六万元开垦，省府年助十万元。现才开办年余，正用火犁（拖拉机）开垦。已垦五千余亩，有工人百余，现月费八千元。伍云："非为赚钱。将以建设新乡村。"已建有住宅区，在垦场，种花生、糖、烟草与苜蓿。伍谓："明年设无政变基础即可稳固。"

自柳州赴桂林，饱游山水洞府七日。只曾参观良丰师范学校。校长杨某教务朱某皆湘人，校制似乡建学院而斥梁漱溟陶行知，主张学苏俄，而反对军训。我谓其必不能长保于广西。

七月一日张、鲜、杨趁船由阳朔水道还粤。我与杜象谷由全州出长沙。迟一日得车。上车后肠炎复发。车至全州，改乘肩舆，二日至永州，病甚，息一日。雇船下祁阳。舟中留一日，待汽船，不得，仍雇肩舆至洪桥，乘公共汽车至衡州。住衡州，往仁济医院检粪便，服药较佳，嘱往衡山养病。并给药剂。服药大下粪。留衡阳三日治病稍愈。乘车赴衡岳一时即到。

在衡山养病十日，承象谷相伴。病愈游顶峰后赴长沙。衡山全部花岗岩成，古代当较高，今已偃矣。山中、山下多大寺，而无高僧。有《衡山志》，括附近数百里山及洞穴皆为衡山。甚无取。

湖南全境殊平易。湘桂间有微高处，即为五岭正脊，过而不觉。湘桂分流处，有石闸，（闻）秦时已修成，殊不足怪。祁阳一带水路平缓无滩，与川江绝异。衡山最高才海拔七百米，未足比我川龙泉山之高险。稻田满目，农家各有一塘养鱼种莲。莲子为出口商品。真可谓鱼米之乡，清腴乐国也。

从南岳寺（市）至车站，乘车三小时至长沙，寓火车站近之京汉旅社。天甚热。（七月下旬）住五日，制夏布衫。曾两游天心阁求凉，楼高，可望湘江、长州与岳麓。一游"中华百货商店"（实商场）观湘绣。我则数观湘剧与此间京、汉剧。曾访湖南建设厅、公路局求统计材料。知当时湖南公路只成一千零里。然桥涵甚好。平均每里造价三千元。各站定时开车不问乘客多少。研究酒精车、木炭车颇为用力。省长姓何（何键?）、秘书长姓易（易培基?），易曾约晤，询川事。与广西截然异趣。介绍我等至统计处，出有《湖南政治年鉴》及各种刊物。主者为傅角今，出赠所著《湖南地志》，不佳。

自长沙乘火车，四时开，过岳阳，望见城陵矶。天明已过羊楼司。九时至武昌站，渡江轮免费。住汉口中和旅馆。往晤张乔啬，得张先生函及林先生五月十四函催我回渝甚急。乃决我先返川，象谷次日乘船往沪与张、鲜北游。凡住汉口十日，整理游记。候入川直航轮。

八月五日得"民康"船票上船宿。上水行缓二日乃抵沙市。又一日抵宜昌，皆停泊。又二日抵万县。泊。又一日涪陵，泊。阅七日乃抵重庆。时则八月十二日也。

先是中学时校长林苾丛先任二十一军团务处长，后省处为科隶政务处。我过渝时，林先生坚约我担任团务科主任科员。我以生平只谈教育与建设不习行政，坚拒之。林托张先生致意，张先生初亦认为不当。后则劝我就之。我仍不肯。推象谷。林谓象谷方以墨败，必要我任。临行日，嘱在文化成宅会晤详谈。我避未往。而林竟以我名列入其职工册中领薪，以考察归时办公具报。窥其意，似由林先生拟求作县长，而以科长交我。因刘湘重我论文，则推荐易，故也。然我坚决不愿任团务职。及是虽归，亦托病不去，而林先生已得万县知事矣。谓已为我领薪四个月，求仍去乃能交代。我不得已到该处报到。（新科长姓雷，即原主任科员）待林先生离任后，我即请假养病。时同学蓝梦九任重大农学院长，刘湘之政务处长甘典夔任校长，蓝商甘典夔聘我为专任教授兼农场主任。遂离开团务处。在团务处实际到工不足七日。

附注：鲜特生，名英。西充人，陆军大学毕业。曾任刘湘师长，与参谋长。张先生每至渝常驻其家（特园）。周恩来在国共谈判时，亦曾住其家。新中国成立后居北京，不知担任何职。

戴季陶，国民党元老。张先生曾对我们言："国民党中最无耻的投机分子是他。他见着四川人，说他是四川籍。见着江浙人说他是江浙籍，见着两广人说他是广州籍。因为他爸是绍兴师爷，在四川广汉生的他，又在广州购置有房地产业。他跟孙中山闹革命时，名戴天仇。跟蒋介石搞交易所时改名戴季陶。到孙中山老病时，他改名戴传贤，是讽孙科不贤，颂扬蒋介石为贤之意。他的投机，连名贯之微都不放过。"我因张先生言，心鄙其人。故虽购我的书，为我作序，我亦不致信感谢。邀晤，亦未发一言。其后戴以考试院长充祭班禅大使入康，我不往迎。除公宴、公谒各一次外，不曾私谒私宴。其同来随员有孔庆宗、陈静祯等人，皆旧相好，有私往来，亦不同至戴前有所起居也。戴曾求我绘一赴甘孜路线图，我绘与之，亦不自送。又，戴自杀于广东后，其家舆榇回成都。时我在川大教书，校长黄季陆对我曰："戴季陶这样一个大人回成都来，竟无人理。我明日将往祭之。"盖谓我当同往。我佯为不知其意。竟不往。

董兆孚，二十四军边政训练所第一名毕业，文字颇好。从我考察西康一年，人亦正直不苟。后转学中大，求婚失意，患神经病，译完托尔斯泰小说《复活》全部，自谓成名，虚骄不制。我过南京时屡同游，曾婉戒之。毕业后仍失业。我办省三中时曾来依，教书半年，与同事不相能。背我而去。不知所终。

万腾蛟，眉山人，董之同学，同游西康。正直不如董，而多才艺。后进中大蒙藏班，参加国民党特务组织，到康定、成都、西昌等处活动。对我无实言，偶有周旋而已。新中国成立后，与羊仁安同被枪毙。

魏晴岚，名崇阳。魏乾初尝言"昆弟中老九最贤能"，即指晴岚。新中国成立后在西南农学院教书。1952年同在北京学习。后未悉其况。

三十三、任教重庆大学

重庆大学，是刘湘筹款创立的，原在七星冈下一院旧建筑里。当我从两广考察回渝时，已经迁移到沙坪坝新校址去了。所谓新校址，实际还只是一块农村，和几座旧房子，一切都还有待于新建。那时已有文学、理学、农学三院。学生一百多人，文学院占十分之八，理农两院共才二十多人。那时青年学生都说文学满头飞，有点文才容易就业。农理两院无出路。要搞理学，亦以到上海为好。所以理学院虽已开办，学生比农学院更少（农学院十五人）。教师呢，理学院却有些著名的留学生。最出名的一个是广安的何鲁，字奎元，法国留学生，据说外国教授爱他的脑袋聪慧过人，曾出了一笔钱买他死后的脑袋去供研究。他还有国学和文学、口辩的才能，是国内一个出名的教授。还有一个创始人叫沈懋德，是讲天文学的，创造有纸版天体图。又一名吕子方，是搞物理的，也搞中国理学史的研究。院长彭用仪，也是搞化学的。他是一位革命党老前辈的儿子，所以受到军政学界人士的尊重。还有一个胡××，是前四川都督胡景伊的儿子。他们原都是成都大学的教师。由于闹分裂，一同辞了成大，跑到重庆来另立班子。总算他们搞成功了。刘湘、甘典夔虽已信任他们，投考学生却不踊跃。文学院是一些前清遗老们撑起的，学生倒还不少。院长向鲁，教师都是些冬烘先生，除一个能医的文老师外，我都不熟。农学院是他们把刘伯量找回来成立起来的。伯量在留欧的学士们中很活跃，曾作过农业部农林司司长，中大农学院院长，代理过中大校长。交卸院长后，重大一批人要借重他的声势，以桑梓之义相责，强迫他担任院长，招了生。但伯量已接北京农学院长的聘，不能留此，推荐蓬安的蓝梦九代理院长。

蓝梦九也是北农毕业，后到日本东京大学去挣得了博士学位回来。那时农学院已有的教师只一个李乃尧，是留法学生，缺乏本领。蓝梦九因为我的论文曾得到刘湘重视，并推行了一度，所以定要我去帮忙。我正不愿在团务科，便答应了。校长甘典夔，是刘湘当营长时的书记，一直跟随刘湘升官长大，成了刘湘最亲信的一个老吏。他除公文熟习，政情谙练外，别无一长。刘湘因为他忠心，一切委任给他，其时身兼七十二要职。所谓要职，例如军部政务处长、督办公署秘书长、银行总经理和董事长，重大校长之类，全是包揽重要机关用人行政全权的职位。他对大学一套，完全不懂，任用他的表弟郑献徵为总务处长，代他主持一切。重大那些先生们，无法与甘典夔会面，经费又非倚靠甘典夔不可，因此就不能不依靠郑献徵。但是又瞧不起郑献徵。尤其是何鲁，是个昂首阔步、自高自大、目中无人的人，对郑经常难堪。郑献徵既在负学校的责任，又不敢不迁就何鲁。他之赞成成立农学院，也无非想邀刘伯量来压倒何鲁气焰。刘不肯来，推荐蓝梦九，也是博士，也好写作，所以初到时也是很想结为心腹的。蓝梦九定要把我找去，他也很赞我。所以给我的名义是教授兼农场主任。月薪二百元。这在重大，已是院长级薪水了。

那时沙坪坝的重大校址，刚才平了一个浅谷，修了一个山湾平坝作操场。平了一个浅岭，修了两栋西式房子作教室及学生宿舍。教职员工都是租用散乱的农民旧宅。郑献徵先欢迎蓝梦九和我住在他的租宅里。不久蓝和我的家口都来了。蓝租房在马路下，地名"黑房子"。我租房在磁器口坎上的严家院子。只办公时才得会面。

我虽是农学院的教授，并未开课，因为不但只有十几个学生，而且都是预科。我只作了一次讲演，和领导学生作了几次栽树活动而已。在农场。实际只是做的校景规划和基本建设工作。只做得一学期多，蓝梦九与郑献徵闹决裂，辞职了。临走一天我才知道。我觉得甘、郑对教师意见不尊重、无礼貌，兼以不为农学院招新班，显然有结束农学院之意，遂亦表示辞职。时我写《西康图经》两月可成一册，每月有二百余元收入，故虽家口十人，不患贫乏。故果断去职，以示抗议。亦缘平素鄙视甘典夔故也。

附注：蓝梦九，有学问，好名好胜。初联郑献徵对抗何鲁，因而与旧教师情感亦坏。因为他也瞧不起甘典夔。屡有甘不当任校长语调，故与郑亦渐相恶。一日与郑同往谒甘典夔商农院分系。议论不合，争吵相骂。于是甘在城内召开重大校务会，讨论农理两院分系事，与蓝再发争执。而旧教职员皆助甘。蓝既孤立，请去。甘立即应可。我同情蓝，义愤亦请去。甘怒甚，再应可。我遂与蓝离席，不再到校。

蓝梦九后似是到中大教书，曾经受派同张鼎铭等出国考察教育（张留英国剑桥大学，考得博士学位乃归。蓝等多人皆先归）。新中国成立后，在西北大学教书。曾过成都相晤。1950年，他至北京，晤张澜副主席。归至潼关，脑充血卒。

我租的住宅在严家院，属磁器口市镇（龙隐镇）为缫丝厂集中地，市场颇大，在锅罗山下一小溪口，临嘉陵江。其市右侧山坡上即沙坪坝。严家多户聚居于此山坡上。皆小资产农户，以种稻与贩小菜入重庆市售为业。我常得观察此间农作情形，及小农户经济生活。发现此间有一骇人陋俗：同院有严三爷者，有二子，无媳。田不足耕，小资本贩卖小菜，前夜购齐两挑，洗净，装潢成商品为两挑。次日天未明，赴江边赶船至重庆市售之，步行归。差可糊口。其室与我比邻。严三爷老病，不出门户。尝思食挂面，二子不能给。我嘱家人煮挂面一碗赠之，值银三四分耳。数日后，严之二子戴白孝布来磕头，告其父已死。并往严姓各户磕头告丧。于是全村十余家严姓大小咸集其家，纷纭造酒食。送赙仪家各二三角而已。然全家赴食于丧家者二三日。初到为"封齐"，临去为"开齐"，皆有酒肉。族长严么爷，到宅时，便开族人会议，询二子"如何治丧"。二子告以家产。么爷提出卖去田土，留住宅与菜贩本钱外，全部用于治丧。而所谓治丧，除买薄棺一口，便衣成殓，焚草纸一捆，香烛两堂，延道士念开路经送葬外，绝大部分资产皆消耗于族姓酒食。葬后，二严一贫如洗，久不复见，盖向城市求业去矣。

严三爷生时求吃挂面一碗而不可得，死遂倾家荡产以供族姓酒食。我心大为骇异。询之土人，谓一方风俗如此。其家原亦宽裕，缘母死，耗去一半。今其父死，则耗用罄尽。买其田者即严么爷。他日么爷死，亦当被族姓吃耗，未知又卖何人耳。乡农之愚，竟至于此。

此间农民尚有一恶俗：种稻皆梯田土坎。季春将栽插时，各用铲锄削田坎所长野草入田。上坎无论属人属己，皆厚剥其土，使之退缩，以宽己之田。而已田下坎亦被他人砍去寸许。相安习之，莫以为非。偶有坎下埋砌石块以制铲窃者，下田农人亦深剥其土，至积年石尽露立，则拔而弃之。上田主人亦无言议。土人云："习俗如此。"莫以为怪者。

磁器口为丝厂荟萃，而附近无桑蚕。茧皆以船自合川广安等处运来。有时远向西充、南充购运。但利此地失业妇女多，工价廉而已。半封建半殖民地社会生产配置之不合理如此。

锅罗山，一作"歌乐山"。为重庆附近江北最高之山。在老鹰岩渣滓洞之上方高台地之侧。有大庙在树林中，更显高峻。山下台地，长数十里，宽二三里，盖背斜轴之被侵蚀成平台者。锅罗山仅属一侧蚀余部分，自河谷望之则高峻。名锅罗者，盖平台水不外流，若干处蚀成孔穴以泄水。穴旁地稍凹下如锅，罗列数十处，因以为名。他县或称"罗锣荡"是也。我曾与严姓青年自磁器口攀登此山，探罗锅穴，循老鹰岩而下。岩下有煤矿洞。往时初修成渝公路，自此经青木关至璧山县。老鹰岩路回环数折，为全省公路最巧者。下岩不远即沙坪坝。更经化龙桥，至上清市入重庆市。我初住沙坪坝时，常循此路步行入城。沿途多荒凉，可畏。惟化龙桥有市街。迨1943年再过，则沿路市街相属。老鹰岩以上高台地亦成市街矣。

其时我南充发妻与长女、长子、次子皆来同住。又生次女新渝。又长姐之子、蒋幺妹之子、三哥之子、大哥之孙，皆从之来，责我资养读书。藏妇罗哲情措亦来同住。连我共十一口。农村生活廉便，月费不过三十余元。各月节余在百元以上。二哥经常来信索取，拿去买田。理由是往时惟我读书，一家辛劳治产，今既月入已丰，必须将生活余款汇回，以报昔年劳逸不平之惠。

我苦二哥需索多年，又甚恶二哥贪买田产。乃邀三哥来重庆，与之痛论二哥之非。且其长子骄养不务正业，苦劝三哥联合长房侄媳，与之分家。析产立户，免有牵累。我仍各为诸兄姊妹教养一子，担负其全部生活费用。三哥归，闹分家。宗族皆以为然。我不愿受分祖业。族人以为不可，故仍分一份。但我全家在外，无人管理。二哥初谓他无子女跟我，索兼管我的一份。我亦允之。已而他又要我改付现金三百元，作为培养他一子的教育费。我又允许之。兑回三百元给他，而把受分田业送与三哥耕种。时三哥续娶三嫂李氏，连生六子女，家累较大故也。长房除侄媳张氏居孀外，一孙椿年已跟我在渝，故亦与三哥合户，实际所分二哥一户而已。自此以后，我始免于二哥需索。仅三哥有时告窘，酌予汇助。每月渐有储积焉。

大哥一子，侄媳张氏生遗腹子椿年。从小瘦弱。我每念大哥辛苦早死，而嗣续垂危，心甚伤痛。虑侄媳独子溺爱，致易摧折，商交我抚养。后同至成都，至1937年，已十余岁，乃由其母来省接回完娶。椿年幼弱患惊风几死，救治药有麝香，过量中毒，神经不甚健康，在家酗酒、浪费，我遥远不能制。其妻蒲氏，好吃懒做。土改时划为地主，益不振。有二子，今皆已十余岁。虽家有三全劳而偷惰苟且。我写信教之，怒撕不阅。我亦不更理之矣。

我在重庆大学凡一年，对于沙坪坝那块校地的改造，做了一些工作。那些工作，现在痕迹都消灭了。当时毫无远见，只按固有的地盘，枝枝节节做了一些。后来学校发展到几千人，校地全面更新，扩展甚远。所以我这一年的工作是白费了的。

我最初是同十几个学生和几个工役在新购校地的周围栽上菱形定植的三列鼠李科植物铁篱笆。希望它能长成生篱式的院墙。但铁篱笆还未长成，校地添购已经加倍。旧界已多成了新建筑的跨越地带，铁篱笆十八九被挖去了。

建校前，沙坪坝是一块重庆市郊比较宽平的浅丘地带，有几家大地主在浅谷开辟稻田，并在浅谷的顶端修筑大鱼池蓄水备旱。我招来川北石匠一队，在旧鱼池的基础上修造了上下二水库。种荷、菱、芡、苇，养鱼养蟹，仍用两库水保证种稻。上库宽大深厚，意主防洪，减杀暴雨山洪的压力，堤较坚厚。下库砌筑较简，协助吞吐而已。修成不久，便遭到暴雨狂洪。我恰不在场里，工人无管库经验，敞开上库泄洪，而不开下库。山洪漫库而流，遂将下库胀破，损失甚大。

附注：所以远雇川北石匠者，川东地质，多属二叠纪以下地层隆起之石灰岩山岭。与侏罗纪地层浅露之石山与侏罗纪以上白垩纪地层形成之浅谷，土人呼为漕地。沙坪坝即在此漕地上。其岩石分粗质而富有石灰质之砂岩，与黏土质构成之软页岩两类。页岩概已风化成为耕土。砂岩则在耕土下作岩盘状存在，与川北方山区岩层正同。此种砂岩层理结构适于截割成石条石板，供建造用。川北石匠，工作对象全是此种砂岩，故其截割修砌之技极为熟练，而对川东之石灰岩层则无可奈何。相反，川东石匠，一般工作对象在石灰岩，其截割修治方法全与川北石匠不同。虽亦治侏罗纪岩石，由其硬度接近，亦能胜任。至于漕地砂岩，则农人因地势造田，鲜加凿割，一般取石者不甚用之，故石匠对之无专技。沙坪坝石工，全用砂岩，故宜远雇川北石匠。且重庆石匠价高，川北石匠价廉。重庆修防空洞时亦多雇川北石工者以此。

养蟹这件事，我也是失败了。先是，我1922年在江南考察县政建设，曾到当途与芜湖，知道那里产蟹著名的原因，是稻田间多有石穴，宜于蟹的生长。那里蟹种，是海蟹种，游动性能很大，我则未曾注意。1931年，我考察川南生产配布情形，知道仁寿名产螃蟹，是从前一个乡宦自芜湖带回来的蟹种。虽然离海已远，仍能世代生活在仁寿溪谷田塍石穴之间。成为仁寿蟹黄的名产。足以证明，海蟹是可以在四川盆地养殖的。此年主持重大农场。恰是秋季开始。那时川江轮船畅通，有商人从芜湖运回大量的蟹包（蒲叶编包，每包二十蟹），在市场出售，全是活的。我建议向市场购来试行养殖。郑献徵采行了。初购一包，放水皆自爬去。于是购放十余包，二百余蟹。又虑沙坪坝水池无石隙，不利养蟹。乃于水库尾侧石滩上架石条造大量蟹穴，以冀其栖流演世。经一次山洪漫堰后，满山土人多于田间拾得芜湖蟹。我留心观察"蟹室"（校中人戏呼之名），久久未得见有蟹出入。足见购放之蟹已全逸矣。此间去江水近，蟹逸即不复还。节令已过，商品断绝。养蟹一事，竟成泡影。

附注：四川土蟹，各溪河间多有，小而少肉，不成食品。仅小儿辈用蛙尸诱其铗持，带出水外，用菜叶包烧食之。海蟹甚大，肉厚而粗，不为珍味。一般认为珍味者为芜湖蟹，躯壳方三寸余，八脚，壳薄，而肉鲜美。本海蟹种也，而特集中于苏皖长江两岸，食稻田中虫类，抑或害稻，八月稻熟时最多。仁寿溪沟间蟹形质与芜湖蟹全同。惟形小仅如川蟹。肉味鲜美，雌蟹腹间有黄粉，称为"蟹黄"，为仁寿名产。当是卵类，故生殖期乃有。

　　这些枝枝节节的建设，计划性、目的性都是茫然的，有些竟是唯心的，其无成就正是必然的。唯在侧近嘉陵江较远的一座黄土山上，原有几棵松树，我用马尾松大举造林，是成功了的。新中国成立后我曾一度乘汽车过沙坪坝，马路上成了大市街，重大的建筑全变样了，惟远远这座松林高耸秀出，惹人回忆。

　　我既于1935年夏季辞重大职。爱乡居闲逸，不更愿依军阀门吏做事。缘《西康图经》尚有九篇当写。计每两月完成一篇，可得稿费四五百元。与重大月薪相当，足当家用。遂开始续写第三篇《地文篇》，分析康藏地理各项因素。地质、地形、海拔、气候、山脉、水系，一切结构。收集当时已有之科学调查资料颇备。写未竟，郑献徵数次来家促赴省三中办学。既已挤我于重大，而又求我就新职，世事之可怪者也，亦我生平遭遇之奇者。

　　补记：我在重大时，刘湘已经把四川所有的军阀们都压服，形成暂时的假统一的局面了。刘湘召开了"四川军事善后会议"他自称川康军事善后督办，提出了军事、政治、经济、文化、民团，和所谓"剿匪"的许多方面的改革倡议来，要求分别召开绅民会议，讨论施行。别的方面，干了些什么我不知道。只在1935年三月召开的全省生产建设会议是邀了我出席的。我由重大到成都去开会。会见了张表方先生。他从省外考察回来后，正做四川安抚委员会的主任委员（杨达璋、杜象谷们都在会里任职）。张先生问我开会情形。我说："像这样大的会场，这么多州县来的人士，提案就是几百近千件，各循私见，各说一套。掌握会议的人，若还没有一个中心思想，指出大方向来讨论问题，而要一一敷衍提案人的面子，一一付诸讨论，那就会成了'无的放矢'，乱射一场，要得如何结果，是断无希望的。主持会议者是甘典夔，他既不知道四川应该如何建设，更不知道什么叫生产建设，自然是像理乱麻一样，胡抓一场罢了。亦将如在重庆开的教育改革会议一样，开过会了，报销一笔经费了事。能够得出什么效果呢？"张先生说："我听说：你一说话就有人反对，是吗？"我说："是的。我的话必然遭到多数人反对的。因为不符合甘典夔那一套吗？现在四川还不是谈生产建设的时候。正如孟子所说'一齐人傅之，众楚人咻之，虽日挞而求其齐语，不可得也。'目前四川认识到生产建设重要性的人太少了。要得真能讨论生产建设计划的人，还须从生产教育入手。"张先生很赞成我这段话，于是又谈到教育上来了。

我说："四川的政治、文化、农业中心在成都，工矿、商业、交通等项经济中心在重庆。改进大学教育之道，当使毕业学生充分具有参加各部门实际工作的知识技能，并且是受人欢迎、胜任愉快的。这就非在学时间与本业机关场所多多接触，预习其事，加以学理分析，研究改进之道不可。若仍如过去，闭门造车，空谈自欺，学用脱节，则非唯不能有益于地方建设，亦且因不受人的欢迎而成了就业困难，徒糜国家经费，贻害青年而已。现在成都重庆都有大学，都在搞文、理、农、工、教育各院。漫无计划，不但是'闭门造车'，而且是'叠床架屋'的闭门造车竞赛。应该合为一个综合性的，造就符合四川实际需要的四川省立大学，把文学院、法学院、农学院定在成都。理学院、工学院、商学院定在重庆，让他们各自的学业与其社会环境相适应。教育学院，可以改为若干的师范专科学校，分设于各地，俾其与各该地区的中等学校的要求相适应。在这样统一规划的条件下，来进行改革教学方法，教学内容，庶几可以收到实际效果。"

这一席话，说得张先生欢喜，叫我再写一篇计划书出来，他要拿去与刘湘商讨推行。我写了交去，未在报上发表。后来刘湘果真交与教育厅，要他坚决执行下去。一时曾经引起川大、重大和一些专门学校的职教工和学生们的骚动。甘典夔极其憎恶这一计划。与郑献徵和重大文学院的人，想尽种种办法来抵制。无如刘湘坚决要执行，后来换个教育厅长杨全宇来执行这一任务。结果并未做彻，时局一变，又成泡影而灭。

郑献徵曾经挑动重大学生和文学院教师说：这是任某出的主意，使得那些不愿迁校的人集怨于我。农院十几个学生原是敬爱我的。有一天，他们突然围拢来质问我，是否我出的主意？我说："你们何所根据，这样问我？若问我对于这一问题的态度，则的确我是赞成的。这对你们何害呢？你们由一个尚未立案的重大学生，并入国立成都大学去毕业，有甚害了你们呢？"这才解围了。

我既住在磁器口农家院落里写书，也有时写点时事小评或有关重大内容的报道交到有我参加的一个通讯社去发表。这到把郑献徵着了慌。他认为我在重庆、成都，都于他们不利，商量甘典夔，把我调到僻小城市一个繁剧的工作岗位上去。叫我在那里日不暇给的搞本身的业务，就不会妨害他们抗拒川重两大合并的行动了。于是，他们并未商得我的同意，便发表了我作江安中学校长的任命。

我在重大反抗合并到川大的高潮时间，用通讯方式发表了重大教职员工和各系学生人数的数目字，加上了这样几句话："如果重大文农两院并归成都川大，则只剩理院学生十余人，宜其职教员工之不愿合并也。"据通讯社主稿人李时甫说："郑献徵来社要求以后不发有关重大的消息。并评此稿云：'要得发稿更正呢，又是事实如此。若不更正呢，影响又太坏了。只好要求不再发这类通讯。'"

又发过一篇《科学学府里最不科学的两件事》，（一）重大校地，近来大栽洋槐为行道树，路过石盘地带，则命石工凿石为圆坑填土种之。洋槐为豆科植物，不夺耕地氮肥，反能藉根瘤菌作用固定空中氮气于土中，诚为农村易栽的行道树。但根瘤菌需要土壤中空气流通才能生活。凿石为池填土种之，雨后，石池积水，空气排出，根瘤菌皆当病死，洋槐亦即随之萎黄，以至枯死，该校殊未考虑及此。（二）沙坪坝富于砂岩，石材廉便。重大近于临江低处造石室数栋，全用石条叠砌墙壁，似甚坚固。然沙坪坝岩石，皆含大量石灰质。石灰质与碳酸气接触，极易风化，使所凝固之沙粒崩解。其炭气浓厚之部，十年内即能风化崩解一寸以上之深。人的居室炭气绝重，故重庆石材虽便，居民皆不用砂石为墙壁。这是两千年来居民经验相戒之事，而重大竟未考虑及此贸然大兴石工，作此甚不科学之事。将见十余年后，石壁下部先坏，上部亦不能不圮。

又发一条云：重大教学楼前园地，有长绿草种成八个大篆字，云"蘽象祭物，怡情养志"。字体遒劲，各方一丈许。过者纷议：蘽为观字古写。"观象察物"为《易经》成语。"祭物"殊所未解。至有人明为祭字少写了宀头。有园艺工云："祭与察，古为一字。故蔡字以祭为声。《国语》之祭公谋父，读如蔡公谋父。古小学家云'祭者察也'。籀文察字作祭。小篆乃增宀头，与祭字区别。此是大篆。当读察物，不当读祭。"于是学府诸人皆改读为察。这一条，对重大文学院师生，做了极其深刻的讽刺。那些冬烘先生，大约识字至小篆而止，于钟鼎金石之知识反出园艺工人之下。闹此笑话。经通讯稿揭发后，虽未发表，亦已传笑至成都等地。

三十四、发表改革四川教育倡议

我1933年春在重庆新蜀报发表《改革四川教育倡议》的那篇文章，实即我1921年返川时向张表方先生提议改革南充中学学制的一贯主张。不过在南充未写成文，过重庆始写成文章发表耳。在当时，成都的《四川日报》和谁人编的《四川人》论文小册子里转载过。而我自己却未保存一份报刊。近检旧书，乃于破纸堆中，见有题《四川教育》的一个破烂本本，涂写潦草，勾乙零乱。原来正是当时我在顺余旅店楼上写出尚未整理的草稿。原拟题为《四川教育现状与其改造》和《革新四川教育计划》两部分。正稿是如何写的，已不能全忆。姑且把这草稿留下的部分抄附于此：

一、改革四川教育之必要

过去之川省教育，徒为造乱之具而已。全省大学专门学校十余所，从学生徒数千人。究其内容，则有全无设备，仅赁屋一栋，黑板一具者。有全无定款，专恃收入学杂费开支者。有滥招生徒，学至毕业尚无科学概念者。有行课二三周即行放假者。有学生随意上课，混满即为毕业者。至于教授人员，则因经费短绌，薪水过微，贤者去之，不肖者奔竞，上焉者不过敷衍钟点，以学为市。下焉者则徒夤缘当事，笼络生徒，苟尸师位以招摇于市人而已。教者如此，学者可知。每年毕业之大专学生恒数百人，究其学识，空无所有者实居多数，徒以资格与世周旋。学识不足，则摭拾海外以乱之。能力不足，则朋党倾轧以济之。事位不敷，则阴险残贼以夺之。地位不固则寡廉鲜耻以维之。因无致用之学，而羞生产之事，故多奔竞于教书一途。一般中级学校为所盘踞。于是中等教育又不堪问矣。

全川普通中学一百余所，从学生徒一万余人，每年毕业数千人，于义皆当考升大学。然其程度、资质、财力、志愿之能入大学者百无三四，各大学、专科学校所能收容者亦百无三四也。其他百分之九十五六，既不能升学深造，又没有治生艺能，徒称毕业，实无出路。则又群趋于小学教师一途。然其所学，实未尝同师道，徒夺师位以资衣食，而小学教育敝矣。

惟其小学教育不良，故中学生程度浅而性行劣者多，教管两方俱感困难。中学质量既低，又必然影响大学教育。因果循环，每况每下。此川省教育当前之一般流弊也。

川省教育腐窳之情实，千头万绪，不胜列举，要可一言以蔽之曰：无目的，无计划。夫教育目的，不外培养生徒社会生活之能力。只能为社会需要而办学，为生徒适应于社会要求而教学。夫以今日积弱之中国，贫病之四川，整个社会之所迫切需要者，其唯层层上进之"读书人"乎？抑振兴实业，救贫救弱之生产实践者乎？此不难知。而司教育者乃不知之，徒以为：教育者，办学而已；办学者，造就升学之学生而已。小学毕业者已多，则多办中学以收纳之。中学又多，则多办大学以收纳之。大学已多，则鼓励出洋以收纳之。曾未想及：尚有不能升学不能出洋之毕业学生数十百倍于升学、出洋者，受此教育何用？更未想及升学、出洋，再毕业后又有何用？

尤可怪者，教育诸司，乃不知当前社会之混乱，在于"生之者，寡食之者众"，而人民之贫困在于进入者少，付出者多。乃其办一学校，专重形式，门面必装潢，器用必美备，衣服必整洁，使学生一经入校，即有高出于社会群众之感。修饰衣冠，招摇过市，若曰"士为四民之首""我待价而沽者也"。如此对社会无所贡献之人，官府重视之，社会尊敬之，相习成风，以装点学校教育之尊贵。其家亦因其为"读书之人"而尊贵之，听其游手好闲而不敢问。此辈毕业之人愈多，则社会必不免于愈乱，人民必不免于愈穷。此则今日漫无目的以发展教育之效果也。有疾呼今世之教育者云："子弟有一人入学，家庭即多一败子。学校多一人毕业，社会即多一流氓。"此虽愤激之言，实亦深中时弊。夫教育为培养人才振兴社会之手段，今乃反以堕落青年，扰害社会。有目的之教育宜若此耶？

四川社会之大蔽，在治生产者不愿教育事业，办教育者不愿生产事业，教育与生产判然两途，泾渭长分，冰炭不入。其结果则为实业界缺乏领导人才，故萎靡而不振；学术界茫无研究对象，故空疏而无用。整顿之道，当求沟通二者，相携共济。必使教育生产化，而后教育有实用。生产教育化，而后生产有进益。

现代国家先进的教育制度：其于中、小学校，无不有极注重之职业学科，或至三年级特开职业班，为不能升学者谋治生之备。普通升学之班次，必退缩为少数。至于高等学校，则率注重于农、工、商、医等实用科系之发展，以与其社会事业发展所要求相应。文、哲诸系，比重较轻，亦皆为其社会发展所需要而开设。故当其社会经济尚未发展时，教育已为之培成谋求发展之人才。迨其社会经济已经发展以后，教育为其供应胜任之职工。教育推进社会经济之发展，而社会经济之发展又转而丰富教育之质量，相辅相成，循环发展以推动社会之前进。其致富强之道，盖在于此。

我国学人偏尚虚玄，厌治实事。自兴学校，即多偏重文、哲、法科。现在全国已经立案之大专院校四十余所，属于文、法、理科者实居多数。惟江浙一隅，号为先进，亦比较重视实科。忆民十二年考察江浙教育时，江苏全省共有中等学校七十余所，职业学校与办有职业班之学校得四十余所；纯为造就投考大学之学校则仅二十余所而已。故江浙之生产事业与实用人才并较南北各省为盛。

四川现有中学一百三十余所，职业中学不过十所。岂此百余中学之学生皆能再入大学进修者耶？四川现有大专院校十余所，其中工农业专科才三四所，又皆有名无实，所造成者仍与文、法科系之"读书人"无异。前后主持教政之人员，不惟无有提倡生产教育之魄力，又反认为工农学校为无用而鄙夷之。去年教育厅长张重民，合并成都大专为一校，独弃工、农两院不收。两院学生苦争并入，竟因无人援助而罢。于此可知川省教育界对于实科教育之一般心理。由此一般心理，形成社会风尚，投考学生争趋文法各校。所有各级职业学校，每因招生困难而成为学生程度不济，而成为教学效果不良，而至于拨款不足，而至于不生不死。或谓实科教育政府已办有学校多所，师资缺乏，教学不良，非政府之咎也。毕业无出路，学生不愿赴考，非政府之咎也。此说似是而非，非且大谬。夫师资所从来，学校也。司教育者不为学校培养师资，师资从天上来乎？社会经济未发展，实科毕业学生诚然无出路。然而试思：社会经济之发展，先有人乎，先有事乎？夫"有人此有土，有土此有财"。人者本也。土者，事也。财者，效也。今无其人而责其事，可乎。无其事而责其效，可乎。本末之不知，此所以为大谬也。且又更深思之：文、哲诸院系学生毕业出路何在？不过官绅富豪之家重其事耳。我国自封建制立以来，惟重经术文艺。经术文艺不能致富强，徒使"读书人"多而生产者少，贫弱不振，频受异族侵凌。清末废科举，兴学校，力仿泰西，欲以昌明科学，救亡图存。而数十年来司教政者不能为昌明实用科学之计，徒欲因循旧习，顺应官绅富豪所重玄虚空疏之论，培养浮嚣寄生之人，此与救亡图存之目的有益乎，有害乎，相背乎，相成乎？教育本为诱导社会前进之手段，而我之司教育者用以为尾随社会堕落之手段；学校原以昌明实用科学为目的，而我之司教育者则以为制造空疏言议寄生游食者为目的，此又所以为大谬也。

惟其教育不求合于生产之事用，故学术必落于玄虚与空疏。惟其目的不在于发展生产之一途，故社会经济不能发展以前进。惟其社会经济事业萎缩无所进展，故学者亦不能不群骛于空疏与无用。惟其所学空疏无用，故毕业后不能不相与拥挤于各种仰俸而食空谈为能之非生产机关与各级高谈空论之学校中，相倾相攮以求自活，此所以学校毕业人员愈多，而社会愈乱也。谓"过去教育徒为造乱之具"不亦宜乎。

由是言之，今日而欲矫正过去教育之积弊，自非尽力提倡生产教育，多办实科之学校不可。而提倡生产教育，多办实用学校之规划，又必须与全省经济建设计划相呼应，相配合，相携并进，相辅相成，结合为行政计划之一体，乃能逐步著绩，捷速收功。四川过去，群雄分割，各自为政，固不足以语此也。今幸全省统一，指臂健康。振刷积弊，政在一言。正涤荡瑕秽之机，宜大路棰轮之始。统筹规划，必有其人。广益集思，愿陈鄙见。有关建设途径，已有另文群之。兹仅论述教育改革方案，与相配合。

二、高等教育革新计划

川省教育浸溶于空疏学说之中已三十年。一旦提倡实业教育，不惟有"一傅众咻"之虞，亦且无胜任师资可用。故其推行步骤，宜先从高等教育着手。高教毕业人员，具有表率社会评议政务之能力，使先明晓生产教育之意义，培成推进生产之学识与技能，推己及人，以为世倡，中级职专易于普及，教师亦不缺乏。高教得人，而发展社会经济之倡导有人，胜任愉快之中专教师亦多矣。

以下，条论四川高等教育应当革新之点：

（一）全省只办大学一所，分设成都、重庆两院。成都院开设文哲、法政、农学、医学系。重庆院开设理学、工业、商业各系。

（二）农、工、商、医、建筑工程各院系尚未能完全设立时，得先斟酌省内建设需要就各院开设各种专修科。

（三）大学各系招生亦少，甄录宜绝对严格，注意外国语文基础，不能直接用外国语文听讲者不得升入本科，不能直接阅读外文书籍者不得毕业。专修科则可从宽，并全用本国语文讲授。

（四）农、工、商、医，各系、科，除应力求充实本校之实习设备外，更宜与校外相关场、厂机构切取联络协助实习，期于理论与实践融合一体。

（五）工、农、商、医各系教授，可以延聘国外工人、农民、会计师、医生与留学回国人员协同讲课，协同指导实习。文、法、教育各系与专修科，无须如此。

（六）大学经费，文、法教育各系应力求紧缩到平均每一学生五百元以内，农、商各系订以每一学生一千元为率。工、医各系，则可至二千元以上。（包括教学设备，实习设备与延聘外国助教。）

（七）向以省款办理之工、农专科学校，一律合并于此一元化之大学办理。

（八）各专修科评定学期成绩与毕业成绩之标准比重，实习成绩当占百分之六十以上。课堂考试只当占百分四十以下。实习成绩，包括工作能力鉴定在内。课堂考试包括写作能力在内。

（九）大学各院系各专科毕业之学生，由各系科负责人加具考语，连同成绩，交由大学校长录送省府、各厅处，请予负责介绍工作。

（十）以上，全省设立一元化之综合大学以外，为了适应本省经济建设计划之发展要求，得由教建两厅商订于适当地方设立专业性之综合学院。例如：

四川油业学院。专门研究出口之桐油、柏油、茶油的油树栽培，榨油工业，出口商业包括装箱、运输、检验、澄清各部门的全面研究。地点宜设万县。得以省款兼招民股附设出口油公司与汉口上海之外国油商直接联系，提高信用，驱迫外商退出万县商场，以维地方生产者应享之权益。

四川蚕丝学院。专门研究改良蚕桑，缫出口丝的学理与技术，综合育桑、养蚕、烘茧、缫丝，丝织装运与丝业市场等全部知识为一套。亦得以官商合股经营四川丝业公司。与海外丝商联系直运上海销售。地点以南充为宜。因川此蚕丝业向有基础。

四川垦殖学院。拟设于西昌，专门研究移民、垦荒、卫垦，与发展垦务的实际问题。附近垦场为实验区。并得次第组织垦队，推广垦场于宁远旧属之冕宁、盐源等县。承担逐步开发建南荒地、消纳四川腹地过剩人口的任务。

四川藏语学院。拟设于康定，专门研究藏文、藏语及藏族情俗，藏区历史、地理，与经济建设问题，为开发川边广大藏族分布地区培养能力与藏族人民直接交谈之政教工作人才。

四川茶叶学院。设于雅安，综合研究入藏砖茶之栽培、采摘、烘焙、装包、运输、市易，与推广、改进的一系列问题。

此外如四川水利学院、蜡业学院、出口山货业学院，皆有可能开设之意义。此种学院，与大学附设之专科不同之处，在专科非一事一物之专业，而仅为一般性之理论与实验。包举广泛，属于横列研究之性质。此类学院则仅为一事一物之全部生产、运销，发展前途，作纵列的研究。较之专科更不重视与一般之理论，而只重在客观现实问题之解决，对于发展地方经济为更有利效也。

（十一）四川大学旧设之教育学院裁撤，改为川西师范学院，与川东、川南、川北三师范学校分区负责研究川中四大地区的社会特点、人民需要，培养各地区中学、小学新的师资。所谓新的师资，应具备下列之技能：

1. 了解各该地区社会风尚之特点，为之化导，使善良之部发展，不良之部辟除。

2. 了解各该地区社会经济之特色，增设有裨于促进经济发展之教学内容。如川西区注重于农田水利之历史，螟虫生活过程，与机器耕种的外国先例。川南、川东区，多讲热带亚热带植物之生长利用情形、山地利用与矿业知识。川北区多讲蚕丝、油桐的教材之类。期于逐年修改、增益，奠定儿童注意生产之天性。

3. 了解各该地区文盲产生之原因与如何扫除文盲之方法。

4. 收集地方歌谣，发掘民间故事，进行整理分析，为进一步改进地方教育开辟道路。

必须以此四者与讲课并重，乃足收地方教育之实效。所贵乎师范学院者也，所有空泛之教育学、心理学等皆可不讲。（原各条皆附有"说明"兹略）

三、中级教育革新计划

中等教育所造就人数最多，实为社会之中坚分子。概估每年毕业学生大约为大专毕业者之十倍。即不能升学者，约占能升学者九倍以上。而过去四川之中级学校殆全属为升学开课之普通班。学非所用，明显易知。纠正此种荒谬之教育制度，必当如下更张：

（一）现有各地"职立中学"大都为旧时府、州设立之中学，全川大约近二十所，可以保存旧制，专办普通班，提高教学质量，注重于外国文与数、理、化等自然科学之强度与深度，为大学培养优秀之进修青年。此类学生大都出生于富有者家庭，可以重征学费作为延聘优秀教师之开支。图书设备外，国家不用负担经常费，或只能负担有限之补助。

（二）各县立中学，一律改办为职业中学，斟酌县境经济情形开办先宜之职业班一种至数种，或为初级性质或为高级性质，或办一班为止，或为长期开班，由地方人士决议请教厅核准施行。其原办之普通班次，宜酌为调整其课程内容，加重自然科与应用学科之讲授，结束外语与其他空疏无用之内容。其志愿升学者，一律转学于各联立中学。

（三）各职业中学，开设之职业班，可以泛言农业、泛言县政、泛言师范。泛言商业，可以专言应化、专言洗染、专言电力、专言土木、专言会计、专言中医、专言家政。亦可更狭隘地只言棉作，只言酿造，只言制糖，只言缝纫。其学时可以一年，可以二三年，可以半日学，可以整日学，可农忙放假，可以夜间上课。其讲义可以借用固有书籍，可以由教师自编讲义，亦可以不用讲义仅仅面对实物或直观教材讲授。其教师可以长期聘任，可以临时邀请。可为学校毕业人员，亦可为老农夫与老工人之有经验可传授者。

（四）职业中学，皆须有一定之实习场所，其开办经费可以呈请省政府划拨。惟仍必常与附近相关之生产机构密切联系，参观讨论，相互帮助，相互协作。（说明并略，本文不涉小学教育。）

这篇论文，自今日看来，可议之点甚多的，理想色彩太重，当时是难以实行的。但在当时（1920－1933年），则是一篇敢于揭露社会政治腐败和教育腐败的，人所不敢言的文章。在四川文化教育界里，颇有一部分人感到痛快。但也有一部分人甚为痛恨。如甘典夔他就是痛恶此说的一个代表人物，尽管他遵照刘湘指示召开了生产教育会议和生产建设会议，但都是他自己本身把会议破坏了。这些满足现状的人憎恶"改革"二字是不足怪的。况且此说不利于他的重大。郑献徵，竟至于组织重大农院学生来质问我。另外，亦有重大文学院的教师，说我否定了他们的一切，也很愠怒。其时成都农专的校长高宇冈，当我去接收他的学校时，向我说了许多气话。我皆笑而不答。自今天看起来，我这篇改革建议，算不了什么。然而在1935年时，有人是认为洪水猛兽的。

考察边地多年中，我对民族语言隔阂，造成交流困难、民族隔膜、治边失策等害，知之最深。故凡谈议边事时，必痛陈语文隔阂之害。主张行政与教育人员皆先自学先藏俫语，然后以藏俫语讲说汉文，以诱导藏彝人民习用汉文、汉语。在论改革川省教育时，亦曾及之。建议设四川藏语学院等。1935年至成都，与蒋行营边政委员会秘书长沈仲宇遇，嘱为其代拟《实施夷民教育计划书》（彼所谓"夷民"指藏民、彝民）。七月，我在成都拟就，交给了沈仲宇。我在那份稿子里，写有这些话：

"……四川地面辽阔，其西部广大地面，实为藏族、彝族住地，亦有少数羌、苗、白族杂居。藏语、彝语为土著之主要语言，其儿童一体不解汉语。成人与汉人接触频繁者乃通汉语。故虽划归本省各数百年，汉官无法推行政令，藏彝社会丝毫未有改变。前清与民国中央政府，屡有兴办教育的措施，概不过以通夷语夷俗之汉人，挟政府威势，强迫地方头人遣送子弟入学，在语言意识全部隔阂的情况下，横以汉文课本教读。儿童多有能流诵全书而竟不识一字者，更无法知其含义。

"健全同化教育之原动力，当使内地志愿经边之有识青年，先行学习夷文、夷语、夷民情俗，深入夷区，因势利导，浸润渐渍。施行同化时，对于边区政治、经济、人民生活，亦当先有一定的改进，足以悦服夷人，浃洽情感，得其信任，方能使政化流行，治权巩固。故拟更于近边适当地方设立边政专科学校，或边政人员养成所，藉以培养同化边区民众，推进边区政务，开发边区产业之各项专业人才。"

在"边政专科学校办法大纲"一节，又写道："论者每谓同化番夷，应从番夷儿童施行汉化教育入手，胶执'用夏变夷'之辞，实同'南辕北辙'之谬。须知番夷儿童，根本不解汉语。汉籍教师又不能夷语。双方意识且不能通，何由进行教育？故其结果，仍只少数居留番地之汉族子弟入学，夷民终无与也。诚言同化夷民，必先造就善于夷语之师资。仿西人传教方法，深入村镇，因其性习而诱导之，使之渐化，乃有济耳。此种师资，若就腹地设校培育，则与夷民语言习俗自然揆违，一傅众咻，事倍功半。且将因素不习于边区生活情形，一临现场，动感痛苦，往往不安于职，多方求去。故宜将培育此种师资之学校，设于汉夷杂处之川边地方（如康定、西昌）。使渐习之。"

按："同化"二字，原是取《中庸》"车同轨，书同文，行同伦"之义。与"统一"二字含义相当。在求国内民族意识统一之过程中，每有人憎用此二字。那是从狭隘民族主义产生的，不足为训。但亦确有用此二字来实行大民族主义，强迫少数民弃其所有一切来跟我的。亦当批判。边政委员会先有《化夷学校》的提案，屡用"同化"二字。那就是我末段所驳的"论者每谓用夏变夷……"那一套。本文不以为然。但亦不能立异过远，故只改了学校名称仍沿用"同化"二字。

又所拟"边政专科学校办法大纲"中，分设"政化，垦殖两科"，政化亦用"同化"之义，实指推行政教之干部培育。

近日翻检旧书稿，于故纸堆中，找出一本《1950年三月成都市第一届各届人民代表会议提案》的油印册子。记得那届我是特邀代表。曾有两个提案。一个是有关教育的。翻检一下，编号在"文教类五十八号"。附录全文于下，以见我之一贯主张：

案由：就现有学校加强培养工农生产干部。
理由：我国开办学校以来，一般学者仍袭封建科举的观念而学，教者亦袭用此观念而教。大小城市学校林立，所作育者究为何项用途之人才，对此社会有何裨益，未曾有人计划到，这原是一大笑话。现已转入新时代了，一般人已知注意生产劳动了。但尚有不得从事生产的两大关键：（一）为工农业凋敝，人民缺乏生产劳动的场所。（二）为过去的教育忽视了生产，一般学人缺乏生产劳动的技能。前（一）项，是经济建设问题，相信政府必有解决的办法。本案所提便是（二）项，教育要与生产相配合的问题。

办法：（一）普通中小学校密集的城市，应指定若干学校改办为生产性的职业学校。属于工商业者留在城市。属于农牧业者迁移到乡村去。

（二）职业学校的教育方式应改变：废除书本教育，改为到工厂、农场、商店与其他有实物可资讲解研习的场所去教、去学。教师能直接讲解的，固好。如其师资缺乏，可由具有此项教学方法之认识的教师，领导学生去向工农劳动者学习，教师只负管理、训导、成绩、奖惩之责即可。

（三）农业学校，不但须普设于适当之乡村去，且须与农业行政、农村工作密切配合而工作。如学校即为农业推广站，与农民服务社，及农村示范性的合作社所在地，等是。

（四）各种职业学校之开班性质、课程标准、毕业期限、招生程度等皆可就各校地所在的社会需要情形，由各校与地方绅民自行协商拟定呈请文教委员会指示施行。

（五）推行本案，自然尚有许多枝节的问题。这就须要文教会召集专家详细研究补充了。

提案人：任乃强。

审查意见是："不能成立。"

三十五、整顿省三中

我生平所搞事业，都无成就，惟做省三中校长这一年（1935年夏至1936年夏）是比较成功的。值得一叙。

那时大学毕业的出路，只有教中学。四川虽然办了许许多多的中学校，还安插不完要求教书的大学毕业生。因为省内外大学毕业生每年有几千人，全无出路。当时流行一句话："毕业就是失业。"学农的人不能经营农场，学工的人没有工厂安顿，及其他各文哲系毕业的人，都争着挤到各种中级学校去找书教。粥少僧多，安插不完，便相与结成战斗团，千方百计向掌管校长委任权的人，用乡谊、族谊、世谊、学谊、友谊、戚谊等关系公开行贿去买校长。得到一个学校在手，那一结团的人便都安插下来，非其集团的失败者便都被赶走了。每年两学期，例当如此争夺两次，称为"六腊之战"。全省一百多个中学，又要分出肥缺、瘦缺，省立、县立，班多、班少的若干等级。刘湘那时是四川善后督办，有权管理全省的教育。川东南区更不用说了。他的政务处属下教育科科长姓张（忘其名）是个吃得十分肥胖的人，六腊两月，门庭如市。这些人，我是一直看不起的，便是前在教育改革会议中，我也不与他点头交言。

便在1935年的六月，我离开重大，正在磁器口严家院落租房写书的时候，忽然南充来了一大批教书匠，说："你发表了省三中校长，已经一个星期了，怎么都未见你进城？我们到教育科去问。说：'你尚未去报到。'你在乡下未见报么？"我倒吃了一惊。说："哪有这回事，必是另一个同名的人。"并把我与甘、郑闹气，和今后工作计划说与他们。他们中间，有个任子勋，是北京高师毕业，原任川东师范陈行可校长的教务主任，工作搞得很好，名气很大。另一个是我的堂弟任泽震，北京工专应化科毕业，原在川东制革厂工作多年。近年在各校教数、理、化课，实验好，书本也熟，现在也都失业了。他们料定我必然要找他们帮忙，先就替我调查得清清楚楚了。他们说："省三中在江安，那虽是个沿江的小县，是稻米出产地，大地主很多，地方富乐，所以第三个省立中学选在此处。现任县长李挹清，是南充的熟人。

办事很顺手。前校长姓余，是被学生打走了的。学风坏得很。但是我们有办法替你把这个学堂办好。你现在宜快去教育科报到。我们替你去组班子。单是我们南充失业教师在此的就很多，由我们精挑精选。一定能够替你做出成绩来。你之离开重大，我们是知道的，由于你前次评论四川教育的文章，刘湘看中了眼，甘典夔便不敢把你弄来凉起。无论他这次委放是好意是歹意，你都要为我们南充这批失业教师，苦无用武之地着想，承认就职。你不愿去报到，我们替你去报到。只需你开学到江安去一次。一切由我们替你办好。"

  我说："那位张科长，我是憎恶的。二十一军部内，我别无熟人。我就职后，便要受他摆布，一学期又换了，能做出什么成绩来。我在重大就有成绩，仍然被宰割了。现在自己正有重要工作当做，岂能自投他人篱下去做那短命的校长？"坚决不肯。我打算写信给郑献徵，推子勋自代。子勋说："这是万万不行的。非你自去不可。"泽震说："我们已经去摸了底。他们一定要你去。你纵不去报到，他们也会自来找你。来找你时，希望承担下。不来找你，那你才说罢了，同乡人也不怪你。不然是要说你只顾个人清高，不管同乡失业的。"我说："那就过几天再说吧。"他们去了。

  果然第二天的夜晚，郑献徵骑一匹西骡，到我乡居来了（距城二十里，有公路当未通车）。他说："你许久未到学校了。很想找你谈谈，苦无机会。今天把这月的薪水给你送来。本来是事务科要送的，我因为我找你谈谈，所以自己来送。又怕你白天出门了，所以此刻才来。"我说："我辞职已久，还有什么薪水？"他说："重大是不承认你辞职的。甘处长当天虽然说了'可以'二字，他是想商量你去帮忙整顿省三中。这学校糟透了，非得像你这样一个富有苦干实干精神的教育家去整顿不可。现在四川教育窳败，刘甫公（湘）早已决心整顿，去年采纳的正是你的建议。现在川政尚未上轨，先麻烦你到这个学校去做出一套样子来，为将来实行改革全川教育示范。这是甘处长两个月前就向我说过的。因为蓝梦九一定不许你走，所以抑下未谈。上月甘处长答应你辞职，就是决定请你去整顿省三中的意思。由于散会后你就走了。我又在城内养病甚久，你又不到重大，所以一直未曾面谈。这次更换一批校长，省三中是最大一个重点。甘处长向我重提前话，问我：'已经商得你的同意与否？'我当想来，你既不愿在重大工作，也决不会愿意在家闲耍，便请甘下定决心委办下来。现在下委已近一旬了，你不去报到，这都叫我万分着急。所以一定要面会你谈清楚这件事。至于重大仍是坚决留你的，你如不去江安，就仍然要按月给你送薪。"他这席话，我明知道是假的，却不能不谢他关心。也把我写书更重要的话说了一番，坚决不到江安，也不受重大的薪。

郑献徵说："这是送的六月份的薪。无论你去不去江安，上半年重大的薪水，照例该送给的。下学期再当别论。我们诚恳要求你去替四川人整顿省三中。著书的事，早迟都可以。省三中的事，却非立即着手不可。请求老朋友体谅我的一片苦心。只要你肯去，学制如何改革，经费如何扩充，前途如何发展，只要是你提出来的计划，我都尽力支持你。保证教育科不敢丝毫掣肘。"

这下，我把任子勋们昨天来谈的话，都告诉了郑献徵。问他能保证下列条件不？（一）省三中用人行政，教育科概不干涉。（二）经费按月按期兑给。（三）我不辞职，不得撤换校长。（如有贪污不法事实，自不受此条限制。）郑自然满口答应。我说："你虽然负责，却不是教育科长。我托你去征得张科长同意再说。郑亦满口答应而去。已是半晚了。

那时，前校长姓余的人还在重庆钻营复职。他正盼望的我不就职。次日他似乎已知我有就职之意了，他亦不辞辛劳，包扎他被学生打坏的头面伤疤，远寻到二十里外的农家来会我。他哭丧着脸，诉说省三中学生如何的凶恶。劝我去时，定要请军队护送，驻校，以资保护。又说："地方中有那些豪绅子弟想当校长，嗾使学生闹事，什么事也做得出来。"种种恐怖消息都倾销给我，表示他的关心。我说："我并未准备去。"谢绝了他的好意。此人年龄不过三十岁。据他自己说：是去抓赌被学生打了的。教育厅已经把那几个学生开除了。据任子勋他们调查说："此人找的教师都坏，学生听课无兴趣，成天赌钱，已成风气。余校长抓赌目的，只在抓赌场的钱，其实并不禁赌。所以学生打了他。"

郑献徵第二次又来乡下，报道他取得张科长同意的情形。说已替我报到了。以后学校有什么要求，都盼正式行文外，再给他写封私信，以便他从旁协助。我并不相信他那一套话，也未更与他写过信。

附记：后来知道，郑献徵一定要把我弄到一个小城市的繁剧岗位上去。最先原是发表我的川南师范校长。由于泸州人郭昌明是刘湘的参谋长，核稿时见"任筱庄"三字，他表示反对。这才改到省三中的。郭昌明也不是反对我。实由泸县也有一个"任筱庄"，三字全同。并且是与我年龄相当的地方绅士。郭昌明误以为是他运动得川南师范校长了，所以反对。而甘、郑则以为郭是反对的我。

泸县那个任筱庄，是个基督教徒，好搞社会活动。他在成都接了一个小老婆。1930年我从西康视察回成都时，住在西御街，他因看报见是同名，来会过我。未遇，留下住址而去。因此我也去拜访过他。那人俗不可耐。一见面就联宗谊，述说西南一隅姓任的名人，任可澄都说到了。又邀我夫妇拍照留念。

1932年，我在交通处科长任内，有个女性给我写封信来，说得非常亲热，约我到旅店去会她。还说了些我的家人与她会晤的话。其情景与当时我家口居住情况完全不合。我回了一封信，说：有两个任筱庄，我是南充人，另一个是泸县人。来函有无误会，请另约时会晤。果然她来信说"是误会了"。她的名字是吴竹君。还有这年秋天，四川有个什么"大选"。公布选票时，有"任筱庄五百余票"。人都问我何以竞选。我估量又是泸县那个任筱庄搞的。我写了一封信去取笑他。说："何不先通知我。我也可以拉几百票，合并到你名下来就当选了吗？"新中国成立后，我在重庆开会回来，火车上与几个泸县青年闲谈。他们都认得那个任筱庄。不久便接到这位同名的人写来一封信，请我有便到泸州他家去住几天。我未回信，此后便无消息了。

我既答应就三中校长任了，才进城去找任子勋，请他做教务主任，任泽震做事务主任。开始了解省三中的班数、人数、应授课程和应聘的教师。一天之内，便大体搞清楚了。我要求他二人实际负起责任。并商酌整顿办法，先从整顿教师入手。在下聘之时，先就约法三章："（一）教师必须兼负管理学生的责任。（二）应以全部时间用于备课、讲课，管理学生，教学辅导与商讨学校行政事项。绝对不许打牌、下棋以及其他浪费时间的享受。（三）言行保持师表尊严，如有遭受学生合理指责情事，应即解除聘约。（四）校方保证按月送薪，公开财政。"并托他二人于约聘时再加说明。嘱任泽震会张科长办理领款。

赴校前第一件事，是在重庆把学生需用的教科书垫钱买齐。当时商务、中华、开明、世界四个书店争着招揽。我同子勋们选中开明，共购了一千多元的教科书，付价以后，开明书店的一位副经理到我旅店来，送上二百多元的一张支票，说是"回扣"。原来他们几所学校买书，都是照定价付款以后，开了发票，又才由公司送给承买者以百分之二十的回扣。若是太熟的人，则明白地在付款开发票时便已扣除了。若还是生人，怕的被人看到不好，便要收足了钱再送回扣。我们是三个人去买书，所以他当面不说回扣，却于收款开票后给我送到旅馆来。我深为诧叹，坚决不受，要他重开八折的发票。那人很从容的态度说："这是全国通行的例规呀。你不收钱签字，我怎么交账。昨天开票昨天已结账了。今天如何能更改呢？任何那个书店无不如此，我店何能破坏规矩呢。"我这才明白，别人所谓"肥缺"就是学生多的学校，剥削对象宽广，校长找钱的机会就多而肥了。心想藉此树立个廉洁榜样也好。

便把事务主任任泽震找来，把二百多元交给他，说："既然书店已经成了规矩制度，我就把这笔钱回贴到购书付款上，将来对学生发书收款时按价八折收入好了。"受聘教职员知道此事，没有一人作任何批评。他们心里认为这是怪脾气，很不以为然。但也知道我是不通人情的，从而自己也不能不谨慎了。到了发书那天，泽震把这事向学生宣布，学生也没有什么表情。他们每人每学期买书费不过两三元，八折也只省得几角钱。在这些豪赌浪费的地主子弟们看来，是无关痛痒的。

到校的第一件事，是挂牌开学。又挂一牌把上期被开除学籍的学生恢复学籍。即是说：不认为上期开除他们是合理的。

第二件事，是把原来的礼堂改装成为足以容纳全校师生（三百多人）的大教室形式。有黑板，有讲台。新制有靠背的长椅一百架，让学生们舒服地坐着开会。于是规定每星期六下午为开周会的时间，关于整顿学校的一切，皆由全校师生在周会上商讨解决。

开学的第一天，在这个新布置的礼堂行开学礼。因为新条椅刚安顿起来，学生到得还相当多。我作第一个报告，把我发愿整理这个学校的决心和办法，向教师和学生老老实实地作一个交代，要求一体遵守，我自己亦不例外。目的在于把这个为造就升学青年而办的学校，做到初中毕业的能够考入任何一个中学，高中毕业的能够考进国内有名的大学。办法是把任何一门课程都教好学好。于是我一个一个地介绍我聘来的教职员，并且作了一个小结说："这些老师，不但百分之九十五都是我南充人，而且绝大多数都是我的近亲近族。我不能逃避用人惟私之嫌。但是，我在送聘书前就定了信约的，今天也向同学公开，让同学们协助我们实践这些信约。"（宣布了四条原文）并强调说："如其哪个教师，学识、品德、能力不称其为你们的教师时，你们可以轰走他。如其你们仅仅是要求他在哪些地方须得改良，教师就必须尊重你们的意见迅即改正。在这两方面，我坚决支持你们，断断不稍微有袒护教师的念头。这又是我自己应先向你们担保的。若还你们对教师或任何一项学校有关的事，你们都可以向各本人或级任、主任和我提出来。如其相互间发生了是非的争执，那便都在周会上提出来进行辩论，取全体师生的公意来进行表决。我用这种方法，来保证我不是滥用私人，而是只找这样同心一德，要把省三中办好的教师。没有这种决心的教师，名再大我也不聘。"（说到这里，学生们交头接耳，微有喜色了。）

这才说到校风问题："省三中名声很大，前校长是你们打跑了的，我亲自看见过他的伤疤。但是我到校便把被开除的学生挂牌收回了。不是我就不怕打，今天再谈谈我收回他们的理由：学生都是为准备升学来的。校长只搞钱，教师不称职，学生上课不感兴趣，便会打牌消遣。不把功课搞好而要强迫学生到教室去陪坐，是于情于理都是说不走的。因此酿出事来，打了校长，我认为情有可原。我因为怕挨打，所以要从整顿功课，满足你们升学要求着手。我估计，学生是来读书的，不是来赌钱的，更不是来打老师的。无论当日详情如何，这个基本道理必须肯定。所以我敢收回已被开除的学生。"（说到这里，学生骚然发狂，忽然又庄敬下来了。）

"但是，我所听到的省三中学风实在不好。学风不好，课也是上不好的。我们新来的教职师长们还要用一段时间来观察一下，才能定出合理的矫正办法来。现在请你们一切依照你们的旧习惯生活，未经在周会上决定禁止的事，我们都不加干涉，自然更不作处分。今天只与诸君相约，我们以后每周只宣布一条校规。经大家一致认为应该了，我们才执行。只是一经宣布执行了，我们就要坚决贯彻。无论先生学生违犯了的，就要处分。半点不能宽假。大家做得到不?"（于是应声如雷，齐呼做得到。）

"今天是开学礼，也是星期六，便作如是个周会。我们已经商得一条，提出来同学们讨论：为了要使师生亲如家人父子，以便进学教学辅导和互相规谏，必须先做到师生相识。第一星期，要求本校师生在校外街道相遇时，相互暂时驻足，点头一次。校内就不须了。做得到不?"有人应"做得到"。又问"没人反对吧"。学生无言。便宣布执行了。第一周内，学生一如既往，想上课才上教室，多数人满街跑。我们发动教师认学生，把经常出街的默记着。回校的夜间开会交换情况，了解少数突出的学生性格和嗜好，为将来实施个别教育做准备。

下一个星期六，即第一次周会，宣布学生出校须请假。他们自然不能反对。但常有四人同时请假，整天不归的。我们都不干涉。只发现了不假私出的，则严肃地进行了批评教育，并做了处分。

第二周宣布：不准在校内赌钱。这都要交来议决施行，说来是很大的笑话。但实际收到整顿效果是从这一周起的。

第三周才宣布禁校外赌钱，并向县府备案请求协助。同时宣布月终考试，把学生导引到温习功课上来。学生没有理由反对，有想反对的几个滥王，也被孤立起来煽动不了任何人，自己亦不能不就范了。

自此以后，学生皆已能注意于功课学习，嗜赌之风渐就衰退，以至于自然戒绝。省三中学风丕变。各周所议决的，不是禁条而是改善和丰富学生生活方面的事项了。往往有该周无事可议的时候，则由校外或校内的先生来作学术研究的报告。体育活动文娱活动和文艺竞赛，亦次第开展，学生们乐于规律生活，一校大治。

体育教师叫冯鹤，是个嗜好打牌的青年人，我聘他时先就再三约定不得打牌，他接受了的。但他对别的功课都不感兴趣，虽然也依照我们周会上所订的公约：每当学生上自习室的时间，全体教师都要到自习室去巡行，备学生的质疑问难，他亦是去了。由于体育运动还未展开，学生没有问体育的。他感到无趣，起先还在各级任的座位上坐一坐，混够时间，久之便常常缺席不到。那时我也是要到自习室巡行的，但我不是留意的学生，而是留意的教师。我有两三次见到他未到自习室来，便疑他潜去与人打牌去了。于是我就托教务、事务、训育三个主任暗中留心他的活动，准备抓着他的事实来到周会批判，做个榜样。恰在一天晚上他未上班，同时发现还有四五个人未上班。我问了各个级任。有人说："某某说过他请假。某某也说过他请假。"其中有个是在校外租宅，夫妇同住的。我便猜定他们是相约打牌去了。立即找个知道他家住址的工人提马灯同我赶去抓赌。惟恐迟了被人走漏风声。殊出意外的是室内几个人规规矩矩坐着，并未打牌。他们见我进门，便一齐说："校长也知道是你的生了。"那位主人慌忙迎接，说："实因先生们晚上都有职务，未便惊动，只几个素来知道的朋友来吃面。未想到劳烦校长。"我这才明白猜想错了。便率真地告诉了他们是"疑心在打牌，故来看一看。不想撞着寿面吃"。便同他们一起吃了面，才一路回校。

便在这候面吃的时间，我们讨论了，各学校都有的打牌风尚的问题。我说："我也是个好打牌的人。每当打牌上瘾，眠食俱废地苦拉人同着拼命地打，不但浪费了时间，身体吃亏尤大。一经有了输赢，破坏了家庭预算，种种罪恶也就由此产生了。虽然痛恶，总是戒绝不了。这次来同各位先生整顿这赌钱成风的省三中，不能不先自戒绝树立表范。其实孔夫子说得好，'张而不弛，文武弗能。弛而不张，文武弗为。'一张一弛，才是'文武之道'。省三中的学风，在各先生的努力之下，现已走上正轨。紧张太久，也该稍微弛放一点。我想从下星期起，就学生说，提倡各种体育活动。怎样设备，如足球、网球、篮球及其他各种操场游戏，请冯先生订个计划，找子勋商量，立即购买倡导起来。是不是还可在校庆前后开一个运动会。做到智、体、德、育全面开花。至于老师方面，我想此后每星期日开一次游山会。选一个附近名胜风景区去好好地玩一天。可以玩山、垂钓、聊天、谈鬼、唱戏、射虎（灯虎）、讨论、辩驳，也可以打牌。不过不赌输赢，不拘圈数，谁愿打就坐下了，不愿打了就离座去，让别人打。这样便符合娱乐的性质而不是赌钱了。"他们都赞成。于是这一个星六的周会，我便提出来讨论，师生们都很喜欢，分组签名，操场里突然热闹起来了。翌日，我同教师们开第一次游山会。我先借副牌带去，摆开来，也没人去打。有几个人去打了两三合玩笑牌便罢了，说："这玩意，不赌钱便无兴趣。"于是以后游山会都不再带牌。

运动锻炼虽然开展了，有些不喜运动的学生，还是不下操场。操场活动时间，老是聚在自习室里聊天。我们又想出文艺竞赛的方法来安顿他们。开设游艺室，设备弦乐和锣鼓、象棋和益智图版，试办射灯虎和撞诗钟，让不喜操场活动的老师和学生都到这里来开心一度。以免成了书呆和仍恋打牌。在这里，发现许多会唱川戏的学生和老师。于是我又自己编写两本川戏出来，组织他们排练，准备在校庆日开个学生家属恳亲会三天，演出这两个戏。

这一下真的把学生们课内、课外的一切活动都搞得热气腾腾，做到了个个学生都功课好、品德好、身体好，精神愉快饱满，教师们也心情愉快，再没有还想打牌的了。这时距开学，大约有了七八个星期。任何一个江安人都说，省三中的学生，与以前旁若两人。"誉满江城"这句恭维话，我们这学期的教师们是当之无愧的。校内原留下了几个蓄意要向新任捣乱的学生，他们渐渐丧失了党朋，以至于孤立。到了现实在没法住下了，申请转学他校。我给他们办了转学证。

省督学有评骘各校长办学成绩的权限，每学期出巡一次，各贿买校长的，无不巴结备至，买他包谎几句，表扬几句，以为下期"六腊之战"找点虚假的本钱。这一学期，督学黄听湘来了。他初到叙府，便已听得我是一个怪人，有些挑眼寻寡的准备。到了江安，任子勋说："照例要接进学校来住，供应生活一切物资。"我说："督学出巡有公费，还是让他住旅馆吧。"子勋又邀我同去看他。我说："你替我去罢，欢迎他来了解一切，都请你说明。老实说，我连学生、教师人数是多少也弄不清，一切全是依的你。我出席也徒能默陪而已。如其他能住过星期六，我们欢迎他到周会上对教师和学生们作一次训话。那时我去欢迎他。"黄督学先向县、局各方了解了我们在省三中的情形，再到学校来看了一遍，知道这是一块货真价实的铁成绩，只在办公室同我会会面，饭都未招待一顿，便赴泸州去了。他虽然空无所获，白花旅费而去，却仍不能不向教厅表扬我一番，为我请得一张奖状。他未肯等待星期六而去，为是他不愿出席我们的周会。有人猜想他是实在无话可说，只怕我在答词中骂出当前教育界的种种积病。

江安是大地主集中的县城。这里地主的特点为全是本县人，没有外县军政官吏来插买的。这说明土地兼并的时间很早，不像仁寿、大邑那些军阀暴发户产生后才开始兼并的，也不像郫县、新津那样被外来富豪买完了的。因此地主家族也都彬彬有礼，没有凶恶横豪的川西风气。他们也都讲究读书，"望子成龙"，对于往时学风之坏是叹息的。对于我们初来，他们一样的怀疑。我又不与他们往来，自然不免隔阂。但阅两月之后，他们都不能不服了。黄敬齐、张尔耕等"诗书门第"的首席绅士，开始和我们应酬往来。别有李姓和冯姓的两个大地主仇恨新校长非常，最初随时在寻衅。只缘县知事李挹清是南充人，他们误解我们之间的关系，还不敢孟浪。迨其摸清了我不是和知事一道来的时候，省三中成绩已经昭著，他们只好自己敛手。把子弟转学到他校而已。

李绅是江安县一个首席恶霸，有两个儿子都是大专毕业。并且一个原在省三中教史地，据传教得很好。前余校长说，制造风潮，想夺校长席位的就是他。我不怕谁捣乱，也不反他教得好。只怕他不能接受我的聘约四条，原只准备到了江安与他面谈过再聘的。到江安后，他已就泸州川南师范聘走了。留下两个侄子在高中班当学生，相机捣乱。无非依照他豪绅父亲的计划，再赶走一批人示威，以为夺取校长开道。这两个学生都功课好，又有口才，能够团结一批地主子弟闹事。并且会从学校规章和新任言论里去找缝隙。我们入校一星期就发现了。但我总是装糊涂，若无所觉地对待他们。那个姓李的随时找些学术上的课外难题来考教师。我与教师们约：不知为不知，但许他拿下来开教师会解决答案。经过我们集体研讨后，一个一个与他作了回答。有些是数学杂志上载过的世界尚无答案的难题，也都与他指出来。如此一次一次的击破了他的进袭。当他有争执论辩表示不服时，我们就在周会上开学术辩论会，让全体学生参加辩论。他实在无隙可乘了，只好转学到川南师范去。

另一个姓冯的学生，功课很不行，但会唱几句京戏，是窄嗓，学生喜欢听他唱。从而团结他的一批赌友进行捣乱。有一次我正向一个学生进行辅导时，休息时间到了，他就在旁大唱起"女起解"来，学生哄过去听他的去了。只发问的一个人还在听。我也停止辅导，拢去听他唱完，表扬他说："唱得太好，我也爱唱京戏。有拉弦子的人么？我们来合唱一段《五家坡》将来在校庆会上表演好不。"于是几个学生说有，某人会拉，便去找胡琴去了。学生都想听我唱一唱。我这才说："文娱体育时间，再同到文娱室来唱好。此刻休息时间快完了，不去拿了。"并还勉励他化装唱。"我们就是该打破学生不该唱戏的封建枷锁。将来校庆会上，我首先化妆来演一出戏。"这样一来，学生们又听话了。当我说："继续谈辅导吧。"学生便都回了队。其后我还两次鼓励冯生说："校庆会上，一定演一出京戏，你选定什么一出，我好准备化装用具。"其实这些公子哥儿，最怕的上台演戏。见我认真要他彩串，反吓着了。与李生一同转学而去。尤其是他的父亲谴责他："学唱戏，惹出就要丢脸的事来。"

省三中校庆节，我真的演了戏来。那是在翌年的春末夏初。其时学校皆秋季始业，故要算是我当校长的第二学期。校风全整好了。学生上课、温课都很认真，功课完全能够全面讲习完足（从前是讲不够一半课程）。并且绝大部分学生都是彻底懂得了的。课外活动时间很多，那里城小，社会落后，没有群众运动，好像死水一潭样。我们故利用校庆办了一些展览会，邀请学生家长和城内官绅们来校参观。开会三天，各生家长可以住在校内，与学生一同食宿。让他们把学生生活的全部情况看得清楚。也让他们了解学校经费开支的实际情况和学生们的成绩。加上多次的教师和家长的座谈会。三天也都演戏。在校内布置了个简单的剧场，安上靠背椅，让家长与来宾作。小城无戏园，知道省三中演戏的争着来看，许多的人都是求学生介绍引进来，站立着看。并不须派纠察队，他们秩序很好。因为他们要对引进门的学生负责。谁引进谁，是门上先登记了的。学生引进他们时，先已再再嘱咐，要遵守秩序，否则引进人要负责。

　　第一天，开大会，致开幕词，报告办学的经过，县长和家长代表讲话后，演了一出话剧，我出了台。午后，是请这里票友们演的两出川戏。记得一出是《后羿采药》，老生唱做都好，据说是川南的名票。另一则《下云南》是个笑剧。

　　第二天，上午请票房演了《八阵图》，我对家长们讲述学生演戏的先例，指出封建社会歧视艺人的非礼，并介绍了我们编演这两个戏的意义。下午演《黑窟返魂记》。这是我按照当时四川社会情俗编写来劝人戒鸦片的一本高腔戏，演出的十个人都是学生，他们精心排练了几个月，演唱都很成功。这个剧本情节很能感动人，唱词押韵响亮，文句通俗，道白很简练。正在重庆表演的"三庆会"（成都一个著名的剧团）曾经拿去演过。（改名《烟祸记》）后来我到西康，又交与"康定川剧队"演过，剧本载在《西康建委会月刊》上。全剧宣传戒烟，而不出现烟灯烟具。运用女角一个，本是重角，但女生们都不肯演。男生有愿演的又无窄嗓，只好改成配角，删去了全部唱词，改用话剧的语调嵌入。交正规剧团演唱时，则是既唱且舞的重角了。十个角色是：

　　家长焦劳夫和长子焦仁，都是反对吸烟的。

　　继室焦刘氏和次子焦贯，都是偷着吸烟的。

　　焦贯妻焦何氏，是被拖成烟妇了的。他们在家吵起嘴来分家。焦仁父子占到农村庄房去。

　　滥绅包朴臣绰号包破产，是个前清的贡生，地方的讼棍，开设烟馆和赌场，引诱青年上钩的坏人，老奸巨猾，诡计多端。

　　包的狗腿子白韬光。他们把分家后的焦贯引诱来搞掉了城内街房财产（用唱词表达)。因他穷乏后不再来了,还串上门去勾引,替他伪造一张分家前的借券,写的"父死还钱"(这原是旧社会常有的事),串同他去骗已分居的父兄财产。

第三场的上门逼债,双方的对口唱词很精彩,描写这个顽强的老头子和那两个坏蛋斗争不屈的情致很逼真,为他们演得十分动人的一场。

第四场出一个县官和一个书吏,接受了包破产的贿赂,许追账对分,硬把焦劳夫收禁押缴。同时奉到上级禁烟的命令。

第五场是焦贯穷急了,听说县官已追得了一部分,到包家去求讨,被包白打了个满台滚。

第六场焦母烟瘾发,死了。焦贯饿烟饿饭,又挨了打,踉跄回家,想拉母妻去喊冤,进屋就昏死了。其妻正寻觅索子想上吊。恰好焦仁想来说服其弟,釜底抽薪营救老父。买了二两烟灰送来做礼品,与小儿同来求情。烟灰灌下,三人得了活命,醒悟过来同去告官。

第七场县官见焦仁活口翻案,只好把包白二人押办。由焦仁母子唱了长篇的过程,劝人戒烟。那篇唱词富有文学趣味,悲痛而诙谐,听者大乐。虽吸烟的人,听了也不反对。

包破产这个角色,学生体会不了唱词的精神,换几个人都演不好。教师们又怕演了为学生所轻。我便自己承担起来。但全校师生都劝阻我,要我珍惜身份。我不听,结果是有个高年级快要三十岁了的学生,在群众怂恿之下出来担任了此角,还算敷衍得下去。演焦贯的最出色,他叫古平南。新中国成立后作了古建筑工程师,四川工学院就是他设计建修的。曾到川大来看过我。

第三天,上午开演我编的《卫生宝鉴》这本川戏,又名《醒世图》。是唱做兼重,文武场面都有的,很闹热的,宣传卫生的戏。用的人很多,全是男角,花样也多得很。剧中要出阎王,派遣五路行瘟大使,那就是酒、色、财、烟和细菌。都用人扮。播散细菌的是"苍蝇子"。阎王又派臭虫、虱子、蚊虫、跳蚤给他帮忙。也是人装。

第二场要出好酒、好色、好财、好鸦片,和一样也不好,专讲放生戒杀的万世修这一主角。四个魔王用酒、色、金钱、鸦片把四个人都引入坟墓了。唯万世修安然不动。这才苍蝇子上场。先命臭虱去注射风瘟。被万世修捉着了,要杀要放,发生了思想上的矛盾。于时暗上了一个智慧之神与慈爱之神,夹侍万的左右,各有主张。结果是万听了慈爱之神的话,放了二命。于是风湿菌上场了,也是人扮的,他们围殴了万世修。万困倒在地,智慧之神与慈爱之神扶他入座,并遣来药物给他饮下。于是扮有赤血球和白血球的两员武将协同药物（也是人扮）把瘟菌杀死。万世修解除帕子，病好了。苍蝇再派蚊虫去注放疟虫卵。万又害起疟病来了。智慧神遣圭那丸去协同红、白二血球扑灭了疟虫。苍蝇又派跳蚤放痢菌。同样经药物扑灭了。这三场斗打，都是用京剧的武戏程式表演的，虽然学生没有武功，上下手配合好了，也很好看。学生们跳得起劲，观众都喝彩。最后，苍蝇自己出马。撒霍乱菌在万的汤饭里便自去了。万饮汤时，二神又争论了一番。结果饮了病发，二神扶他下场解便。最后是唱导板登场，唱他屡世行善，未曾伤生害命，偏被疾病纠缠，已临绝境。怪天神无眼。还自疑他是那一次误杀苍蝇所致。正在此时，苍蝇与四虫齐上，活捉了他。这要照旧戏活捉三郎走个彩场，阴森可怕。戏才完了。

下午，开闭幕会，只演了两场杂耍，完了。其后江安人一再要求重演这两本戏，到星期日又重演了一次。重演那天，万人空巷而来。因为借的戏装要还，便未再演了。

江安封建气氛浓厚非常。如此小个城市，县官出门要坐四人抬的大轿。征收局长、教育局长和从前的三中校长出门，也要坐三丁拐轿。只有我才经常步行上街看赶场，吃汤圆、凉粉，许多爱护我的地方人以此戒我。我谢而不改。有北方来的家庭杂技团，在街僻处表演，我也去看。我欣赏它全是物理游戏的硬功夫，并把它邀到学校来专演给学生教师看。而且函邀各县局长绅士们来看。有时把江城的票友邀请进学校来打唱，我也参加。江安的封建气息，的确因此改变了一些。但这也要学校成绩表现出来了以后才行。当我初来时，人都背地骂我做怪物。几月以后才不骂了。到了下学期，"任校长"这三个字是江城里任何一人都伸大拇指说好的。学生们则不但对我热爱，并且对"南充人"三个字都衷心尊敬。后来考上大学又当了大学教授的很有几个，他们对我一直是热忱地爱护和尊敬。

省三中有个可以眺望江景和野景的楼，作为校长的住室。我是个不喜应酬的人，长期住在这个楼上，自学校上轨以后，我便经常在楼上搞川康藏地理研究的工作。也随时回重庆去。我在这两年内，在重庆大量收购各种各样的实测地图，反复研究。参证一些报刊的调查、统计资料，写成了一篇《四川的自然区划和经济配置》一文，交与《中国地学会报》发表，那是因北京地质调查所翁文灏的要求写的（张其昀负编发责任），这篇文，在全国地理学者心目中起了很大的作用。鄢公复主办的《四川经济月刊》要我写稿，我又再加详细发挥地写给他连载。我还在这里把陆地测量局实测的四川十万分一地图，缩绘为四十万分一具有县界和场镇的地形图。这幅图，一面壁头张得下，全川地形高下一望明白。接近细看，则各县各场地形皆可了解。

曾有人求用来制全川地形模型。我则想用它来付印流传。新中国成立后，被川大图书馆收购去了。

我还在这楼上替刘文辉拟出了《经康大计》和预算书。他以此向中央获得了一大笔协款。从而使他多方设法要我到西康去帮忙。

我在校庆会开后便回重庆乡间去完成我的《西康图经·地文篇》，寄出付印了。

便在这一学期，西充人杨全宇任教育厅长，他给我写来了一封信，约我到重庆会晤。我回重庆后，他请客有我，并与他父亲杨泽恒（是我读联中时的学监）邀我入别室郑重面谈。说："他奉到刘督办交给他执行的全川大专院校合并为一个大学，分在成渝两地开系办理的方案，是我拟的。现就要上成都去接收农、工两院。但他教育厅没有学农的人，特请我去协助接收。接收后，就要请我保管到两大学实行合并新校长聘定之时。他保证推荐我做院长或系主任。"我答应去帮他接收，但不愿在农院任职，"因为我初把省三中整顿起来，我要进一步把这学校改变成一个农业中学，为实行我主张的《四川教育改革计划》做出一个榜样。"他说："中学校，可以交与别人办去。抓大学也是你的计划嘛。"我说："我的本志只在经边，不在办大学。现在经边还没有我的份。乘时把省三中搞出榜样来再交与别人办，而自己去经边，是我打定的主意。"

原来这个杨全宇，并不是为我在着想，而是他别有企图。他的上台，是一帮北京大学同学会的人物抬起的（当时北大学生刘航珍、何北衡等在刘湘处很有权力），未上台前，先已许下了二十几个校长。他把省三中许了周鲁瞻。因为我一年来办得成绩好、有声誉，他没法换，故想趁合并川、重两大（原是我的提案）的机会，把我弄到川大来，好让周鲁瞻这个他们内定的校长率一批组织好了的教职工去接事。因我不愿到川大，一定要留在省三中，倒把他们难着了。但他们相信我是会要就川大新职的，只好忍耐待着。而省三中的教师们知道此事后，人心惶惶，担心即将失业。

我替教厅接收了望江楼农专校以后，知道了这个消息。于是我决心要保障在校和我一起共事的教职员利益。写信给任子勋把下期教师的聘书先全送了。同时我又到教育厅去会杨全宇，说："农校接收了，没有问题。我要回江安去准备下年度的工作计划。"杨全宇趾高气扬地说："我决定留你在川大，职务可以慢慢商量。江安委周鲁瞻去。请你就成都多住几天，待这方职务定了再回去。或不用回去，嘱咐一个人交代就是。"我说："我必须回去办省三中，除了上次所陈志愿外，还有一个苦衷，是，省三中之整顿好了，不是我个人所能做到的。全校教师职工出的心力比我多得多。我许了他们用成绩来保障我们的事业，决心与他们长期办下去。若还我们办坏了，他们陷于失业，无话可说。现在人人称道省三中的成绩，包括你厅新给的奖状在内。若因我之上升去职，而使他们成了'六腊战争'的失业者，我心难安。所以我坚决请求回校。断断不就川大何职。"

这一次，我与杨全宇言语上发生了冲突，但彼此都还有些克制，未至决裂。恰在这天，我在街上遇见了宿师良。他是原在茂县地区搞边疆工作的，有著述，又是夹江人，与我相好。他现在蒋行营的"边政委员会"工作。他说："沈秘书长托我四处找你，没人知道你在何处。现在我们就去会他。"拉我就走。我说："慢点。我不认识的人，是不上门去会的。"他说："不要你上门。我们只到公园喝茶。"于是同到公园茶馆。刚入座，他去把沈重宇找来了。说了两句寒暄，便拉我边委会去。原来会址便在公园内。他们已有二十四个委员，没有一个是到边疆去过的，对藏、彝、羌族的生活环境和生活特点一窍不通。所以沈重宇四处找我。今天正是他们开会讨论《实施夷民教育问题》，正讨论到在四川或康定办一所"化夷学院"的问题。沈邀我去旁听。那些人的议论，全是盲人议象一样，解决不了适当的地址问题。沈重宇起立介绍了我。请我发言。我说："峨眉山是藏族僧民朝拜的山，山上高寒，与藏族身体相适。与彝区也接近。藏彝民族畏痘怕热，就四川地面说，别处都不相宜。"于是翕然定议了。沈还邀我去会见一个肠肥脑满的大汉子，似叫顾参谋长。我与他无话说。沈只赞扬了我对校地决定的合理，便同出来了。沈还同我到寓所来（似在德窝巷杜象谷家）请我给他起草一个计划和预算书，约定次日来拿去。定名为"峨眉山边政学院"。

那次到成都，又遇见了黄静渊，他说刘文辉要求与我会面，拉同我去会他。到了刘家，刘苦苦要求我到西康去。嘱姚仲良与我商量去西康的办法。我都谢绝了。一定要回江安办学。

临回去的前一天，我再到教厅去会杨全宇，说："我明天回江安了。"杨全宇说："昨奉行营指令，要在峨眉山成立边政学院。据传也是你的计划。行营责成我厅筹备一切，限本年开办。院长肯定了你。你不愿到川大，我不敢强。这是你素愿致力的边政，你不能辞。我已派周鲁瞻到江安去了，你就留在这里，我们好商量边政学院的筹备问题。你暂做筹备主任，即日开始办公。"我说："我要回去，是保证同我搞好省三中的同事们不失业的问题。我不习于人事周旋，不胜任筹备边政学院的职责。请另派人。至于边政学院的院长，不是四川教育厅能委用的。我与行营素无关系。现在连边政委员都不是，只替沈重宇私人起了一个计划。怎能说院长就是我呢？况且我也决不愿做这个院长。"于是他发气了,说:"你这样刁难我吗?"我亦发气了,说:"如其说教厅要撤换我,列有罪状,我不敢抗。与其说是调职,那我也还有选择的自由。"他:"这是调升,不是调换。"我:"我不愿升,我恳求不升,也不许吗?"吵起架来,都在拍桌子。他说:"调定了!"我说:"回校我也定了!"起身就走。

我先回重庆,任子勋赶来,说:"周鲁瞻从叙府冷寅东专员那里讨了一排兵同来,要武装接收。县知事李挹清挡着他,要协商解决。劝我们让一间屋子给他们办公。我们让出一间给他。他已经挂牌开学了。但地方人都不理他,家长学生们都在观望。"我问:"老师们的意见如何?"子勋说:"我们都盼你不要来校,就坐在重庆控告杨全宇。我们也去组织地方人士反对。纵然失败了,也出了这口怨气。"

于是我同他住到律师杜协华的事务所楼上,撰写了多篇的呈文控告杨全宇违法乱纪。凡属当时的立法、司法、行政机关和蒋行营刘督办公署都函递去。由于杨是新任的厅长,自然还告他不倒。故又印了万多份呼吁书,向省内民意机构和省外的一些机关,以及相识的人投寄去。我自己写了一封信痛责杨全宇,又写了一封信给四川资审委员会那些正人君子的耆老,请他们主张公道。附有呼吁书和责杨全宇的信。也写给沈重宇求他在行营帮我说话。这一来成渝各地都在有人议论此事了。北大的鄢公复等组织诚学会的一批人出来调停,要周鲁瞻勿去逼接,劝杨全宇设法保证三中旧教师就业。也劝我暂停进攻。那时资审委员会的尹仲锡、邵铭叔、卢子鹤、叶秉诚这些老先生,素知我之为人和省三中成绩的,都责备杨全宇。杨的气焰才敛了。结果是我到西康作了建省委员,有几个教职员同去。任泽震作了南充中学校长。任子勋作了遂宁中学校长,旧职教员全都离开江安,跟他们去,或别有新就了。

附注:周鲁瞻,据说花了不少本钱,接到了任。但因前任廓清了一切陋规,搞不到钱,还处处受到学生指责,才一学期就不干了,回到成都经营果园做生意去了。

杨全宇,是一个公开贪污的官僚,做厅长一年,贪污不少,控案如鳞,后被蒋行辕判刑枪毙了。

三十六、《西进集》

我对康藏问题研究既深感兴趣，虽在成都、重庆与江安，迄未一刻忘情于西康的一切事业的希望。在重庆时，多次被人邀去讲演，我都是宣传的川边垦殖问题，鼓励青年到边地去。那时的刘文辉，已经由四川最大的一个军阀，垮成为最可怜的一个小军阀了。但名义上还是川康边防总指挥，占有西康和宁远的地盘。穷到军队不够一师人，部属文武官吏，不分大小每人每月最多二十元养家活口。但我对他经营西康仍寄有希望。

当我初到江安不久，刘文辉在雅安，听说蒙藏委员会委员长黄慕松要进西藏去参加达赖十四世坐床典礼，想写一本《经边计划书》交与黄慕松，带回南京去，向中央政府讨一笔钱。但他和当时残剩下来的部属，都没人了解川边真实情况，写不出一套能够说动中央的方案来。这时帮他奔走的，只有他从前的无线电台台长姚仲良。他们商量找我写，却不知道我在哪里。经姚仲良多方探询，把信投到江安来了。他们先托与我比较接近的韩文畦写信给我，说："刘自公已经决意专心经营西康了。"要我帮他开出一些办法。跟着姚仲良来函，附有刘文辉的信，要求我代写"条陈经康大计"。时间在三月。我鼓勇做了他一个义务的秘书，拟出了五点办法："一曰改善交通，二曰整顿吏治，三曰精练防军，四曰同化边民，五曰开发利源。"题目虽如此，内容有很多自己的见解。连篇累牍，阐述甚详，简直像一册小书。还附了一封信，劝刘老老实实地专力于搞好西康。

那时西康有一个师长唐永晖，造有一个《建筑西康马路计划》。这个神仙都想不出来的计划，是不问四川与西康的马路如何修法，何时建筑，却要先把康定到关外各县的马路修造起来。要想用这套计划去向南京要钱，自然是半个钱也要不到的。这年七月间，姚仲良又把那套计划给我寄到江安来，要求我给他修改一下。我很不客气地回了一封说：

雅、炉之间未有马路（即公路也），此路孤悬，无所联络，虽有犹无，一也。西康经济落后，住民寥落，市场未兴，货品不流，牲畜低廉，运输费小，尚非行驶汽车之时……愚见以为：改马路为车路，只以行驶华北大骡车为目的。照陕、甘、新疆旧式车道修治坦途与缓坡，依式造车，利用康区固有牲畜拖运，以为因地制宜之计。如其决建车路，则新路沿线每六七十里间，必须建设畜站，为调换役畜之所。俾牲畜有草料供应，迭互休息，增大运效。其详曾于《垦牧公司计划》言之。（九月十四日发）

发起《西康垦牧公司宣言和计划书》，是我和孔庆宗等在二十四军"政治经济讨论委员会"时邀集一些同事们拟具，印成书册，准备募股推行的。因川战爆发刘文辉败走了，未曾进行。现在姚仲良来信，说刘军长认为该办，邀我去办。我十一月二十六回信，说：

刘自公素来留心军事，无意建设。况西康一部，又自有方面重臣，属意此否，无从探悉。似此大路椎轮，百年大业，千人举之尚难致功，一人挠之破坏有余。不慎于始事之初，将悔在噬脐之日。

因约他旧历年底在成都晤面，商谈此事。他回信订在腊月中旬。但腊月我有事未去。拖延到阳历七月，我到成都为教育厅接收农学院，与刘文辉、姚仲良都会着了。刘苦苦要我回去帮忙，派姚仲良来商谈了两日。我说："刘自公当前立脚还未稳。此时决非谈举办垦牧公司的时间。"他商量我，任选一县为"实验县"，把该县的民、财、教、建、保安权力完全划归县府，要我去办。或给一个专员。我说："我素性不喜人事周旋，断不胜任行政工作。只搞经济建设和生产教育这一套，现在西康用不着。"姚说："西康已经成立建省委员会，是国民政府指定刘自公组织的。经费由中央补助。现在委员名额已满了。但张铮快要死了。刘自公决心把你补上。这是不亲行政，专搞计划的闲职，薪水很高，你愿干不？"我说："将来再说罢。"

附注：姚仲良，叙永人，我到二十四军部时，他是刘文辉军部的无线电台台长。曾与韩文畦随刘在资、内与李家钰、罗泽洲、杨森联军作战。我知其人。不相识。刘文辉对刘湘作战失败后，文武僚属星散，相从在雅者，惟原财务处长李光普（刘之妻舅）、师长唐永晖、旅长余如海、参谋长张伯言、建省委员段升阶。为刘在南京奔走者，则姚仲良。他向南京蒋帮人物吹嘘刘氏的政绩，重在交通和经济建设方面。但他拿不出办法来，所以找我多次。我就建省委员职赴康后，信亦未通了。

后来，刘、姚二人再次要求我再为他写一篇《经边大计》，他将在赴峨眉山受训时面呈蒋委员长。说："他能否稳定康局，在此一举。"这一点我同意。当天就在成都客寓写了一篇给他。代拟经康大计文稿，全文是：

窃维，复兴中国之基地既群属意于四川，则拱卫四川之康区，即为复兴中国之后劲。绸缪牖户，固当及时。而擘画榱轮，难定一说。辉谬膺边寄，每以过去派员考察所得，反复推寻，觉其兴革之宜，万端待理。全面建设，则财力实所不胜。枝节为之，则跋疐难以致效。因循至今，渐悚无极。幸蒙○○顾念边陲立事之难，宽贳往愆，责其余勇。谨请条陈经康大计之尤要者，伏候察核，定其大端。容更遵循指示，再拟详细办法核夺。

窃以为：经康要领，端在完成省制以定治权。然全康四十万方公里之地，现仅人口三十余万，汉少夷多，语文隔阂，交通闭塞，声教未浦；夷匪纵横，飘忽难治。其地复高寒荒旷，产业幼稚，宝藏未启，财用拮据。利源不辟，则地不足以养民；移民未盛，则民不足以养官；语言捍格，则官不足以行政；交通梗滞，则政不足以行远。至如外警频逼，萑苻内潜，若无适当之军队以捍卫之，则将使民无宁居，官无固志，纵速建省，徒靡国帑，无实益也。是故建省之先，必须解决五事：一曰改善交通。二曰整刷吏治。三曰精炼骑军。四曰同化边民。五曰开发地利。凡此五纲，无虑万绪，未可于短时间内逐一缕举。然其要有必先陈明者：

（一）改善交通。当于最短期内完成雅安至康定与康定至甘孜两条公路。俾中央军事、政治、文化、经济各种设施皆能迅速达于康藏之间。是为巩固西防之根本大计。干路既成，支线缘之，敷连各县，全康治权乃能稳固。惟康区粮食极为缺乏。其相邻之宁远各县，则常有粟红于仓之憾。故其次当建筑康定至西昌之康宁公路，资以调剂粮食，交流物资。此两干线，皆经职部派员粗测，虽较内地施工为难，然在边区，已为较易着手之路线矣。再其次，宜于剿平凉山夷匪后，恢复清末建成之昭觉新路，改修河道旧路，以利四川盆地与宁远之交通，而便移民垦殖。迨其治权已固，移民已实，再图开辟自巴塘西出缅印之公路与航线，庶国家有缓急时，多有呼吸吐纳之道也。

（二）整饬吏治。早曾努力为之，无如汉夷之间，语文隔阂，意识不通，虽有惠政，辄为通事、头人所梗格。官民面接，而不能禁利其弊弄。拟除一面慎选廉干人员通夷语者，随时循行各县，察奸抚民，宣化布泽外，一面即于康定开办边政学校，招收内地大学毕业青年之有志经边者，精习藏文藏语，兼授以中枢经边旨趣与经边应备之知识，三年毕业后，呈请以康疆官吏任用，庶可深得夷情，兴利除弊，固边民向化之心，弭西陲万世之患也。

（三）边防军队与内地军队当有所不同。就○○历年经边及对藏、剿匪战事之经验，知内地汉军不适用于边地。边地高寒，空气稀薄，番夷体格自能与之适应；内地汉人，皮下脂肪层薄，毛孔密大，肺量弱小，皆与此种自然环境骤难适合。一经出关，每苦于手足僵冻，呼吸颦蹙，运动不灵，作战能力萎缩，一也。汉军习惯米饭，不耐生肉、苦茶、糌粑、酥油诸品。入康行役，土无宿饱，千里馈粮，所费不赀，二也。关外草原平旷，人习驰骋。番匪皆精骑射，出没飘忽。汉军步履艰难，无以制敌，三也。语言不通，谍察不便，四也。窃拟于戍边有年之士兵中，精选壮健敏捷者，特编游击骑兵二旅，严施训练，使其生活习惯、驰射技术，皆与番民无异。厚其饷糈，严其纪律，巡行各地，截辑匪徒，兼任探险、测绘、调查工作。藏方有警则驰集于藏边；凉山有警则驰集于彝窟。预计半年可以完成训练。此后各地酌留少数固定部队驻防外，全康各地均恃此两旅镇慑已觉有余。其他部队一概用于屯垦、淘金、采木及修筑道路等生产事业。如此，则兵精而约，无千里转饷之劳，有宁边固宇之效也。

（四）同化边民。实惟长久安固之计。顾边俗顽固，久为喇嘛教束缚，不易接受外来教化。宜设多种方法以诱导之。如邀致其社会表率人物来内地观光，以祛其自大之心；奖励其学习汉语汉文，以启其亲洽之路；倾销汉地特产，以增其物质上之倚赖；崇隆其宗教，以傅高僧之好感等是也。其犹要者，在使在康汉人先自学习夷语夷俗，顺其习尚，与之亲近和洽，因势利导，使其化于不觉，变于无形，乃上计也。

（五）开发地利。开发之道，在康莫重于牧，在宁莫重于垦。西康为海拔三千米以上之高原，在地文上属于垂直的寒带气候。农事受霜冻限制，发展不能甚大。惟草原辽阔，全是佳良牧场，适于乳用、毛用、肉用、役用家畜之繁衍。徒以喇嘛教徒戒杀牲畜，遂轻牧事，牧场放荒者多。又不知栽培牧草，建产畜舍，冬季即听任牲畜冻饿倒毙，故牲畜不能繁殖增长。但能交通稍便，政治上理，即可教导牧民，栽培牧草，保护冬畜。发展牲畜数量后，即可用合作方式，次第开展炼乳、制肉、鞣革、洗纺、羊毛，与车运、驮运等组织，促进牧场繁荣。其低暖河谷，则当尽量拓展耕地，发展农事。在交通未便之际，尤当力图粮食自给。宁属地近热带，而海拔不过二千米，故四时温暖。复多平原，实惟川边天生之谷仓。近因彝夷猖獗，侵掠农村。耕者弃地入城，荒废过半。故当剿抚彝夷，恢复垦区，大量移民，且耕且战，与官军相互协助，制止彝夷劫掠。徐图化导，使汉夷相安，逐渐使彝夷同化，共谋开发矿产，培养森林，便利交通，振兴工商各业。使其由边疆进为腹地，运余粮以济牧区。总之必使宁远多产粮食，以农济牧，以牧兴康。兴康即以卫川。卫川即以奠国。是故康宁虽两小区而其经济相倚，关系政治大局如此。此○○所以主张西康与宁远合建一行省也。

凡此五者，需款孔巨，皆非康宁本身所能担任。今如就此五纲粗拟预算，则建筑川康公路至甘孜，以平均每里五千元，全长千二百里计，应为六百万元。康定开办边政学校一所，设政治、教育、垦殖三科，年费约七万元。精炼骑兵二旅，除军饷不计外，装备与训练费约为十万元。开发西康牧业，初步经费如建设模范牧场，购入种畜等估为三万元。共约六百二十万元，皆第一年所必需者。第二三年，则有建筑康宁公路与各县支路，剿办凉山彝夷，开展宁远垦事，与继续推广边政学校等费，亦俱与第一年相当。当自第四年起，即无复须中央特助巨款。惟每年政费，军饷，原非康宁所能自给，短绌之数，恒在三百万元以上。查清季四川协济滇藏年为三百万两，拟请仍沿旧案，每年四川协济西康三百万元外。其前三年兴举五项事业所需款项，则请由中央拨给年三百二十万元以资兴办。所有筹备西康建省举办各要项与划拨协济岁费各由，是否有当，伏候裁夺饬遵……

这份计划，也就是我所想在川边地区完成的几件事。我估计刘文辉拿去是不会有大增损的。大概他嫌我开列的预算数字太小了，可能要加上一些。因为他曾经向我说过："你拟的预算，总嫌失之太小。"

当我交此稿时，姚仲良再三说过，临返渝前定要再会会面。但我因省三中事与杨全宇闹脾气，说走就走了。我猜他的意思是想再挽留我，或者送我点酬金。但我既不顾他留我，也不为酬金而写此文。所以不辞而去了。

大约一个月以后，我同任子勋住在杜律师家里与杨全宇打官司时，我接到姚仲良一封信，说："委员张铮已死，刘自公立即电请以吾兄补任，回电照办了。"同天，重庆报纸也登载出我任西康建省委员。于是我接受了鄢公复们的调停。由任子勋、任泽震两个当校长的安顿了省三中旧聘的教师。我到成都去会见了姚仲良。知道了西康建省委员会还在雅安，实际还只成立个衙门，并无公可办。刘文辉仍驻军部，有公馆在苍山。我到他公馆去表示就职。第二天是星期一，刘召集他全部僚属到建委会来举行了一次周会，说了一大篇"我们科学知识不行，还大大需要一批人来合作"的话，显然是因为他的旧部属们不满意他把张铮一缺补上了我的原因。我出门去拜会他部下军、参、财、民各部干部，他们态度都表现得淡漠，我感到自己来虽来了，处境很孤独。又恰值已经前进到金川了的一支红军，突然反攻入川，雅安四周的川军都向东边撤走了。刘文辉不能走，城守在雅安，叫我们建委会的人分散回成都去，散居在各人家里。我从卢子鹤先生，住在新玉沙街李纬如的公馆里整整有一年。几于每天都要到省图书馆去搜寻有关西藏和川边的书籍和报章杂志，只准备完成《西康图经》的各篇来过日子。有时替刘文辉起一篇嘱拟的文稿。别无事做。知道李抱冰军要全部撤离之际，我频频去催刘文辉把建省委员会迁到康定去。那时雅安还是四川的地方，西康建省委员会设在四川境内，太不像话。他没有理由不搬。但所有列名为委员的，和当时在建委会支薪的人员，都怕到边地去。从1936年的开头，闹到秋季，才算把建委搬到康定的事完成了。

附注：据刘文辉秘书胡宇光说，刘在峨眉山受训时，他同往担任秘书。张铮死的消息刚到峨眉山，李光普、唐永晖、余如海和段升阶等推荐黄隼高的电亦同时到了。刘嘱他拟电荐我补缺。他把那些自荐和荐人补缺的电送上去，问刘是否还再考虑。刘说："夜长梦多。你快速把电发出去吧。"胡宇光对我说此话时，亦老实地说："我当时想不通刘把那些功臣硬手擗开，而用了你这个外人的原因。"可发一笑。

在这年中。我从重庆移居来的十口人外，还有堂侄儿任汉光、侄孙婿韩学锐和外甥张慕良都一同住在我家。他们都有一定的文学水平，跟着我研究康藏问题，抄写资料。我把我前后所写文章的底稿大体清了一下，交与他们清缮成为正稿，纂为《西进集》。已成三册。上举的几篇是其中最具有代表性的。综其全数约三十篇，我自己写了一篇短序如下：

余曩研究四川史地，深觉人口问题为四川治乱关键所在。当前已如痈疽成熟，其出路将在盆边广大之地。民十八年赴康考察，回翔致密，若将购之。回省后，遂决意抛弃一切，专究边事，且定率家西徙之志。间尝著书作文，阐明开发川边足以消弭川难之义，亦不过欲多得西进同志耳。二十一年，曾有垦牧公司计划。甫图集股，川战爆发，环境迫余就食渝渍之间。去康愈远，而志未稍挫。二十三年，因事与川康边防刘总指挥通讯，遂有重兴垦牧之议。翌夏，得补建省委员，知交相贺，以为此次西进应无问题矣。讵仍制于环境，迄今未越雅城一步。命途虽蹇，志向不渝。偶因移寓，检得历年零散文札稿片，足证其事。因集写成册，自秘藏之，曰《西进集》。诚使老死牖下，竟不获西，后有览者，亦可矜悯余志也。二十三年以前诸作，除《四川史地》《西康图经》《诡异录》等已经成书者外，多已散佚，或残乱不全，亦存其目。

《西进集》目录：

1. 《发起西康垦牧公司宣言》
附《川边垦牧公司经营事业计划书》　　　　　　　　　（民国二十一年八月）
2. 在重庆大学讲演稿——《康藏问题》　　　　　　　　（二十二年四月十七）
3. 重庆青年会讲演稿——《川边垦殖问题》　　　　　　（同年八月）
4. 青年会再讲演稿——《边地与腹地的历史变化》　　　（同年）
5. 《初致刘总指挥书》　　　　　　　　　　　　　　　（二十三年四月在江安）
6. 在四川生产建设会议提案——《培植垦殖人材，开发川边》（二十三年五月）
7. 《西藏问题与黄专使》　　　　　　　　　　　　　　（二十三年五月）
8. 《与姚仲良论西康交通书》　　　　　　　　　　　　（二十三年九月十日）
9. 《与姚仲良论垦牧公司书》　　　　　　　　　　　　（二十三年十一月二十六日）
10. 《再致刘总指挥书》　　　　　　　　　　　　　　　（二十三年十一月二十六日）
11. 《复姚仲良许赴蓉晤商书》　　　　　　　　　　　　（二十三年十二月十一日）
12. 《致张表方师论地方人物书》　　　　　　　　　　　（二十四年六月）
13. 代沈重宇拟《川康边政设施计划大纲》和《实施夷民教育计划书》
　　　　　　　　　　　　　　　　　　　　　　　　　（二十四年七月）
14. 《致沈重宇书》　　　　　　　　　　　　　　　　　（二十四年八月十三日）
15. 代刘文辉拟《经边大计》　　　　　　　　　　　　　（二十四年八月自重庆）
16. 代拟《建省委员会实施工作计划书》　　　　　　　　（二十四年九月自成都）
17. 代拟《呈请测修康北、康宁公路》　　　　　　　　　（二十四年九月，成都）
18. 《论牧站联运十便》　　　　　　　　　　　　　　　（二十四年十月，雅安）
19. 《诺那事变后上刘委员长书》
附《西康军民财政革新纲领》　　　　　　　　　　　（二十五年三月，成都）
20. 代刘文辉拟《建国中学讲演稿》　　　　　　　　　　（二十五年四月，成都）
21. 代拟《呈请迅调诺那离康手折》　　　　　　　　　　（二十五年四月，成都）
22. 代拟《陈述收拾西康建政纲要手折》　　　　　　　　（二十五年四月，成都）
23. 《论川乱的周期性与弭乱之道》　　　　　　　　　　（二十五年四月，成都）

三十七、在建委会办的九件事

1936年的秋天，建省委员会搬进西康的打箭炉城了。虽然从清末就已改名康定，但那时人仍呼为打箭炉。那时李抱冰的军队全已撤走，催促刘文辉部队去接防。诺那夺去刘文辉的康北各县，经红军击溃了诺那，暂时占领过一段时间，现亦皆已北去。段升阶等建省委员，虽欲把会址长设在雅安，亦不可能。我既频频催劝刘文辉入康。一批刘的旧部属不愿去康的，找个秘书长去替刘负责的人都推不出来。段升阶原是秘书长兼委员，但他不肯去。于是青年党人钻了空子，推荐杨叔明作了秘书长，同我先行入康，办理接收，布置会址。刘文辉与师长唐永晖随后才来。

我全家仍住成都，只同藏妇罗哲情措和两个九岁小孩，雇滑竿上路。有外甥张慕良、侄孙婿韩学锐与一个勤务员谢祥明步行相从。秘书长杨叔明，则是四人大轿率领男女干部十余人、卫士一连护卫前进的。到康定后，杨住在市中心一座大公馆里；我租北关附近的杨吉泰锅庄的楼房。我受张先生影响，素来憎恶青年党人，现迫于同事，我料他是要弄权树党，排挤我的；好在杨等于康事摸门不着，初到之时事事必须问我。我又轻车简从，布衣僻寓，不与他计较位势。他无猜防的必要，所以还能相安。而我只要别人不妨害我调查研究的工作就行了。

一月之后，刘文辉来到康定，住了较长的时间，主要解决了各县县知事重新到任，招致地方头人、喇嘛来康定见面的事。师长唐永晖也来住居康定。这时建委会和师部人员，集中做了一个工作：宣传刘军长兼委员长的威德和他是信奉喇嘛教的。说他此次来康，整顿康局要从弘扬佛法，重建土司制度做起。带来的军队、粮饷和奖赠礼品很多，藉此去说动喇嘛和土头等地方首领人物来康定谒见他。这一措施很收效。各地大小头人和活佛、大喇嘛次第都来了。刘氏对付这些人，才力裕如，使他们大都满意而归。果然都替他宣传说好，把他破败已久的各县政权全都恢复起来了。然后他才再回四川。以后还来过几次。每次来都有些新的收获和成就。要说旧式政治才能，刘氏是有一手的。关于刘文辉重整康局的过程，我在《康藏史地大纲》的第四章第一节里作了扼要的叙述，此不再述。

我在这两年中所做的事，可以归纳如下：

第一件，是招抚回来已经叛乱了五年的上瞻头人甲日家。这留待另章叙述。

第二件，是挽回了边茶由海道运藏的错误措施。其经过如下：

藏族嗜茶如命。自唐代以来，其茶皆由四川雅安、荥经、天全、邛崃和灌县生产、供应，形制特殊，称为"边茶"。南宋以后，专由雅州生产，定有引岸制度。历代修订，精密其法，用以控制藏人。清代规定汉商自雅州按所认引岸，运茶至打箭炉，听藏商购销。藏人每年搬运印度及西部亚细亚等海外之商品及银圆来炉调换茶包而去，使炉城成为西陲商贸最盛之内陆市场。而雅州一区之农民与苦力，恃此为生者数百万人。自英人经营印度，凯觎西藏，欲夺华茶在藏地位。已在阿萨密等地区大量种茶制砖（茶），建成铁路逼临藏界，企图以印茶入藏换取羊毛、硼砂等商品。更以经济魔掌操纵西藏，使其完全摆脱对华之商业联系。用意至为恶毒。幸所制茶砖味薄，不合藏人习惯，故藏人仍嗜川茶。惟苦于拉萨与打箭炉间全靠畜力运输，又无牧站，须随地牧放而进，日行二十余里，半年始能来回，不能与藏中需茶缓急相应。英人贝尔等暗教藏人要求改由海道运藏，谓雅安竹筏运至嘉定只需一日，嘉定汽轮运至重庆只需二日，重庆轮船运至上海只需四日，上海海舶运至印度只需五日。印度是无税国家，铁路一日至大吉岭，又一星期即可运达拉萨。全程不过二十日，运费可以大大减缩。藏人亲信贝尔，深信其说。故于派人入觐南京时，首为此请。南京那批昏天黑地的官吏，不识其为英人所教之毒计，反以为"事诚便于川茶销藏之商业"。率然便批准了。敕令西康建设委员会，转饬茶商遵行。那时刘文辉尚未入康。建委会设有民、财、教、建、保安五科。我既只负建设责任，秘书长便把此件交与财政科办。财政科只知道这样一来，炉城关税收入年短一百余万，占全康总收入的一半过余了。便打电请示刘文辉。刘当然不许，复电令"力争"。他们除了说关系税收，提不出任何理由反对。南京复电是"事关定案，仰遵前令办理"十字。再请示刘文辉，刘电："誓死力争"。财政科长李先春去请教茶商们。茶商们提出了前清旧制来做理由，发文出去，又被回电申饬，不准。如此三次去争，回电竟是"已迭电令，勿庸妄渎"的严饬。刘文辉才叫他们把全案送到我处来。我把前后看了一下，拟了三条理由，交财政科缮成书面发去。航寄不到一星期，已收得行政院电，云"已饬藏商仍由炉城购运矣"。这三条理由的大意是：

（一）千余年来，藏人之乐于亲附中华，自甘藩卫者，实有地不产茶而人皆嗜茶之故。英人经营印度，首先发展茶业者，处心积虑，固惟夺取茶叶市场，乃能斩断华藏关系之故。今幸英印种茶虽已成功，制茶尚未能适应藏人嗜好。我方正宜提高边茶产量与制造质量，放低价格，改进交通，以图国内缩短运程，便利藏人购销，以期维系此千年稳固之华藏关系。岂可假道印度，海运销藏。海运边茶之后，内地陆运已断，英印乃高筑关税壁垒，妨碍华茶过境，迫使藏人饮用印茶，使我千余年维系华藏关系之经济基础亦被摧毁，西藏问题遂成死局。国人追究责任，何以为解？！

（二）雅茶销藏，乃我祖先苦心经营缔造，千余年之伟大成就。今日川边地区种茶之农民、制茶之工商、运茶之苦力与牲畜，以及雅安、荥经、汉源、泸定、天全、宝兴、康定茶运道上之脚店、旅店、堆店、腰店之经营，运茶装备之供应，人数共在百万以上。一旦边茶海运，川边仰此而食之贫民皆当失业。万一有人煽乱其间，岂能守死善道，毫无动摇。若是雅茶水运之局一开，则饥民作乱之势已成。职部实无防制之力，枢府讵有善后之计耶？！

（三）藏商不能空驮来炉运茶，恒挈致中亚、西部亚细亚、印度与海外之特产为汉民所需要者来炉兑运。如墨西哥之银砖、英伦之呢绒、意大利之哔叽、西印度之红花、中亚之干果等，皆以市茶之故，贸迁康定，使其市场繁荣，冠于西陲，建省之基始奠于此。其商肆有来自山陕、云南之人，其货品为西南物用所资。一旦边茶转海运，市场零落，影响之大，岂仅关系税收而已哉！夫"利不百，不变法"。今未闻有一利而明明百害，以变千年祖宗积累之成法，以就英印间谍之诡谋。此职所期期以为不可，而必苦争者也。如枢府必以海运为既成之命，在所必行，则请以此呈公诸国人，庶免他日官守言责之议。

最后这两句话，财科人员以为语气过重，亦无提出必要，拟予删去。我说："既然争了三次都被严斥，他们必然轻视此呈，不经意地又驳回来。必须有这两句，表示再不批准便要自行在报纸公布。使那些泄泄沓沓的老官僚不能不慎重研究。否则又是一个'已迭电知，勿庸妄渎'，便更不好办了。"坚决不许删去。果然，他们怕先把此文公诸报纸，故来不及行文，先行电告收回成命，以安康方情绪。追半个月后接到正式批回："所陈深具卓识，自当采纳。已饬藏茶仍旧由康定购运矣。"

这场斗争，给南京的官僚作很深刻的嘲笑。他们处理国家大事，竟是那样糊涂。由此一文，使他们清醒过来，知道西康是有人的。但刘文辉在成都，只知道边茶改运事已争回来了，却未知此文的力量。我也既不向人谈。杨叔明与李先春自然讳莫如深，秘而不言。改组康藏茶业公司亦竟不让我与闻。而以杨、李等作董事。直到

1939年，刘文辉截缉私茶使我的朋友陈子鸿经营的重庆银行受到很大的损失。陈子鸿求援于我。我已赋闲，才函请刘文辉检视前案，对他进行责备。他才知道了。特准发还所截得的茶，并许改善"康藏茶业公司"的营业。

第三件，是开办县训班。

培养精通藏语藏俗的县政人员，是我一贯的主张，现在才算实现了。但我本意是主张在康定招生，把旧住康区的公务人员子女，及藏族之解汉语文者，集中起来培养；内地汉人具有经边志愿者亦可取录。段升阶与杨叔明等人则主张在成都招收大专毕业生进行训练。刘文辉时在成都，便在成都招足了全额。后来刘文辉又接受了一部分军、政现职人员调训的请求，共得七十几人。刘文辉入康，就康定城隍庙开学，自任县训主任，担任"精神讲话"。我做副主任，担任"康藏史地"课。谢国安教藏文。杨叔明与唐永晖也是副主任，他们不讲课，只作临时训话。另外设有两个军训队长，主持操练。与刘文辉同来的还有个行营秘书长叫杜履谦。也是负责政治训练人之一。其时建委会的民政科长黄隼高、财政科长李先春、教育科长张敬熙、保安科长杨子和、顾问叶诚一，都在县训班讲课，全是杨叔明安排。我未问过。我的课，是个重点，备课时间占得很多；除上课外，很少到学校去。我反复教导学员们立定大志，把经边定为终身事业，定要把藏语学好，深入地研究藏族情俗。把康藏高原的地理特点、民族特点，和历代经边的政策与成功失败缘由，反复剖析给他们。临毕业时，我特别用了一个星期的时间，给他们讲目测地图的方法与绘制地图的方法。把经纬度定点的康区分县地图的轮廓，绘发给他们，要求他们按各自分发的地区进行调查，填充绘成各个所在县的地图出来。许多学生都切实地执行了我这一嘱咐，绘出从前所没有的分县地图来，如邓柯、巴安、定乡、九龙、义敦、白玉、德格等县都是很突出的。他们都绘了副本送我，并为我按图说明，使我增进了解各县的一切实际情况。我收集康藏地区地图资料，也至以全面丰富起来。

第四件，是与四川争绰斯甲的隶属问题。其过程如下：

绰斯甲是杜柯河下游的一个中型的土司辖区。有少量的河谷农村与草原牧场。沿河金矿沉积丰富，亦饶有森林与药材。杜柯河入大金川，当党坝和卓克基的西界。河谷全是崖岸，水陆俱是闭绝的。大金川自此历绥靖、崇化两屯，入巴底、巴旺两土司境，与小金川会合于丹巴县治。其处为明正土司所管的鲁密章谷二十四村千户辖地。清乾隆时，大小金川两土司作乱，前后战斗二十多年乃平。平定后，设立绥靖、崇化、章谷、懋功、抚边五屯，称为"新疆"。招汉民开垦，设懋功厅官理之。绰斯甲与明正、巴底、巴旺，及党坝、卓克基等土司皆不附乱，境土完全保存。清末，赵尔丰经营川边，改土归流。先将康藏间各大小土司改流后，取道康北回打箭炉，传檄沿途与附近各土司缴印改流。绰斯甲与巴底、巴旺、明正在内。因赵尔丰急于回成都接四川总督任，未及待其缴印前来。赵回川后，又激成同志军争路风潮，为尹昌衡所杀。各土司遂皆持印不缴，未能实行改流。民国二年（1913 年），尹昌衡经略川边，曾将巴底、巴旺及鲁密千户印信号纸追缴，以其地合章谷屯地为丹巴县，划属川边。绰斯甲与党坝、卓克基等土司地方如何处理，尚未议及。尹被调去后，四川划岷江上游与大小金川地方为松、理、懋、茂、汶屯垦区，以邓锡侯为屯垦司令。蒋军入川后，划为四川第十六行政督察专区。专员谢竹勋，曾至阿坝齐哈玛，与甘青官员交涉界务。故阿坝、梭磨、松冈、卓克基、党坝等藏族土司皆仍属四川。绰斯甲因是金川以外之地，初未有人过问。然谢专员志在开采金矿，派人与绰斯甲土司商议隶属十六区问题，有派军进驻之说。绰斯甲土司畏逼，迁延不定。西康师长唐永晖方在道孚、瞻化等处开采沙金。闻绰斯甲事，亦派人与该土司商洽隶属西康问题。于是发生川康争界纠纷。刘文辉问我。我就地理形势断之，认为应该划归西康。写了一篇函札式的文章，交刘文辉给四川省府寄去。川省府交与谢专员回答。谢办金矿心切，嘱咐他幕僚中一个岳池人撰文力争。其人短识而火气很旺，写了一篇火气腾腾的争议呈覆川省府。川省府转与刘氏。刘交与我办。我与谢竹勋是同乡，一向莫逆。但憎恶他争议的态度，拟了一篇严厉驳斥的咨文，给川省府顶回去。川省府服了，令责谢专员退出驻绰斯甲工作人员，交由西康建委会接收。

那时是张群做四川省长，邓汉祥任秘书长。其后，刘文辉对我称道这篇文章说："邓汉祥问我，这篇文章是谁写的，说得来通体牢固，无懈可击。我们只好谴责专员多事，不许他再闹了。"刘从那次起，吩咐杨叔明，凡建委会发出的公文，都要送我先看过。在他看来，我是一个善于写公文的。其实我当时连公文"程式"都未知，只不过按照事理作文罢了。这篇文我未留稿，只记得是抓着他争议中一个荒谬之点说的。它说："如其西康要争绰斯甲。我们就要连丹巴县一并收回。"我的驳文说：

今日西康全部地面，无非前清四川省境，若言收回，则全部收回可以，岂独一丹巴县哉！若西康建省犹有必要，则川康界划，总应有一定之标准。若就地理形势之使，民族习俗所同，社会经济一致等衡之，则十六区之俄洛、阿坝、作革、梭磨、松冈、卓克基、党坝等藏族分布之土司地区，按清末规定，皆当改流，划隶川边。特以赵使尚未进行改流，我会即不提出声请。绰斯甲为赵使已经檄令改流之土司，属打箭炉以西一百二十土司之列。我会据此提请十六区勿图占有，不过用赵使改流在案者为川康暂时划界标准。将来正式建省时，究应如何划界，仍当由国家专案规定，非川康所得私争。

第五件，开办泰宁垦殖实验区。

广安人张志远，北京工专毕业，再进上海劳动大学毕业。我办省三中时，训育主任不得力，辞去。适张失业在渝，言谈多合，聘为训育主任。甚相得。建委会移康后，刘以我兼建设科长。我请委张为技正，科务一以委之。张亦屡出外考察。1937年春，刘文辉回成都，张适在泸定，往谒，谈泸定稻田防螟害事，刘甚喜慰。我提请在泰宁开办垦殖试验，刘委张志远为垦场主任。

泰宁为海拔三千五百米，为一平坦之浅谷，旧曾迎达赖来此坐床，所建之惠远寺与泰宁土城均存。现仅市民汉民四十余户。其附近八美河谷，歧连吉石宗，原有三土百户，住民繁盛。清末，因助瞻对土酋反抗清军被剿，毁为败瓦残垣，一片荒旷。惟三个小喇嘛寺犹在。黑教寺附近有大森林。我原拟就泰宁城区招川民领垦，俾其发展成为县治。计划为青年党所破坏。乃助张志远发展农垦试验场，进行垦殖实验。多招工人，伐木采石，就荒墟中自建场址。于引种试验外，大垦荒地，兼营经济农场。职工皆许接眷属同住，其原领地建立户口者，官为营建住宅，划给耕地，三年乃开始征赋。想用此法建成西康垦殖示范区。行之一年，垦场成绩显著，出关考察者必往参观，留住垦场。泰宁城市区署反无人一顾。

时泰宁区长张化初，用建委会拨与之同等款项，窃挪用于私人淘金，损失罄尽，一犁未垦。大惧，潜行回川。刘氏再入康后，我与杜履谦等提出弹劾。刘限张月内回到区署交代。违限即请川省查传。张才回泰宁赔缴各款。改由张志远兼任区长。1939年西康省府成立，叶秀峰任建设厅长，另委一个姓范的去办垦殖。刘文辉力称张志远卓著成绩，调职可以，不能免职。叶乃改委张为康定洗毛厂长。后又转雅安仁毛织厂长。泰宁垦场经范接办后，凌替不堪。遂收缩垦务，升为泰宁设治局。即今之乾宁县也。

第六件，是试办文艺演出队。

康定汉式庙宇，如关帝庙、城隍庙，皆有戏台。但很少演过戏，因为距川太远，道途险阻，戏班不易来。地方上有个票社，无旦角，又无戏箱，不能演。1936年冬天，刘文辉在康定过生，才有人到内地找个旦角来，与票友们配合起演了几出川戏。于是一般人开始闹起办戏园来了。

我是个好看戏的人，不赞成只办川戏园。主张由建委员拿出一笔钱来，招收一批兼通藏汉语的小学生，排练几出川戏，并翻译它演成藏语道白的川戏，加练一些杂耍、曲艺，叫作"文艺宣传队"，随时出关去巡回演唱。每出演关外一次，大约用时五个月。平均每县耽搁两星期，演出三天，县城及临时乡镇小演出五次。故只需预备三个戏，配些杂耍就行了。回康定后，再排新戏，准备下一次出关演唱的项目。这样，使全康的汉藏人民都得到娱乐了。因为教川戏，也可从内地聘来生、旦、净、丑、末及武生各一人，在教练期间也可以开戏园，每星期日和星期六售票演出一次。

财政科长李先春和炉关监督章瑞卿都是好玩票的，首先承担了经费，鼓励我出来带头实现。于是1937年春天，我就招来一个打鼓匠罗老大爷和几个科生教师，开始招生排练了。罗大爷善于教科生，把新招的男女小孩分一批人练锣鼓胡琴，一批人学戏。这些小孩，十岁到二十岁的，脑筋里没有川戏的印象，教来很难。结果还是聘来的教师与炉城的票友，每逢星期日与星期六夜晚演戏一次。看的人十分拥挤。渐渐便添聘角色，办成戏园去了。

由于杨叔明的多方揽权弄鬼，我力图避开政务工作，便把精力一度用到办宣传队来。演出队设在关帝庙。关帝庙建于光绪年代，大柱直径二尺余，云采自二道桥山间。（建省后，则康定纵横各百里内无合抱之树。森林之易摧毁如此，可胜叹哉！）

我经常到队上去给队员讲课，教导他们认识队员的身份，保持高尚的品德，努力提高演唱的技能，学习文化与汉藏语。于学川剧外，还练习杂技。我还教他们简单的戏法，以及双簧、魔术和演唱的方法。我把前在省三中编排的两本戏交与他们排练。又新编排了《文成公主》第一本交与他们。许他们参加每周中山台开的周会。他们演的戏，都由我为它编印说明书和广告，藉以限制他们迁就低级趣味的要求而演淫荡、迷信、导人堕落的戏（曾经有两次因演员作态下流，被我上台及时制止）。剧场秩序，我亲自与同军警出面维持，处理过许多看戏时违法乱纪的公务人员。

但环境太坏，找来的演员习染很深，一部分人能接受教导，颇知自爱；一部分人还是暗自堕落。而新招的学生年龄太小，久乃不安于业，纷自求去。到半年后，我经常出关考察，未再过问宣传队事。另有一批票友，从李先春手里接去搞戏园营业去了。

第七件，是开展考察工作。

考察工作，是我此次入康的主要目的。举凡1929年我足迹还未走到的地方，都准备这次补行细致的考察。1936年初到康定，便邀约十多个建委会的职员，爬上榆林宫后雪山去探寻"五色海子"。五色海子，是我初到康定那年就已听到了的，据说有红海子、白海子、黑海子、绿海子，都在雪山顶部。传说惝恍，莫能确指何地。

据我考察所见，山中小湖泊的确很多。我初估为古代遗存的火山湖。后问考察过西康的谭寿田，他说是冰河所造。所以这次邀人同去探访。以为如果在榆林宫山上寻着了，便好建设成为一个避暑名区，足以招国人来康定消夏，比于欧洲的瑞士。这样对于建成川康公路，繁荣康定市场有利。有批好事的年轻人都同我去了。

我们第一天宿榆林宫，在温泉洗了澡。次日爬山，无路，绕崖觅路而上，到雪山下的青杠林炭窑侧，在斜坡上张幕宿了。第三日，走过一段草坡，爬到积雪线下，才找到了"白海子"。海拔大约四千五百米。白海子实际只算纵横各十余丈的石凹方池。大约是石质透水的折光，显为乳白色。池上一幅白石陡壁，上插雪际。我在其旁一块火石上，用乱石砌成一座塔子，以为纪念。当天就折回，从一条较为斜缓的路，走到一条小溪造成的"蛇海子"。在湖迹小平原上，一条溪流弯去弯来，在冲积土中凿成真像蛇行的一线深沟；人可跨岸跳越，而探不见底。确是奇景！据说此水上源即出于"黑海子"。至于红、绿海子，则不在此山，皆在郭达山后。我等遂循一大冰河漂石的堤道下山，下到驷马桥天主堂之后，天已近暮，青年人皆争先入城。我疲乏甚，十步一息，入城已十一钟矣。

1937年春，我又与同事，从三道桥后山一小溪流侧爬山，上访"长海子"（系见陆地测量局地图有此标示，将探其实际）。爬行整日，于水源处得之。则为行长十余里，宽里余，深不知底，巨鱼跳跃之大湖也。沿湖有天然石堤一段，平坦近水，造物之奇如此！海拔约四千米，有崖岸一面，其上亦平旷，属于西康高原之顶部，然犹有枞树与落叶松。惟树干皆作圆锥状矗，不成材料，只能得三角形板。海尾有长沙洲里余，初谓可筑飞机场，次日践冰雪往侦之，殊非平旷，不如地图所示。第三日，从另一山道向康定子耳坡。随路绘有地图。

是年，又曾同沈技正往探绕避折多山之公路线。向折多山南北，循河谷求缓斜路线。初由折多塘入毛家沟，向南，逾马鞍山，出下木雅乡之木辘村。未能满意；又溯二道桥河沟至中谷，村尽头出一支沟，向色拉梁子，出上木雅乡之长坝冲。再绕塔弓寺，经营官寨回康定。色拉梁子一路最为平缓，然其后修筑关外公路时，我与沈技正皆已离康，无人指说此线。彼辈仍从折多山强通之。我判此线终当改修。

又，其后筹建牧站联运，我再出大炮山、海子山新开大路，布置牧站。大凡康定、泰宁之间，无所不到。制有康定南北二十万分一地图。皆所身历之地，前人所不知者。

又其后，则嘱庄学本屡次往宁远及康南各县探险考察。得其日记与路线图。又嘱任泽震更往宁远补查庄所未至之地。每次俱数月或半年乃归。我之康藏地图，所以能精无讹者，盖不仅搜罗西人路线图与游记，亦得于建委会时考察之力者尤多。

附注：1. 榆林宫，本藏语译音，并无榆树，故亦作"玉龙工"。属康定河一小支流之河谷，在康定南门外。有两村居民，距城十五与二十里。皆有温泉。下玉龙工为明正土司祖茔所在，盖康、乾以后从汉俗营葬之所。有碑碣，为当时土幕所作，文多可笑。如云"叹人亡之不见，睹物在之犹存"云云，八股时代之墨派文体也。两岸山坡，上入雪际，旧皆枞杉密林。土司每年张幕消夏于此。雇用摩西面彝族猎户，携其猎犬，行猎为乐。我1929年曾得观之。但闻犬吠人嗥，蔽于丛灌，不见人兽。迨此次宿此，则林木全已伐尽，但见山崖石壁，与丛筱相杂而已。

2. 庄学本，上海人，身材魁伟，健实，善摄影，恂恂厚重，笃于交游。曾从柳翼谋学人体测量及社会调查。1934年持新亚细亚学会介绍函来重大，云入康旅行摄影，求介绍刘文辉。我写与一函。但实未曾至康，而是由十六区深入俄洛地区考察。内地国人之入俄洛者，庄为首屈。闻其是申报摄影记者。1935年班禅回藏，庄随仪仗队为摄影师。至玉树，为藏人所拒。随行人员多却回南京。庄过康定，与我再握晤。愿留康地作考察工作。我大喜慰，请刘留之。刘委为参议。居久之，刘无所遣，庄遂自往泰宁、丹巴等县考察。我知其志在游历，请刘差派考察我所未至之地。其人虽不能藏彝语，而所至遵顺民俗，忠信笃敬，出入民族地数千里，虽从来汉人所未至者，亦能平安往来，拍摄影片极其丰富。曾为刘文辉在《良友》杂志出西康专辑一册（在香港印）。后遂离去，在成都、重庆等处，与研究边疆问题之学者往从周旋。1942年，我至成都，再与相见。未询其就业何所。后复过康定，与格桑泽仁回西藏，赴印度，作其藏印贸易公司住印度办事员。常寄印度测量局制之西藏地图及其他印度出版之西藏书籍给我。1952年，我至北京学习，春节寄宿老友齐树平家，庄适与之同院。时则在民族画报社工作。相见甚喜，导我游览多处，亲如手足。在印度时与一华人结婚，同于新中国成立前回国，其妻在思想改造中受震颇大。曾患精神失常，于时新愈。我春暖时回川，念庄常往边疆民族地区摄影，解所服猞猁披风赠之。亦缘庄借于我印度测量局百万分一西藏地图巨册，因赶制西藏地图译本，供解放西藏进军用时损坏，即欲以此偿之也。庄妻已受。庄竟再从邮政寄还。不附一语。

第八件，是争得宁、雅两区划归西康。

清末四川省辖有十二府。宁远府治西昌县，辖西昌、冕宁、盐源、盐边、宁南、昭觉六县与会理州和越嶲厅。又设建昌兵备道驻此，辖建昌中、左、右与越嶲、冕山、宁越、靖远、会盐、会川、永定十营屯军分管各族土司五十家。包括大小凉山与康南木里寺辖地，南以金沙江与云南为界。雅州府治雅安，管雅安、名山、荥经、汉源、芦山五县与天全州及打箭炉厅。为上川南分巡道驻地。亦辖黎雅、泰宁、阜和三营，分管土司一百二十八员。其黎州、大田、松坪三土司皆早已汉化同于齐民。宝兴之穆坪土司与天全高、杨二土司原属天全州，高杨二土司在雍正时已改流。穆坪至民国七年始改流为宝兴县。阜和营自乾隆时升为阜和协，驻打箭炉，管口外一百二十土司。至清末乃改流，为"川边"地区，筹备建省。四川之西北部，有茂州、松潘、理番、懋功一州三厅。设有松潘镇、维州协、及松潘中、左、右，维州左、右，与漳腊、叠溪、龙安、平番、南坪、小河、茂州十二营。管辖口内外九十七员。漳腊营独广远，管口外土司六十四之多，远至上、中、下三果罗克，深入青海境内之黄河源。维州协，则辖梭磨、松冈、卓克基、党坝四土司，与口外土司皆未改流。

赵尔丰经营川边，专为"改土归流"，建设新省。首先经略西藏东部波密与工布江达以东。既定，乃营省会于巴安府，东巡改流阜和协旧属百二十土司。原拟再进，将全部土司撤销，一体改流。因清廷任他为四川总督，东归就职。以心腹傅嵩炑代任，续将剩余土司改流。未一年，清廷覆灭，他被杀了。建省不成，土司复辟。赖尹昌衡西征，设川边镇守使，辖已改流之三十余县。民国元年，达赖叛国，夺去丹达山以西之地。民七内犯，又夺去德格以西之地，川边仅存十六县。1930年，藏军再东侵，占十县，1932年刘文辉击退藏军，收回五县，与藏人划金沙江为界，亦割去旧管之盐源。建省委员会时，实只十九县，人口三十万而已。时松、理、茂、懋为四川第十六行政区，雅安、荥经、天全、芦山、宝兴、汉源、名山七县为十七区。宁远旧属为十八区。

宁属划归西康，我自1931年以来，屡著论说，鼓吹以粮济康，农牧互利。在国人川人心目中，皆已重视。雅属与康之茶运关系则未公开宣传。1938年秋，姚仲良从重庆来康，谓蒋介石已决定元旦成立西康省政府，嘱提出川康划界方案。刘文辉那时未让我与闻政务。唯独这一点，他还不能不请我商讨。我主张宁、雅两专区皆划归西康。只名山一县，地文上属于四川盆地，仍归四川，以金鸡关为省界。姚仲良那时似是刘派的驻京代表，他极力反对划入雅区。他说："宁属地面，原是与康无关的。中央已经在那里着手经营。要求划入西康，经向各方试探，似尚容易。雅属断无划归西康之理。四川人亦断不会答应。若还一连要到雅属，必然会把宁属都搞掉。"我说："从前既能把雅茶水运争回，仍由康定陆运。这次要把雅属划归西康为一省，就不费力了。我试去拟个稿来，你看看再说吧。"刘文辉将信将疑的，说："快点拟一个来再谈吧。"

我那篇文稿，未曾录正。因为催得急，次日就用手稿交去，仍只是刘、姚二人商量。姚认为危险性很大，仍反对使用。主张先通过叶秀峰首肯，再做工作。邀我同去。我说："我不愿与叶秀峰谈什么问题。况且这是替主席起稿，我更不好出面。并且像叶秀峰这些人，他只把插手西康为巩固蒋氏政权在四川的地位，宁雅划康他有什么不赞成的。至于四川省府是否赞成，那只是个理由站不站得住脚的问题。只可刘主席拿去向邓鸣阶等说明一下就行了。我料四川还没有人能推翻这方案的理由；重庆国府中人，更没有人能推翻这理了。"刘文辉赞成了。果然方案提出，顺利就通过了。

我所说的理由，仍只是向四川争绰斯甲、向西藏争陆运边茶那些理由和从前多次主张的宁属划康理由。无非援据历史沿革、地理形势、社会经济的相互关系，加上"四川地面太大，分建两省，面积人口不宜过于悬殊"。再加上"西康经济落后，文化落后，推行新政，物力、人力皆苦拮据，援照热、察、绥、宁、青海建省成例，皆划入若干熟县，以为省政基础，必资熟县人力以带动边县之前进，加以中央拨款，邻省协济，乃可以渐化边地为腹地，进新省为腹省。今划宁雅入康，正如增拨一部分四川协款，以节四川一部分政费。是大有益于康而无损于川也。"

第九件，是经营牧站联运。此事体大，另章详述之。

此外，我与韩文畦还办过两个案子，一个是查办雅江县官贪渎案。一个是九龙控官案。被办的人都有背景，我们按法处理，很得罪了一些人。自此两案后，康定军政公教人员形成一种舆论："任乃强与韩文畦为两个不懂事的人。而任某为尤其不懂事。"韩文畦为我言之。我笑谓曰："郑板桥云'难得糊涂'。我们亦可以说'难得不懂事'乎！"

综核我这两年在康所做的事，只有争边茶陆运、争绰斯甲、争宁雅划康这三件，是最有成效的。其实，只算是利用历史地理知识所作的三篇文章，交与刘文辉去运用而得到成功的。而属于我自己计划、自己推行的建设事业（如牧站联营等），则一样也未搞好。有人批评我是"识见有余，而才能奇拙；孤傲为蔽，而志行可矜。"刘文辉曾对张表方先生说："我对于他，言听计从；而他对于我，总是看不起。"又说："他与所有同事为敌，自己孤立起来，我要庇他也是无法。"他这席话，经张先生转告了我。我承认是平情之言，并无过分。我实在是不愿同流，自己孤立了自己的人。记得刘文辉在康定卧病两个月，我只同建委员其他职员一同去看过一次。别人是几乎天天去的。1938年,叶秀峰、周学昌到康定来成立国民党西康省党部,都给我送了厚礼。我除参加公宴接风外,未单独请他们吃过饭。而且未问过他们住在哪里,自然未去拜访过。更使他们憎恶的,是他的省党部成立很久了,我都未去填表入党。我在这种众怨所集的情况下,自然在建省完成时不能不被摒弃的了。建省后尽管刘文辉还不愿我离开西康,但形势逼人,使我不能不离开西康,转去教书。

这期间,还有几件事,与我那三篇文章多少有些关系,忆来颇多感慨:

1. 康藏茶叶公司成立了。

雅茶仍由康定运销入藏一案已争得后,李先春便与雅安的大茶商夏仲远等组成了"康藏茶叶公司",名为官商合办,实际全是私股,自然刘文辉、唐永晖和二十四军的"硬手"们都是股东,雅安、荥经的茶商三十多家,大都加入了。有的是既加入又仍自营,有的拒不加入。夏做了总经理。第一年就分了几万元的红。他们赚钱方法很简单,第一是贱价收购农民的茶叶。先放钱给农民买树,采叶时议价,于是农民不能不由公司算了。其次是剥削工人和运夫。说声康藏公司不雇,这些人就要失业,只好忍痛廉价出卖力气。更坏的一项,还要算他们在专利的条件下操纵市场残酷剥削藏商。每当藏商成队来时,才到甘孜,他们就把茶价提高了。有时提高到平时的一倍两倍。藏商驮队搬运印度的银块和呢绒与藏地土产,走两三个月才到炉城,售去货品来换,只换得他原所估量数额的一半或三分之一。但既来了,不能不购。他们总会放出涨价的理是偶然特殊原因,让锅庄经纪与通译人员为他宣传。完成一次欺骗。藏商忍气购走了。迨第二次受骗时,便有负气不购,空驮回去了。他们向西藏政府控诉,藏政府电刘文辉,刘与西藏约,随时电告茶价。但迨藏商到时,又逢价涨。或者说是缺货,尚待从雅运来,害得藏商苦待无着,逼得他们买通锅庄经纪,收买私家办运之茶。其实仍是公司之茶,借以勒索高价。他们惟利是嗜,不顾茶业前途,实系驱逼藏人饮用印茶,与我争得陆道运藏之理据与目的完全相反。我不胜愤怒。但身非公司成员,尢权干涉。而刘文辉又少与我晤面无法进言。恰好公司既以私家办运之茶欺骗藏商,便有未经参加公司之商人与公司争利。出较高价收买茶叶,较高价雇运,快速运康,以私商信用与各锅庄经纪订约,用较廉运售藏商,到1939年时,藏商到炉,专购私茶,不与公司接洽,公司大困,而雅、荥、天全私家茶商大获赢利。夏、余、李等乃请刘文辉严禁私茶,派军突击缉私。一时截获陆续运康之茶亿万包,全部没入康藏公司。经私茶者一时破产若干家。

资中陈志鸿,是我北农同学,其时来康定任重庆银行经理。时大商皆以银行为名经营各种商业,在康定,皆营土特产出口与洋杂货进口。陈与我过从较密,每为我言康藏公司操纵欺骗情形。我叹息争回雅茶陆运原以为抑价多销，可以维护千年来汉藏经济关系。不图适得其反。陈知我有争回运道之功，又言藏商进来专购私茶以制公司之事。听我说："幸有私茶，否则商道绝而印茶入藏也。"陈言欲办私茶，而该公司屡有请军部禁运缉私之说，故尚不敢。我说："大胆为之。我于此事有权发言。待刘主席来问，我将请其解散康藏公司，恢复茶商竞赛旧制。否则我亦将此饮鸩自杀之茶政向国人揭露。"后陈之茶果然被突击缉私，运入东关。适刘文辉在炉，我乃向其痛论康藏公司之恶，与当日争回陆运词旨相反。请其查检前案原文。要求取消私茶之禁，恢复旧制。刘文辉把档案调来看了，立饬李先春将重庆银行被缉私茶送还。并严饬康藏公司改革内政，与私商竞赛。惟谓"此次缉私已成行动，事关政府威信，未可尽予发还。禁私文告亦未便取消。今后听之可也。"不久我亦离开康定，未更过问。

2. 色尔巴金矿肥了官商害了工人。

绰斯甲争得后，并未进行改流置县，但派周文辉往与土司商洽，许开色耳巴金矿。由唐永晖主持。残酷剥削所招淘金工人，令人发指。

西康原有金矿局，王瑶琨为局长，名义上隶属建委会之财政科，实则莫知其所办何事。但与军部、师部之军官联系。他们原在道孚大寨、瞻化麦科等地淘金，都是几十年已反复淘过的河谷沙金，地面搅乱，凿穴每无所得。人皆知绰斯甲辖境河谷沉积之金最富，故与十六区争有其地。我的意见是划归西康后首先改流置县，进行调查，划定淘金次第区段，组织政、军、商、民、土股，分工的淘金公司，用新型淘床有计划地淘金。因为，那里除二楷一区，已被民国初年淘取矿床挖乱外，其余广大矿区都是无人挖过的，适合于这样进行。这样用政治和军事力量采用现代淘金的方法，一次淘过后，地里埋金便拔尽了，以免后人再来误淘。农地被毁损只有一次，以后永远安业，不被搅扰。招雇金夫子，以劳力作股分润，亦可保障劳动者利益。未想到刚划过来，唐永晖的色尔巴金厂便在金矿局立案之下，招雇民工进去开采去了。刘文辉便是股东，这真叫人啼笑皆非。

他们的办法很简单：用周文晖去与土司交涉，以政府不改流，交换土司交出色尔巴的采矿权利。取得土司许可后，便招募各地采金的流民随同军队进去占领一些农村民房，为金厂队组办公处和宿舍。任凭各组的"锤手"（老淘金者）相定某处某处有金，便一齐开穴挖进地去。得金不得金，得多得少，听凭他们的运气。淘金的沙，便乱堆在穴外的田地上，破坏农民田业，无人敢问。几十天内，便把整个地区挖乱完了。因为"锤手"们都要各自选择他认为最有利的地方。而他们的识力，未必就能获利，于是又抛弃一处，另开一处。到最后来，还有人在四川被放弃的河原内发现了金窖，又都争来抢挖。为了抢先挖抵金窖，一途开取的沙都不淘了。又往往有人在翻废沙当中获得金块。所以一个矿区，开采几十年后都还有人去淘。他们说"鱼打千次网，网网出大鱼"。其实就是没有计划乱淘乱挖的结果。他们招工时候，都说的各组（数人或十来人自由组合）所淘得的金，归各组自有，但必须以所得的七成按官价售于金厂。工人初来，可由组长向金厂贷款，订以淘得金子偿还。所以流落无业的人都愿跟去。希望遇着金窖，不需本钱，发财回家。所谓"贷款"，主要是以糌粑、米、麸粉等食粮，和丹巴来的鸦片、腊肉，四川来的挂面、豆瓣、清油、烟酒等品，折价计算。他们不怕你跑。实际是未淘得金也不会跑。这是第一层剥削。又要用实物计算利息。这是第二层。淘得金子后，作价收买，不抵市价的一半或至于更少，也不能不卖，是第三层。这还把金夫子剥不干净，因为还要留几成归他们自得嘛。倒霉的金夫子或是好吃喝的，总是淘不够本利，于是非长期受此剥削不可。有好运的，碰上金窝子了，各分得了一些金子，但他们也休想拿走。金厂便是妓馆和赌场，各种赌具，红宝、牌九、骰子、扑克、麻将都有，公开抽头。赢十抽一。恋赌的人，输去赢来，平均经过十次便成"妙手空空儿"了。这是第四层。尤为恶毒的剥削。但仍还有运气好，而不好嫖赌吃喝的人呢，他们也休想拿走一两金子。金矿四面八方都是匪徒。积蓄有金子的人，才说明天走，已经有人布置好伏线了。明天就会遇匪，劫得精光，或许还会因为是熟识之人而被杀灭口。所以投身到金厂的人，千分之九九九，都是空手进去，空手出来。只有金厂的负责人和与其有关系的权势人物，一进出便是几十几百两在身。刘部下师长、旅长这些人家里的金子又是若干，那就无从知道了。传说唐参谋长家里有金子千两。他曾说："军长失败后，军官全都抛开他走了。只我一人跟从他吃苦这多年，现在才算得到点回报了。"在这样环境里，谁能够办好一件事业呢？

附注：在康藏高原里，凡有白石英块的河谷，便都有沉淀的金块。松潘的彰腊金矿，包括在内。彰腊近世有人行用新法，是建长里许之大木槽，以次挖取河原沙土冲淘。金重土轻，经长槽冲洗，土去而金全留，巨细无遗。西康土法短槽粗淘，胡乱开穴，故十遗八九。

康藏高原冰雪重，岩石风化速。古代原多白石与金合成之山崖。越百千万年，已全风化。其附近之高原河谷，水流平缓故沉淀金粒独多。色耳巴之藏语本义，即是"金区"，盖古人已曾在沿河拾得金块。惟喇嘛教禁淘金掘地，故尚为处女矿区。

此次金厂，亦曾淘得狗头金数块。宁远的麻哈金矿，则是山崖，须伐白石碾碎淘洗。清末开采，后废。宁远之洼里金矿，隆达金矿，又皆是河沙中淘金。洼里曾淘得一块重三十余斤金块与石英犹互抱裹之"金王"。我另有记。

3. 宁雅归康后康地的重要性反削减了。

前两年刘文辉还在立志经营西康，微微有些成绩，自宁雅划入西康以后，他便只注意于宁雅的经营，把康区完全放在脑后去了。这又是与我替他争得宁雅本意背驰的。西康省府成立的1939年，他便组成全班人马的盛大南巡，在西昌住了大半年，把那方面的政局弄到稳定了，设立了许多实验区。也抚定了几支彝人和地方上的巨室豪绅。1944年他又南巡。那时我已在华西大学教书，恰同李安宅赴康考察，又同他到西昌考察。刘给了我一个"屯委会副委员长"的空衔，未让我到职。他也未问过我一句康、宁的政务（大概在他看来，我在康所做的几件事，已把力量用尽了，此后只合教书了）。除了两次南巡以外，刘长期住在雅安。西康的事，只交与秘书长张为炯去应付。我从前在那里搞的一些事业，全部塌尽。使我最痛心的，是牧站联运都不被支持了。

1939年，西康省政府成立以后，川、甘、青、康四省划界问题发展到最后阶段，四省派出代表会商的决定时，刘文辉这时想到我，派人来商求我的意见，无非想我再帮他出主意把上、中、下三俄洛划归西康来。但我认为俄洛该划归青海省。不能为西康去争。争得也是害了俄洛。所以谢却了。

附注：俄洛在黄河上游，鄂陵湖以东，阿坝以西，即《禹贡》的"析支"和《后汉书·西羌传》的"赐支"之地。为游牧部落。清代划归松潘，属口外六十四土司之极西部。实际上松潘县从未进行任何政务工作。故号为"野番"。其人奉祝靖寺之红教。清末改流时，赵尔丰曾命祝靖寺僧往招之，未即降附。青海马步芳军曾设白衣县管理。后俄洛人逐马军，四省界争遂起。四川人执前清旧制，争归川；青海人执近世现实，争归青；甘肃拉卜楞黄正清，则力争划甘。

4. 西康的鸦片生意增加了。

宁属盛产鸦片烟。当时入康公务人员与士兵，无不贩烟致富。从我入康之勤务员谢祥明，后辞我去入西康银行作传达兵。我离康时，他来言自己积贵五十万。其兄谢利贞，后复离去经商，亦云积二十余万。其赚钱之道，只是贩运鸦片。贩鸦片有人缉私，无政、军、公务凭藉者，终不得富。谢之富，即由附资于西康银行之鸦片股。有顾问刘××者，绰号"刘百万"。赤手入康，家口甚大，文职中积赀最富。自言初到时仅以四十元求唐搭入其贩运鸦片股，本两年积累遂至百万。彼有军队护送，自云南购入四川，月余一次，得一对本，四十元六次成万元，九次成十万，十二三次超过百万矣。刘文辉亲信之暴富皆由此。我坚持不与同污，故贫。今日回忆其事，知其人多已刑死，乃自幸为"不懂事人"，较之为更懂事者也。

三十八、倡办牧站联运始末

我在西康除谋划建省外，所搞的最大一件事，是"牧站联运"。想用它来代替"乌拉制度"，解决高原的交通问题，并建立全康的经济建设网。这件事，由我提倡、鼓吹、筹备、经营，实现了初步的轮廓，但最后还是失败了。是我终生遗憾之事。

虽然这事失败了，也当是我的骄傲。我坚信，它在辽阔的康、青、藏地面是一件利民利国的创举事业。因为康藏社会要得发展，非得有如此的交通脉络不可。只不过进入现代社会后，汽车、火车会是主要交通工具。

附注："乌拉"，藏语徭役之义。藏俗：民户不分炊，世世承办一定之差粮。其差徭有支马、支牛、支柴草、水料与人役等规定，即中华古代徭役制度。改土归流以前，惟对土司喇嘛供应，民力能胜。改土归流后骤增汉官、汉军频繁来去之供应。而汉官、汉军，又不知爱惜，恃强虐用，流弊万端。繁剧地区，民力耗竭，逃亡避差者多，或有田无畜，官运陷于停顿。数十年来，川边政府虽屡图整顿，种种办法，不切实际，尽成空文。西康建省委员会成立时，康人痛诉乌拉弊苦者累千百件。炉城官吏无法出关就任者百余人。公私困顿，迄无解决之道。故刘文辉等欲实现垦牧公司计划以救其困。

前已经说到，1932年8月，我和孔庆宗在二十四军部的经济建设设计委员会时，曾经编印了一本《发起西康垦牧公司宣言》和《经营业务计划书》。因二十一、二十四军开战，刘文辉战败出走了，未克推行。

宣言九章，主要是呼吁国人把余财余力用来开发边疆、巩固国防，并为移民实边、消纳腹地过剩人口，开辟出正确的道路。从而结合到西康的实况，论述开发西康宜从牧业着手的道理和方法来。这才提出"西康垦牧公司"的办法，募股的章程，请求国人支持推动。中间要点有：

吾人组织本公司之目的，约有四端：

一曰开发富源，公私兼利。变草原为利薮，于国家则增益生产土地也。取子金于母财，于私人则解决正当生计也。

二曰从经济关系，谋汉藏民族之切实合作。于重牧民族之中，实施改进牧业之事，必能以互助互信之精神，得共存共荣之谅解，使帝国主义者无从施其挑拨离间，则坐收渔利之伎俩穷矣。

三曰促进政务，巩固政权。夫筹边之要，固恃在兵。专恃兵力，断难持久，惟政治修明，经济发展，乃能保邦图治之本。经济建设为政治建设之基础。垦牧事业又为经济建设之先驱。经济力量雄厚则政治力量随之而巩固也。

四曰以民营事业促进国家建设。夫公司经营，既不似个人经营之力量单薄，动遭妨碍；又不是政府官办之牵于时局，辄生变化。在公司经营成功以后，仍可于国家民族有利之条件下，化私为公，由国家收管。

其第七章，论经营之方法，谓：

洪自纤始，高以下基。由小试以积经验，则不虑颠踬。集微资以兴伟业，则众举易成。按公司营业计划：所需资金总额三万元，分三年募集，每年一万元。五年之后，子财增值，足以扩充业务，即不再募股。由垦牧而贸易，由贸易而运输，由运输之牧站兼营工商林垦诸业。五年小成，十年大成，可以操券而得。……进至六、七、八年之第四期，则公司资力已充，于原有之城市商店与牧站业务之外，并可协助移民，推广垦区以种植谷粮、蔬果、药材及其他土产，添办炼乳、提酥、制革、洗毛、编织等厂以增加输出，发展商业。迄于九、十两年，资力更厚，更可开矿冶以兴宝藏，设银行以便工商，用余力举办公益事业，改进土民生活俾其响慕华风，日就融合。于时，内地汉民之随各种业务发展需要而来就业者，亦必络绎不绝。夫而后移民实边之目的可达，拓土开疆之实益可成矣。

这篇，是我与孔庆宗合拟的。其经营计划是全用我所拟具的。有个短序云：

本公司以垦种牧草，改良畜牧为基础事业，垦种谷物与药材，采伐树木，承揽运输，经营边茶为扩展事业。目的在以改良牧业逐年所得之利益发展公司逐年推广之事业，建设成为贯穿川、康、藏之巨大经济势力，以为开发康藏之线索而扶边区政治之推进。

其业务,进行分为五期:

第一期:募足10000元①开办。设"第一垦牧场"于康定附近之榆林宫。招汉族垦丁10名,藏族牧丁10名,购牧牛300头,羊400头。设管理人一员。经费概算是:购入牲畜费6800元,建筑房屋费1000元,购置帐房费300元,移运工人费600元,垦具、垦粮费100元,第一年工食费1200元。估计第一年生产收益3000元,作扩充经营费。

第二期:增募资金10000元。开设"第二垦牧场"于折多塘之毛家沟。购入牛200头。增招垦牧工20名,雇管理员1人,不足之工人与牛羊可由第一场增殖数划拨。同时开设"第三垦牧场"于中谷之新店子。开设商店一所于打箭炉,资本1000元。店员2名,年支400元。办理第三牧场供销物品。估计三场一店年收入7000元,仍作扩充经费。

第三期:第三至五年,再增募资金10000元,发展边茶经营业务。开设茶店1所于打箭炉,资本10000元。包运茶驮出关及官府运输。估计牧场开办至第四年,可得专供役用之牲畜600头以上。此时便可包办炉城乌拉。即以乌拉代价,添购役畜,并推展垦牧场于关外各运道间,替换运畜,节节衔运,使运畜不疲,而交通畅利。除支出茶店资本10000元外,可以不再增资,即用公司收入盈余,次第发展。惟亦不排斥,增加股本,加速扩充,俾牧站经营迅速发展。加强广度与深度。

第四期:第六年至八年,就逐年赢利项下提出资本50000元,增设道孚、炉霍、甘孜、理塘、巴塘茶店5所,经营附近地区人民用茶与土特产收购商业。开办雅炉运道与二郎山等地牧场。

第五期:第九至十年,推展茶店与牧站至德格、邓柯,及青海之玉树,藏军驻区之昌都一线各地。以便藏番商民采购。如得股东同意,可以将历年应分红息作为连续发展经费。亦可一面逐年分红,逐年吸收新股进行发展。

当时所考虑的是:边疆一切特殊,内地人所不悉。集资之初必多困难。故宜以渐发展,俾成小效以辟投资者的疑虑。积小效以成大效。至三年后,即不患人不投资,发展为不难也。当时全省未有纸币,通用大洋,以墨西哥之"鹰洋"为标准。成都每元可购米两斗,故预算"购牛每头20元,羊每头2元"。其他支出准此(此

---

① 原注:100股。

种估计，1934 年后即不适用，故只录其业务进展计划）。

1934 年秋，我在江安，接姚仲良函，谓：刘自公见到了这份计划书，认为可办，他可以承担募股。要我到西康去商量进行。我回信提出三点疑问：

公司计划，收益在五年之后。目前边腹各地金融奇窘，万元资本，亦未易集。从总座与吾兄倡率克举厥事，一二年内无利可获，或竟遭逢意外蒙受挫折，众志不固，一篑功亏。此弟恇怯不敢成行者一也。弟举家十口，恃笔耕养活，力只能担任小股。无坚强维护之力，有同归失败之虞。此恇怯弗敢成行者二也。弟以寒生偶此伟业，言轻力弱，惟总座与吾兄是赖。总座留心军事，忽于建设。况西康之部又自有方面大员，属意此否，未曾探悉。似此大路椎轮，百年巨业，千人举之尚惧无功，一人挠之破坏有余，不慎于始事之初，将悔于噬脐之日。此弟所以恇怯未敢成行者三也。

其后还函商了几次，又约到蓉面商。结果是募股困难，未能决行。

1936 年，我做了建省委员，到雅安后，又再提议，改为"牧站联运"，请由国家拨款兴办。仍是从康定起，分南北两路，按大体二十至四十里间，建一牧站，购置牲畜，栽种牧草，储备干刍，承运公私人员、行李、货物往来。目的在于废除乌拉，改进关外交通，便以牧站经营食宿供应与交易货品之商店。仍是 1932 年"垦牧公司"经营计划的精神实质。只不招募商股，完全由国家经营而已。我在《建议书》末，附有《论牧站联运十便》一文，附录于下：

论牧站联运十便

一、牧站与乌拉比较。旧制乌拉，不惟害民，亦且濡迟过甚，不济急用。例如康定一城，徭役最繁，而纵横百里内能支差者，不过六七十户，全县差户泰半在折多山外，或远距数百里，有时尚须越境向丹巴、九龙及查坝征集。出关人员，皆须先期办好马牌，注明需用马、牛乘驮数目，照会康定保正公所。保正公所查明应当轮支民户所属村保，发出传差，分道催向村保头人。头人据该村轮支差簿，转催差户。差户牛马又皆在山野远牧，当夜始得回家。纵是军役急差，连夜赶办，有时亦须四五日后方能到齐。如是百头以上之"大差"，非历时半月以上不能成行。"小差"成行较易者，则须挨村替换。例如：赴道孚者，康定三十里至折多塘一换，折多一百里至长坝春换，又五十里至中古换，又四十里八美换，又三十里吉色宗换，又八十里至可拆换。替换差户七次乃至道孚。必须到站乃知而进行传催，每每一宿而后得进。近年中古与吉色宗民户逃亡，则由长坝春与八美并站运送。路远畜疲，多有倒毙。又道间每有劫匪，欺差民畜疲人少，突出劫抢，牲畜丧失，人或伤亡。于是两村人民又多无法支差，逃亡作匪。存户既少，则请他村帮差。帮差又几费周折乃定。道路既远，换马一次又须迟至一二日后。其后八美差户全部逃亡，政府又饬长坝春差转送泰宁，暂由惠远寺喇嘛差民替换。惠远寺不服，差到每有纠纷。逃户愈多，支应愈难，往往差马到站无人接替……其不能不陷于濡迟之故，大抵如此。

如果办理牧站联运，一则役畜有备，咄嗟立集，无复濡滞之患；二则按站替运，畜以时休，无疲乏倒毙之虞；三则农自为农，牧自为牧，各安其业，无复催迫扰害之弊；四则牧站蝉联，呼吸相通，守望相助，可免匪劫掠之患。较之征用乌拉，利害悬如天壤矣。

二、牧站与公路比较。建筑公路行驶汽车，自属现代边疆交通所当必有之大业。然就当前康藏地理言之，亦有其不利之点数端：（一）山高谷深，岩岸险逼，修路困难，旷日持久，难待成功。（二）海拔过高，冬季土冻三四尺，路土受冻含有水分结冰暴涨。春后冰解，土尽松弛，又须修筑。养路之费不赀。（三）康藏人口稀疏，生产落后，文化浅陋，生活简单。出产既少，货量不大，运输价值不与汽车相称。（四）汽车汽油，仰给外国，增加海上漏卮，易受外国操纵，器材一旦缺乏，即有陷于瘫痪之险。（五）将来建设公路，亦不可能普及全康。广大康藏，不能恃一二干线解决全面的交通。牧站联运，但发展康藏盛产之牲畜，固有之器材，习成之技巧，因地所宜以为功。纵使他日公路，甚至如铁路已经建成，仍有推行于僻远墟落之必要……就通利率①言，汽车一遇障碍即不能进。牧站则虽遇桥断路塌，不能阻遏。此所谓"尺有所短，寸有所长"也。

三、牧站与旧日军台比较。往时边地用兵，常于饷道沿线，建置台站，置兵戍守，联以塘汛，护卫饷运，驰达情报之用。牧站联运，实即兼具军台卫饷传邮之义，而有胜于军台者数端：（一）军台塘汛，只有支出，不似牧站兼营生产事业，收支相偿，尚可有赢。（二）军台传邮卫运，其济运夫马仍恃乌拉。不似牧站之不扰民。（三）军台只能短时设置，久则弊生，如军纪废弛，暴虐土民，吃缺虚冒，至于官不到地，兵不守职等事。清雍、乾时在康设置之军台，嘉、道间废坏殆尽。清末，赵尔丰复建台站，未三年，又复废尽。牧站联运则资产稳固，人员随时调换，业务活

---

① 校者注：通行利用率之意。

泼，各站有互相监督之功，流水不腐之美。

四、牧站与轿力驮脚比较。内地车船不通之地，行旅依恃轿行，商货托之驮脚。人畜上道，长途疲劳，不能加疾。宿食刍秣，仰于商店，在在需钱，运费高昂，妨碍流通。苦力疲乏，雇主催速，又为吸烟泛滥根源，劳动人民深受毒害。西康高寒，空气稀薄，又无食宿脚店，更无条件推行此种运输办法。然而随处皆有低廉草场与健壮牲畜，稍加整理，便可组成廉价之运输。故移牧站于内地则不可，推广轿行驮脚于西康亦不可。各因地宜，原难比较。惟就运费之廉贱，运输之妥速，及不费人力而摒烟毒之害言之，则牧站优矣。

五、牧站与"铁肩队"比较。行营于车船未通之地，招募壮丁，编为"铁肩队"，运输军实。每夫每月工食十元，更设队长，职员管理之。每夫负担两斗，日行四五十里。此在粮食价廉，牲畜缺乏，道路险窄之区，不得已而行之可也。而其人则已困苦矣。在西康则不可行。往时军队出关过山，但负一枪，亦多呼吸迫促而死，力夫安得逾之。惟康地牲畜能行此稀薄空气中。若就运价言之，内地之"铁肩队"，运六十斤重物，行千五百里，需时一月，官给费十元有奇。路毙病倒者多，公私所费实过二十元。若在牧站联运，则平均六十斤行千五百里，按站行进费约五元，破站行进约为七元，兼站倍速，亦不过十二元。廉、速皆倍于铁肩队。

六、牧站与藏商运输比较。藏族商人皆自养大批牲畜，卫以狞犬，率之远出经商，不带刍牧，日行二三十里，得有草处，卸驮放牧。自午迄晨，乃牧队上驮前进。因地制宜，别无善道。牧站联运，实即师其且行且牧之意，而以替换运行之法加快速度。使运费不加而利效倍之。由有严密组织以保障货流之安全与畅利。虽开办费较大，而因牧站以经营相关之经济事业，收益之钜，故不仅如藏商之运货而已。

七、牧站代邮与邮站比较。关外邮线，难于推广之原因有二：（一）番人不解汉文，邮员不通番语。寄邮件者全汉人，故邮件甚少。（二）邮件既稀，恒数日一班。加以风雪滞阻，班期屡误，不能应急。故凡重要文件仍遣专人递送。牧站联运，即适于代邮。将来以牧站兼理邮递，则经费无庸增加，递运能更妥速。且牧站人员兼习番语，住居既久，兼能指导土人，即可启导番民使用邮递。如番民寄递番文信件，欲于信面填译汉字，亦可就近为之办理。牧运所至，邮政亦即随之深入推广，无须更设邮站邮员矣。

八、牧站经营牧业与特设牧场比较。改良畜牧为建设康藏必须重点推行之经济建设事务。言者每谓设模范牧场，研究改良种畜，栽培牧草与畜产品加工等示范推广事业。原则固然，推行则殊未易。若只专办一二处所，则接触之番民有限，推广失于濡迟。欲遍设全康，则开支过巨，财力不可能胜。且畜牧所宜，各国不同，随地亦各不同，外国方法未必即能适用于西康，学校教育培养之专家，只能掌握其学理之原则，如何进行地方牧业之改良，仍尚待于就地实践，积累经验，逐步试用，有效而后推广之。要必以土著历世积累之经验为主要凭藉。故集中办理一二个大型改良示范场，莫如分散设立多数之新型小牧场，分担改进畜牧之任务为有利。而分散设立多数之专业牧场，又莫如以牧站承担此项任务为更有利。盖牧站本身即为研究改良畜牧之机构，其人员即牧事之实践者，又与土著牧民狎习，复具有吸收新知识之志能，最适于承担此种任务之基层工作人员也。若嫌其学理方面不足，则延聘一二专家，循行各站，教导赞辅之，已足与学校教育同功。专家亦得于巡回施教之中，吸收各地番汉人民创造之经验充实自己之学力，得出更为踏实之结论，与更为正确之方法。较之集中一地，闭户造车之专门畜牧改良场工作为更有效用也。夫专办集中之示范牧场，必分为理论研究、生产实验与良法推广三部。人员众多，经费浩大，旷日持久而后有可以推广之方法，而其方法又未必能适合于各地区之人民需要。今以牧站兼营牧畜改良业务，则国家负担锐减，而所得方法切实。牧站发展到星罗棋布之时，即全康牧民皆能与牧畜改良新事业接触之时，全面改进牧业之道，固当如此。

九、牧站与军屯比较。论者，又每谓我国开拓边疆多得力于军屯。凡属夷匪出没、垦民不安之地，宜即施行兵垦，如古屯田制，与明代之卫所制，以满役而不能归农之兵士，领地耕种，编户为民兵，世代相承，为军户，则屯军老者自然归农，力量新生不已，地方永安，垦场永固，建设国防之良法也。此说未有可议，然有不适用于康藏高原者：康藏地广人稀，夷匪数亦不少，不适用大量部队驻防，一也。夷匪出没之草原，耕地缺乏，不适用屯田之制，二也。开发牧区，当从牧业入手，内地军人，改从农易，改从牧难。故只宜推行牧站，锻炼定量之青年人习于牧事，与番民牧民共同开发之。有牧站为固定之中心点，以领导一个地区之牧民，次第诱掖之栽培牧草，改良畜种，固往生活，垦种蔬菜、粮食，发展种药、狩猎等商品生产事业，即可使荒凉之旧式牧区，进为生活优裕之现代牧区。

十、发展牧站与建立市场比较。论者每谓关外市肆缺乏，为经济不能发展之最大原因，主张于适当地点建立街市，招商设肆供应改善人民生活之物质，促进土特产品的交换。此亦不宜之论。川边如黎州之富林、汉源街、清溪、泥头，天全之始阳、灵关，泸定之化林坪、冷碛、泸定桥，康定之瓦斯沟、打箭炉，皆明代之河谷农地，委于土司治理。清代建成市街，发展商业，遂能带动其他地方经济文化蓬勃发展，克收改土归流之效。即现在关外县治所在，亦大都依清代开辟之市场奠基。其他如滇、黔与西北东北边之进为腹地者，亦莫不如此。虽然，市场之兴，必缘交通线之节点。苟交通尚不健康，节点即不可能确定，市场虽建立，商营不便，终必归于倒塌，如此之例，川边亦甚多，不胜举也。西康交通在原始时代，无节点可言。清季安设台站，驻扎防军，造成若干之市街于军台道上。军台废而市街亦废。今就其废墟言之：南路如营官寨、卧龙石、八角楼、中渡、西俄洛、火竹卡、理塘、喇嘛丫、小巴冲、巴塘、竹巴龙等处，今惟雅江、理塘、巴塘三县治保存而已。北路如泰宁、觉乐寺、道孚、呷拉宗、虾拉陀、炉霍、朱倭、甘孜、绒坝岔等处，今唯道、炉、甘三县治保存，泰宁与化林坪皆由千余户之城市，沦至三十余户而无可资生。故不先健全交通线选得适当具备永久性之交通节点，而盲目建立市场，亦绝不能起促进地方经济发生变化之作用。牧站联运之目的，即在首先选择可以永恒存在之交通线，建立牧站为基本节点，更选择其具有发展商业之条件者为大节点。小节点发展垦牧生产，兼营小店商肆，大节点发展商业与土产加工事业，导致市场之兴盛。配合适当，一成不毁，俾成为促进全康繁荣之大小动脉，又不仅市场缘之以兴而已。

这篇文章，实际是我自己理想的建设西康经济计划的一幅蓝图。曾经印成小册子发表。今日遍寻无获，得1937年修订残稿于破纸堆中，故录其全文如此。

刘文辉初到康定，就决定举办此事。他的意思，是拨开办费八万元，由我负责筹备，立即进行，要做到1937年就开始运输。最先解决康定、道孚段的乌拉停顿的问题。也不必向中央政府请求拨款，免得政府因出款又要派人插手，反多滞碍。名字就叫"牧站联运"。我则以为：纯由西康官办，政局一变，就会全盘推翻。莫如改为官商合营的股份公司，可以不受政局变化的影响。现在可用官款先办起来，同时招募民股。我这建议是刘氏口许而心不许的。因为如其说政局变化，便是他垮台了，还要这个股东何用？因此，还是用的"西康牧运公司"的名称进行，实际只算是建省委员会举办的一项事业。我在前方努力筹备去了，他在后方并未进行募股。不但未向国内募，也未曾向川内募，甚至于他自己与其部属做鸦片运销，各拥亿万巨资的人也无人认得一股。到国民党在西康成立"省党部"时，已经带来人员决定接收这个组织。一经成立省政府，叶秀峰做建设厅长，骆美轮做交通局长，便强迫接收过去了。那是后话。

筹备进行的经过，是先由刘文辉召集一个"西康差徭会议"，在康定师范校内讨论了三天。主要是讨论我的牧站联运计划。出席的人除在康定的新旧官吏外，也有关外来康定的头人喇嘛和在康定的中统特务徐昭骏，康师校长杨××。在那乌拉极度困难的时期，自然没有人反对，顺利通过了。但是也没有人细致考虑过有无困难问题存在，都只作个"路上看跑马"的态度。

在那时，西康已经是国民党的纸币行用时期，八万元已经只当得大洋五万元用了。并且逐日还在贬值。我怕受贬值影响，一时发动许多人分赴关外各处，采购牛、马、鞍、缰、毡垫。尽量把开办费用完。只留下一半作为招训人员和修建牧站的费用。同时，开办了"牧站人员训练班"。就在康定县训所的现成房屋、用具的基础上进行。一个月毕业，用为推动这一计划的力量。

牧训班有三十几个学生，大邑人与南充人较多，都是中学毕业生，也有大专毕业的。招考时重在面谈，再三征询其志愿。我首先是集合讲述办理此事的计划，说明关外的荒凉与事业的艰苦。然后才来问志愿，稍微游移吞吐的都不取录。开学以后，虽教授垦殖、畜牧、社会调查、交通管理这些课程和刘文辉的精神讲话，我知道那些讲技术科目的是不会与牧站计划配合的，故只全力注重在《康藏史地》这门课，每天都有两三点钟。而讲的又只要求他们了解关外社会和自然环境的特点和历世经营川边的错误。要求他们树立雄心大志，做到人人都勇敢、廉洁、精细、勤劳，研究所可能遭遇到的困难问题，共同找寻解决之道。这批学生绝大多数是衷心感动并立下志愿的，他们几于完全对得起这项事业。只有一两个口是心非的人，后来暴露了出恶劣本质，受到严惩。

牧训班学生三十余人，为何南充和大邑人特多呢？南充人，自然是我的关系。大邑人，则是因为土地兼并到极其残酷的阶段了，许多从前的小地主和富中农都保留不住田产。所以向外就业的青年很多。并且一般都是品质很好的，踏实苦干的。廉洁和勤劳，每有高于南充青年之处。我与办省三中时一样，不讳言用亲属和乡人。有人把康定总站呼为"南充会馆"，我也不顾。我只是每周要把家乡人邀到家里来座谈一次。勉励他们认识牧运的前途，要求他们做到廉洁示范、勤劳示范，立定大志搞好这一新兴事业。而我又自身为他们树立榜样。这虽是一种功利主义的教育方法，却是收了效的。直到后来失败，也没有任何一个人说我任用私人的。而且他们也能帮助我带动非南充人的同事。

初时全部牧站工作人员，绝大多数都是与我同心同德的。惟所有站长一级，全是中学毕业的知识分子，他们对于劳动和联系群众都太差了。林口的站长陈××，是个能力很强的青年。因为那里多匪，把他安去。有一次藏商驮队路过，挤毁了一段房墙。他扣留了藏商。商人认错、认赔。这时他贪污的根性爆发了，揩索了一笔贿赂，与同一个站员分了。被查办了。

有个曲丫的站员，很勇敢。1939年的春天，站上人员都已出差去后只他一人留守在站，遇到丹巴的匪徒前来行劫，他守在屋内，开枪抵抗甚久。经邻站闻风赶来时他头部中弹死了，匪洗劫后，把他尸首藏在马槽里逃去。室内退下子弹壳甚多，以此知他抵抗甚久。建委会为他开了追悼会。

那时恰是四川知识分子失业严重和农村抓壮丁闹得乌烟瘴气的时候，家乡人来信要求到西康来找工作的人多得很。首先便是任泽震写信来说：校长挤掉了，到岳池教书也被挤掉了，知道张志远在西康很好，要求也来找工作。我答应他一个人来，勿携家口。又许他带七八个劳动力强的农民来躲壮丁。我的用意，是把他用来作我的助手；带来几个川北壮丁学牧工，是因为川北人勤劳质朴。原拟多招西康土著为牧丁，让他们与牧丁同住久了，学会管理牲畜的本领后，可以在康站得住脚，再去接家口来。想不到泽震才把这话放出去，要求跟他来的一两天便有几百人。其中青年劳动人民固多，中学毕业以上的学生亦很不少。他们都说，为了躲壮丁，只要有饭吃，什么事都愿学愿做。甚至于有人说：只要能到西康，旅费、生活费都自己管，只要躲得开壮丁就行了。泽震来信说："横顺牧运公司要招牧丁、垦丁，让他们多来点人不好吗?"我回信坚持只负几个人的工作责任。但是还来了一百多人。泽震安排为副经理。韩荫雇为公司文书干事。学校毕业的去招考牧训班。挑选了最能吃苦耐劳的十多个壮丁作牧站的站丁，跟着我出关去选择牧站地点，进行建造工作。余下的人借点本钱给他们购点粮食，引导他们到木雅乡去淘金，自谋生活；有几个人自己带有本钱来，闯出关外去做生意。这批人，后来大都挣了几个钱才回家去了的。川北人劳力强，所至受人欢迎雇用，饿饭的人是没有的。

四月下旬，牧训班毕，分配了能力强的作牧站站长，其余作为站员。那时已经从名山招来了大批木匠、解锯匠，从金川招来了一批善于砌乱石墙的人。由我率领他们一路分配到各选定牧站地址去进行建站工作。

第一期牧运路线，从康定到道孚。是选定的出二道桥，经海子山、泰宁到道孚的路线。理由在于：（一）避开乌拉旧路，让暂时保留的乌拉旧制与牧运并行。（二）兼顾到丹巴和金川的交通。（三）道路比较折多山一路平缓径捷。（四）原为康北干线，因匪患闭塞，藉牧站以制匪，可以展拓生产于这线地方。我用步度测定距离。斟酌地理形势建立了下面这些牧站：

王母，为出北关第一站。原是一个农村，现为大片荒地，只保存有两户人。就荒地建站，拟将来垦种粮食，供应马料。

中谷（藏语"尽夹村"之义），第二站。当孔玉村分路处，河谷四歧。有汉藏十户，垦种之地不到一半。拟将来在此大种牧草与燕麦、苜蓿，供应各站草料。

新店，第三站。在中谷河上游河原上，平阔而高寒，可种草地多，附近皆森林，将来可以发展成为牧业示范站，使其成为此河谷村落的终点。我1929年过此时，只一老妪搭茅棚居此，以供应旅人水火乞食。再次出关，茅棚亦没。有李抱冰军士修建之营寨屋数十间，碉堡垣壁犹存，房尽倒塌，乃就取其器材，重建站于废墟上。

甲拉，第四站。在海子山下河谷中。其旁为"甲日"大雪峰，为高出海面六千米之大雪峰，尖锐如冰矛，矗立于站旁。其通新店之山垭，高四千米，颇平缓，道旁冰河漂石间有二湖，人称"海子山"。过山急坡直下入谷。藏语为"甲拉"，谷曰"甲拉石"，上游平通八美、中古，下游穿森林岩壑通丹巴之"旄牛村"，旁通泰宁。向为夷匪出没之区，故曰名"甲霸沟"。我自己在此督修一月，建成为一座宏大坚固的牧站。目的在于制止夷匪出没，维护康定、丹巴、泰宁三县地面。附近垦地不多，河谷林间草好可以牧放一定牲畜。森林可资狩猎。

新店站至此距离忒长。故又于大炮山下之山根子添一尖站。目的在：（一）供应赴丹巴者牲畜。（二）预备替换过山疲乏之马匹。附近牧场不良，牧草由新店站补充。赴丹巴者自此翻大炮山，及牧运翻海子山者皆可资以休息。作为新店之附属站。

三巴，第五站。甲拉下不足三十里，当丹巴通泰宁小道之森林间，有小河谷平原与丘陵草山，旧云"曲泾桑巴"，于此建站，与甲拉呼应以备匪，且是康、丹、泰三县联系线之节点。

泰宁，第六站。即就泰宁城内关帝庙为站，不新建筑。泰宁平原中央低凹部为四山霜气所集中，较周边寒霜严重，故皆荒弃不耕。将来拟垦以种牧草。其南"牛角石"大片熟荒接于八美，拟为马料、谷物之垦场。

曲丫，第七站。泰宁属高原顶部，纵横百里内大体平坦，有一河入查坝之雅砻江。河在高原中分支歧出为平浅之农牧场，兼富沙金。清代原有三土百户领农民二百余家，因当北路冲繁，差役烦频，加以惠远寺僧与淘金汉民骚扰，清末叛乱。乱平后，民户散绝。仅招回二三家居吉色中，无力应差。曲丫为其上游河谷台地，与吉色中相望，介泰宁与松林口两站之间。旧时夷匪纵横，行人屡受其害。兹选为牧站，与吉色中相距三四里，烽火相望，可以互为接应。荒地辽阔，更适于推广垦牧。定为大站。

林口，第八站。自曲丫平行过官寨子（清代所建台站。垣墉高厚至今未圮。房屋则已全毁。附近为龙登坝子大牧场），至松林口，四十里。穿林二十余里出可拚村。即于林口建站。用龙登坝子为牧场。拟将来于此发展为林业经营站。当前重在防匪卫运。

可拚，第九站。一作郭卡。为三十余户之农村。向为一乌拉站要地。亦有台站旧屋。兹即以台站为牧站，暂购农民藁草养畜运输。因附近皆耕地，草场甚远，暂时尚未探得。惟林间往往有小草原，匪患重，未可往牧也。

道孚，第十站。即市街之下方租用民房为站。附近尽农田，将来牧草须曲丫、林口供给。

合康定总站与山根子尖站，共十二处，除泰宁、可拚、道孚三处外，完全新修者九站。每站相距三四十里，最长者新店、甲拉间五十余里。故有尖站。运程：按站者十日，兼站取速者五日，超站急运者三日。运费规定各不同。此我筹备时计划也。

建站全在荒地，自康定运粮至其地，支帐幕，开工。皆由我亲自相地，引绳打桩，规定砌石奠基。办公室、仓库、客栈、畜栈、草库，皆随宜规划，大小阔狭与其站发展远景相称。乃采木于山，就地截割建造。全部建立新屋百间以上。关外无瓦，则依藏式建平顶房，铺木面土为顶。土顶房皆漏水，我与木匠又创为木板双重交互盖之斜顶屋，拟更用牛毛布盖上，以防雨湿及冰冻，以期久远不朽。新店、甲拉、曲丫皆为兵营式，护墙两重，屋壁下部皆护石垣，可以拒守射击。我对甲拉站特为苦心经营。初率工人到时，未作武备。张幕之第三日，即有夷匪数人骑马荷枪而来，观我等午餐，检视行李殆遍。外表亦如客商，而无货驮。我知是匪，镇静以待之。他们问"通司可有？"我用粗通之藏语应之曰："通司墨。"问："你是何人？"我应："军部的委员。"彼等知是官吏，又无长物，随即自去。所招丹巴石工窃告曰："匪也。"我笑曰："固已知之，惜不能以藏语达意。知无商货，彼亦不窃耳。今后如再有匪来，希你等告以军部委员来修台站，彼当自去。"其后屡有匪群来过，皆未相犯。伐木既足，将修站，乃调泰宁民工来，挑土运石。土人既多，匪皆遥望而过。我恐夷匪恶建站，来作破坏，乃调牧训学生十二人荷枪弹来，修一石垣住房居之，白日守望，夜则三方燃火彻夜，哨守以备之。人夫既多，匪迹遂绝。

关外无石工，遍地皆乱石，番人砌为房基与墙垣。茂汶与金川之人尤精其艺，不用绳墨，但凭目与手，能砌成十丈高碉，与砖砌无异。故此次修牧站，特自丹巴招工。我曾细察其技，知其理：墙面能平阔为壁者，选乱石之有一方具平面者砌向外，层层骈列，引绳冲之，次第修正，使外方平直。内方乃用小石垫衬之，和砂土调水填隙，水分涸失而砂不缩，故能恒相维持。乃更砌次列。其内外方相持不崩裂者，在于善用纵横石材相跨压。石面皆粗糙，相叠压则能相维持。苟一石不与上下四方之石相牵压，则崩溃可虞。石或不能六方皆相压，亦可以适当之小石嵌其间，助其间接相压。惟细隙乃填水泥砂土。其巧在于相石，安置得宜而已。我既晓其理，亦能为之。又转以教牧训学员，相与练习。有炊食一房，即我所砌。牧训学生能相助者仅一人。余仅运石而已。尝有关外喇嘛往康定谒刘文辉者过此，闻我在，谓谒。我方选石材于溪侧，适有踞石拉屎者粪在一方，我误抓之，而喇嘛已至。我乃徐行就溪濯手而后见之。喇嘛嘲我曰："委员石匠耶？"我用藏语答之曰："是委员，亦是石工。"其人颇轻我，竟无所言而去。我亦不怪。

甲拉沟中杉树长者十余丈，我创为"木地纤"法，即解长树为厚尺之木墩，平砌于房基上，以代支立直柱之"地纤石"。直柱皆于下端作榫，嵌木纤中。穿逗成架，上盖长数丈之木板，自脊直出檐口。皆作一定宽幅，再骑缝加盖二层。各柱间皆镌槽，装厚木板为壁。牢固不可摧撼。其外再砌石墙过肩，以防室外纵火。四角皆建碉楼，而以短垣环之，仓储粮食。炊食房下挖井。期于被围一月，仍能固守。客室分三等，正房每人一宿一元。次房每宿五角，须分担御匪之责。三等房为一大间，不取费，但须与站工同操作。有人啧啧议一元为全国最贵之旅栈，登于报端，我亦不辩。但用白纸写建站经过与备匪的必要。"非如此则御匪之力不足。设遇匪而获安寝无损，则岂一元所能偿哉！平时取费特高，异于他站者为备万一遇匪，犒劳之费也。"入站者皆得见之，谤亦自息。

最先建成此站，乃移向新店施工。因旧垣堉为城，切断道路，开门通行，以便检查。此系丹巴匪徒游劫之数，故如此截制之。新店建成，乃向曲丫、林口。他各站则皆只往来督导，由其站长、站员督修。

五月，各地所购牛马已有到者。经康定总站登记，烙印编号后，分配各站就近放牧。六月，石渠等远地所购鞍鞯各具亦陆续到。开始增雇牧工，练习运输。建站之初，皆雇乌拉搬运用品。至是，乃全由牧站本身自运。

在招雇牧工期中，汉民争求拥挤，而藏民莫肯来者。我欲雇用半数以上之藏民，乃言于刘文辉用公私文件促各县府雇送。仍不可得。盖康地人口本稀，妇女勤劳，男子游惰或已学喇嘛。其从事于照料牲畜者，皆只少数准备支差之人，不能向外就业。妇女则不便受雇。又兼语言不通，畏近汉人。前后所雇得善能管理牲畜之藏民，兼通汉语者才三四人，不足每站一人之数。汉工不知如何管理牲畜，与货物载卸。延康定能其事者教之，终嫌不习，劳而无功。此我最先筹备时疏忽之点，亦公司失败一大原因也。

　　我见各县仍不能募得民工，乃以私谊求甲日家调派民工前来协助。甲日家派来五十余人，皆自备口粮，视同徭役。我把他们分配到各站去，通知站员与汉工努力细致向他们学习。这一通告，也成了具文。站员们认为以后便是番民管理牲畜了，自己固不肯学，或学个皮毛。也并不率汉工学习，只把汉工分配给番民一同管理而已。他们语言隔阂，情感不通，学也学不到手。这些甲日家派来的人，做满了七天，坚决要回家，说他们接受的任务，只做七天。我发给他们每人每天五角钱的工资，他们也坚决不受。说："是支差，不是受雇，没有这个规矩。"我要求他们做满十天，说得舌敝唇焦，老民们应允了。有些年轻的不依，各自回家去了。我无法，只好把钱买成茶叶分送他们，让他们全都回去。再请甲日家派送几名长住的牧工来，他便不理了。我又想起，雅江的杨德贵，曾说以后凡刘委员长和我办的事，他都愿竭尽心力帮助。想请刘氏函嘱他派十几个牧工来长期帮助。刘氏说："杨德贵听说我们办牧运，便送了二十匹好马来。不必再要他帮忙了。"同时，各站人员均说他们已经学会了管理牲畜和运输，遂未再图雇用藏民。

　　殊不料汉民管理牲畜，事故不断发生。首先是各地买来的牛马，大多是劣品，或年龄尚幼，或年龄已老，或曾染瘟病，或顽不受羁勒。采购人不能辨别，听受各地译人蒙蔽，一体购入，分发各站。站员又不能辨，一体使用。刚在内部试办运畜期间，就有疲乏病倒了的。各站报来纷纷。我请了一位老于牧事的汉人，同路到各站查看，进行治疗。那位老师傅，很有本领，主要是治马，一看就知道齿龄、病源，也能医治。或放血，或擦痧，或喂草药。的确医好了几匹，他都嘱要休养一月半月，要饱草、饱料、饱水，才恢复得转来。我嘱与站丁，站丁总是不经意地进行一般管理。甚至有时运输任务到了，牲畜不足，仍把病畜拉来使用。一个月内，便倒毙了十分之二三。我把那位老师傅聘为牧站总教练，他不肯就。后来虽就了，每月只在康定领薪，不肯出关。出关一次，也不尽心察看。各站人员，只向我说他的闲话，却没有人肯虚心向他学习。后来催他出关，就辞职，我见他既无实益，也就罢了。

　　我曾经同那位老师傅到新店子，看见一匹马在牧草时候自己走到陷脚的泥塘去了。找站上人把他抬取出来，请老师傅来看。他说："口龄还小，被用于驮运，伤了力，成了青告。要吊着四肢，使仅仅着地，不许倒伏，灌上等饲，几月后才会恢复健康。"但是，这里草都还未储备，哪来上等饲料呢？只用温水洗去了泥土，牵进屋去，依法带上前胸与后腹两根皮带，喂点糌粑、干草。第二晨仍然死了。由此一例，可知各站牲畜倒毙的大概情形了。

有匹夭矫如龙的幼马，不受羁勒。笼头戴不上去。因而不能管理，只能每天随着别的马群赶进赶出。我与康定的全体站员工丁，二十余人，把他赶到无路可走处，进行套笼头。都失败了。他不但头部摆闪，叫人套不上，而且还能跃从围人头上飞过逃逸。我想法把他诱围，赶进钉马掌的木架内去，前后左右上下都摆不开，跳不动了，他的四脚还是乱踢，笼头拿不拢去。又想法用麻绳结套，套上了前后的双脚，左右四人拉紧，再来套笼头，他还摇闪着头，套不上。突然一下，他用紧缚牵着的一双前脚向前猛踢，正击中了那个正在套笼头的牧训生的下颌，响声如鼓，那人顿时昏倒过去了。当时一团大乱，马也跑了。我们把人送进医院，休克了半天才醒转来。从此再也不敢进行套笼头了。那匹马，被站丁打死。假如有善驭马的人，套上笼头教练，是会成为一匹良马的。由这些事实，可以说明牧运牲畜死亡的原因，汉人不习牧事才是主要的。

我们购入的马和牛，约有一千匹，虽然死了一批，还能开运。大约中秋节时，贴出公告，承运出关入关货品。那时唐师长办色耳巴金厂，出关货品甚多，催乌拉不得，通过刘军长催我们承运商货甚急。我所苦的，是未种牧草，牲畜全恃放牧，用于运输必致饥疲，会增加死亡率。乃复出关一次，挨站督饬员工割野草储备。并向土民征购草料。但是，十万元已经用完了，未开营业，没有收入。各站经常开支都有困难。我自己薪水所积的二千元，我拿出来作为入股，用于购买草料。一面催请刘文辉入股。希望开运以后，可以收入维持。

开运时，我规定每驮以百斤为率，超越不得过二十斤。但是，师部交来的驮包，全在百二十斤以上，有达百五六十斤的。康定站不能拒。时我在关外。见货驮太重，又闻各站纷告倒毙牛马，专函回去责总站不能坚持规定。总站持函拒绝师部过重货包。发生争吵。因此唐永晖亦与我生隙。而各站购草不得，亦未割草储备。我回康定时，见各站无草，而牲畜丧失过半，存者皆已疲乏，乃停止承运商货，饬各站倾全力于放草保畜。并请建委会催募股款，向泸定与鱼通购运稻草维持畜命。这时刘文辉在成都，既不入股，又不肯再拨款维持。杨叔明、唐永晖等人责难蜂起，我成了他们谈笑中的讽刺对象了。

便是这时，蒋介石派叶秀峰与周学昌等来西康成立"省党部"，准备翌年元旦成立省政府。叶秀峰指定要管建设厅与交通处，要接收西康牧运公司。刘文辉已经同意，故不肯继续拨款支持。

"西康省党部"已经成立半年了，我并未加入国民党。又不与叶秀峰、周学昌们往来接触，这是他们所痛恨的。故他们与刘文辉商讨省府人员组织时，一定要把我排在省府人员以外。一定要接收牧站联运和泰宁垦殖实验区归建设厅管理。刘文辉见建省已经完成，而我又与康中人员都无交好，也就不放在心上，不经意地就把我踢开了。我自己呢，却未想到刘文辉会屈就叶秀峰等把我排出省府。十二月了，我还出关去，挨站清查牲畜和收割野草的情况，命各站人员造具财产清册，提供年终决算。所至，与他们开会，讨论牲畜死亡原因与如何整顿的问题。他们一致的答复都是无草。山草稀疏，一人一日所能采割者有限，牲畜食量大，供应困难。野牧则以冬草枯息，牲畜整日啃吃不饱为言。运输停顿收入短少，总站钱将用尽，募股无得，人员多存悲观，无精打采。我虽多方鼓励，亦属无益。我每天天明即起，半夜还在处理文件。有时火盆熄了，鸡已鸣了，还未得寝。但我仍然是挣扎着的。我相信省府成立后，仍要大力支持这项事业。

十二月底，我才回到康定。任汉光他们已经知道省府人员名单无我，并知道杨叔明、唐永晖两派人员大肆诽谤我，暗以相告。那时，康定冠盖云集，刘文辉门庭若市，我无法与他见面。乃请建委会发出牧运公司年终结算报告，请刘氏与在康旧有官吏出席，在建委会大厅开会。刘文辉、唐永晖都到了。还有一些挟有嫌隙的军人，虽未被邀，亦赶了来，准备大大轰我一场。我报告一年来筹备经过，购入牲畜、器物，创成财产的数目、规模与其目的计划，和牲畜死亡的原因，说明现在不能运输营业，在于无草的一切实际情形。我愈说愈气，说到盛怒难制时，做了这样一个总结：

筹备时间不足，未能先种牧草和雇得藏族牧丁，是牲畜死亡三分之二的原因所在。但需用迫切，商货提前承运，使牲畜饥疲病倒，则不是我个人应负的责任。今虽牲畜损失过半，而新建九座牧站与其他保有财产，尚可抵十万元金额，此可以康中历世建筑与购置开支数量相比较者也。我与牧站职工，这一年来，相勉以廉洁、勤劳，踏实苦干，为此建设西陲之百年大计奋斗，深信心力俱尽，衾影无惭。遗憾在于康中人士未能同心一德襄赞此艰巨事业。支持者少，旁观者多。又复抹杀成绩，吹求疵瑕。存幸灾乐祸之心，肆下井投石之口。揆其心迹，实同破坏。我个人才短力微，遇蒙主席信托，颠踬在此，负疚良深。好在省府已经建成，擘画当开新局。仔肩可卸，小休宜得。副经理任泽震，是我堂弟，可以替我负责交代。我因离家岁久，已雇定滑竿明日返川省亲。将来泽震如有交代不清处，仍由我到康承担一切责任。当前如有疑问，请即指示，当即席尽量答复。

这席话，我原是想激起他们愤怒，可以造成辩难，更深入揭发那些背后破坏这一事业的坏人的。未想到刘文辉渐感动到了眼泪莹然，殷勤挽留我，说了很多誉词。唐永晖与那些挟攻势而来的，都转变了方向，改为附和挽留的态度了。我说："我是以建省委员兼负筹备牧运责任，并未兼薪。现本职撤销，兼职当然即不存在。留职之说，是不能成立的。任泽震是'公司'专职，所以该由他负责交代。我现在只对他负责，无留此的必要了。"说罢，离席径去。会便散了。

刘文辉似真正激发了良心，不计较我的傲慢，派了建会各科室的负责人和行营秘书长杜履谦到家来留我，要求明天不走。杜履谦说："主席对于你在康的勤劳，随时赞扬在口。此次因有未便说出的原因，把你放在省府以外，他很痛心。现正在准备适当的安置，务请你明后两天不走，保证有使你满意的工作相劳。"我说："后天省府成立，我在此不便。暂时回成都去，以后有适当工作再来。"杜问："有新就么？"我说："无。但我相信自己是不会失业的。明天走定了。"杜说："到泸定后，务请留住一日，通次电话。"

次日已是十二月三十。我坐滑竿悄悄就走了。到泸定后，县长李林已派人截候在桥头上，把我邀入县府住下，具帖请次日宴会。说："杜秘书长有电，嘱留住一日，他有话谈。"次日，杜的电话来了，说："主席查得宁远屯垦委员会有副委员长一缺，已经保荐你。《西康日报》已用特号大字标题登出，你见到否？宁远是你的力量划过来的，屯垦是你的素志。薪俸，主席已下条比照省府委员，从一月份起由省府致送。待中央加委后，即同主席兼委员长赴职。请你立即回康定来，商讨进行。"我说："主席的器重我是感谢的。国民党中央，既不许把我加入省府以内，讵能加委我为宁属屯委会副职？但主席厚谊深情，不可以负。我请藉此考察泸定全县，再回康定听候使用。"这天下午，《西康日报》飞送来桥，果然如杜所说。其后我返康定，也果如我所料。这年，刘文辉南巡宁远，也未邀我。

泸定，是跨大渡河谷两岸的一个小县。这次我花了半个多月的时间，把我从前未曾走过的村落全部走完了。我到得妥，还斜出到汉源县属的雨洒坪与向阳坪，去踏看垦场的遗迹和彝民的生活。得妥头人陈德滋陪往。并在他家整理游记，访问了许多地方资料。回康定后，写成《得妥陈氏谱》与《泸定导游》，交《康导月刊》分期连载。这篇导游，实际是一册《泸定县志》的新型创作。言者称《康导月刊》之受社会重视，从登载此文开始。

回康定后，去会了刘文辉一面，便决意埋头写书，不再问政治了。惟对牧运公司的热忱仍不衰息。我盼望刘文辉带头入股。他不肯，只条令省府再拨款三万元购草，维持牲畜健康。我有向鱼通购稻草运济计划，但是建厅核办时又压下来。拖了两月，仍无结果。我向财政厅长李光普催。李光普向我泄露："叶秀峰仍盼望你办，但要你投到他部下去。你既不填表入党，又不与他往还，他自然要扼制你。"我叹了一口气说："我为国家民族而办牧站联运，岂能为此而屈就叶秀峰门下。但使世人知牧运败坏，罪有攸归可也。"拖至四月，二万经费仍一文未得。汉源西康保甲人员训练所开办，邀我往讲《康藏史地》。我遂离开康定。

在汉源，我与经营驮脚之骡队人员狎习，详询驮骡之产地、教练方法、购买时价，与组织驮队承运货品之办法。曾与一骡队负责人订约，愿贷与骡本二千元，要他推展驮运线，出关至道孚。他苦无脚店供应水草饲料。我保证十二个牧站供应。嘱他把驮队放到康定后，与牧运总公司接洽，承运商货出关。至道孚，仍由牧站协助承运回炉。如其认为可行，即贷款二千元购骡，长期行走。那些驮脚人员，都是农民，素苦本短，仅每家出骡马一头编凑成队，上路承运。二千元可购十匹左右，则一家即可成队，长期在路上营业。闻此甚喜，即许出关一试。我一面函康定总站，通知各站准备一切。一面函刘文辉说明牧运公司牲畜已少，不能承担康道间繁重运输。兹招用私人驮队出关同运，利用牧站为脚店供应水草饲料，则旧牧运公司员工，可以从事种草购料工作，维持运输，徐图发展。为公私两利之道。求其协助四千元，贷与驮队，分为两组，与牧运公司运输相配合，维持牧运计划，代替乌拉。

五月，我回康定，那队驮脚已经出关一次回来了。但坚决不肯再出关去。问有何困难。他说："宁雅骡马，吃惯了稻草麦麸。关外没有，牲畜吃亏。"又"出关货多，入关货少。而出关货载过重，牲畜难任。入关货少，道孚须久稽延。皆属不愿再往的原因。"同时刘氏复电到来，谓"希仍向建厅商拨"。这话，便明明是要我把这事业交给建厅了。我乃告知交通局长骆美轮，请他接收。骆美轮聆我愿交，甚喜，许各站人员全不更动。要求我勉励他们照常工作。这是我当然愿意的。他委了个姓范的去接，由任泽震交代，我未参加。

附注：关外牲畜，以牦牛为主。形大，有长毛，可任编织，极强韧。短毛亦可制毡。善行冰雪中。性柔怯，能合群。行时拥挤，故驮物出关皆装原木箱，加生牛皮缝固，否则一二日即碎。畏热畏疲。操劳过度，或负重长行则怒而发狂，以死。遘热亦然。故其运载不能过泸定。

用内地公黄牛与牦牛交配，所产为犏牛，乳用、役用皆特优良。亦能生育一代，惟皆恶劣，藏族例不用以交配。

关外之马不良。良马皆向青海西宁购之，价甚高，仅土司、喇嘛、富商乘之。其次者为西宁马种。若土产马，则平马乘用与支马差而已。与驴父交配，亦生骡，为运输良畜。然草地罕有驴，故亦不多。藏商来康定运茶者，恒为驮队，一行百余骡者为多。皆日行二三十里，得草地即卸驮放牧。其骡绝大多数购于汉人之驮脚手中。

宁远南入滇境，北至汉源皆产马，即古所谓笮马。体小而善走。其与驴交所产之骡，体形亦小而尤善走。川西南地区商货运输，全赖此骡。农家多养马以产骡。亦俱能教导之驮运。至适龄，组合驮队承运商货。其至打箭炉者，多为藏商购去。骡较马能吃苦耐劳，驯而善走。故藏商只购骡不购马。内地骡帮，则骡、马兼用。

藏商购骡成队驮运于康藏之间，皆食野草。故知牧站收储野草，即可使内地驮脚延伸至关外。若牧站能栽培燕麦首蓿等牧草以待骡队，其营养当远胜于稻稾。至于马料，则豆、麦面与水磨关外皆不乏。设我今日再谋恢复牧站，必不再采蕃地购畜之办法。当大力发展宁雅之马骡生产，组织用善于管理骡帮者推展驮运于关外而已。

六月，汉源保训班第二期开学，我又到汉源去了。这年八月，我从汉源回康定，牧站联运事业已经完全垮了。各站人员调在省府各部门供职。任泽震作了省府视察员。我问垮得这样快的原因和过程。他们说，我刚交卸，建厅就拨出五万元作维持费。随后又还拨了五万。但总站范某并不用来购买草料，而是用来采办金厂用品，逼着各站牲畜运向泰宁、道孚储存。牲畜才半月内全拖死了。又把站丁调去淘金。一个月内，把站员逐渐调走，连鞍鞯都卖完了，只剩几座牧站房子空着兀立。那时范兼任泰宁垦场场长，大开金矿。

又过几天，我的外甥张永海到丹巴，与十多个人过新店站，被住在房子里的匪徒十多人洗劫一空，并于夜间把十多个被劫的人押出去全部枪毙。因为有个人认得一匪，曾呼其名，故全部杀害以灭口。据一个逃出来的人说：几个牧站房子，成了此带劫匪的住宅。他们拆房屋来烧，许多站房屋已保存无几。惟甲拉站修建坚固，仍自巍然。我听了这些话，真是心如刀绞。但有什么办法呢？

后来知道，这些房子，也不全是匪烧了的。匪只有时来，住一日半日或数刻即去。泰宁与康定间，仍常有行旅接队来去。因为他们感到此路方便，虽有匪患也不怕。只是各站无人照管，撤房烧火御寒，破坏力最大。到十月间，还有人想把泰宁人民的牲畜组成运输合作社，利用这些牧站往来康定承运。我觉得这也还是个办法，想到泰宁去进行组织。先向骆美轮商量划拨房子。但骆美轮竟要很高的租金。我就不再说了。直到这时,我才抛弃了兴复牧运的念头。

1964年,在川大资料室里,来了个四川交通厅的干部访问牧站联运的历史很久。还访问了乌拉制度的历史和流弊。他鼓励我把它写出文章发表。他认为牧运制度有恢复的必要。我猜测他是一个研究交通历史的干部,也是认识到西康交通客观情况的。但他的身份地位还没有推动康藏牧运的力量。并且我已满了七十岁,又正急于完成《校注华阳国志》的工作,没有重新鼓吹这项事业的精力了。我只请他去查西康省档的旧案,未曾应允写文。那时,川康公路和康藏公路都早已畅通了。康南亦已通汽车了,却还有人注意到这篇历史旧账来,在我思想上,是一种安慰。

我相信:纵使康藏已通铁路,并已完成公路网,牧站联运的方法仍然是需要的,因为康藏地区太大了,地形太复杂了,人口居处太分散了,不可能每个地方都通达公路,对于偏远之处,这种牧站联运的方式和思路,仍不失为用。就像今天的华北地区还有大车通行是一样的。

三十九、西康的喇嘛寺院

新中国成立以前，整个康藏高原是喇嘛教的世界。只有了解了喇嘛寺院，才能了解康藏高原的社会历史。

我们习惯把藏族所奉的佛教叫喇嘛教，是不对的。他们自己只认为是佛教，称为"却鲁"。"喇嘛"二字，意为"无上"，原只是像达赖、班禅这些崇高僧侣的称号。一般的僧侣就不合用。今人把所有藏族僧徒都叫喇嘛，也是不对的。他们把寺庙分作三种：有神殿而不住僧侣，或只住一两个看守香火的人，叫作"神殿"。僧侣静修之所，不建神殿的叫作"精舍"。有神殿、有僧房，有组织的学法之处叫作"寺院"。一般叫作"喇嘛寺"也是不对的。但一般既已习惯了，也就依习惯呼叫罢。

喇嘛教的中心在拉萨。拉萨的大昭寺就是神殿。达赖所居的"珠园"，便是精舍。所谓"三大寺"才是寺院。神殿与精舍都是占地不多，住人很少的。只有寺院在藏族社会的势力最大。它既是一个地区的文教中心，也是经济中心和实际的政治中心。表面上政治是官吏或土司的事，实际上寺院的权力超过官吏和土司。要说他还兼是军事中心，亦可以的，不但有的寺院有"僧兵"（如色拉寺、大金寺），藏族社会间的战争，也经常是由喇嘛寺与喇嘛寺的斗争引起。

喇嘛教的派别很多。总的说来，可以分六个大派。他们各有其自称的藏名。而一般人习惯用颜色字来给它命名。这六大派是：

"黑教"，藏名"苯波"，是第七世纪前，藏人已经奉行的宗教。其僧侣衣冠尚黑，故俗称黑教。后来，它与佛教有些糅合，因而现今一般人将它归入喇嘛教。实际上它们是不同的宗教。

"红教"，藏语称"宁玛巴"，义为"古旧"的教派。是第七世纪时，北印度传入西藏的佛法。僧侣衣冠尚红。

"正教"，自称"噶当巴"。第十一世纪从中印度传入西藏的大乘佛教。有人把它叫作"老黄教"，也不对。因那时尚无黄教，就不能说它"老黄教"。这派僧侣是讲出世净修的，不参与政权。故我把它叫作"正教"。

"白教"，藏名"噶举巴"，是十一世纪时，西藏人玛巴等到中印度去学回传授的佛法。它崇尚白色，据说他的祖师林热巴是着白衣传教。后来支派很多，还有黑帽、红帽等派系。

"花教"，藏名"萨迦巴"，与白教同时代产生。以后藏的萨迦寺为信仰中心。"萨迦"为"灰色土"之义。这派所建的庙宇，墙壁都要从萨迦取灰色土来涂上一幅，与白色、红色两幅并列，表示他是参取中印度、北印度的佛法而成，以萨迦寺为信仰中心的。

"黄教"，藏名"格鲁巴"，是十五世纪时西宁人宗喀巴入藏创建的。他参取了噶当派和白、花、红诸派教法，自成一派，戴黄色软帽为区别。这派得到清朝的扶持，打倒了白教政权，在西藏建立了达赖和班禅两大传承系统和政教合一的地方政权。

西康地区的喇嘛寺，在历史发展过程中经历了多次的兴衰代谢：

最早原是黑教的世界。第九世纪时，吐蕃王毁灭佛法，红教徒逃入康地避难，西康才有了红教的根蒂，后来发展成为一些寺院。第十世纪以后，白教在西康推进，遂又有白教寺院了。到十三世纪时，元朝统治西藏，支持花教，尊萨迦寺主为教皇，把全部康、青、藏地都拨给"帝师"管辖。"帝师"出入康区，于是，在康又建立起了许多花教寺。但元朝覆灭得快，所以花教未能统治全康，白教又盛起来了。明代初叶，白教政权掌控了西藏。但还不能掌控西康、青海。西康的朵甘王是奉花教的。另还有些独立的小部落，各拥一派的僧侣，自为独立王国。明太祖和明成祖，曾大量派遣人去招抚各部。各部都思得朝廷为援，兼贪贡、市之利，便有许多的各派喇嘛入京朝贡，受封为各种教王和国师。他们又保荐一些部落酋长，受封为各级土司。《明史·西域传》里，所谓的"朵甘"就是雄踞西康、青海间的林（岭）国。所谓"长河西鱼通宁远宣慰司"，就是川康之间的明正土司。那些"阐化、赞善、护教、阐教、辅教"等法王，都是康、藏之间一些部落的寺主。《明史》把他们弄不清楚，只是记录了他们朝贡赏赐封官的事。

我从1929年起，开始研究康藏古史，收集了一些直译藏文史籍的资料，才把隋唐以来康藏地区的宗教流派发展、寺庙兴灭、政局变化与其相互间的关系大体弄清。前前后后发表在《康导月刊》《边政》《康藏研究月刊》和《康藏史地大纲》与《四川州县沿革图说》等书刊里。兹就近代西康喇嘛寺院而言，谈谈自己的一些研究心得：

（一）康东地区的喇嘛寺院

1. 康定地区

康定，称有八大寺，实际只存七寺。原有一白教大寺在跑马山，系清初打箭炉地区的信仰中心。固始汗所派营官昌侧集烈即出身于此寺。当时白教、黄教斗争剧烈。清廷崇黄教，而明正土司受清廷招抚加委。白教营官与明正土司争权，打死了明正土司。康熙三十九年（1700年），清军进剿平乱，焚毁其寺，改兴黄教。故明正土司所在无白教寺，已有者皆改奉黄教。惟木雅贡嘎山中保存一白教小精舍于雪线上，有静修僧数人。民国十七年（1928年）入川讲学之贡噶喇嘛，即此寺僧。其人颇有学识品德，盖在一方僧侣歧视下，僻遁苦学，能自立者也。

明正土司本宗黑教，后奉红教。康定乱后，重立的土司，兼奉黄教。康定南关外有六寺，其中，红教一大寺名夺吉札寺（金刚寺），为土司家庙，改流前最为富盛；黄教有二寺，一寺在市内将军桥北，系白教寺改建，处市区内，相当富有，亦为土司家庙。一寺在夺吉札寺后白杨林中，名南无寺。原是精舍，亦偶有高僧驻寺。民国初年有"老革西"者，颇著学行。死后，转世为小活佛。又，汉僧大勇未及入藏而死于甘孜（1929年）后，亦以康定瓦斯碉包家小儿为其转世活佛。

康定有二花教寺，元代所建，曰萨迦寺、俄巴寺，皆在北关附近，各有僧十余人。再，河之南岸东关内街间，有杜渣寺、夷龚寺，皆只僧一二人，大抵皆由白教小寺改。

康定之神殿有郭达庙，为红教护法神殿。刘文辉信佛法，有宋喇嘛者，常为其掷骰看吉凶。宋无寺，家居占卜为业。刘为之扩建郭达庙后殿，塑造黄教神像，俾宋居之。

康定跑马山，在市之南侧，雪山下有一小阜，旧为市民赛马处（1929年曾见之），亦有一黄教精舍。俯瞰全市。汉僧入藏过此者，多寓居于此，预习语文、仪轨。前有大勇、能海，后有大刚、法尊等。

夺吉札寺年例跳神数日，全市空巷往观。改流后，久不举行。刘文辉入康后，闻其法物道具皆在，特助款举行一次。

康定关外上、下木雅乡，号称四十八土百户地区，有高日寺（花教）、日枯寺（花教）、居利苦寺（黄教），皆有活佛。僧侣各数十人。高日寺有康熙时颁给之《龙藏》[①] 一部。其西雅江县，其南九龙县，皆无大寺院。

---

① 校者注：《龙藏》，又称《清藏》，清代官刻藏经，共计有7168卷，仿明版《永乐北藏》版式刊行。

西康东境最古之寺庙为塔弓寺①，在康定上木雅乡。系唐太宗时，吐蕃王松赞干布所建二十四神殿之一。时蕃王欲娶唐公主，引军入寇松州②胁婚，驻此时建。塔弓即神殿之义。世传为文成公主嫁蕃过此所建者，误也。其时，全康惟有黑教。经松赞干布建此神殿弘扬佛教后，康东一带乃有红衣喇嘛。十一世纪以后，白教、花教、黄教扩展地盘入康，皆挟政治与军力而来。黑、红两教次第退缩至康北地区。

2. 泸定与金川、丹巴

泸定桥西咱里土司地方，旧亦曾有喇嘛寺。建省时，仅存一转经楼。泸河东岸之冷碛、沈村两土司地，有一"甘露寺"，为汉式之庙，亦无转经幢。

大抵喇嘛寺皆恃各辖区土民之布施多少为兴衰。土民汉化，不信喇嘛僧侣之惑，吝布施，寺即自败。故喇嘛教在泸定、天全等大渡河以东各地，明末已败；河以西，清末始败。其北方之宝兴、鱼通，则因一向闭塞，保存寺院较久也。

大、小金川与丹巴县地，从来为黑教教区。乾隆以前，雍宗寺为康、藏三大黑教寺之首。此寺反对黄教、白教、花教甚力，遂煽动金川土司作乱。鏖战二十余年，国力为之疲困，两金川人亦几于杀绝人口顿减。清代诸史，莫知其战争有宗教背景也。乱定后，移民兴垦，为两厅五屯，后并为一直隶厅——懋功厅。就雍宗寺址改建为广法寺，兴黄教。此三县地界惟此一大寺，他处只有小寺、神殿与转经幢而已。其附近之巴底、巴旺、革什咱、丹东、鲁密章谷、绰斯甲、党坝、卓克基、松冈、梭磨、杂谷诸土司原奉黑教，但先降清，助兵粮，故得保存。或遂不建寺院，或改奉红教、黄教，寺院皆不大。

（二）康北的喇嘛寺院

1. 道孚、炉霍、甘孜

黑教昔曾遍行于康。今甘孜、炉霍、道孚县一带地方，宋、明时的统治者白利王，即世奉黑教。其西北的草原牧部，直延入于青海果洛等地，亦奉黑教，与红教相依存，对抗新派。二者之中，红教势力较强大，扩散地面最广。惟皆散漫，未有政权护持，不能抵抗黄教压力。

白利王扶持黑教最久。当明末世，为一强大之地方势力。今雀儿山后之大雪峰，

---

① 校者注：塔弓寺，今康定塔公寺。
② 校者注：松州，今松潘。

即白利人所奉之大神山，称为"濯沁昌雍宗夺吉"。谓其威武强固如铁铸之十字金刚杵也。然卒为青海之固始汗击溃覆灭。固始汗封其子于此，后发展为五部，是为"霍尔五部"。其嫡子霍尔却结彭错，拜五世达赖为师，建成十三座黄教大寺，称为"霍尔十三寺"。即：

（1）甘孜寺（最先修成）。在今甘孜县治。常住僧三千余人。霍尔麻书、霍尔孔撒两部居此。

（2）寿宁寺，亦称章谷寺。霍尔章谷部民捐建。在炉霍县治后，规模与甘孜寺同。

（3）灵雀寺，孔撒、麻书与明正土司合建。在今道孚县治，规模与甘孜、寿灵二寺相当。寺顶皆赤金作瓦。

（4）大金寺，固始汗征服林冲土司，以其地为林冲村，在甘孜林冲与绒坝岔之间，命村民建此寺。有僧二千。商业规模甚大，富力与甘孜寺比拟。寺僧戒律放驰，屡与他部及过往客旅滋事。官吏复恒藉寺搕索，屡兴兵戎。1930年，因与白利寺争差户起衅。遂于翌年导藏军进犯，占去甘孜、瞻化两县及炉霍县之一部。阅时一年，被刘文辉击溃。即有名之"大白之役"也。寺被毁。寺僧窜入西藏境，仍屡犯边。至1938年，始受抚回寺。重新建筑，已不更振。

（5）白利寺，地在甘孜县西之雅砻江岸，僧侣不足一千。固始汗最后征服白利土司之残民，立霍尔白利部，饬其部民建此黄寺，

（6）蒲玉隆寺，在甘孜县东之蒲玉隆村，本麻书土司属部，建此寺，容僧六百人。

（7）觉黎寺，霍尔朱倭部民所建，在罗锅梁子下海子侧。有僧一千余。1927年时曾与章谷及瞻对联军作战。朱倭农村被毁者多。

（8）东谷寺，在甘孜东北界之东谷村。有僧千余。地近草原而产粮食，经营商业，颇富有。然戒律严，历无滋事。

（9）乃大吉寺，在东谷又东北乃龙山外尼曲河谷。容五百僧。建自瓦述（狐族）牧部。

（10）杂拉寺，在甘孜县北大塘坝草地中，为霍尔麻书土司所属牧部人民地方。容五百僧。

（11）松宗寺，在德格县东北部之杂柯东界，原霍尔咱土司部民所建。容一千僧。

（12）更萨寺，在杂柯松宗寺之西。霍尔智古督建原只订十二座。因募得物资有

余，最后再建此寺，故曰"更萨"（义为"新寺"）。

尚有一寺，历询诸寺僧侣皆莫能知，我按地理历史形势推断，判为石渠县之色须寺。石渠县境皆草原，有二十余寺，惟此一寺为黄教有僧六百余。石渠县旧名杂渠卡，有土百户三员，与"上革赍"土百户三员比邻。外有牧部二十余。原皆隶属固始汗。雍正六年（1928年）降清，拨与德格土司为附庸。德格人称之为"革赍上下杂渠卡"。革赍牧部东西散布于霍尔五部之北，原奉红教，受霍尔智古教化后改奉黄教者多，在大塘坝有杂拉寺，在杂曲卡有色须寺，理之所能也。

今甘孜、炉霍、道孚县与德格之杂柯，皆霍尔五部故地，除此十三座大黄教寺外，亦尚存有黑教大寺一处，曰定靖寺，在杂柯更萨寺又西之定靖村，为康青藏大高原内三大黑教寺之一（其二在西藏）。僧只二百余人。此外，仅有僧侣数人之小寺。

在道孚县郭卡村，有红教大寺一处，曰甲拨寺，寺在元、明年代甚有名，为朝贡寺院之一。今尚保存有赏赐遗物。寺僧只百余人

在甘孜河对岸，有花教寺一座，曰噶芝寺。寺僧百余。保存有古本《林国王格萨尔传》（即所谓"蛮三国"）一部，不以示人，但以为人誊写售之。亦经商，资本不大。惟白教寺绝对无有。

2. 泰宁（乾宁）

泰宁处鲜曲河谷下游，有惠远寺，雍正六年（1728年），以迎达赖避准噶尔侵夺而建。至雍正十二年（1734年）西藏平静，遣果亲王送达赖回藏。此六年中，特修泰宁城，驻军一协，开市街，设军台。前卫推展至甘孜，曰麻书汛。道孚之觉乐寺亦为营汛。汉民之居留于康北者自此乃多。泰宁高寒，当冲，差徭繁数，居民逃亡殆尽。后寺院亦遂不振。

乾宁县所属的上中下三查坝三百户地，皆红教。

3. 新龙县

新龙旧称瞻对、瞻化，处雅砻江河谷。民风犷悍。全境二三十寺，皆红教与黑教。无黄教。盖历世土酋固持其原有信奉。清代屡有纷乱，殆无一不由宗教信仰冲突所致。

此县境二十余寺，每寺化域最大者三四村，小者一村。黑教怡新寺最大，在河东区。僧百余，颇富足。年跳神数日，我曾往观。红教寺，上瞻区有大盖寺最强，属民三村，三百余户。敢与上瞻土司相抗。近代瞻对祸乱，大都由其酿成。次则河西区之雄龙溪与通宵二寺。

大抵西康各县旧时政务，由语言隔阂故，一切仰赖于土司或喇嘛寺推行。如其官吏与人民已能直接沟通，则虽无寺庙与土头，亦易治，泸定为其著例也。康定虽有寺院，亦不集中。丹巴虽有土司，亦有寺院，而官民间语言勉可相通，亦较少事。

4. 德格

德格土司领地包括德格、白玉、邓柯、同普（江达）与石渠五县地方。其祖先原是林国的一小头人，居萨玛尔贡（红土寺）。阅七世至绛巴彭错，甚有名德。固始汗既灭林国、白利，奄有西康全境，除建立霍尔五部外，分置营官（藏语称"第巴"，义为"管民者"）管理各地百姓。林国遗臣犹有在今德格境内反抗者。绛巴彭错能以佛法导化其民，助固始汗次第剪灭之。故固始汗多将其地赠予绛巴彭错，遂有二十余村。其时土司已徙居欧达，建有小寺。世代以长子为僧，季弟娶妻延世；独子则僧而娶妻；三子以上则除留一子在家外，余皆为僧。要皆以僧主政教。其在家者，徒为续嗣而已。

德格始祖为帝师八思巴侍从之臣，故世奉花教，遵萨迦法制。绛巴彭错时，扩修欧达小寺为大寺，曰"伦珠顶"，即今德格大寺也。此寺，以雕刻经板驰名。虽拉萨，刻书之多亦不及此。旧德格县治，房屋居民十分之八皆属此寺宇部，外仅县府与土司官寨，及小量民居而已。其土司官寨，实即寺主家族住居之家宅，并不处理民刑政务。政教权全操于寺主。

林国原奉花教，故绛巴彭错能得民心。林国，在元代为"朵甘思管军万户府"，明代之"朵甘卫都指挥使司"，清代之"林葱安抚司"（在邓柯东境有其官寨）。至明末季，衰败为青海属役之小部落。德格代之而兴，故仍能振兴花教。凡今德格、白玉、邓柯、江达，及青海玉树、称多、囊谦等县，皆花教盛行地区，亦皆林国故地。

"德格"，"善民"之义。初取此名，实缘"朵甘"之音。但当臣事青海和硕特后，改用"善民"字义为名。清平青海，康北诸部皆降附，遂封为"德尔格忒宣慰司"（实当作"德尔·忒格"，镌印时误倒也）。

德格土司既世代为僧，虽主花教，亦兼容他派，多有师事红、白、黑教者。因此，当清代扶持黄教时，惟德格犹能维护白、红等教。白教之"司都法王"时穷促于类乌齐（在昌都西北），德格土司丹巴策零潜迎来境，建八邦寺以奉之。故康藏白教僧侣皆来此朝圣、习法。虽无属民而甚富裕。我1944年曾至其寺考察，见保存明代诰敕和赐赏之古物甚多。

白玉县河坡乡之噶拖寺为红教噶拖派之祖寺，为康区寺院之最古者，建造在北宋时。寺有石自然生成白色藏文"噶"字，故名。历元至明，属民渐多。其"法王宝殿"之富丽，犹冠全康。

白玉县治所在，有白玉寺，规模亦大。与噶拖及祝靖为西康三大红教寺。康人谣云，"上有甘、色、哲，下有祝、噶、白"，谓此三寺堪与拉萨之黄教三大寺比拟也。

祝靖寺，在德格县北境草原中，有山陵环绕一平原，形似象体与鼻。其僧传是莲花佛所开，当然是妄。要当是宋元已有之古寺，由其在草原雪山间，远于农村，故其名不甚著显。康青藏农牧人民之信奉者则甚多。有僧六百人，多事静修。有汉人李鉴铭出家于此，人称"甲喇嘛"。李青岛大学毕业，曾任西康通志馆采访员。至此，遂弃职出家。1944年曾导我与李安宅游此寺。

寺海拔四千余米。山洼有林木，平地尽草原，有为寺服役之民四十余家，建土矮屋于平原中，可以住宿行旅。牧民定期来朝贡，于寺多所布施。石渠、色达两县与青海果洛州等处牧民什之七八皆尊奉此寺。果洛州东南之班玛县有白衣寺为祝靖寺之姊妹寺。附近有叶耳精神山，石灰岩结之湖山甚美且硕。四川阿坝州民亦信奉之。

德格境内之黄教寺，除杂柯之松宗寺、更萨寺，与石渠之色须寺外，还有邓柯县之春科寺。寺在金沙江南岸，为春科安抚司地方，属民兼半县。春科安抚司，清雍正时投诚受封。别在石渠县境有飞地，置"春科高日长官司"，今为二村，奉色须寺（黄教）。石渠又有足窝寺，则黄教之神殿也。

康北牧区各县之红教寺甚多，大都村有一所，规模不大，但有固定屋宇，以维系其属民，接近于定牧，与蒙古等处之游牧不同。俄洛地区无房舍，多有随牧民支帐为游动之寺院者。

（三）康南地区的喇嘛寺院

康南各县，清以前多为白、黑教寺院。迄清代为黄教地盘。其大寺院之最古者为理塘寺，名长青春科尔，系明嘉靖时第三世达赖琐朗嘉错所建。其时白教在康南盛行，农村尽为所据。索朗嘉错自青海归，以所得布施来此，依瓦述族牧部建寺宣教。固始汗征服全康后，专崇黄教，此寺成为康南之法源。历经修建展拓，成为西康首寺。固始汗设营官于此，管理其附近牧民与较远之农村。康熙五十八年（1719年），清军入藏定乱经此，戮其营官，设里塘正副宣抚司，建立军台于此。清末，改流为理化府，民国为县。县政旧皆赖寺主推动。寺主疏理政务，特置一僧办理县差，名为"传号"。我1929年末过此时,见市街所贴文告,皆知事与传号并署,汉文与藏文对译。

定乡(乡城)县,旧亦理塘营官辖区。有大黄教寺曰桑披林,为理塘分出之大寺。清末改流时,乡城踞寺抗官。赵尔丰攻之半年不能下。后得截断其水源乃克之。其后仍屡反。直至建省时乃受抚。言治康者,莫不以乡城为病苦。

稻城县,旧亦理塘营官辖区。有雄登及贡噶林两大黄寺,皆较小于桑披林,不到一千僧。

巴塘为固始汗设置之另一营官驻地,有大黄寺曰丁林寺,与理塘寺皆三千余僧之大寺。规模与甘孜寺相当。改流之役作乱,被镇压,旋亦恢复。巴塘县境自此寺外,小黄寺甚多,大都旧白教寺院改造者也。北部有冷卡石寺,南部有仁波寺、茨乌寺,西部有竹巴龙寺,其较著名者,亦皆曾叛乱者也。

巴塘营官旧辖得荣、盐井两县地。得荣有龙藏寺(思善寺),盐井有中岩寺,皆二千僧,曾于改流时叛乱。被镇压,后仍兴复。其他各村有小黄寺甚多。

自巴塘而西,宁静、察雅、昌都、硕督、贡觉、八宿、察哇绒、桑昂,皆黄教寺院密集之地。清末改流时,拉萨之达赖政府密令指挥各寺率其属民反抗。康南各黄寺应之。赵尔丰初以三营兵力剿之无功。渐增至六营,九营,乃克平定。除巴、理塘寺庙已如上文外,用兵最久者为察雅之乍丫寺,昌都之江心林寺,察哇龙之左贡寺,桑昂却宗寺,波密之倾多、曲宗、松宗、彝贡等寺。八宿未叛,缘其寺非黄教也。贡觉为黄教寺,亦未叛,以其原是白教,清代被迫改奉黄教也。

赵尔丰平乱之军事,始于乡城,完结于三岩,故以三岩为武成县。三岩在金沙江两岸。西岸有二黄寺,亦叛,被剿平。康北各寺院则皆未叛,表明此役亦属宗教战争性质。康北诸寺、僧民方且快意于清军之惩罚。霍尔十三寺亦不敢动故也。

乡城、察雅、三岩、瞻对四县人民强武好斗,名著于康藏。达赖所恃者只在前三地。不得利用瞻对人者,盖瞻对为反黄教之悍民故也。三岩之金沙江西岸有五村,东岸只三村。东岸人未附乱,西岸亦只二村附乱,故易定。此亦缘西岸只有二黄寺故。

以上所举建省以前西康区的喇嘛寺分布情形,和它们与西藏达赖政权的相互关系。这些难以数计的喇嘛寺,各有他自己的统治地区,美其名为"化域"。化域有只一村的,如八美寺;有包有几个村的,如左盖寺;包括一县的,如桑披林寺;包括几县的,如理塘寺;包括更广大地面的,如祝靖寺。也有包括了所有中亚信奉喇嘛教各民族的,如西藏的三大寺。自然,统治得很牢固的还是那些基本化域小到一村或几村的喇嘛寺。例如大金寺的基本群众实际只有甘孜县的林冲乡和炉霍县的林冲乡，总共不过一千户。新龙的大盖寺，基本群众只有三百户，但能量却很大，这就夹杂有人的关系在内了。即谁能全面掌握其民众则谁的力量就大。

有些农民就连收割庄稼的日期，亦拿钱去请喇嘛打卦决定。我在甘孜看见过这样一件事：农民麦子成熟了，公请喇嘛打卦，决定为再等七天。但在第六天降了一场大雹，打得颗粒无收。农民到县府来报灾，请赈。县府委员去查灾。质问喇嘛说："你定的期，使农民遭受损失，你要负责。"喇嘛说："这是神意宽恕他们，从轻处罚。他们犯罪，上干神怒，本当降下瘟疫，收去人命的。经祈禳后，只作如此处罚，以后就好了。"说："那么，就不该赈恤了。"喇嘛说："不该，不该。"于是农民也就不再请求赈恤了。在瞻化，又看见喇嘛给人医病，用他们"打粉火"的方法吓鬼——把酥油熬沸了，才洒入冷水，则火光冲天。结果把房子引燃。因与邻居抢救病人，家当烧毁罄尽。喇嘛也吓跑了。事后去问喇嘛。喇嘛说："这住宅必须烧去才好。"病人也说："倒是我被抢出以后病还觉得好些。"像这类荒诞的例子，是罄竹难书的。

四川的木里县，是清代一个黄教统治的、与德格制度相同的僧王领地。民国三十余年中莫有人能改变它。

四十、西康的土司头人

四川的大渡河以外的地方，宋代及其以前，全是少数民族的独立部落。元代任用土官，因其习俗进行管理，是为土司。因革承替，直到清末才开设进行改流。

"改流"全称为"改土归流"。就是把世袭的土官制度废除了，改为流官，分作府、州、厅、县机构，管理百姓，如内地之制。官不世袭，也不是终身制，随宜调动，流走替换，故曰"流官"。这种制度自然要比土司制度好些。首先是他不可能挟民造反，其次是他受到人民控告而被撤惩后没有报复的机会，就有可能不敢过分地贪暴虐民。更主要的目的还在于"用夏变夷"。

远在秦汉年代，就已在民族地区设置过郡县。秦开五岭，置闽中、南海、象郡，以代替闽越、南越、西甄诸国的政权。汉武帝开拓的新郡县更多。两千多年来，踵事增华者不乏其人。都各有一部分是成功了的，一部分是失败了的。综合分析起来，可以得出这样两条规律：

一，凡社会发展尚在原始社会阶段的地方设置郡县无不失败。如属已经进入奴隶社会的地方，则经过若干次叛乱之后，改流成功。如其地已有封建社会的经济基础，则能顺利成功。

二，凡土著民族语言完全隔阂之处，设置郡县无不失败。如属已经有部分人民行用汉语，则经过多次叛乱之后改流成功。如其汉语已大体通行，则可能顺利成功。

这两个条件配合起来，成为对少数民族地区推行封建流官制度成功与失败的决定性因素。无论土民是何民族，土官是何制度（国王、邑君、土司或头人，以至于法王、教皇），地方如何远近，以及生活习惯、宗教信仰如何不同，都不例外。最初一度用兵，是必然有的。是否能够改流后不再发生叛乱，则是这两条所决定的了。就全国性的边疆开拓历史来说，没有任何一段史事不可以这一规律衡量的。如四川改流成功最早的是石砫和汉源两县，收功最快的是酉阳和永宁两土司。之所以能早早改流，主要因他们都只是封建社会内的土官，地方上又完全是封建经济，社会生活中人民行用的是汉文汉语，所以只需朝廷宣布改流，土官就不能不规规矩矩地交印退职，去当老百姓了。而川边（西康）地区的土司，情况则大有不同。下面叙述川边土司，便围绕着这一论点，作为例证：

（一）大渡河以东的土司

大渡河历为汉夷界河。河以东的川边土司以天全六番招讨司与穆坪宣慰司为最著：

1. 天全六蕃招讨司：住天全县。是元、明时川边最强大的土司。盖宋、元、明代，皆以碉门为与西蕃市易茶马之最大市场。碉门之东为汉民，西为番民。天全六番招讨司高、杨两土司，是汉化之番民主夷务者，自小头人渐升为大土司，资财富冠于川边，屡朝贡于京师，益得朝廷扶植，由是坐大。迄明末叶，正副两土司族皆已习汉语，能诗文，忠于朝廷，屡率部民为朝廷征讨有功。雍正五年，诏命西南土司改流，云南、贵州与四川之宁远皆扰乱不服，用兵甚久。惟天全两土司未有反抗，被徙居江西为民。雍正五年二月，废天全六番招讨司，设天全州。徙高、杨二土司全家至江西南昌安置。其子孙世有科名者。与石砫马土司同为"改土归流"历史中成功之例。

2. 穆坪土司：住宝兴县。明清时为大渡河以东之土司最大者。其先盖古青衣羌之残余，退居青衣水极上游山谷间。至元代始为土司（《元史》之"碉门鱼通等处管军守镇万户府"即是）。明代为"董卜韩胡宣慰司"。其人强武好斗，奉喇嘛教，与打箭炉一带同俗。在十五世纪时极强盛，征服其北部之别思满、杂谷，屡侵扰瓦寺土司（汶川）和维州边境。惟不敢犯汉民住区。其事载在《明史·西域传》。

清初归附，改称"穆坪宣慰司"，所属有六姓大头人、三十六小头人。六大头人驻苏乃、羊村、加朗、外朗、赶羊、尧碛。清雍正六年，改土归流，以天全六番土司地为天全州。穆坪仍为土司，隶于州。因土司与打箭炉明正土司为一家，时由上司坚参达结一人兼领两司，故得免于改流。

坚参达结娶妾名王幺幺，为落难汉官之弱息，托养于从征之穆坪头人抚养者。长大，有色慧，其头人托言己女以嫁达结。雍正初，西藏军事频仍，打箭炉当军差冲繁，达结乃留正妻喇章（小金川土司女）驻穆坪，自携王幺幺驻打箭炉。雍正十一年，达结死，清廷以喇章权明正印，王幺幺权穆坪印。后喇章死，无子承袭。而王幺幺有二子，遂以其长子坚参囊康袭穆坪职，次子坚参德昌袭明正职。王幺幺有才能，通汉语，慕汉俗，常往来于炉城与苏城兼处理土务。乾隆三十八年卒于穆坪，与达结合葬与穆坪之碓窝山，有石狮、翁仲、石坊与墓碑（地距苏城二十里）。苏城内，又有王幺幺"贞节坊"，乾隆四十七年奏建，题刻尽汉文，可以想见其时穆坪土官汉化已深，已有封建文人受聘主其土幕（与东汉樊敏之受青衣邑侯延聘相似。事详我撰《樊敏碑考》）。

乾隆金川之役，清军常分六路进剿，穆坪为主要运道之一。时正属王幺幺实主土政之时，效忠清室，受奖最多。清军自雅州、天全、灵关、苏城、硗碛逾甲金山入小金川之新街子，凡十二日程，在诸路中为捷。故小金川平定较早。又藉新街子与抚边为屯，以进攻大金川。故自灵关至新街子通穆坪境，随军商贾云集，骤增汉户甚多。平定金川后，定西将军阿桂之《纪功碑》亦建于穆坪。同时，修建有苏乃城垣，城隍庙。据城隍庙钟上题名，乾隆四十八年（甲辰）苏城已有客籍商民三十八家（江西六家，湖广六家，福建、陕西、贵州各一家，四川二十三家）。又有川主庙、真武宫等皆建于此时。其他小商贩之住落于沿途市邑者应亦甚多。土司坚参囊康，亦已使用汉名曰坚永宁。

坚永宁乾隆五十七年卒。三子亦皆兼用汉藏二名：长，甲凤彩，藏名丹增汪杰；次，甲凤池，藏名丹珍彭错；季，甲凤飞，藏名丹紫江楚。凤池袭鱼通土司职。凤飞入藏为僧。凤彩曾因罪流放江西，后还袭土职，改名坚凌霄。以与鱼通别姓。娶宰臣外朗大头人包上荣之女七力洛玛。

凌霄道光十五年卒。子幼，七力洛玛护理土司，咸丰八年卒。皆有坊表。时川边大兴采冶，汉民来此更多，文化已接近于内地。惟皆限于苏城附近，羊村以西，尧碛以北仍是藏民村落。

七力洛玛之子名坚恒贞，字蔼亭。藏名坚参生朗多吉。性乖僻残忍，深为土汉人民所诟。时土署延汉地儒士教授宗人与头人子弟国学，学成后任以政务。称为"二少"。二少不满土政，思得改革。先有包二少者，控土政十二款于雅州府，为恒贞暗杀。后有周二少再控之，亦被杀。故穆改流条件虽已成熟，亦无敢主之者。

坚恒贞卒，三女争袭，相谋杀，内乱不已。一再讼于成都，纠纷六载，土司家产耗尽。恒贞有妹丹家秀，赘头人子包协亭于家，代摄土政。素与猎户王万春通。夫死，王入居驸马府，实掌政权。尧碛头人景三，亦啸聚党徒与之争势相攻。官府派军镇慑，王拒官军于峡口（小关子）。时称"王索索之乱"（"索索"，为猎麝者之称）。有尧碛头人周汝绍，已在懋功为僧。川督闻其才，征还定乱。计诛景三，擒王万春戮之。

周汝绍摄土政，勤廉有威，节用爱民，土境复治。送恒贞子坚衍桓留学法审局，学刑名十二年，年二十四迎还归政。自至，穆坪土司不再有藏名，土民亦多汉化矣。

衍桓中年后吸食鸦片，政务废弛。光绪三十四年卒。弟衍熺袭，民国十年卒，无子。衍桓女名坚涟漪，字淑君，嫁鱼通土司甲志荣①。夫妇返穆坪谋兼摄。住二年。外朗头人包辅臣结尧碛夷民与苏城汉民，迎明正土司之子甲联科。康定、天全县长争贿，久不能定。甲联科死于康定。包辅臣又复迎立其弟联芳。联芳立，裁抑包氏兄弟，专任尧碛杨升安。又复相攻。联芳败死。包辅臣兄弟入主。与尧碛相攻。老土妇坚周氏（衍桓妻，冷碛土司女）厌乱，逃匿羊村不出。县民遂请改流。上南道尹黄煦昌率兵攻逐包党，设宝兴县。隆东头人包华轩，尧碛杨升安等仍作乱，次年八月，黄煦昌再入穆坪平乱。平乱后，上鱼通改流为金汤设治局。

（二）大渡河以西的川边土司

大渡河西，打箭炉关外，号称一百二十土司，其最大者只有四家：曰明正、德格、巴塘、理塘。其较小者，则为霍尔五部。再小者，为瞻对之四大家，丹巴之巴底、巴旺、革什咱、丹东。再小者则为管理地方之头人，曰土百户、曰业巴不一。头人隶属于土司，惟亦有杰出之头人权更大于土司者。亦有小若附庸之小土司，能直接朝贡于京师，其性质实只属于头人，此在康北牧部最多。理塘之五瓦述，丹巴之鲁密千户，皆附庸之例也。朝廷档案，系依朝贡者名号，与地方实际情形不合。正史及方志，均依朝廷档案叙述，而不能辨其发展变化。大抵土头势力，三十年一小变，五十年一大变。消长变化，非一般官书所能及。上举穆坪土司权势消长情形，即为具体的一例。鱼通土司，即其附庸。外朗包氏，世与联婚为大头人，包辅堂、辅臣弟兄，权实大于土司。

1. 明正土司：与穆坪同源，属羌类而近于氐。其族之先即汉之"牦牛种"，与内地交通最早。其基本牧场在今康定折多山外之木雅乡。木雅本产牦牛，以旄尾与中原市易，遂缘音译作"旄牛王"也。其王世居色巫绒，在下木雅，颇偏僻。元世祖忽必烈南征大理时，取道木雅，封为"鱼通路军民万户府"。鱼通，"满意坝"之义，打箭炉即其地方。藏商市易茶马及土官、法王朝贡者，多自此道以便运茶。差徭繁剧，土司遂自木雅迁炉，建衙署。

雅州边茶，旧制定于碉门市易。元末，有碉门外汉民别制私茶窃运于此，迳销

---

① 原注：甲凤池孙。

番商，称为"乌茶"。于是亦渐有汉民商居。土司为与磵门争利，延聘汉幕，招商营茶市于此。由是土司强盛，凡大渡河以西之地皆为所有。明代封为"长河西、鱼通、宁远宣慰司"。长河西，谓大渡河西岸。鱼通，谓打箭炉（《明史》作打煎炉）附近一带。宁远，谓折多山外之地。盖土司直辖虽仅至雅砻江而止，由其当茶运之冲，关外土、法王商队莫不仰其鼻息，故明廷锡此嘉名也。

清代删其繁称，改曰"明正宣慰使司"。以其在明代兼为两土司，此为正司也。（或曰，明末，固始汗征服全康，委营官治理此区。土司逃迎清平西王吴三桂于阆中，自称为"明正宣慰司"，遂被称为明正土司。）康熙三十九年西炉之役后，以新抚折多山外四十八土百户及长河西之咱里千户俱隶属之。又徙磵门茶市于此。遂为口外第一大邦。更新营土署于市内。饬四十八土百户皆于炉城建造"锅庄"，便利番民市茶。故康定有"四十八锅庄"。康藏茶商至者，住"锅庄"内，倩其主人为之市茶及脱售运来品。主人皆兼擅藏汉语，习商情。不取宿食费，惟取货值之百四为酬。土司差徭，亦即由"锅庄"催办。每值关外无事，茶市易盛，大小土司无不富乐。藏人以其世代袭承勿替者数百年，称之为"甲拉（嘉拉）甲波"（义为"铁结山道之王"，或"茶运山口之王"）。

明正家传说：雍正时，果亲王自此送达赖返藏，前后居此待筹徭运与饷糈及他装备，勾留甚久。时土妇王幺幺妙龄新寡，与王周旋，生二子，即后分袭木坪与明正两土司者也。本姓坚。改为甲、木二姓，即系拆"果"字为之。

我考：王幺幺先已生有子。与果亲王周旋暧昧或有之。然决不如明正家自称"龙种"之说也。拆果字为甲、木以协坚音，当是好事土幕为之。然明正土司之兴盛与王幺幺之有贞节坊表，恐实与此事有关。自此以后，明正与穆坪土族皆姓甲。

至清末，土司甲宜齐通汉语文，屡助清廷办理关外军事民事案件，颇有功。赵尔丰改土归流，先自巴理塘起，次征服金沙江以西诸部，远至波密。乃自德格而东传檄各地土司缴印，更无敢违抗者。甲宜齐初欲反抗，未及部署成，赵已至，乃亦随众迎降，缴印。赵匆遽入关。甲屡图反抗，被逮入狱。有人助其越狱，自沉死。其二子甲联科、甲联芳，亦皆因图袭穆坪土职死。

鱼通土司为明正土司分出。地当泸定与丹巴间之大渡河谷中，分为上下两部：上部属穆坪，甲凤池受分为小土司；下部属明正，亦分设小土司。甲宜斋之弟甲安仁为鱼通土司。因地僻，直至新中国成立前尚未改流。

明正所属四十八土百户，皆在折多山外及丹巴县境，亦从无改流之说，当值差徭于县府而已。丹巴境有十七土百户，更增设一土千户分理，曰鲁密章谷杨千户。

千户与其民悉已汉化，亦未改流。丹巴境，杨千户地占十分之四，章谷屯户占十分之二，巴底、巴旺、丹东三土司合占十分之四。原有革什咱土司后与丹东合并。三土司皆已缴印为民，而权势未替。

2. 理塘土司：理塘，为瓦述牧民放牧之地。瓦述亦作瓦部，一作娃许，义为狐族，为康北草原地区甚古之牧部。其一支南经道孚之榆科，南入木雅，为明正与穆坪之祖先。一支经祝靖、昌泰至毛丫草原，为瓦述五部之祖先。明嘉靖时，内蒙古俺答汗信奉达赖三世琐朗绛错，康北牧民亦信奉之，迎至青海说法。达赖三世遂缘瓦部行教至此，建成理塘大寺长青春科耳寺，为康南黄教开山。固始汗兼有康地后，设第巴于此。清五十八年，清军由此入藏平乱，杀第巴，设宣抚司，管理明正土司以西地面。又以长春青科耳寺喇嘛康却绛错为副土司。嘉庆八年，副土司罗藏策登奉母朝山，为大土司之头人云甸所杀。革正土司职，以土都司希罗工布补任宣抚。以副土司从弟阿策登舟补副宣抚。光绪三十一年（1905年），巴塘人杀凤全。清军平乱过此，理塘土司四朗占对阻挠军运，被赵尔丰囚，后畏罪潜逃西藏。1922年，由藏返康，至昌都，病死。其妻曲登土司女，生二女。母女与格绒俄巴同归理塘。长女适毛丫土司之舅苟噶，早死。次女适崇喜土司之弟，复离异而归。格绒俄巴虽欲为乱，无助之者。

副宣抚阿策登舟，六传至日穹工波，光绪二十四年（1898年），兼理正宣抚，又代理崇喜土司。人称帮办大营官。以昌都头人阿乍（一名朱洛宗结）为子袭职。赵尔丰攻定乡之桑披林寺，阿乍暗助寺僧。寺破，畏罪服毒而死。有二女，长适下瞻头人杜呷，次适冷卡石。

理塘海拔四千米以上，高寒不农，农地皆在四方百里以外，由有大寺与土署及军台故，市街与炉城、巴塘伯仲，商业繁盛，汉人较多，故其改流殊不费力。且本地及其附近之瓦述部落皆驯顺，祸乱皆自外来。而其百里外之农业地区反较牧部为多事。此种情势，在康藏高原中为仅见。

理塘还有过第三个土司，叫"额外副宣抚司"，因是有个土守备叫汪尔结，原属明正。从征金川有功，补授此职。乾隆二十二年，因汪结恃功侮慢理塘军粮府相控。改令汪于化林坪安置，为之修置宅第，年给奉银四百两。故化林坪有汪土司。今其子孙犹在，巴塘亦曾因差务殷繁，设过"三营官"。也是不久就废去了的。

3. 巴塘土司：巴塘亦固始汗所派营官管区。以第五世达赖之弟陀翁布（一作"多望波"，《四川通志》作罗布阿旺）为营官。与理塘营官同于康熙五十八年投诚授宣抚司职。并随官军进藏，招抚乍丫、察木多一带僧俗助战。有功，并封其弟札西次壬为副宣抚。雍正三年，正土司死，即以副土司进为正土司。西以有功之土百户阿布仁青拔补副土司。札西次壬是年亦死，子幼，以头人洛松堪朱继任。雍正七年以副司子札西彭错为宣抚司。阅二十年，病卒。子札西翁吉袭，三年卒。子公布吉村袭，十三年卒。弟彭错曲批袭。七年退，逊其弟居拉曲兄结布。二十年卒。其子札西吉村袭。三十年中两贡入京，人称"疯癫营官"。其子亦名札西吉称，袭职二十九年。卒子阿隶琼觉袭。三十年因事自杀，子札西吉村袭，汉名罗进宝。在职二十三年为光绪三十一年，因杀凤全案伏诛。凡十二代，一百八十年。

副土司阿布仁青在职二十一年卒。其子班觉多吉袭职三年，逊于其弟洛布。在职五年，以罪削职。有弟巴得马颇有军功，代行土职。乾隆四十八年死，乃以其子赤乃公布袭副土司，嘉庆六年卒。弟泽旺公布袭。嘉庆十一年死，子四朗公布袭。值理塘宣抚协绕公布为其下所杀，率兵助讨，平之。道光初病殁。子格隶班足袭。同治九年死于地震。无嗣，以正宣抚之子札巴吉村继之。即《建省记》之郭宗札宝。以凤全案被诛。凡九代，一百七十年。

土司的绝大部分都是幼弱无知的，他不可能推行政务。稍有年长的土司，则又多失于淫昏狂暴。这都是很自然的。在这种情况之下，头人的地位就重要了。官府在语言不通的情形下若还不能依靠土司，就必然要依靠头人。土民也是一样。巴、理塘屡拔头人承替土司，也是很自然的。实际说来，朝廷虽然只认得土司，地方官则只能依靠头人。有些时候是依靠的喇嘛。因为要差要粮，都非得他们支持不行。所以"改土归流"这件事，在官民语文隔阂，习俗悬殊的情况下，是绝对难行的事。

理、巴塘，是关外改流最早的地区，也是西康糜烂最早的地区。两个正副土司覆灭后，直到建成省府以前，三十三年中，除城区有汉人支持未被沦没外，其他设治地方，大都是有名无实的。兵燹频仍者前后十余年。理塘市即被乡城娃洗劫两次，巴塘祸乱更多。维持地方秩序者，均赖两大喇嘛寺。乡城自喇嘛寺被焚后，头人纷纷崛起，自成一部。打马牙加、洛松丁曾，即先后洗劫理塘，杀官逐军、淫掠妇女、捆载枪弹钱物数千驮回乡者也。其他如冷龙登巴、札西充本、绛错宜马、正斗曲渣等等，骚扰面遍及康南，远达康北。巴塘之南康喇嘛、贡噶喇嘛及本地汉人亦前后扰攘十余年不宁。义敦、得荣、盐井与乡、稻，汉官不能到任者各十余年，到任而不能行使职权者又十余年。如此改流，宁有益哉！相反，所谓"五瓦述"者，本皆理塘土司之附庸，虽缴印，而官府仍不能不倚任之，实际为无印之土司，且并逐步膨大。毛丫土司由嘉庆时之三百户，至建成省府时实辖一千二百户。曲登土司所辖由二百四十三户，增至四百十八户（均见《理化县志》）。

4. 德格土司：德格以喇嘛起家，已详前。土司琐朗彭错，康熙五十三年卒，一子丹巴策零袭寺主。雍正元年，清军征青海，松潘镇总兵周瑛自康北进军，乱定后，招抚康北各土官，丹巴策零迫降，授安抚司。青海蒙古既平，近康诸部蒙古及革赍等牧部皆转附德格。德格益大，世夸其地广远，曰"天德格，地德格"。或以比于松赞干布，则诞妄矣。雍正十一年，进为宣慰司。乾隆己未（1739年）卒，年六十一。子彭错丹巴袭。乾隆十年（1745年），当清军征瞻对时，德格与霍尔、巴理塘、明正等十六部土兵应征会攻，遂兼瓦述长坦（昌泰）之地。又平邓柯、蒙古诸酋内乱，及出兵助平金川，遂占有邓柯与上杂柯地。此两世时，康中土司未有更强于德格者。

彭错丹巴乾隆四十年卒。子幼而多病，由妹央机卓玛继为主政，阅十六年卒。彭错子滚珠迭噶让波袭，年十九。阅四年，乾隆五十五年卒。一子策旺多吉仁增，幼（五岁），妻惹吉布听政，亲信祝靖派红教僧。花教宗室大臣不悦，讽以归政，不听。集兵相攻，1798年惹吉布败死。策旺多吉仁增立，年十三，政权操于家臣，至嘉庆十二年始亲政。年四十一时，已娶两妻，生三子，乃受戒出家，兼寺主。更名慈喜觉教幢，即撰写《德格世谱》者也（1828年撰成）。有子旦泽多吉袭。传孙寂墨打比多吉，一名泽汪仁增。亦名罗追彭错（分见《炉霍屯志》与《西康建省记》，据德格家臣云："是一人"也）。光绪二十年（1894年），清军平瞻对，欲并改流康北各土司。适德格内乱，张继率军至，拘土司夫妇及其二子至成都。夫妇皆瘐死。

德格内乱者：寂墨打比多吉娶妇于西藏之贵族，生二子：长名多吉僧格。次名绛白仁青。又通其民妇，与藏妇隙。多吉仁柔，为僧。绛白当袭土职，顺其母，幽闭其父，自领土政。寂墨嘱所私妇控于官。故张继拘其一家至成都。适清廷因达赖控川督鹿传霖夺地改流。鹿与张继皆得罪。清廷命多吉还为土司。绛白还为僧。多吉娶明正土司女为妇。绛白入藏，时达赖已与清廷不协，欲资绛白夺德格，命其还俗归，与兄共妇。明正女死，又以朗巴生家女为妇。妇悦绛白，与共虐多吉。多吉朝藏，别娶藏妇归。于是兄弟不睦，属下亦分为两党。兄党有大头人空工家。弟党则大头人夏格布。势不相下。绛白控其兄于驻瞻对之藏官。藏官使人刺杀空工家。多吉避其弟而入藏。绛白遂专土政。空工家臣控于炉霍屯。屯员乔震生往查办，绛白聚兵反抗。赵尔丰既平巴塘之乱，渡江改流藏地。仍分军剿办绛白仁青。绛白败溃于石渠，逃入藏。西藏给以贵族地位。有子名噶绒翁堆，人称"德格色"，精声明，能音乐。

多吉僧格自请改流。光绪末，改世袭都司，徙居巴塘。宣统三年（1910年），川边大乱，赡养无着，复回德格为土司。

民国七年，藏军进据德格，迫多吉僧格入藏。民国十五年（1929年）卒于藏中，年五十。

多吉僧格有一子三女。入藏时，其子泽旺登登仅二岁，袭为土司。有家臣噶马泽加抚之成立。1932年，刘文辉收复德格，加委泽旺为土兵营长及邓、德、白、石五县团务督察长。1934年，改委为民兵第一营中校营长，均给月薪。德格县府亦委之为总保，实质仍是土司。1942年卒，年二十七。其长姊嫁隆庆土司，次姊嫁林葱土司，一妹嫁昌都牙宗家。

泽旺，1938年娶青海隆庆土司之妹，生一子名乌金厦（莲花护）。乌金厦年四岁父卒，其母隆庆女主持土务，设四业巴理事。夏克刀登为首席业巴，实专土政。

夏克刀登家在河西之隆瓦村。系亲藏派大头人夏克布之子。曾毕业于达赖所办之拉萨学院。1935年附诺那，杀县长陈容光及邓柯县长张子愚。明年红军入康，建波巴苏维埃于甘孜。夏克集四县土军数千人攻之，败溃被俘，降。红军优待之，任为波巴政府财务部长。红军去后，仍回德格。时青海马家军驻防德、邓四县，夏克结藏军逐之回玉树。其地复为藏军所据。刘文辉入康，与藏方重议岗拖条约，藏军退过金沙江。夏克表示附刘，出诺那饬杀各地县长札以自解。刘开办"保安行政讲习会"，召各县头人，夏克首来就。刘氏甚喜，授以"保安队副总队长"职，与土司同阶。德格土司与旧派头人白笃、巴郎等以为言，乃更进土司为区副指挥以解之。土司卒，土妇、弱子名为主政，实一切听命于夏克。夏克能得历任县官欢心，声名藉藉，为康中土头首屈。娶玉隆头人女为妻，实为该部主人，昌泰、甄柯、白玉等处民皆徒知有夏克，不知有政府。夏克屡欲迎藏中绛白之子噶绒翁堆回德格袭土位，藏中助之，而康省不许。乃倡议噶绒与隆庆女依藏俗转房同居。亦未遂。阿都家头人翁噶与夏克对立，亲附刘文辉，与之争势。1944年，夏克遭人刺杀之。刘不能究。夏克亦自销其土妇转房之议，以解于刘。夏克刀登为康中大头人最典型之一例，故附著之。

5. 霍尔五土司：金沙江以东之西康地方，除上述四大土司外，尚有五分之一地面为若干小部落，实可统称为"霍尔区"，即霍尔十三寺之化域，包括今甘孜、炉霍、道孚、色达四县及德格之"下杂柯"地方。本青海固始汗自封其子之处。其子霍尔却结彭错，建成十三黄寺，而树子弟五人分管之，是为霍尔五部。最早为朱倭部，本霍尔之总称。旋次有章谷部。再次有霍尔尔咱（今之杂柯与大塘坝地方。土司早绝），霍尔白利（今甘孜县白利区），霍尔麻书。又自麻书分出孔撒，自朱倭分出东谷，皆称霍尔，以为族姓。于是霍尔乃有七部。皆于雍正六年投诚，授安抚司与长官司。霍尔杂柯土系先绝，其地为德格与麻书所分。

　　章谷土司在道光末年死绝。一女赘明正土司家甲木参让竹。死后，亦无子，仅有一女，招麻书土司次子旺钦瞻登为婿承嗣。有子曰札喜旺甲。麻书土司又绝嗣，由札喜旺甲兼袭之。原娶朱倭土司女者噶。札喜旺甲多外遇，与者噶不和。者噶将章谷印信号纸携归朱倭，欲与分治。夫妇之党治兵相攻。朱倭不敌，求助于驻瞻对之藏官。藏官皆贪横，越界干涉。札喜旺甲控诉于川省。川督鹿传霖请收回瞻对，改土归流。同时委罗守礼查办章谷袭案。旋以瞻对已定，更委候补州牧唐承烈来此将章谷朱倭一并改流，设炉霍屯，隶打箭炉厅。事在光绪二十二年（1896年）。达赖以川督夺瞻抗议，驻藏大臣文海联成都将军恭寿共弹鹿传霖。清廷罢鹿职，饬仍将瞻对赏藏，章谷、朱倭还土司。札喜仍兼摄两土司。贪暴淫虐益甚。光绪二十五年（1899年），狎民女宿柳林，为蒲玉隆民札喜桑朱刺死。无可嗣者。打箭炉同知刘廷恕再请改屯，委李之珂为屯务委员。光绪三十一年（1905年）颁到印信，明年调去，吴庆熙接管屯务。后遂为炉霍县。李之珂有《炉霍屯志略》刊行。炉霍屯属之杂科、林冲、普玉隆三村，系插花地方。离屯窎远（今属甘孜县）。

　　孔撒土司：初起甚弱小，而在清末民初为最强盛。据甘孜耆老李德元云：麻书有兄弟三人，长为土司；次为僧，死为黄教护法神，供祀于"红庙子"；季最狡险，初求其兄分异，为建孔撒碉于土署南居之，分给差民六十户。初仅为麻书附庸，随麻书土司朝贡，后渐膨大，势力相当。常以免除差徭诱麻书民，来附者四百余家，麻书不能制。故孔撒、麻书官寨皆在甘孜寺外，共有此一寺院。再查《四川通志》"霍尔孔撒安抚司嘉尔参罗尔布，其先麻书尔特亲，于雍正六年投诚授职……九百二十三户"。是当嘉庆以前即已膨大至九百余户。其最先降清之祖犹名"麻书尔特亲"，其自麻书分出应未久也。

　　同光间，老土司无嗣，收德格妻族一民女酉姐为养女。长有才色，赘邓柯阿都家子泽旺彭错为婿，承继土位。生二子，长名孔宜美，次即香根喇嘛。酉姐多外遇，逐去其夫，以便自恣。于是阿都家与孔撒家交战，亦且赴诉于瞻对之藏官。藏官判离婚，酉姐为尼，每年给泽旺彭错银二秤、青稞三石，亦不更娶。后酉姐不给银粮。泽旺亦更娶，生子阿都翁噶。

　　酉姐幼时随父入贡，长而知敬朝廷。为尼后，朝拉萨，遂轻汉官，尤恶外国教士。光绪二十八年（1902年），李之珂率军四十名欲至甘孜。酉姐恶其兵吹洋号，嗾部民拒之，围李于蒲玉隆。倡言洗汉。麻书汛官张玉堂不能制。时清军方剿办泰宁，声言将大举征甘孜。酉姐乃求张往调停。赔军费银百秤，仍拒官军入境。李与援军竟持银去。孔撒由是益轻汉官。

赵尔丰办德格绛白仁青之乱，过甘孜，酉姐拒其入市。市内戒备如临敌。赵宿江边"汉人寺"一宿而去。既平德格，征服邓柯、白玉，石渠、同普与昌都、察雅、贡觉、三岩各路，自巴塘率军出北道，进行改流。酉姐大惧，率其二子及大头人羊马丹芝绛泽等五六十人，卷其宝货重器，移家入藏。麻书汎封云五给予护照，而以逃亡报。赵饬新军管带朱宪文截捉。酉姐逃至大塘坝折回，匿白利官寨被获。时赵受命升四川总督，心愉，宽其罪，饬白利土司保释，候奏办。赵入川而清鼎革，遂成流案。民国初年，甘孜知事叶由志受贿抽毁其案。酉姐遂得复有其资产，仍为土司。亦缘汉官无力治理其地，差粮仍仰酉姐故也。

孔宜美性和易，善能交欢于官府，镇守使陈遐龄委为土兵营长。酉姐使娶麻书与白利两土司家孤女，遂兼麻书、白利土司。又娶东谷女，欲并五霍尔为一家。又复为次子向拉萨贿买活佛。建香根寺于甘孜大寺侧，栋宇衔接，辉煌相印，直如一寺。喇嘛之否认香根活佛者（如札呷喇嘛）皆被排逐。其后麻书女死，东谷女大归。惟白利女巴龙育一女，名德钦汪母。民十二年孔宜美死。酉姐风瘫不能下床。巴龙夫死二年而孕，自回白利。适白利嗣绝，遂以其私生子为嗣。酉姐虽卧床，犹坚持一方政教大权。德钦旺母年十三，为土司。约定德格头人子为婿，迎住土署，待年长成婿。酉姐死后，德钦旺母复多外遇，逐其夫还德格，而与香根侍者通，欲以为婿。其属二十余头人恶之，杀其人而叛。

阿都彭错之子翁噶，翩翩似孔宜美，盖一父所出也。欲重袭孔撒政权，住绒坝岔，与孔撒麻书头人友善。众议以翁噶入赘孔撒。德钦旺母与翁噶均至康定谒刘文辉，求许其婚。而刘以为实叔侄也，不许。孔撒与阿都人转求于时在玉树之班禅行辕。班辕许之。刘氏驻甘官吏幽囚德钦旺母，使不得遂。班禅死，其徒运柩至甘孜，遂与孔撒、阿都、白利及上瞻之甲日家拘甘孜官吏，缴收驻军枪械。即甚嚣人口之孔撒婚案与班辕之乱也。刘文辉既平班辕之乱，孔撒土司乃废。阿都翁噶亦为夏克刀登杀死。

朱倭土司：清末亦死绝，由土妇执政，一女招德格头人子为婿，承继土位。后其女亦死，又娶明正女，亦死。土妇有才色，能制其民。其地划归炉霍，而朱倭与章谷世仇，土司虽差粮不误，而从不肯到县治。1928年与章谷寺争草场起衅。章谷联瞻对与罗科马三面进攻朱倭。土妇能用其民，又调旧属甘孜朱倭乡民助战。战争月余，直属十一村遭焚掠者九村百九十户，有四村已成一片焦土。损失在十万元左右，而民无叛志，亦怪事也。后因川康军来乃罢。自是朱倭公私贫困不振。大白之役，朱倭土司亲藏。迎藏军入驻其境，炉霍几全陷。川康军逐藏军后，土妇与其婿被押送甘孜。其婿至罗锅梁子，突纵马横奔图逃，被击毙。土妇遂自坠不行。亦被击毙。今霍尔惟东谷土司裔存。该区原以寺主主持地方政务，土司挂名而已。

6. 瞻对土司：西康金沙江以东十八县地面，可以此上明正、理塘、巴塘、德格、霍尔五大部包括殆尽。惟此五部之间有瞻对一区，藏名"雅绒"（义为鱼谷），虽只一县，从不隶属任何一部。其地位于全康正中，如在心脏。其历次动乱，亦恒与五大部关联，正如心脏之脉管遍通焉。其地跨雅砻江中游，雅砻江以此得名。其人强武好斗，信奉黑教与红教。自十一世纪以来，虽花、白、黄诸教派势力屡施压，仍坚持原信仰不改。青海固始汗征服全康时，惟雅绒未服。有土酋称为铁结王（藏语称"江堆本"）者，建城在博孜后山（我当年考察时遗迹犹存）。雍正三年平定青海，周瑛自康北回兵，沿途土酋自霍尔诸部与瓦述、革赉、德格诸族并降。有上瞻对谷纳（今新龙县谷日）与上瞻对茹（今新龙县麦科、甲司弓一带）及下瞻对等三小土司亦迎降。铁结王恶之，攻灭两土官，兼并其地。雍正八年（1730年），川督黄廷桂派军剿之，无功。乾隆十年，再出大兵，檄明正、霍尔、德格、巴、理塘土司兵，四面围剿，逾年乃破。瞻对之名始著。上瞻对茹色衮卜丹投诚，即令其管理此区，称"中瞻对"。别有撒墩土酋亦助军有功，封土千户，称"上瞻对"。原下瞻对土司进安抚使，是为三瞻对。

嘉庆十九年，中瞻对土司洛布七力复叛，屡图拓地至昌泰，穹、藏、噶三坝与查坝、霍尔部分。再大出兵征剿。其官碉在今上瞻之波惹桥。阅时年余，逼其退守官碉。纵火焚之。乱平，更分其地为上、中、下与河东、河西五部。

咸、同时，内地方乱。中瞻对酋工布郎吉崛起，兼有五部，反对黄教，屡侵扰霍尔及理塘。达赖请剿。清廷许之。藏军已诛工布郎吉，川军始至收地，藏人索军费二十万两。同治四年（1865年）川督骆秉璋奏以其地赏藏。达赖政府派僧俗官各一驻此。藏官苛虐，民不堪命，光绪十五年（1889年）曾逐杀藏官，请求归川。未允。

光绪二十二年（1896年）川督鹿传霖派军官张继查办瞻对藏官干涉朱窝土司争袭一案，上《筹瞻疏》，请以其地改流，筹建为直隶州。同时将德格土司押解成都，请改流。并废章谷朱倭两土司，设炉霍屯。而成都将军恭寿与驻藏大臣文海循达赖请，弹劾鹿。鹿与张继皆得罪。仍以土地还藏及还土司。

藏官于全瞻中心之日龙镇建碉建署，直接管辖此区，前后逾四十年，然终不能兴造黄教一寺。瞻民不断反抗，藏官则恃兵力镇平。凡康中失意于汉官之土司，莫不转而依怙于瞻对之藏官。光、宣间，藏官欲拓地至瞻对之外，唆康中黄教寺院辖区纷起逐杀汉官。经清军击溃后，改流巴、理塘及金沙江以西诸地，最后传檄而定康北。然瞻对藏官犹未去。赵尔丰以兵驱之乃逃回。设瞻对委员。民国改怀柔县，又改名瞻化县。县治即旧藏官驻地也。

改流后，设上瞻、下瞻、河东、河西四总保。实亦变相之土司。上瞻总保夺吉郎加，原地方小头人，以助汉军反藏屡立功，成为一县最强大之土官。然不能戢其民，屡与邻境滋事。最后与刘文辉官属为仇。至于附和诺那之乱。我赴康后，曾招抚其回部。后又复与驻军相攻杀。家破，再附班辕之乱。班辕败，遂流为匪。1943年我第三次入康考察时，劝刘文辉招抚，赴昌太再招抚其回部。时其人已老，遂以其孙宜马任土司。

瞻对四头人中，清末，是河东区的穹穹工布最为横恣。经赵尔丰惩戒过后，泄气了。上瞻的甲日·夺吉郎加继之。甲日家破败后，河西区的巴登多吉继之。如藏谚所说："犁辕未断，弯木头又生。"在汉、康语文隔阂的藏族社会地区，流官统治下的头人，土司和喇嘛，之所以能够成为"恶势力"，正是如此。

附记：我论西康三大恶势力的讲演。

1937年，刘文辉初到康定，表现出一副励精图治的姿态。他在建省委员会内布置了一个每月举行一次的时事专题讲座，每次指派两个人讲，由各人自己命题，他及全体职员都来坐听。第一次指定的我和顾问叶诚一。我痛论从来入康官吏不能先习藏语藏俗，不能直接化导康人，而专恃"通事"推行政务之非。并说明：既非利用喇嘛、土头推行政务不可，而又不图摧毁三大恶势力的根本办法，徒欲以兵威铲除之非。叶诚一讲的内地"乡村建设"那一套。刘文辉最后作了评点，热烈推奖我的看法，否定了叶的一套。其后刘文辉在各个训练班作讲演，都把我那次讲话的记录收入进去。并严饬在康的行政人员学习藏文，定为考绩标准之一。但还未逾年，建省完成，宁雅划康，刘便专力宁雅，置康区于脑后，不更弹此调了。

那次我在建委会讲的题目是"西康三大恶势力的分析"，底稿交与刘文辉了。回忆讲论的层次是：

（一）三大恶势力的罪恶。

（二）三大恶势力产生的原因。

（三）汉官凭藉什么条件来治理康地。

（四）铲除三大恶势力的根本办法。

讲了大约一个小时。所举的例证，主要还是我1929年在康考察十县所得的资料。

我所主张的在康公教人员都要精通藏语藏俗，做到废除通事，直接与藏族民众谈话，使政府与人民直接沟通，才能够因势利导，逐步铲除三大势力的话，那只算是"临渊羡鱼，莫如退而结网"的办法，不能解决根本。但我这种议论，刘文辉和黄隼高们是特别听得进去的。

任乃强全集·第十三卷

康北考察日记

1944 年①

（1944 年 7 月 15 日自蓉出发。）

7 月 15 日　发成都，雨中到雅安

7 月 16 日至 25 日　在雅安十日

7 月 26 日（六月初七）过天全

7 月 27 日　宿两路口

7 月 28 日　宿泸定

7 月 29 日　抵康定

7 月 30 日至 8 月 12 日　在康定半月

8 月 13 日（**星期日**）　参加飞机场坝会

8 月 15 日（**农历六月二十七**）

自康定出发。午膳洗毛厂，雅琴招待。宿折多塘高姓家。全循马路。

8 月 16 日

循马路逾折多山。晴暖。午息于山北麓塌台站下，改从塔尼坝路。再息塔尼坝，见刊石堆之住宅增多。

逾山三重始达长坝春。病甚，早寝。

8 月 17 日

晨，乌拉承送至道孚，询此村俄巴②名卢光瑶（汉人，番名优游），谓此村共 25 家，今台站为旧土百户官寨，贡巴石属于此村，村之主寺名却木贡，距此 40 里，属萨迦派，约有僧 100，每年跳神一次（六月初二、三、四日——三日）。（营官寨之居利苦寺为黄教）

贡巴石水会水桥子（番名纳夕），长坝春水会安良坝。

---

① 1944 年夏，任乃强与李安宅率华西大学边疆研究所师生赴西康考察，此为其考察日记。另撰有"最近西康之行"详载沿途考察情形。
② 即村长。

营官寨番名duanja（董家）。纪日亦属长坝春村。上木雅保长康将秧，本年已换一打纳石人（乍丫娃上门者）

下木雅现分二区：一阿太，二热哇卡。

是日宿热哇卡上村，已夜间，因出发晚也。

8月18日

午间到八美农场，旧工人犹相识①。抄得泰宁气象记录如下②：（略）

宿旧垦殖所办公房。旧工头丁某招待小菜，关外得此为难也。过丹巴龙寺，观灵泉，有小石刻黑教咒。与六字真言异。

8月19日

自垦场过高日寺、吉思仲，至官寨子下。乌拉未至，即宿于戴局长工棚幕内。有赵君等招待，于此遇查坝③头人曲渣，云：

"查（渣）坝每村一寺，凡六寺：

却美贡巴——绷波，在卓尼村（上查坝）。

侏多贡巴——迦当，在亚卓村（中查坝），约僧四五十人。

喀拖贡巴——格鲁，在沙通村（上查坝）。

的绒贡巴——格鲁，在舞得村（上查坝）。

牙朵贡巴——萨迦，在古得村（下查坝）。

札拖贡巴——宁马，在札拖村（上查坝），约僧二十余人。"

查坝每村一俄巴，共约二百余户（有巴安人某曾查其地，云四百户，皆在峡谷悬崖间）。曲渣盖新委之保正也，曾为僧，故能藏文。为我书字数行与嘛呢咒。谓："查坝原三土百户，今仍为三乡，属泰宁县。"

帐外小棚石上有藏文二行，老人译云："夷底娃，哇姐娃。"谓皆上瞻小村。

8月20日

过松林口遇雨。抵道孚，宿天主堂（已空）。王涤瑕（县长）适在。

8月21日

于县府遇阎朝禄，导过其家。遇瞻化甲拉溪画师却登尼马，云"甲日家有人宿大寺外"。觅之，适今晨赴泰宁矣。

---

① 八美农场，系任乃强先生任西康建省委员时一手创建。
② 原稿抄有五页半气象记录。兹略。
③ 查坝，今作扎坝。位于鲜水河谷，风俗语言独特。清代设3百户，民国设6乡。今分为7乡，分属道孚（5个乡）、雅江（2个乡）两县。

询得：阎朝禄祖茂兰，陕户县捉日村（卓日村）人。到康初，于山货家（最早之陕商）学徒，娶本地崔姓女（惟一汉商），小留。后自营商，生五子：春茂、春发、春兴、春禄、春恒。春恒复娶母之内侄女，生朝清、朝禄。清娶番女，生五子：长，锡永，今存，瞽。次，锡光，近年因嫖与喇嘛斗，被杀，遗二子。三，夺吉，为僧，今存。余二子已死。禄娶崔女，生锡九，今十八岁，已娶。次锡蕃，今八岁，在读书。自春恒始，自营金香业，遂为道孚巨家。今则朝清已死，朝禄吸烟，子弟衰败矣。唯夺吉还俗经商，业务颇旺。其余四房皆零落不振。三房春兴之后尚佳。朝禄今年60岁，生之年，其祖母卒，年85岁，阎氏入道孚，盖百余年矣。

游灵雀寺，寺建于300年前，霍尔曲吉喇嘛（扎科人）所修。灵雀寺大殿外有咒云……

县府招午膳。是日晨，邮局高局长谈上瞻事颇详。晚，请羊马扎西与仲衣到寓，译寄夺吉郎加与宜马信，汉藏文各一函，明晨专差寄瞻。

8月22日

催乌拉二匹，与县府通事到热初神山观灵石。山在铜佛山之东，相连。为石灰岩质。有静坐院。院后岩山石灰层山，有大理石质小片岩，周附石英质黄黏土，对东北方。前有石砌，可坐观之，然尽力约半小时，无所见。稍上，得坐静岩穴一僧，名时丹巴，云：其穴为莲花生佛坐静处。又云：白汝札那亦曾在此修法。白即乌金仁波青（莲花生）化身也。

午点于山腰，僧煮茶至。望见觉洛寺下中枢、宜尔、时克汝三村。此寺与时克汝正对。村侧薄思薄沟，上源有草山，名"札虾纳宗"，云：有静修僧二十余，不育者朝之可得子。其西北雪峰甚锐，云：其下有海名"雍中错"，山以湖名。东北雪峰名"卓日洞噶"，逾党岭也。正北亦有一峰。

道旁石上有不同色之梵文字，似强酸所写，而无蚀痕，亦异。

归途绕山后行，遂过铜佛山神殿，番名提觉姆，铜像颇佳，额上嵌珠，被窃。冠上五粒与二侍者额上小粒绿石存。左侧砂与石英相叠之长石一。右侧置立石，就砂层上石英层，琢留梵文三字，如生成者。正龛外二像：左宗喀佛，右药师佛。前列塑五度母与宗喀师徒共八像，无僧。有一妇人绕行不已。旁有民户数户，及庄田。殿外有大转经幢。此山每年正月十三，及五月十三跑马会。会者并朝热初。

8月23日

发道孚，宿大寨。大寨附近梅树亘十余里。梅子初黄，苦不可食。

8月24日

雇脚，至虾拉陀。

8月25日

发虾拉陀，循马路至炉霍，宿省小。午膳后，访寿宁寺。大殿有满、汉、藏、蒙四体字题额，汉文书"寿宁寺"，意译也。僧云寺名"章谷贡巴"。赤巴名革西叶札，年55岁，新受举继格聪，貌似古佛，云曾住藏22年。四更巴同见客。首名绿绒赤札，貌似汉人。云：寺原在今学堂后（即旧土司署之后方）建却登处。移建今址已百余年。分斯木、宜木、雅德、宜拜四"孔村"。有脚寺①六座，皆非黄教。各脚寺自举职事。大法会则集寿宁寺诵经。对外纠纷由寿宁寺护持。内有吉绒寺在雅德乡，系黑教（瞻化易日寺亦绷巴）。余皆宁马巴（斯木乡有勒龙寺为其特举）。余嘱更巴书六脚寺名称。彼嘱三座书之。云：章谷更巴（霍尔曲结昂翁彭错所建）、宜龙寺、仲达寺、扭古寺、觉军寺、吉绒寺、加夘寺（曾见此寺在加夘后山上，小寺也）。又索书霍尔十三寺名，仅能举其八者，云：

1. 仲萨寺。2. 觉日寺（朱倭）。3. 甘孜寺。4. 孔马寺。5. 杂格萨寺。6. 大金寺。合章谷、道孚为八寺。并系霍尔曲结昂翁彭错建，而书字各自不同。

藏文无定书，虽高级喇嘛一笔所写，亦至于此。

8月26日

发炉霍约二十里，枉过张赐培于昌达村。寄夺吉郎加函一封，由任通事译写。宽期至十七日晤于甘孜县境。任，前瞻化任通事之子也，知甲日家甚悉。云："甲日家原附夏克刀登居其境内。去年在阿家果罗（甘孜界）劫夺拖寺充本银，值五百余秤，杀管家五人，夺去五枪。被逐，移居距通木寺一日半程之占多牛厂。宜马已娶通木寺活佛却多之侄女。其家颇富，而乏于人。通木寺凡五活佛。"

张赐培云：上瞻旧委萧良才为区长（系县府保安总队附），系暂时性质。三十年度，委定赤乃僧为上瞻联保主任。撮翁然登（色威人）为下瞻联保主任。龚兼县长（似指龚耕云团长）时，招夺吉等回，议未决。彼来县始定（本年三月时）。还其旧庄田，而未予名义。夺吉郎加曾与在县府晤见。宜马未来。罚枪事系龚团办理，夺吉回瞻之担保人，原定四头人、四寺院，彼改为三头人、三寺院。三头人为河西通宵之更青与撮翁然登，及切衣村保长。三寺有甲孜寺与值日村之僧人云云。又云：通木寺大

---

① 脚寺，即子寺。藏传佛教寺庙有主寺（或称母寺）与子寺（脚寺）之分。子寺为主寺的分寺或属寺，与主寺有隶属关系，其僧侣受比丘戒和考取学位均须到主寺。

活佛铿仁不齐，因与寺僧意见不合，走入昌泰。现由夺吉郎加等调处已返寺云。

陈科员云：去年龚团长派魏连长到饶禄上某村说合甲日家，县府派彼参加。阅时月余，宜马始率百余马队到村，先令魏放其从人，徒手出室，然后入见，议久之无结果。魏之妻与更青为戚，由此缘召集也云云。

张县长备午餐甚丰。四时后始行。宿于加躬后山上村名沙哇，此间六字明咒后，恒续一字。

8月27日

经加躬、雄鸡岭皆有小沟，寺在沟侧山畔林际。宿朱倭，官寨外廓如故，内部粪秽狼藉，倾圮且废矣。官寨后有小庙，供财神，朱倭村民常来祈祷，有僧住之；其侧旧台站，今作学堂。粪满。故经堂全毁，尚存壁画全部，中有土司夫妇像。宿学校中。官寨现住区长。（有手绘图）

8月28日

过觉黎寺，罗锅荡午息。抵甘孜，住关帝庙，县府招晚膳。

8月29日

访龚团长耕云后，与林耀罩、黄上成及谢科员参观喇嘛寺。先过香根寺，卫生院云院长为华西同学，便约午餐。香根甘孜败后到玉树，与德钦汪母及班辕诸人意不合，怨而入藏，旋死。去年仲萨活佛入藏迎日迦活佛，因运其尸归。现供寺中，有喀达遮绕。梁畏三曾潜揭之，见腊一块，畏僧有觉而出。此寺属甘孜寺之一部，而实孔撒私寺，约当全寺三分之一。有果园，植桃杏。杏熟甚佳，似藏香种。桃尚未熟。亦有大小法神诸殿。现尚新建弥勒殿，绘画甚繁，有全部《西游记》画，亦有趣。过大寺，先参观大殿与金瓦宝顶，有金字镌于檐。殿系供达赖之塔，僧云"此丙辰，去今仅二十余年"，盖彼五十余，曾见此工程之兴作也。四僧则皆已殁矣。次观阿巴大殿（护法殿）。阿巴，密法之意也。有翁贞与更巴招待。询以霍尔十三寺名，僧书作如下者：

霍尔曲结昂翁彭错修造僧寺十三，计：甘孜、札学（在蒲玉隆）、孔马（惟云独此寺可疑）、白日、大吉（大金寺）、杂桑珠、更萨（在杂科）、觉日（在朱倭）、东谷、乃大吉（东谷北，即大吉岭也）、娘错（即灵雀寺，在道孚）、噶达（泰宁）、错厄更（即青海寺意，僧不能确指所在）。并云昂翁彭错初在甘孜温泉处岩坐。后请准皇帝建寺，先建甘孜寺。甘孜即开光之意也。（此僧书法颇佳，其说当是）

甘孜大活佛五，现以仲萨为长。仲萨与郎查、日加三活佛轮流掌教，郎查活佛本年入藏，在四月，寺僧演番戏送之，故本年秋后甘孜无番戏也。除此三人外，还有孔马佛与札呷佛也。格西凡六人。僧三千余，分阿巴、扯里、龙吉（白碉内）三家。合总寺与香根为五家。

僧解"格达"云：无阻之义。噶尔迎文成公主至此，庆无复阻难也。

甘孜寺节日：

法会：正月十五，摆花。

八月二十五，跳神，念经送鬼（扯里家），总在秋收后。

九月初九，跳神念经送鬼，名"郎翁堆多"（阿巴家）。

十月二十五，圆根灯会。

十一月七八日，念经、跳神（祈年禳灾）。

二十八，在汉人寺跳神（对八金刚念经）。

十二月二十八、九，过年跳神。

三十夜，当鸡鸣时开放亮宝（人家亦然）。天明而止。

元旦情形略似拉萨，至摆花节过年完毕，此期中僧众亦集团念经祈祷。

8月30日

夜晨大雨。午后晴，龚团长宴客。参观德钦汪母邸第与已焚之瞻对碉。龚谈剿赖光辉事。晚过张逢吉寓，睹月色绝佳，知系十二、三日也。

8月31日

李安宅、玉文华约同往札呷寺后，访善明女僧，县府中误传其为孙淑文。在康定时，崔子信宣称其人为地仙故也。往县府催乌拉，未得。李等步往，送之河干。贺营长受龚派往查林冲匪害分段长蔡某案，遇之河干。

旋同黄上成游汉人寺。寺之得名，徒以覆汉瓦耳。所供实八金刚。为甘孜寺脚寺，派二僧守护之。往温泉，水黑不可浴。倦归，过航空站，晤见李站长（成都人）、胡台长，导观其测候仪器甚佳。王君名英，河北青年，解释各器，并许整理两年来记录见赠。归寓颇病。膳后不快。晚应张逢吉君邀餐。

9月1日

晨泻。午后一次。早膳。因龚团长昨馈鲜鱼，今晨群议仍请张逢吉君治食。食归，过李德元家，问甘变前后详情。病，留寓中，整理日记。有西宜沟仲萨村妇折马来访罗哲，录其身世，并问甲日家情况。午后，县府宴客。问龚，谈二次贡岭事变军事。晚归，过废碉之墟，观甘孜全市。服泻药，寝。（见市人盂兰会）

9月2日（七月十五）

在寓整理日记，竟午后二时，龚团部便饭。聆前连长萧谦（大邑人，现任民兵团附）谈甘变经过，又与李德元微异。录孔撒室门咒文，番城隍各咒文。上日迦顶，绘甘孜市略图。

甘孜县府秘书室壁上，有民国三十年县府职员董智民绘之"西康省甘孜县全图"。单色，石印，中幅。附有县境概况表云：

"三等县，面积6400平方里，分五区，已设绒坝岔一区。13乡。无镇（县府所在称孔麻乡）。49保，390甲，3826户。3717丁，6198口（共9915人）。壮丁1522人（未含僧）。收入杂粮2622石。牲税1206元。支出2386元。"

其图上比尺云二十万分一，实不准确。五区地名云：

第一区　孔麻乡：县治，朗查寺，甘孜寺，竹萨寺，日交寺；村子：打金滩（以上沟西）、孔马寺，瓦德，汉人寺，临江公园（绒岔沟东），红庙子，麻孜乡，大古，思俄，阿热，出洛，出洛寺，则松寺（蒲玉隆寺）（以上孔马沟东，马路北）；平西、观音阁、温泉（同上，马路南）；蒲玉隆（乡号）、罗果、西宜、卡龚寺（以上蒲玉隆沟东）；都枝（西宜沟南沟口）。大江以南：孔撒乡、多拖寺、俄若、学思、丹多（以上坐达沟西）、色须顶、札迦寺、独热（以上坐达沟东）西被、俄巴顶、青卡甲五、彭果寺、温泉（以上札呷沟东）。

第二区　白利乡：白利、升科、亚多寺、白利桥（马路通过），作著（以上南岸）；吴朱，大金寺（马路北）。隆拉，白河沟（马路南）。

第三区　（已设区署，在绒坝岔）　朱倭，洛须龙，阿都，西冲，西巴，白格寺，汉兴寺，多金寺；杂谷（叶珠寺），绒坝，墨玉，定龙，岔衣，昔日，羊波，西冲，区署，札觉寺（叶珠对岸）。

第四区　东谷乡：日多，卡思，邦多，王大隆（东谷桥），宜支，走然，王达，瓦达，日巴，打生（西界）以上鲜曲南；东谷，东谷寺，他多，札思，那多，各母，夺多，洛勿寺（与日巴打生对）以上鲜曲南；宜巴乡，昌科，洛热，洛色（东南），觉母，大吉岭寺（以上宜曲北岸）；卜鲁，呷业，洛德，乃龙山（自南东南至西北）。

第五区　大塘坝乡，札拉寺，中然科牛厂。

9月3日

昨夜雨颇大。晨晴。饭后觅省银行陈儒林君商借款，未遇。返寓。瞻对娃渴拉来，询知夺吉郎加等必来。因往晤龚团长，略为商定招抚事①。午饭后，龚团长来

---

① 时瞻对土司甲日夺吉郎加，与廿四军相仇杀。任途经康定时，劝刘文辉招抚，以安定康北。刘从其建议，写手谕付任，请任与妻罗哲情措顺道主持招抚之事。任到甘孜后，交刘手谕与驻军团长龚耕云（为任之学生），得龚配合，在考察之余顺利完成招抚甲日家事（详见《悼罗哲情措》一文）。

谈。既而何国璋医师来,知其为西昌世医,专妇、儿二科。

9月4日

陈儒林约早膳。向县府区取渡河证,给渴拉,遣往对河候信。独游甘孜市寺一周,抄得神名甚多。午后问曾言枢本日未到。为罗哲煨第三服药,寝。

9月5日

昨夜大雨屋漏,为罗哲移铺感寒,腹泻二次。晨病困晚起。膳后,勉同安宅游日迦寺。过萧副团长宅,接曾言枢未遇。归乏,早寝。

9月6日

夺吉郎加等到。渡河与见。

9月7日

引宜马谒龚团长耕云。致刘主席电。

9月8日

引夺吉郎加谒龚团长,解夺拖寺纠纷。

9月9日

致刘主席长函缮成。晤龚与张赐培。

9月10日

订本日行,乌拉未至,游孔马寺。宜马谒俄巴老妇。(蒲玉隆)

9月11日

罗哲、宜马等东行。余与李及谢科员明昭赴杂科。白利换马。

白利凡三寺:北岸白利寺,黄教;南岸格鹿寺,红教。雅热果寺,花教。贡龙再换马,宿谢胆大。胆大对岸有尼寺。

9月12日

宿松宗寺,有路线略图与藏文钞件。

9月13日

过格萨寺,出松卜绒换马,宿定青寺。出松对岸札多村,故土署也。有札你山与文成公主建塔。

9月14日

留定青寺①。此为黑教巨寺,其西日色有印经板,得老刻板。中札科十二村,其四奉黑教,其六又半奉黄教,余一村半兼奉。

---

① 又作丁青寺,为康区本教之祖寺。亦是本教之最高学府。寺有印经院,藏有本教经典甚多。

9月15日

发定青，自墨即寺下渡河，换马。过墨即寺对岸，宿阿白（a—ba）。传墨即寺有活佛，俗衣，有妻，具神通，能以箭射人畜。已病。（有路线图）

9月16日

过仁果（迦举巴）对岸。上游有撒迦小寺。再上，有迦举巴名智多寺。绕一山嘴，尖于仲谷塘。自此以上，河原皆牧牛。宿于郎多，亦牛厂中台站，民房也。本年霜早，麦皆不实。

9月17日

过协靖寺①，拔柯河桥侧，依马路过温泉（热当察卡）至竹箐。宿区署下民家。

9月18日

李鉴铭②下山来晤。晤军委会闵专员某某，谈同喜饶嘉错、杨质夫等入藏，被阻于纳曲卡事（有地理记）。

9月1日

李鉴铭同安宅下山，午膳于区署。是日始掘独一味，鉴铭闻其俗名，经名"朵博"云。又云竹庆（祝靖）古云"日当"（山正），见《莲花生传》，有九土堆为证。余查祝靖实雪山下一冰湖之初涸者。雪山为砂岩，湖以北为花岗岩汇化成大平原者，海拔4千公尺许，特产地鼹与独一味，现有寺属土民四十余家，不当差差民七十家而已。

9月20日

上午掘独一味，下午步访李鉴铭。即参观上中二寺。

9月21日

补缀行李，催乌拉。

9月22日

发竹靖。宿热水塘台站。此线自牛厂以上皆花岗岩地，故平缓出于意外。牛厂以下为变质岩。过温泉，宿台站。

9月23日

早发。经两河口，多见金厂。过花教寺。村山皆石灰岩。鹿洞换马。穿灰岩长峡，抵德格，宿县府。

---

① 又作西钦寺，为康区宁玛派四大寺之一。
② 李鉴铭时在康区宁玛（红教）四大寺之一的德格县竹靖寺柳林山院修学。

9月24日（星期日）

范县长同往参观印经院，访魏光大及省小陈君。发黄区长昌俊一函，寄去雇脚值。

9月25日

抄八邦寺①文物数件：

一、永乐诰命

奉天诰命：

奉天承运，皇帝制曰：佛尊之教以清静为宗，以慈悲为用，悯迷妄之家（众），启觉悟之门，化导人心，其功甚大。尔葛里摩（噶玛）司徒绰思吉监藏，世居西土，夙悟大乘，道证菩提，引跻等觉。严昆尼而作范，广慧智以转轮。下拔济于群迷，上敬承于天道。眷其功行，宜有褒隆，今特封尔为灌顶圆通妙济国师，其益著于忠勤，弘敷宜于真谛，阐扬法教，辅我国家，钦哉。

永乐十一年二月初九日
（有印，铜质）

二、宣德诰命

奉天诰命：

奉天承运，皇帝制曰：朕维佛氏之教，以寂静为宗，以慈悲为用，上足以阴翊皇度，下足以化导群迷，自昔有国家者，莫不崇奖维持，兴隆其教。尔刺麻钦占班竹儿（钦真般珠）乃故净觉通悟国师辍藏之侄，夙承其教，侍奉惟勤，坚守昆尼，心存空寂，究三乘之妙义，演梵净之真传，善慈纯诚，良可褒尚，今特命尔为净觉通悟国师以继承辍藏之后，尔尚益进圆修，丕扬宗范，用度能仁之化，以膺宠锡之荣。钦哉。

宣德元年四月十八日
（无印，大约此即所谓三宝法王也）

三、张献忠赐印

"援剿营总兵官关防"（回文古篆长方铜印）。

"大顺二年十二月　日"，"大字一千二百四号""礼部造"。

四、丰昇额、阿桂、色楞谕札

太子少保定边右副将军钦侍卫内大臣兵部尚书果毅公丰，太子太保定西将军内

---

① 八邦寺，在德格八邦乡，为噶玛噶举派（白教）在康区之主寺。

大臣户部尚书阿，参赞大臣钦侍卫内大臣固伦额附色，谕：

  巴尔绷（八邦）寺喇嘛德鲁松巴古鲁知悉：汝遵奉斯笃胡图克图遗教，来至西南两路军营，虔诚讽诵灭贼得胜真经。令促浸贼人速行诛灭，具见诚心，本将军等，节次奏闻，大皇帝深为嘉悦，屡蒙恩赏并降旨，仍俟大功告成后，另施重恩。今道场圆满，归本寺，务须化导番人，各安住牧，共享太平，并率领众徒众，清净焚修，阐扬佛教。承受大皇帝隆恩，本将军等亦可另饬谕该土司等将该喇嘛所管各寺护持照料，不许番汉一应人等稍有糟蹋，为此给照。

乾隆三十九年九月初三日

  五、道光圣旨（译件）

  右给康藏宣慰使等

  康藏各土司等

  各武官等

  各军队等

  各回教等

  各使臣

  各委员等

  各大小喇嘛寺等

  各呼图克图等

  各教喇嘛等

  各驻防人员等

  各千（百）户等

  各保正头人等

  各人民全体等

  康藏大土司共九员等

  查八邦寺原为与国家讽经祈福，无论何差使，不准与该寺派差派兵。凡属该噶马趣吉降村呼图克图所有之庙宇、财产、地土、差民、山场暨所辖之大小喇嘛等，均不得侵占欺凌。大小官员均有保护之责。倘敢不遵，定于严究，此谕。

道光二十一年十二月二十五日给

六、西康省政府委令（省民字第〇〇五号）

西康省政府委令：

令本府佛教宣德师思底呼图克图白马汪却甲补查该思底呼图克图德孚众望，兹委任为本府佛教宣德师，所有德格、邓柯、白玉三县各寺戒规及说辩修事项，应秉承本府命令悉心规划，仍依照各该寺原有宗风切实指导，并随时宣布政府德意，特刊银质钤记一颗，文曰"西康省政府佛教宣德师钤记"，配以藏文十二字，以昭信守，除分令外合行检发委状钤记，令仰该思底呼图克图即便遵照承领仍将奉委及启用钤记日期连同墨模具报备查，此令

计发银质钤记一颗。

民国二十八年十月二十一日
主席刘文辉
民政厅长段班级

七、省府又一函

思底呼图克图慧鉴：素仰尊者历劫长修，积资净障，断四魔，证种智，本菩提之夙愿，勤宏化之事业，示现三身，妙由身语意，普度万象，迹遍中印藏，知识群中堪推上首，此生事业尤为殊胜。尊者三学互用，显密融通，成就一切有情，贯通黄红萨噶，调摄诸派，各不相违，以转圆满无憾之法轮，于正法不违之性中修正士贤者之世法，饶益有情，赞勤政治，其利甚薄。民国组织原为五族共和，中枢政策注重融通汉藏，盖团结乃能共荣，自利必须利他。方今邪说横流，多昧此理。惟尊者高瞻远瞩，发聋振聩，摄受四众，调伏一切。俾地方政教辗转增上，僧俗民众同趋安乐，度化事业，实堪嘉尚，地方官吏各派大德欢喜赞叹，群请奖劝以示优异，兹锡以省府佛教宣德师之号并铸发印信，所有德格、白玉、邓柯三县寺庙悉归指导，各依原有宗风切实整理，愿尊者慈光普照，泽被群伦，永显大化，如长夜灯，即希察照受任，继续努力，辅政弘法，是所切盼，敬颂法喜。

刘文辉　十月二十五日

（原件后有"迦玛巴七百五十一年，八邦创者清净后代至今十八代，河西兴创二百四十六年，八邦二百十八年"等字。）

9月26日

土司派俄马香资与业巴来见。范县长宴客。

9月27日

访女土司，陈明宣宴客。

9 月 28 日

参观更庆寺，询到更庆本花教两巨寺。魏光大宴客。

9 月 29 日

完成致刘文辉主席"论解决祝靖差案法"函

9 月 30 日

拟《德格图志》目。杨质夫、吴乃越、方召等到。剃沐。林天雨宴客。绘制县治图。周成镇、王松樵宴客。

10 月 1 日　（中秋）

10 月 2 日　到龚丫。

10 月 3 日　别闵营长，赴八邦寺。当日到。

10 月 4 日　晤八邦司德。承留饭，赠佛物多件。

10 月 5 日　别安宅，赴仲萨寺，谒钦珍。

10 月 6 日　再访钦珍，宿索孟官寨。

10 月 7 日　赴甄科。得龙换马，过孔马日色，宿甄科台站。

10 月 8 日　自甄科向昌泰。宿瓦曲牛厂。

10 月 9 日　逾雪山，入昌曲河原，到夺柯寺（却登寺），行 120 里。

10 月 10－11 日　住夺柯寺，访谈。

10 月 12 日　留夺柯。扎西然灯等来。

10 月 13 日　到甲日娃牛厂。

10 月 14 日　在甲日娃牛厂。

10 月 15 日　到通宵牛厂。

10 月 16 日　到通宵村。

10 月 17 日　经固汝、博兹，夜至瞻化。

10 月 18、19 日　在瞻化。

10 月 20 日　行，宿阿呷寺。

10 月 21 日　逾厄里拉宿台站（那柯）。

10 月 22 日　逾山至甲斯孔（萨雍寺），山名热拉。再逾山，宿木古寺。

10 月 23 日　逾山至道孚。

10 月 24 日　发道孚，宿可抔。

10 月 25 日（**重九**）至泰宁，宿区署。

10 月 26 日　宿热阿卡，得猎獐术。

10 月 27 日　宿长坝春。

10 月 28 日　风雪中返康定。

10 月 29 日（**星期日**）

10 月 30 日（**星期一**）　到省府谈话。

10 月 31 日**至** 11 月 13 日　在康定。

11 月 14 日（**星期三**）　离康定，宿泸定。

11 月 15 日　宿化林。

11 月 16 日　宿泥头。

11 月 17 日　宿汉源。

11 月 18 日　到富林。

11 月 19 日（**星期日**）　在富林会见刘文辉。

11 月 20 日　在富林。

11 月 21 日　到冕宁[①]。

11 月 22 日　在冕宁。

11 月 23 日　到泸沽。

11 月 24 日　在泸沽。访孙水关。

11 月 25 日（**十月初十**）　到西昌。

---

① 任乃强在汉源富林与刘文辉相遇后，刘邀他一同赴宁属地区（凉山西昌）考察。任遂未径回成都，转到西昌等地考察，撰有《边事谈荟》及《论宁远地区经济建设步骤》等文。

任乃强全集·第十三卷

峡外游痕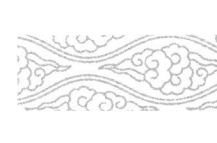

1933 年①

四月十七日

六时起，写家信，付何役投邮。赴胡永龄约，唐及甫、杨茂石已在，如昨约，打牌八圈。问明张先生准本日午后七八钟上民主船。电询重大彭用仪②，拟退本日讲演约，未通。自张先生处取洋六十元归，道购枕褥材，抵寓，已午后三时矣。适彭来话催如约。急以所购物箱与整理行装事嘱托聂素宣。车赴重大已四时四十分，彭仍请讲演。五时，开讲康藏问题，归结在：（1）重视喇嘛教。（2）移民。（3）学习藏文语。学生颇感动。茶点。返寓已六钟后。收拾行李，赴顺余③，交兑奚致和五十元。赴小梁子文化成宅，会齐张先生，且践林莆丛④先生约晤。未离文宅已夜昏，天复雨，急趋朝天门觅民主船。幸鲜伯良⑤已先订船位，未被阻。待至十时，张、鲜⑥始至。十二时寝。船中客过量，不能容。余所住为管事房，逼近厨与大烟囱，一夜如在甑中。

四月十八日

晨醒，船已过长寿矣。客中有卸任旅长于渊（邦沂），陈兰亭部军官吴锦棠先后来访张、鲜，谈甚多，船中无聊，藉此遣时。

四月十九日

酆都、万县相继下客，本日门外始有隙地供眺览，而直穿山峡，眼福弥厚。过新滩、崆岭时，李经理延入领江台参观。副船主海里士指点各滩险部，参以精详之

---

① 1933 年，张澜先生受刘湘委托率四川考察团赴广西考察地方自治。张调任乃强随行，负责考察学习外省教育、农业及实业建设经验。此为任之纪行日记。
② 彭用仪，化学家。时为重庆大学农学院长。
③ 顺余，作者在所住旅店名。
④ 林莆丛，名维干，四川南充人，为任乃强中学之师。
⑤ 鲜英侄，重庆富商。
⑥ 指张澜、鲜英。时分别任考察团的正副团长。

航用地图，深饶兴趣。是日五钟时，抵宜昌，上岸游一周，购藕、果归食。连日西餐乏蔬，血液多火，得此乃快矣。

四月二十日

舟过宜昌，一望平野，岸洲苇苗初绿，弥望如油菜；长堤之上，人影绝续。更远，则江天、云树难于区别矣。舟中读《浮生六记》二则，与漱溟①文一篇。

是日暮刻，舟泊江中，经理开留声机邀客欢会。

四月二十一日

舟过洞庭口，行甚速。望见岳阳、赤壁、金口等处。六钟时至汉口。余先上岸，至湖南街咸安坊九号，觅张乔啬②。然渠方在郑州。其夫人同返船，迎其翁父。适民生公司经理李龙章挟请柬来邀，往金城银行晚餐。座中王毅灵、邱秉彝、何九渊③与李皆川人，官商于此，由卢作孚介绍于张先生者。膳罢，共邀入住扬子江饭店。

四月二十二日

余六时早起，惊张先生同起。市沿无商贾，出购文具笔册，记账。寄伯量函。同过张乔啬夫人处早膳。十二钟后，张留。同鲜返寓，何九渊等来谈。余以闷苦，独赴上海戏院看影戏。归复与鲜同坐马车出，循街市一周。赴汉润里二十九号邱秉彝招宴。座中有潘子方者，诙谐善谈最有趣味。我不言谈，窃阅文天祥诗一篇。张乔啬本日赶回。悉至，随表师回寓相晤。

张先生往乔啬宅宿。余归。记日记五日，寝。

四月二十三（星期日）　快晴

何九渊约过其寓早膳。八时与鲜尚盥浴，渠已先接张先生父子来待于栈外，急下，赴汉安里何宅早膳。乘轮过江（渡轮每人收费二百，每二十分钟一渡，非常拥挤，管理尚好）。坐胶皮车赴东厂口待汽车。人多车少，改雇黄包车六，乘赴武汉大学（昨日旧历三月二十八，为大学附近洪山寺东岳大帝诞辰，三镇男女赴寺顶礼者万人空巷。本日为星期日，晴爽，犹有来者。来者多藉珞珈山长途汽车，游大学与

---

① 漱溟，指梁漱溟。
② 张乔啬，单名骏。张澜长子。
③ 邱秉彝，时任刘湘驻汉口代表。何九渊，时为四川财政厅驻汉口办事处主任。

东湖，其盛不减昨日）。大学为民九新建，房舍费 160 万元（或云 120 万元），甚宏伟，亦只办文、法、工三院。本日星期，未及见其内容。游东湖，湖作长瓜形，甚清阔，约五倍于西湖矣。何九渊喜摄影，游湖迁就未畅。归游黄鹤楼。渡回寓。剃头。郭生材请客于寓，席散同乔啬往中央影戏院看戏。归寝。

二十四日（星期一）　雨

昨约今晨往乔啬家食小米粥。记日记甫完往。粥后往五马路觅亚新地学社购图，未得。往商务印书馆询之，则其总发行所在上海五马路，汉口仅各书店分售而已。于此购得《徐霞客游记》及各省明细图数幅。归寓，范崇实、邱秉彝等来谈。十二时，应潘子光（树烜）及高老先生（钺）招，至味腴饭店午餐。天遽雨。归寓，郁闷假寝至雨霁，同乔啬往实业部汉口商品检验局访贺嘉伊君（化验处主任），询桐油集散、检验各事情形，承指导甚详，并赠书多册，并预订民二十二年检验年刊与汉文桐油概况二书。回寓，晚六时，应何九渊约膳。九时，与王毅灵约谈于乔啬家。十一时回，寝。

四月二十五日（星期二）　阴

早起记日记毕，独赴乔啬家早膳。回寓李龙章持船票来交，兑讫。再过乔啬家午宴。席后回寓收拾，待上船。有梅心如、李子谦来访鲜。梅即行政院派遣考察川康教育实业专员，至成都而折回者也。自言其撰报告曾窃取余《边政》中文云云。

夜上吴淞船，属太古公司，官舱仅客五六位，静如旷室。范崇实、邱秉彝、李龙章、何九渊、张又贤与戴某及乔啬夫妇皆来送行。潘子光亦乘此船赴武穴。十时开船，鸦雀无声，较之川轮别有风趣。

四月二十六日　星期二　晴

船抵九江始起床。午后，鲜特生促写游记①，勉成三页。

四月二十七日　晴

昨夜船行安庆芜湖间。今晨起时，正自芜湖起锚。十一时至南京，伍非百②夫

---

① 任乃强受张澜委派负责撰考察团活动的报道，陆续交重庆《新蜀报》发表，报上专栏名"峡外游记"。
② 伍非百，四川蓬安人。早年参加同盟会，辛亥革命后，曾任第一届四川省议会会员。后任四川大学、四川国学院等校教授。

妇、蒙文通①、刘薥如与廿一军驻京办事处之崔参议皆已来迎。先上某旅馆小息。乘汽车赴将军巷伍宅午膳。膳后闲谈，成大生四人赶至，欢迎张先生星期日训词。四时许归，息东方饭店（杨家井）。晚近，董兆孚②来访，谈渠婚事未竟。崔参议约往益州饭店晚餐。钟乃庵、伍非伯在座。膳后归寝。

四月廿八日　快晴

完渝汉游记，寄《新蜀报》。又寄林莆丛、郑献珍③及嘱罗哲④各乃强一函。待一钟时，伍非伯夫妇、蒙文通及崔参议皆来，同游中山陵及灵谷寺、谭墓、明孝陵。归与鲜出看电影。归寝。

灵谷寺牡丹本已老病，花殊不佳又晚开，而人盛称道。又知盖取其旁林泉优美，谭延闿墓在此，游人流连，觉美于中山陵。左侧志公塔、无量殿，传为六朝遗迹，但路旁标牌又谓洪武初移蒋山时来此，近世毁于火，今依原式新修云云。孝陵气象万千，而沙、石俱固，与中山陵较觉有巧绌之别。谈者谓：有明三百年治世，而民国坎坷不绝，乃由于地形。亦可一笑也。

四月廿九日　小晴

早点后，与张、鲜两先生同乘办事处汽车出访欧阳竟无先生⑤。遍询内学院不得，过钟乃庵寓，检图见交通部侧有半边街，赴之亦无知之者。后于交通部问得在第一公园侧，于此始得见欧阳先生，年已六十三矣。无须，而貌殊健壮，着微领之衣，声音洪亮，时夹宜黄语，听之十五六不解。先生近时讲佛颇重世法，劈头即谓佛道平常，并非消极。所谓戒杀，非谓日人以武力威逼我而不抗也。能抗日杀敌，乃佛法也。盼望国人团结御侮。又谓中国教育破产，所以人心溃坏，一切社会政治不景气象，皆由青年失业而攘成。亟应痛行改革，重新整顿，力矫过去士农工商分途之弊，务宜使士而农，士而工，士而商。反之，亦使农而士，工而士，商而士。士农工商合为一体，学以养心，艺以养体，庶几能成实学，作有用人。此就中学言也。至于大学，应使人数极少而造诣极深。并谓其近年每日皆半时著书，半时农圃

---

① 蒙文通，原名尔达，字文通，四川盐亭人。著名历史学家。时在内明学院任教。
② 董兆孚，24军边政训练所第一名毕业，曾从任乃强考察西康一年。后转入中央大学。
③ 时为重庆大学校长。
④ 罗哲，即任先生夫人罗哲情措。
⑤ 欧阳竟无，名渐，字竟吾。江西宜黄人，著名的佛学大师。在南京创办内明学院，弘扬佛学与国学。享誉海内外。

云云。又谓国人近年醉心欧化，驰骛科学，对于国艺完全舍弃，结果自无器力，亦不能持住他人之物，弄得未获新长，先失故步，深可叹息。言次取所新编《四书读》各赠一部，《大学》《中庸》《论语》《孟子》皆有，其叙将四书正文分类编列，叙其意义而不注释。先生自云．崇拜孔子不如学孟子。孟子主张养气——至大至刚浩然之气，足以救现世青年之弊。彼近世讲佛偏重龙树五种云云。

综其所论皆中时病，虽不能尽解，亦甚倾倒。蒙文通谓世徒知先生精邃佛学，而不知其文章经学皆无敌者，非为誉也。

十二时辞出，过办事处午膳后，出游清凉山、鸡鸣寺、雨花台归。杨达璋、杜象谷①已来。董兆孚留字云伯量②亦到。询中央饭店，知其在益州会餐，赴觅之，约会于寓。归则成大学生及表师旧生多在。杨、杜、伯量亦继至，谈甚久。后同伯量过其寓，谈至十二钟始归。一日得会奇人挚友，名山胜迹，诸喜毕聚，诚旅中最快日也。

过警察厅，见壁上标语有"实行不眠不休奋斗精神……"云云，相与引为谐笑。正谐笑中，复见街中有叹尝饭店，因念湖北洪山建厂树之"禁止盗伐森林"，武大之"小心引然野火"，皆当世妙语。

四月三十日　星期日　快晴

早起补日记讫，赴伯量寓，道逢万腾蛟③同往，董兆孚亦在。又得晤农大老同学郑君。十时许，伯量赴会，约去与董、万、郑至一广东馆早膳。独赴五台山村四十号访刘镇华，渠任中央通讯社某职。谈论时事，颇不为蒋见谅。返寓，同鲜赴益州饭馆，应二十九军代表谢天民、徐次珩邀膳，席终归寓，写家信二道。与象谷同往看影戏、游街、晚膳。回寓，张、鲜、杨、杜聚谈时局。十一时寝。

鲜言：本日访军政部要人某友，谈日中武器差如天渊，故决不能战。政府亦曾购入新武器，而各军官皆不能用；欲为教之，则科学常识俱无，不惟不解三角，且有不解"单位"一词者。

又，敌人用飞机输送军需自沈至热，日千余次。我军则自平至前线皆靠人力搬，近亦虽曾购汽车数百辆备运，而司机则不可得。因司机人皆乐大市舒适，决不愿赴危险之前线也。

又，敌军作战部队共五师团，以支队为单位，每支队火炮一营，骑兵一连，工

---

① 杨达璋，张澜女婿。杜象谷，时为张澜秘书。
② 刘伯量，字运筹。农学家。任乃强的同窗好友。曾任国民政府农林司长。后任四川大学教授农经系主任。
③ 万腾蛟，眉山人，曾与董兆孚同从任先生考察西康。此时在政大蒙藏班学习。

程通信各一排，步兵二营组成。其战先用飞机视察投弹，继以大炮轰击，瞬刻使战壕变为平地，然后大队涌进。我军全恃步枪大刀，故不能守。敌之飞机弹，现只用重二百至三百六十磅者，一弹着地造成深一丈，阔数丈之大坑云云。

张云：近自北平来者，如钟某，则谓中央军不能战；宋部、高部最耐战，皆冯、阎故部也。然多数人皆言中央军此次牺牲极大。日人亦专力击杀中央军，连月以来敌军因战俱胜我，死伤甚微；国军则多数不能成军矣。近时，凡战我军皆执大刀伏匿战壕内，不敢作声如；放枪则敌炸弹直下，人皆活埋矣。惟任敌轰炸至若干时，迨其迫近，未死者突起以大刀砍之，得阻前进。故每一队上，绝无生还者。最近蒋之直属精锐部队皆已开赴前线云。

五月一日　快晴　星期一

早膳后，同杨达璋往金大参观。陈校长嘱一粟姓引导，仅观图书室与推广部、农业经济系已午。归寓。午后往中大参观，值五一节，校工皆出，久之不得要领。余归，杨君仍参观。余写家信及致卢子鹤先生函。

五月二日　晴

本日继续参观金大，仍由粟君引导，观生物系，识陈宗一。再观品种改良各部，及蚕丝系内容及图表。陈君招待午餐后去。粟君导引参观其专修科部、病害试验场、农村调查所、中华文化研究所，直至四时半，出校赴伍非伯，夜餐。

五月三日　阴

本日早出参观中大农学院。由林部李寅恭派人引至推广部，川籍生管某等来替，引入农产制造部，观其细菌培养、酿酒、制酱油诸法，甚备。主者魏君正研究淡系固定菌也。四生以午膳相款。午后参观蚕桑系、畜牧系、农林场、农艺系，四时归寓。应傅真吾夜宴，始识格桑泽仁①。又看影戏乃寝。

五月四日　阴

昨晚郑万钧②约本日参观中大研究院。今日早膳后与杜象谷同往，先观科学社

---
① 格桑泽仁，汉名王天杰，四川巴塘人。时为蒙藏委员会委员，《蒙藏月刊》主编。
② 郑万钧，江苏徐州人。著名林学家、教育家。中华人民共和国成立后，曾任中国科学院学部委员。

生物研究所，次入研究院得其介绍卡片。入地质研究所，由叶君领导参观甚详。据云其图书值25万矣。次入博物馆名历史博物馆，未待人引导全已出也。自观仅动植物标本室与生养之动物猿鸟等数种。出郑君招午膳。上午登北极阁参观气象研究所，导者不力，得其概而已。下山观社会研究所，购书归寓。便过新亚学会晤魏崇阳（霁峰），谈近著归。晚膳后郑君来约，同游夫子庙，观影戏，又往伯量室，谈至夜中乃寝。

五月五日　晴

晨间七时，何梦麟（玉书）来邀，同象谷往燕子矶中央政治分校蒙藏班演说。校地即前晓庄师范，陶行知所建设也，地位优美，房屋散落。现有学生四五十人，青海最多，西康次之，新疆有一人。余讲西藏问题之根本解决法。力劝诸生联合同志向三道西进：一、研究佛学；二、研究藏文藏语；三、赴边考察与移殖。象谷亦有讲论，因该校职员张篷舟絮絮问边事，未及听。散会，学校为假日，康籍学生咸来会，万腾蛟导游燕子矶，康生多有同往者，并游三合洞，由何梦麟派车迎送回城。往赴刘镇华午膳，伯量亦在。始晤曾慕桥（济宽）、陈静贞等。六时，赴格桑泽仁晚膳，始识达赖代表棍却仲尼及某、班禅代表罗桑坚赞。格桑复订明晨便饭谈边事。归与象谷、伍非百夫妇待张、鲜；杨亦自廿一军办事处归，谈久之去，寝。

五月六日　晴　星期六

张先生等五人皆于今日赶九钟特别快车赴沪，余独留。早六时半同起收拾行李，早点。蒙文通复来谈。八时张先生等行。伯量电来邀游后湖，往其寓，董兆孚亦在。游湖至十二钟，午膳于一川菜馆。二时回城，往新街口看电影。伯量谓今日当别，须图尽欢一日。回寓略息后，董兆孚回校，伯量收拾行李讫后。偕出往新亚学会①稍坐。闻陈大齐（字百年）②新自沪归，余书属渠审查，欲往识晤。传渠已同戴季陶赴中山陵去。乃往曾慕桥家稍坐。拟复往看伍非百，适戴函至，乃约本日七时会晤，因返曾宅晚膳同往，伯量则上车去矣。

初识戴季陶，其人真一书生也，相见极力揄扬余书于在座另二人。然历数千言

---

① 即新亚细亚学会，国民政府考试院主办的民族研究组织，1930年成立于南京，戴季陶为会长。办有《新亚细亚月刊》，设有服务部和蒙、藏、日等东方语文班等。任乃强所著《西康图经》当时正在该刊发表。
② 陈大齐，《新亚细亚月刊》负责人。

竟未询余一语。余亦遂未有所言。一姓杜者持所制《童子军歌》与《野火歌》谱来就正于戴，歌词即戴所制故也。戴不知音而推敲备至，自饭时起至客退不倦，亦未有他言也，回寓已九时。连日宴请极倦，早寝。

五月七日　晴　星期日

张篷舟原约本日九时会于后湖。适魏晴岚电邀本日十至十二时在学会讲演。因留字嘱董兆孚往后湖，代告张、万。出赴学会，魏已先在，同出访石青阳，不在。访格桑泽仁，谢昨失约，谈边事。格与我皆强顽，语不甚投。然，格固极致倾倒意。出过伍非百寓，王元德在，谈王新民落水事，不胜叹息。九时半非百归，则已订本日上船渡江，明日早车行，赴绥考试去矣。十时出赴中大，预新亚学会讲演。至已开会，听众约五六十人，已有回人名爱儿撒者在讲新疆近况，态度安详，语调亦甚有味，历一时半久始罢。余以时迫，不愿上台，而董事董道宁谓已报告，力挽上。简谈国人对于边地之误解与治术之惝恍不适用，结语劝人赴边实地考察后再谈边事。二十分钟而罢。会毕，坐中均来握晤。董君亦以伍非伯介绍信投余，约时晤谈。另有陈、叶二闽人坚订明日4时来访。余人多不记忆，但知马天鹤其人而已。魏邀往广东馆便饭，有丁慕陶同往，亦会员也。饭后丁去，与魏同往附近看影戏。散场同往考试院访陈大齐，谈近年关于边地之著述，讨论其极荒谬者如陈重为等之著作。陈未言及余前寄交之《西康图经·民俗篇》，似尚未阅，余亦未言。出，访许与董君未遇，又往访石青阳①，仍未在，遂不复访。过晴岚家，识其夫人，亦留日生也。茶后同到学会稍坐，别归寓。有卖唱女子来搅，遂出避，往看影戏，购水笔墨，归寝。

五月八日　晴　星期一

早起践约，访董道宁于考试院，谈次引访许公武，许赠所著《游日纪要》。是皆考试院要员，而新亚学会之干部人物也。归已十时，叶、陈两君适来访，盖询西康盐务情形者也。余为一一详说其各道来源与销岸分布，渠甚乐。据云系盐署中人，似将撰某著作，搜集边地关于盐务之文甚到。余疑其将图增税，痛论增税自杀之弊焉。去时坚请午酌，少顷复来邀往益州午餐，客有财政盐务署秘书罗厚甫，据云四川住甚久，高等学堂毕业生，近年始移眷出川也。谈川情颇熟。外有张、夏二姓皆

---

① 石青阳，四川巴县人，民国元老。时任蒙藏委员会委员长。

盐署职员。陈某，戴季陶之秘书，云日内亦将偕戴赴西安筹办学校云。

席散赴中大参观，由董兆孚与电机科练习生引导观其体育馆、音乐馆、六朝桧及电机工场，机械工场、理学院、图书馆、大礼堂，五时出。余觉中大设备之完美，诚冠中国，惜其内容泄沓，远不如金大之有精神也。访郑万钧不遇，归校买书。而郑君来邀看影戏，晚点，归寝。

五月九日　晴　国耻日休假

整日在寓整理在蒙藏校讲演文稿，并校《西康图经》，寄李伯谐信。

五月十日　晴　星期二　赴沪

早起写《西康图经·境域篇·补记》五页，寄魏晴岚。又写寄邱怀瑾索社讯稿。八时，偕董兆孚乘汽车赴京沪车站，便道过新亚学会，以棉袄及残书托魏晴岚，魏亦送至站。九钟车行，五钟半至沪，沿途皆麦田也。赴一品香，尚无住室。与鲜特生二子共晚餐后出游看戏，倦甚，未完场归。张、鲜、杨、杜俱已归，十时寝。

五月十一日　晴

黄任之[①]昨约定本日参观中华职业教育社与其学校，订九时会。早起盥后上楼，南充同乡常必诚、刘伯庄、董、康、程素恂等先后来寓。早点后九时行，车至职业教育社，由江问渔讲演该社概况，由姚惠泉导观各部。忆民十二年来沪，该社尚附设江苏省教育会，今则建洋楼一巨幢矣。寻由黄任之及姚惠泉分车导观中华职业学校工、商两部及汲水机实验。十二时黄先生邀至静安寺路上海地方协合社午膳，有朱紫桥及川人张某在座。国货菜九品，淡雅无酒称国难席，席散与杨、杜先回寓。刘伯量与吕子方来访，已而同出购物。刘、吕他去，余等沿英大马路购衣料，棋盘街购书。又往南京路前购西书，全则六时已过，西书店皆关门。仍步归，晚饭于市，回寓裁衣，九时后寝。

五月十二日　晴

昨与姚惠泉约今晨七时二十五分同赴徐公桥参观。早起才五时许，茶房有闹声。

---

① 黄炎培，字任之。上海川沙人，政治家、教育家，时在上海创办中华职业教育社，致力于推动我国的职业教育。

结账，赴达璋室催行，耽延至六点后，车赴北站，但知其地属昆山，而不知下车站名，待姚又未至，不敢买票。幸得江问渔入站（赴南京），询得自安亭下，三等票价才四角尔。既上车待姚未来，第二站至安亭下车，未见姚。有人赴徐桥，询知为河南教育厅派遣之赵科长子杰（邦俊），亦待姚未至者，遂同雇车赴桥（六里定价四毛）。有陆君出为招待，休息出观桥市，早点于此，旋陆君主办之中心小学即乡村改进会地址也。复有浙商陆杏荪等四人在，由陆校长兼改进会主任。叔昂（江苏沙川人）讲述该会办理事务，并导全群参观观澜小学、第二流动教室、第三分会（张越之家）、徐公桥民众茶园等，归午膳。午后观本市仓库、医诊所、视测所、明园（陈明之办）、农场、第一流动教室。参观诸客皆去，余独留，偕陆回校，倦甚，昼寝三小时。起则大风掠地，气温甚低，晚膳后，陆谓观澜今夜有农民夜课。遂以人捐余被卷，导同赴，至已灯明如昼矣。教室与花边工作室隔帷已撤，丁字桌上有青年数人奏弦管，其旁有二十女生织花边，窗外有多数农人、农妇观听。七时摇铃上课，有农人两班共十六七人，各授国语一课，识字后罢课，再奏乐唱歌一回渐散去。女生织者独留延工一小时，借煤油汽灯光也。余九时寝于蔡先生榻。蔡、倪二先生十时俟人去，另张榻寝，甚可感。

五月十三日

早起理铺，随蔡、倪至张越之家盥洗早膳。返校有当地人陈鸣皋来。陈，金大专修科毕业生，能官话。谈次邀其同出考察农作状况。因此地人多操土语，不能通意故也。道中询一般人民对改进会感想何如，据言农民对此无关痛痒，富户独得其利。且言下颇有讽意。陈自云未有会中职务，似有望意，其言未足为定评也。陈指说此地农作状况颇详，甚可感。其人对地方事业亦非无心。入市后介绍访公安局徐公桥派出所巡官黄璞斋（武进）亦有心人也。因闻观澜校本日会考陆景、民勤二校学生。乃与陈穿阡陌别道回校，陈抵校即去。受考二校皆初小生，活泼诚恳，殊可爱。购糖食一元散赠之。主考吴先生等邀演说，而陆景王先生任翻译，余即勉诸生习国语。午膳仍于张宅，膳后同吴回校，适该校小学生开同乐会，有小妹妹默舞高年级"学国语"新剧。请我演说，仍用上午法，而译者多未达意，潦草了事。又请玩戏法。余为玩三套，皆大乐。闻此日高年级生多往明园，为人扎桃，欲观其能忠实工作否，趋之未见学生，仅三生在室内为人制纸袋而已。步归，剃头，晚膳。抄改进会揭示之二十一年一月办事计划，与二十二年一二三四各月办事报告以备参考。夜阅江西省政府国内农村事业考察团报告书（民国二十二年三月印，江西省政府特派国内农村改进事业考察团发行,非卖品)。

该团由江西省政府委派王枕心等七人组成以外,还有见习员十五人,据规定都是国外专门大学毕业生,随队前往而受主任考察员分派到某地方去实习的。他们从十一月二日出发,由湖北至河南汲县(香泉),定县(平民教育促进会实验区),北平(清河镇燕京大学社会学系实验区),济南(周村,邹平山东乡村建设院及其实验县区—邹平),镇江(民众教育馆附设桥头镇实验区,黄墟农村改进实验区),无锡(黄巷,江苏省立教育学院及其民众教育实验区),苏州(青年会苏州唯亭农村改进社刊物),上海(中华职业教育社),杭州(浙江省立民众实验学校,民政厅,建设厅,杭州市政府昆虫局),上海(俞塘民众教育馆,安亭徐公桥乡村改进会,昆、嘉、青三县共立乡村师范),南京(栖霞乡村师范,金陵大学农学院)。返九江,十二月二十五日返南昌。其分配见习员为山东乡村建设研究院五人;定县中华平民教育促进会四人;汲县香泉小学及无锡教育学院共五人;俞塘民众教育馆一人。

其报告书仍多表册,卷首有王枕心序,其第一段论农村经纪破产之原因,举有数字多种,足资参考,引列如次:

"据海关调查……民国十八年入超二万五千万两(关两下同省);十九年增至四万一千余万两;二十年又增至五万四千万两;去年竟至五万五千六百余万两……再看民国二十年来的入口洋米,超过华米出口之数,计一千零七十三万担,合银六千零二十一万四千两;小麦超过二千二百一十九万八千担,合银八千一百七十余万两;面粉超过四百七十九余担,合银二千六百二十余万两;棉花超过三百四十七万八千余担,计银一万三千五百九十七万余两。总计米、麦、棉花三项入超已达三万万两以上,占国内全年入超的过半数。至二十一年,全年入超总额中,米、麦、棉花、面粉四项入超亦占二万五千六百五十余万关两……"

五月十四日　晴　星期日

晨六时起,看徐桥市集。此市每日早集,旋即散去。七时以后农人各归田亩,市间寥寥数人而已。早膳后,检阅中心校,办公室各种图表制作甚佳,其中有大值注意者。

1. 该区地农表标明:佃农70%;半佃农20%;自业农10%。闻顾维钧即此区之大地主也。

2. 该区农产品:稻占48%;麦占39%;紫云英9%;棉及蔬菜又次之,盖其农作甚单纯也,午后该区开办事部会议，缺席者二人，到者除中心校职员外，为改进会各股主任及绅耆会员共五人。隔室听惟陆叔昂发言最多，自仍不免为包办式之会议。散会后相遇办公室中，诸人皆不通官话，惟总务股主任蒋仲钧通官话，与谈甚久。张越之引其子来，名果，自北平农学院新回者也。谈北平近况及农院事。已而客散，独步出，沿徐公河探吴淞江，误听舟人呼摆渡为"巴洞"，疑是近镇，渡往觅之不得，遇雨奔驰，遗自来水笔，归已晚矣。

是夜，该校例召青年服务团员训练。凡团员一百余人，皆曾住小学之农民分配各分会训练。今日此处所到才十八人，听话听讲似格不入。陆、吴诸君邀我演说，亦仅敷衍数十句。译者仍陆景王先生。

今日办事部会议上决募捐修建梅浦小学，捐册尚未制，便来向我募捐，检点囊中仅八九元，为捐六元。

五月十五日　初晴　郁热　大雨

七时起收拾回上海，间中得观该校纪念周与上课状。该校学生最大者十四五岁，才二三人，其余皆十岁左右之稚子，自非能作乡村改造训练者也。其青年服务团系最近黄任之游鲜、日后始设，察其情状亦非能任乡村改进者也。陆叔昂索批评，因书于参观册云：

"爱徐公桥乡村改进会三日，觉本会对于乡村治安、乡村清洁、乡村教育、乡民团结等各事务皆已善美，洵是当今乡村改进事业之楷模。惟微觉于农业技术、农业经济之改进尚多缺憾，夫乡村原以农民为基础，窃恐一般农民未有直觉的利益之享受，遂于本社会一切建设之事业漠不关心，他日或有人亡政息之恨也。"

八时半，同陆叔昂及黄巡官赴车站，车适至，抵沪已午后二钟矣。午膳后张先生等亦回，知明日上船赴港，回室记汉口至京游记至九时，出看电影归寝。

五月十六日

晏起，八时续游记至星期日止，持上，付张、鲜阅后寄发。午膳后收拾上船。不用之物共检出，寄存一品香七十号茶役。

船票为中国旅行社代购，系一英船，二等票二张，四等票四张。社役用汽车来接，上黄浦滩小汽船，二时顷开赴杨树浦江中大船。旅客及送行人，西人多于华人，西装多于中装，俨然如适异国矣。上大船后，小轮开回，中国旅行社及民生公司张君皆回沪，始知四等无仓位，须卧甲板上，达璋与余坚持不可，与茶役交涉换票，而一行不谙英语，役复不能华语。达璋以德语语之，役解而故作不解，大窘。久之，由役引一宁波商人何君来，始能达意。交涉久之，始允加钱一百九十二元，换二等票三张，从人赵庄亦得居于室内。开室于225号，略息，役复引一华客来，谓客皆已收票，无容补票，一切问题皆渠负责，知其入私囊去矣。既不至为黄鱼，且交涉言语困难，亦遂未究。四时茶点，七时晚餐，一切享用皆甚精洁。余等皆初搭南洋海船，一切不解其用，相与自行研究，渐得其解，悔怨始消，继以大笑。是日船未出江。江水混浊不可澡浴，幸盥饮用水皆经蒸馏。

是夜，助达璋将离沪账目弄清乃寝。

五月十七日　晴

早间船始出江，无浑水。午刻行抵泉州海外，船上签报经纬度及深度，谓距岸600，大约是哩也。赵庄、杜象谷、杨达璋均病，张先生最健，鲜次之，余亦勉强平安，病与年龄为反比例，亦可异也。实无风浪，惟小船行深水上，又皆新乘海船，故不快耳。船名Carthage，为英邮轮，载重一万五千吨，行颇速，搭客不过五六十人，一切皆甚清洁；每日点心三次，大餐三次，皆有定时。甲板空阔座位甚美，海天辽阔，日丽风和中享此高级物质生活，诚有生未及料也。因同室皆晕船，已亦心恶，未作事，早寝。

五月十八日　晴

本日船行近岸，时见大陆，据船上签报午刻在厦门海外，距岸二百余英里，深三百米（或是英尺）云。风浪较小，江更平，船中病者皆愈。凭眺之外，就张先生室写游记二日。船上相传明日七时早餐，餐后即到，乃相约早寝。

五月十九日　晴　夜雨（香港）

九时船抵香港。有中国旅行社派员来接入新亚酒店住。已无空房，仅一室如斗，日价四元，六人暂寄行李于此。久之，得三楼301号一室，日八元，张、鲜即移去。所遗五楼506室，即住我与达璋。住定与杨、杜出街散步。午膳广东馆，食全不入味而价殊不廉，小菜数品，值三元也。回寓写游记至五月四日止。夜雨，同鲜出看中央大戏院影戏。归寝。

五月二十日　阴　午后雨

早起欲登山未果，张、鲜两先生为胡展堂①邀去谈话，余等留寓看报、写日记。午膳后澡，有桂第四集团军吏王某来访张先生，谓得广州电话托招待，待张先生自胡处回晤之。其人本日当回羊城，另托李总司令副官邱剑成招待。三时，张、鲜再度被胡邀去，余等遂包车延邱引导游港全市。登山顶被大雨折归，购雨衣、鞋各一件。

邱言港人百分之九十皆华，统治全港之英员不到百人也。新亚一带地皮最贵，每方丈五千元，盖尽铲山填海而成也。土著之户被驱居于一隅，车过曾望见之，皆茅屋比结，而居如一滥市，亦种农谷蔬菜。其余多数居山后海港水船中，地名似为香港团……之后为婆水滩，最大之海浴场也。附近有大蓄水池，香港岛上蓄有泉水，足供岛人用，近市民渐多，渐感水荒，故英人对于蓄水事务甚为讲究；近仍不足则自九龙引管经海底以引淡水于此云。山顶为英官吏住区，华人之得居此者，仅一何东，为本港之首富，英华混合种也，其经济力能左右港金融，故英人重之。跑马地亦填港而成，多为中国要人购地筑室为别墅，英人亦时时对之抽收苛捐杂税云。此地工业不甚发达，仅有太古造船厂，亦只能造数千吨船，大部分事业为修理大船云。山顶旧炮台显露已废，现有新炮台，禁人游览。登山电车建筑甚巧，每上下一客取洋四毛，偃坐登绝顶，瞬息而至，除藉电力外更有铁索挽之。往时铁索断则伤人，近因安置保险索，断即停，坐客甚安全之。

五月二十一日　晴

早点后同张、鲜试登山电车，杨、杜则往中国旅行社交涉取钱买船票。登山车至山顶车站，徇偏桥游山顶一周，仍自登山车下山，回寓，车价三角耳。

杨、杜谓本日星期，旅行社无人办公，商务书馆皆关门云，度本日不能行矣。二时，邱剑成来，谓可自买夜船赴广，船九时开。因收拾行李集301号，同杨、杜出午点。点讫，余独觅中央影院，失道，久之乃达，已演及半矣。影戏毕回寓，待邱及王某来同行。上"西安"号船，卧近餐楼，票价每人才二元六角耳。船开后寝，海风甚凉。

---

① 即国民党元老胡汉民。1931年5月反蒋势力在广州成立国民政府。当年10月蒋介石被迫释放软禁八月的胡汉民。胡移居香港，与两广反蒋势力联络。张、鲜此次赴桂考察，暗受刘湘委派与桂系联络反蒋。故被胡邀谈。

五月二十二日　雨阴

早起，船已抵沙面江中。七时下船，正雨，住东亚酒店，分占 632、634、636 三室。第四集团军参谋长张任民来访，张、鲜同之膳后去。余三人出看附近街（已霁）。语之不通，望望无所适，回寓。适广东省政府派车来接午餐，至则张、鲜与张任民在。邹鲁（海滨）①出招待，席间始识萧佛成、唐绍仪、邓泽民及某，皆西南政委会委员也。席间询邹海滨中大近况，渠尽诚招待参观，随以车三辆分载往观其新校地（去市50里），地名石牌，原校农场地也。地凡七千亩，种菠萝为多。

来时便道谒黄花岗七十二烈士墓，四川凡三人，喻培伦在焉。墓后石坊为海外各地华侨捐赠，地各一石，皆刊有字。归时由另一道抵寓，后与杜、杨出街购书。道逢王某，同游大新公司，乃赴永汉后街，购得广州地图与汉英字典。渠等回寓，余晚点后，看永汉剧院。

五月二十三日　阴晴

昨与邹海滨约今日参观中大，晨起早点后，该校教务长萧菊魂（冠英）以车来接，与杨、杜往。萧后指各系职员助教黄君、苗君等引导参观，先物理各室，次化学室、电器室、生物室，设备皆好。教授亦都能致力于研究，尤可异者为助教之得力，各助教大都本校毕业生，对于各部仪器运用甚熟，且于指导来宾孜孜不倦，其西语学名亦烂熟，窃意此辈将来若作专修科教师，必能绝佳。使能自修研究，再得深造，则即任本科教授，亦胜于通常之海外留学生也。

午膳后，仍由二人导引参观其附中部（小学部未看，惟闻其小学生颇练习社会政治各事业，有学生组织之市政府与警察机关云）、地质系、地理系、天文台、图书馆（西书十万余册，中文书三万余册）、平民法律指导处、语言历史研究所等。该校原有研究所较多，近皆收缩办理，如经济调查处，现仅有职员二人云。

三时，另由一姓梁者（名锐雄）同车引导赴岭南大学参观。阻圯桥，步往岭南码头，则汽船已开矣，须待三十分。遂改乘小舟往。入校由大学秘书高冠天招待，并已邀农院秘书何雄涛同待于此，盖已得中大电话，知我等注意其农部也。以时已迫，先观其全校大概，而订再后日参观农院焉。于是匆匆走观全校，大致觉其校地绝佳。五时各部闭门，乘电船返码头，仍由中校汽车送回寓。适张任民参谋长约在东山李宅晚饭，以车来接，饭后同乘车返东亚，澡后寝。

---

① 邹鲁，教育家、政治家。时为中山大学校长。

五月二十四日 阴

是日分道参观张、鲜、杜、杨皆往视兵工厂及河北士敏土厂。余独往中大参观其附小。有市政府与公安局,相一当地方设有岗位,此时上课无人站岗。一教室教员未至,由级长正立台前纠正儿童姿势与夺其玩具(雕刀),甚有趣。

十时车赴农院,迎于门者为彭家元①,溪江十三年前老友,亦一喜也。邓院长名植仪,广东人,留美学生,人甚笃实。演说该校历史:

宣统元年　广东农林试验场、农林讲习所

民国六年　广东公立农业专门学校

民国十三年　国立广东大学农学院

民国十五年　中山大学农科

现分三系:农艺系、林学系、农艺化学系(土壤肥料)

附:办理事业　第一农场(本校后)

　　　第二农场,石牌 2000 亩(十三年冬)

　　　白云山　第一模范林场(十六年)

　　　西湖　第二模范林场(惠州)

　　　广州　稻作试验场

　　　高州　稻作育种场

　　　虎门外　碱田试验场

联络机关　广东农林局

　　　　　稻作研究委员会

经费　中大常费每月 2 万元(小洋)即 2/18

文化基金,全年 2 万 5 千元(大洋)。稻作 15000 元;植物研究所 10000 元。

田料捐　十分之一(每担八角)

肥田料捐旧包商,年收大洋 73 万余元。

近因收入不足,商人退包,去年八月起暂自收,大约年收三四十万元耳。农科分 1/10,年得 3 万~4 万元,作土壤肥料稻作研究费。

随后同彭导观各部,皆有成绩,其农艺系包括作物、园艺、养蚕、畜牧,各得于最后二年选习之。

---

① 彭家元,四川金堂县人。北农毕业,留学美国,获农学硕士学位。1924 年回国后,先后任北京农业大学、中山大学、武汉大学等校教授。1943 年,任四川大学农学院院长。

该校注重研究，属于农艺系者，研究蚕系改良、稻作改良、果艺改良等，稻作分三项实验：

1. 山谷田——凭天雨及山水种稻；
2. 灌水田——引河水灌浸；
3. 碱田——海潮可及之灌水田。

其品种，改良实验之稻有中山一号、竹粘、东莞白、小孤山、白谷糯等。据云中山一号：1. 生长出水皆整齐。2. 成长迅速（133～135日播到收）。3. 收量大（比平常稻多20%）。4. 抵抗力强。此稻系野生稻与竹粘之混合种（自然混合），自民国十六年起选种，继续实验至今（该校稻作自十四年起云）。竹粘与东莞白为普通农民所种者，米之品质较佳，市价较高，其余略逊于中山一号云。此两种实验自民国十四年起云。

果类实验注重柑橘类，近年因石牌地瘠乃种菠萝。

养蚕广东可养八次，以第三次与五六次为佳，余则茧小云。广东茧多丝而色淡绿，其异点也。

农化工作为分析各地土壤肥料与灌溉水，并甚注意于土壤调查，现已于广东全省，着手调查者十余县，调查完毕者五县，已出版者一县云。

午膳于校。午后同车赴白云山林场，有登山车送转至办事处，风景绝佳。回校后四时半，再与彭君游校地一周，并参观林学系各仪器，初见面积计算仪。六时后彭君邀往其住宅晚膳，始食川味至饱。九时同回寓，十时彭去。寝。

五月二十五日　晴　薄暮雨

早起用点后写日记，待杨达璋等编密电成，同出赴中央医科参观。由微生物院而解剖院，皆德人引导，指说甚详。而生理学院德人已回，无人指导。病理学院原系德人主持，约满已归，现由梁君主持，达璋同学也，制病理标本甚多。最后药物院，德人未在。

该校原有德教授九名，现有六名，月薪已一万五千余元，盖其原约系海关金币，订约时只约合八百元，近已涨至六倍也。德文教授皆不通华语，学生上课初恃翻译讲解，最后二年不用翻译。讲义则尽德文，仅少数普通课属中文耳。学生一百余人。其与同济不同之处，则同济中学德文程度已高，听讲不难，此则高中最后二年分科，选医者始学德文，升本科后听讲甚难是也。

至于学校一切设备皆甚完美，费用亦占中大经费之最大者云。

随参观附设第一医院，布置甚佳，取价甚廉，三等客每日六角，房饭医俱在内；统房更廉，为五角。三元半者即单室，最贵才九元余耳。病室甚多，三等客尤多。凡分内、外、妇产、小儿、眼耳喉舌五科，前三科最有名，妇产科似更兴盛。全月开支一万五千元，收入约能相抵。

三时出校，往农科晤彭家元，引导参观农林局及工业化验所，内容皆甚佳。时促，仅观农林局之水产、农化、推广三部，工业实验所研究页岩提油、石膏橡鞋底、电筒干电、木薯制糖、野菰制纸、防毒面具等，皆有成绩。四时半参观农林局推广部，五时出，天雨，由彭君指路车回。晚六时赴林主席晚餐，在座皆各省委，始识刘纪文（市长），林某（民厅长）及刘继贤（前建厂长）。夜晏寝。

五月二十六日　阴

昨夜刘继贤约本日省府会散同赴岭大参观。十时来车，同赴岭南码头，改乘电船，所谓电船即即汽划子，粤人谓汽油为电油也。

抵马应彪招待室，刘电邀何雄涛来引导，由果园转花园，温室（5000元汽管温室），林场、牛舍、鸡舍，稻作场，农学院各部。天热郁，流汗过多，渴甚，请返售物处饮冰，复得见高冠天秘书，点心后往蚕丝改良局，属广东省政府建设厅，而实在岭大校内，广东丝业原幼稚，此局成绩若无可觑。三时半出校。

赴码头，电船已开，遂在大厅候。返天字码头，车归已五时。剃头。陈济棠柬邀晚餐，派人候此。六时往，九时归。在座张任民、林厅长及贵州代表二人。是夜杜、杨代翻密电。余步珠海公园一周，归寝。

农林局长冯锐（梯霞），约明日参观该局。

五月二十七日　晴　星期六

上午记日记。十二时赴西南政委会招宴。二时出，张、鲜先回。达璋赴中大，余与象谷游中央公园、中山纪念堂、观音山中山纪念塔（大理石花岗石合建）、镇海楼、市立博物馆（四层），休于越秀酒家。五时乘公车归。阎崇阶（黔人），邀往太平支店西餐，鸽与牛尾汤甚美。夜与象谷游先施园。

五月二十八日　雨　端午

广东仍行夏历，是日端午节，龙船竞赛。彭汉江先期约，十一时赴其家，同出观水戏。届时达璋已先出，张、鲜、杜皆不愿往（午后赴荔枝湾），余独赴之。往水上游艇，会得座。贵州代表阎、张、杨三君亦在。人拥舟密，蔽塞全河，竟未及见龙舟，天乃大雨，阎、张等皆去。与彭留，待霁，竟得见龙舟而返。粤龙舟制甚细长，上设一鼓四锣，而无龙形首尾，两端皆可向前，舞唱及乐声与四川同。雨霁返彭家，观书待膳。六时膳，有中大二川籍女生及航空处川籍二职员在座。膳后同彭夫妇往大新看电影后归。

五月二十九日　雨阴

广州雨后天寒，欲着夹衣。早膳后，前嘉陵高中学生刘肇新至，谈述其近况，意请转示张先生代向他方设法觅官费。十二时，赴市长刘纪文宴。达璋因事未往。

二时罢席，余遂往农林局参观，先由推广部赖君导观其农业经济部（近办农村调查与推行灌溉机事）、农具改良部（观其改良牛轭及其他农具照片，主者即前东大农具部主住也）、森林部（林场五处，皆远在外县，鼎湖为其一处，每月支500元）、土壤调查部、兽医部、水产部（于其鱼池始知有食草鱼）、昆虫部、农艺部、农艺部、园艺部（一菲律宾华侨司接木甚佳），与鸭栏（北京鸭）、鸡栏（力行鸡），转办公室与冯梯霞长谈。据云该局每月经费由建厅拨五千元云，现所办理改进农林事业著有成绩者凡：

A. 农艺系　改良稻种（改良东莞白种）

　　　　　改良蔗糖（改良品种）

B. 园艺系　柑橘研究（改良品种）

C. 林业系（油桐与松）

D. 畜牧兽医系　牛痘血清（已成）

　　　　　　　猪瘟血清（未成）

　　　　　　　北京鸭（试养大量）

　　　　　　　力行鸡，杂交

　　　　　　　北赛亚猪及波兰猪与土猪杂交试验

E. 农艺化学系　土壤调查

F. 昆虫系　培养荔枝椿象

　　　　　蚜虫与食蚜瓢虫

　　　　　山蚕

　　　　　研究凤蝶与天牛（相类虫）

G. 植物病理系（未见）

H. 农业经济系　农业生产调查

I. 农业工程系　改良农具

　　　　　　　筑园

J. 水产系　鱼秧养殖灌汽机

　　　　　草鱼养蓄

推广部（番禺、曲江、高要三县已设）

（对于螟虫、荔枝椿象之除防宣传设备甚佳）

冯盖美国留学生，曾住定县五年，二十一年始来此。赠余《创造中国新经济制度之计划》一册，渠所著也，主张发展农村农工业云云。

五时返寓，张、鲜、杜已赴中山县去矣。达璋病，有客来访。余出看影戏，门票如施抢，购得一，须待下场始能入。乃别购观中国剧院票待之，九时赴观，果伟片矣（宗教片）。

五月三十日　阴

达璋昨日病，今日食粥。早午膳余皆独用。早膳后出买长衫料一件。广东丝每尺五角余耳。觅僻巷成衣肆缝，约初九十一时取件，今日为旧历初七也。回寓整理游记，忘日之暮。达璋愈，来言已十钟矣。

五月三十一日

晨起未久，张先生等已回，盖去之日宿澳门，翌日赴中山唐家湾唐少川宅略游，当夜返粤，乘夜船回矣。象谷谈：唐氏谓中山县除政府征常赋外，地方款年200万教育经费，80万在外。昔日有烟赌税时尚多100万，唐予免去，而烟赌仍仍难尽戒。吸烟者多属青年，虽监禁之，出则复吸，盖距澳门太近也（两小时公共汽车甚便）。唐氏居质朴，张先生谓其"无尘俗气，无富贵气"。外人谓唐氏以县款修成华美之唐家祠，当不确。惟将中山县政府移于唐家港，则实。唐家湾临海已辟为无税港，旧为澳船区，现已有土堤渐有船到。中山县森林已多。闻系唐氏三十年前集一千人，人出一角洋而收荒山经营之。现已间伐五次，每次八年，所值已巨万云。

是日仍继续记游记。象谷后游番禺新治（墨州），参观某乡村学校。

晚六时贵州代表张、杨两君邀就本店餐堂晚餐，餐后同鲜特生游河南渡大新，寻粤戏不得，得其门而罢。

六月一日 阴 大雨

早起仍记游记，午刻大雨。刘肇新来，求张先生为之代请官费，代拟文稿付之。

夜八时与象谷同赴大新天台游息，始见广东戏。剧名《大闹雷公山》，自七时半至十一时半，语大可解。乐器为大锣大铙、小鼓，一琴似四和，一喇叭，喇叭最重，唱声常为所掩，剧情亦似川剧，但较长。

六月二日 晴 间雨

是日，达璋出门考察工厂。余完成香港游记拟寄。待张、鲜订赴桂期，未出。午刻，张任民自港归，知将行矣。与达璋将书籍清理付寄。

晚，广西王君邀膳于"半斋"，坐中有贵州、湖南代表十余人。膳后与杜、杨步出街游，遂登大新天台，有京剧及粤剧。粤剧较佳，演陈世美故事，结构与京、川剧皆异，收场尤不同；陈世美以小生演之，有神仙教陈子女兵法，杀敌封官，香莲还魂金殿，认父大团圆云云。

六月三日 雨 间晴阴（郁热）

是日，达璋偕建厂某职员出，参观丹麦人之弹毛厂与河南士敏土厂、某硫酸厂。余车赴中山大学，转两广地质调查所参观，设备不充分，图书尤少，但室外工作颇多。两广地质曾经调查大部，出有报告书十四五种，四川亦占三种，云南亦有一种，大抵瑞士人哈安姆与李君之所考察也。余购四川二种归。闻此所原由中央支款（中央有两广财政专员驻此），中山大学亦助一部，现在行政系统属于中山大学，即前哈安姆亦中大教授也（现已满约回国）。每月经费才五千元。除陈列矿石分类甚佳，适于学生参考外，别无可观。出所，略观图书馆，下部有陆军测量局摄影制之大地图，计广州市、中山陵、香港九龙、澳门、中山港、鼎湖山各一幅。回寓看新购之峨眉地志与重庆附近地质研究。晚独往新民看电影《千岁怪人》，实一埃及小说之迷信故事，与我国红莲寺伯仲。红莲寺禁演而此片特许，此亦崇拜西人之陋例也。

六月四日 （星期日） 晴

早间，象谷写致胡展堂函，与达璋待之成，已午十一时许矣。出同觅一茶楼午点，楼名"湖州"，人如潮起，勉强得一地，茶不佳而点心颇好，食杏仁露解渴后，仍赴四川馆"半斋"，三人一餐费六元。川、广皆不似，徒有咸味，地位复不洁。食已，达璋云："爱乡否耶？"亦相与一笑，出游中央公园，坐林中息甚久。暮乃同归，进晚餐。浴后,温桥山邀游荔枝湾,余独未往,即先施天台看两角电影。

六月五日 晴

闻张、鲜将待李(宗仁)自来会于五羊,暂不赴桂。余因请先行,议决明日同杜、杨先往。十一时,全队及贵州张、杨两代表同出,觅茶馆于近街。不佳。遂与达璋、象谷另赴财厅,觅饮多处皆未开门。步行过十二时,始于永汉得一最佳之茶社,即昨日满堂未及入座者,然此地无杏仁茶,点心多不可口,仅龙井甚佳,各饮双盏而归。天热多昼寝。午膳后,决定余与象谷先赴桂,达璋从张、鲜留此。晚刻与张、鲜、杨再游荔枝湾,游艇如蚁,画舫精美。夕阳初下,皓月方升,时正水上游艺场外,灯光月光浸以夜色,凉风袭人,诚可乐矣!售食之艇亦多,粥最佳美,为之尽二瓯。又于此初识椰子,以四角购而尝之,味殊恶,十九弃去,仅携一瓢归。

六月六日 晴 (赴桂)

晨九时,张先生呼起。早膳后,象谷留写介绍黄旭初信,余与达璋出赴上海银行取款,余与象谷各250元,共兑广西洋六百六十一元五角。又转赴一钱店,似名裕华,改兑广西纸币六百元(594兑600)持归,与象谷分有,得331元。达璋后交来大洋35元,还店账外实剩大洋10元。与象谷于十二时出栈赴西濠口,待至一时,购得三水车票。上驳轮渡至西塘,则已一时四十分矣。其车沿途多停,至三水已三时,步至河口上轮已五时后。同时有二轮行,一名大明,已满;一名广雄,剩位尚多,即时开,船载130吨,多海外米。夜八时至肇庆,停二时久,下米,讫复行始有风,十二时后乃得安寝(附行程地形图一幅,略去)。

本日有一最惊人之印象——大车站购票,人自然鱼贯成行,不待人指挥干涉而自然能之是也。该车三等票凡二门可购,他端有待车室,列座可休息,候购票人当售票时间临近时,自然相率为单行鱼贯自购票处站至候车室,绝无参前挤后之事,中间男女老少,华拙高下各级人皆有,而皆守此,不知曾经几时训练乃能然也(只见一站警,亦未曾干涉何人)。

此外船上人员之客气,对于旅客之恭谨,尽情应对,绝无欺生恶气,亦不需索小费;进退应对不亢不卑,态度绝佳。

兹与广州别矣,余对广州印象绝佳,约写如次:

1. 政府诸元老毫无官气,不用弁官仆役,对客自己斟酒,自己盛饭。
2. 省政府及其他机关,肃然无骄色,人之统治力大。

3. 各学校机关皆有成绩可睹。

4. 一切建设务规其大其远。

5. 平民一般客气，市井之间斗骂甚少，有之即械斗也。

6. 商店大都定价。亦有非定价者，亦不过浮百分之一至六七。

7. 店员对雇主态度甚佳。

8. 平民识字者实居多数。

9. 新品种植培不少。

10. 不见兵弁在街走动。

惟有不满者如下：

1. 使用地方语言，不重视官话。

2. 文字多特造，为他处所不见。用字亦多特别，如下为落，卖为估，牌为唛，保险为燕梳，赌为银牌，到停为埋等。又孖，字未解，滘为㵼字。

3. 人（男女）多赤脚。

4. 农地荒待垦者多。

至于政府中人是否同心一德，是否廉洁，是否无私，是否文官不在武官肘下生活，是否能团结讨蒋，皆是问题，非此所能断也。

六月七日　晴夜雨到梧州

起甚迟，船已行近都城。早膳后，舱酷热未作事。午二时半船泊梧州税关侧（有三税关，一下关收小船税，一上关未见，一梧州关）。由船中人介绍大南酒店，接客票入住四楼 51 号室，澡后出剃头，象谷作函报达璋讫，同出午膳。游北山公园，观自来水建筑及纪念堂，此堂费八万，与广州之四百万较，可知广西之实事求是矣。夜下街回寓。雨后稍凉，补记三日日记。十二时寝。

六月八日　郁热午雨

早起偕象谷觅渡西岸，登河滨公园（旧英领事署），一警士谈话中可知其为曾受训练者。下山至广西大学校外，早点后入校。投马君武介绍盘副校长珠祁①（字斗寅）、马教务长（名海字仙桥）。该校试验将毕，明日放暑假矣。二人皆不在办事处，

---

① 盘珠祁，字斗寅。广西容县人。美国威士康新大学农学院硕士，曾任北京农业大学教授，时任广西大学校长。

由一杨姓职员出见，求其导赴盘君住处，马君亦在，盖学校所设之教职住宅也。盘君复召数学教授四川开江县人邓静华君来晤，随由邓、杨会同导观图书馆及工、农、理三院。天气郁热非常，加之烈日，身上汗如泻。十一时校中午膳。杨去，邓君招入一小居午膳。

膳后，天阴，雷欲雨。邓君欲余等稍息于其住室，余等欲观省二中与硫酸厂回寓（皆在河西）。遂别之，甫行及河市，天暴雨风，投道旁茅店避。一时许霁，汗衣半干，遂往赴硫酸厂。盘君先有介绍电话，得工程师石君质彬领导参观一周。

据云此厂开办费 80 万港洋，购德国机，用铅室法。民国十八年曾经德人主持开工，该德人实无能主持，凡一星期而罢。前年（1920 年）广西收复，梧州重议开工，去年年底始获开工。取广东英德硫铁矿制为硫酸，每吨酸售价三百余元，现在每日出酸七吨，将来可望出至十吨，每吨分盛一百余罐。

经费：计复厂时，广东、广西各十万，计二十万。此后即望本厂自身维持。

销路：除兵工外，以炼石油厂销最多。曾经本厂试验，日酸澄油久即变为黄褐色，本厂酸与德酸则始终白色云。近年炼油业失败，酸销困难矣。

石君，北平工大生，马君武弟子也。

关于广西大学组织及经费详另册中。

六月九日　晴

早膳后，赴第十五军军部拟访汪参谋长，尚未到部（军长白健生在邕，副军长夏威亦未在。参谋长汪君，河北人，兼广西大学军训主任）折至公安局，局长蒋君，桂林人，语言清楚，谈梧州市各事至详。

此市与桂平至贵县，十八年至二十年间皆广东所据，中央曾委人组织省府于此，二十年两广合作，自动退还广西。广东时期曾设市政府，包括总务、工务、卫生等科，每月开支四万余。二十年市民呈请撤废。现在工务局属建厅，公安局属民厅，民团指挥部属县府。

公安局现有岗警三百余人，学警六十余人，又有保安队八十余人（一连），全月开支一万八千元，由本市筹集，计以房捐为重。次为花捐，年包抽捐二万五千元（旧时曾至五六万人，近因严禁公务人员及兵官狎娼故减）。赌捐年额八十余万，现减为七十余万，与烟捐皆属财政厅招商投包。

梧市人口八万余（旧曾至八万九千人）。商店二千家，去年年底倒闭一百家。其商人皆粤人，桂人绝少。广西全省一千三百万人，年收三千万元云云。

午膳后休息至三时，访汪参谋长，河北人，云曾在刘自乾部任参谋年余，叙府败后去云。求介绍余等于桂平（梧州属）民团司令部蒋指挥官，渠给二名片，允发一电。四时半出，急回寓，闻本日五时有船开桂平，归则云已无及。访知有桂强者称七时开。觅一点心店用膳后，赴桂强，则架铺已无。购蒲席藉卧舱板上，而每人收费4元8角。天热人多，局促不安，未开船前坐游艇上息，八时船开乃寝。窗间藉夜色微辨两岸多岩石，足证此段多滩与礁。

六月十日　阴数雨

船中坐立皆不便，惟以一卧了之。午后二时半始到桂平，泊柳江中。上岸探住金陵酒店，住客甚稀，闻其往时恃聚赌麻雀为利，近因禁麻雀牌故冷落乃尔。

是日，天时雨时晴，入栈尚阴，与象谷稍息。出街觅食，步至城门，大雨，归已鞋袜皆湿。午膳于寓，既而雨霁，仍与杜同往访蒋指挥官，在丁字街，旧府（浔州）署为区民团指挥部，时已六时，无人办公。出，步至公园，在西门外，望西山风景甚佳，夜归寓。余独往对门戏园看粤戏，园仅容百人，戏亦不恶。

六月十一日　阴　频雨

八时起，往区民团指挥部。蒋指挥部官已赴邕，由副指挥何应恩（百色）出见，已得汪电，颇能详细叙述一切：

据云广西民团原有总指挥部，后复并于省政府。今下年移归李总司令指挥。全省原分十二区，近并为六区。每区12队，每队九十人。

组织机构（略）

……凡民丁年20—40者为壮丁，不分贫富贵贱皆为团丁，分为三种队训练。

甲、常备队，每县各一队（90人）。训练期六个月。

乙、后备队，除已调充常备队者外为后备队，每队九十名。无论农事忙闲，每次训练二小时，年共只70小时。

丙、预备队，常备队训练期满，遣还乡里为预备队，其编连户口，每十户为一甲，甲长一人，副甲长一至三人。十甲为一村镇（农村曰乡，城市曰镇），十村为一乡。十乡为一区（区公所分三等）。若干区为一县（五等）……（下略）

……其枪械调借于民间者颇多，省方发给者尚少（据21年五月"广西民团办理之经过与今后计划"所记，计征到者一万二千枝，其未经征用而存在民间者合计各种枪支，共约有六十余万枝，现正通令各县，认购好枪补充）。广西向日多匪，大富购枪自卫者甚多，即如玉林一县，即有好枪五六万，杂枪不计。苍梧团区共有好枪一二十万云。

又云：广西军队北伐时有数十团，十九年出兵湖南者亦 28 团，现仅存 15 团（即五师），而武力转增者以民团也，大抵兵士死亡时有，其额不招当自减，广西实已裁兵而并未曾明白裁兵也。

广西匪患素深，即梧州区内即有二三十大匪巢。若玉田县之六万大山匪巢有枪一千余支，其他皆百支以上者俱多，现赖团力已告肃清矣云。

谈时天雨，故谈甚久。雨霁辞出，赴公园始用早膳。膳后游西山，复遇雨于李公祠（唐太守李明道）。象谷留寺，余著胶鞋登观乳泉，顺阁而下，返公园午点。复雨。雇肩舆归。桂之肩舆甚高而拙，索价甚昂，返寓三里地索八角云。

（原稿绘有桂平西山肩舆图。略）

返寓，查有新昌电船今夜驶贵县，购得船票每人 2 元 7 角（九站算）。闻明晨开，遂与象谷上岸看粤剧。粤剧亦自有其好处，顾而乐之，终场乃归船寝，已十二时半矣。

六月十二日　阴　有时雨

船上雨后夜寝，凉适非常。天明闻拔锚发电声，知开船矣。七时早膳于船，劣甚，一元不得一饱。桂平地势平夷，沿河多黄土洲，为广西农业中心。午近始见岸有砂岩之浅滩。午后三时许行近贵县，见奇山矗列，为画册所未有，访为东山，下有墟（圩同音，犹川中之场）。再前，见南山之奇峰。泊贵县，上岸住桃园酒店，高楼临江，双铺房价二元。出游城内街，觉甚清淡，县署之外可以张罗。中山纪念堂如破庙，有初级中学及男女小学，天主福音教堂皆在此一街。觅食无得，返寓午膳后渡游南山，时则已六时后，晚风凉爽而时已不及，仅及龙池坊、龙眼泉、跳蹲龙池（东湖）诸异石，观南山而还。凡贵县附近皆中生界之石灰岩，上覆黄土质黏重而多粗砾砂，故土瘠。然石灰岩受雨浸水蚀，呈诸奇观，东西南诸山亦皆由是而成。

或谓贵县商业较浔州大，因其当梧、邕水陆（汽车）中点也。然外视实不如桂平；江中船亦不及。其外，大抵广西风俗改良会禁娼赌占相，故市态不甚嚣欤。

入站时有汽车行争来揽客，以二十元购得小车票二张，较乘船廉。夜澡浴后，早寝。

传有中山公园景色好，以暮未及往。

六月十三日　上午阴雨　下午晴

早，卖车票者来催客，力亦代雇至，收拾赴车站，距离三里。开行之车颇多，我等所搭为民有公司 318 号小车，已有客四人在上，合余等为六人，后排四人甚挤，行李捎车两颊。初路甚平，新铺砂石甚佳，穿石灰岩成之奇山甚多（可谓"山林"），而未尝越埂凸。过宾阳县大雨，休车早餐。餐后雨霁天晴，而衣物已湿矣。是处距贵 220 里，约得一半。前行又约一半，逾昆仑关，实小阜之横阻者。过宾阳已入砂岩带，过此冈复多黄黏硬土，因多荒原矣。十二时至下塘，车夫不慎撞坏行箧全部，余不禁大怒，然广西人颇不怙过，亦不欺生，停车默为收拾行李，受詈不怪，前行益谨。二时抵邕，气亦消，责其新购一箱而罢。

住中山酒店，在中山路。邕市繁盛街为民生路与德邻路，此段甚荒，然酒店宏雅而洁。住定出观市街觅餐。此虽省会而无餐馆，广菜又不敢食，得咖啡店用点心一餐回寓。象谷写信致达璋，余往游艺场看戏。初见桂林戏，盖与川剧全同，但无高腔，又锣鼓不似，唱念穿作则无不同也。游艺场在城外野坝内，甚凉爽，十二时乃归寝。

六月十四日　晴（南宁第一日）

八时起，试用寓内早膳，甚贵而劣，几不获饱。十二时，同象谷往谒黄主席旭初，值开会，约于午后二时往见。归热甚，神昏偃卧，看书即寝，不能工作矣。二时往省府，黄年四十上下，貌甚恭，着灰布中山服，谈不甚流利而质实有条理。询省政大纲一一举答，能尽其意。闻渠旧兼十五军军长，去年自辞去，专理民政。每日七时到府，入夜乃归，以为常。故无论何人欲谒之者，皆得接见云。求介绍当参观处，首举统计局，问："民军既已就理矣，富民之术亦筹及乎？"对云："此殊难言，现所注意者为水利与垦荒……"云云。

四时，黄饬人导余等过团务处，晤卢处长象荣。卢，桂林人，谈话清晰完全可辨，去岁曾往南阳、镇平考察团务，盖亦有心人也。言桂省民团十八年以前政局未定，遍地皆匪，乃听人民办团自卫。十九年赖民团助力，驱逐外省侵桂军于省外，始注意办团。其方法迭经改革，渐就完善，现仍在改进期中，并非已成定局。其改革之最大者，即初时由民团总指挥部提挈全省团务，嗣改归省府，设团务处办理之。今下年起，复并归第四集团军总指挥部办理。团务处即于明日结束。如此移并之原因，只因要使团务军官俸给职权一切能与军队同等之故。实则桂省军民三长同心一德，毫无畛域芥蒂，职权任何转移并无关系云云。随检《广西民团条例章则汇编》《征集编练细则及督练官服务细则》各一册赠。六时出府，寓中晚膳。

膳后，天暮已凉，独出街游，遂观声片影院，片甚劣。出观赌局，见用棋子一大堆，手捧一掬置桌上，以盘掩其一部，俾众猜压其零数，乃揭而以签拨数之，每签四枚，视最后奇零决胜负。压者多中下级青年，规定小洋五仙起码，至多一百元。但通常仅数角一注，亦有压至数元者。桂省近年改良风俗，禁一切杂赌，惟此不禁，以其关系税收矣。查桂省赌税二十一年度为四百七十六万余元（大洋），系招商投标包办云。

六月十五日　晴

黄旭初昨约派员本日领赴各处参观。十时后其人来，名潘幼芹，广东梅县人，省府参议，曾住北平甚久，故言语无捍格。渠谓统计局杨局长绰庵刻已抵宁，约定二时往局参观。于是先出参观省立第二图书馆（第一馆在桂林）及省志局，总纂封鹤君（祝祈），容县人，生于湖北，曾驻蒙古库伦、科布多等处，手订蒙人取消自治约，以恶徐树铮去。与谈方志甚洽，闻余有著述，悉招其分纂来见，有刘锡蕃（介）者，著《岭表纪蛮》，在商务书馆出书云。

直谈至二时，潘君招省府车来，同乘赴城外二里邮局码头侧之统计局。

统计局为桂省新设施中最著成绩者。去年始告成立。局长杨君，原任中央统计局某职，昨年辞去，南过香港，适五五团游桂，因亦入桂，遂留于此。一年来已办出统计图表甚多。内部精神实事求是，非常认真。时杨君已赴省府，嘱科长潘戴生招待，乐于指说，颇似金大职员态度。该局分四科，用一二三四番号。附一小图书馆，收集国内杂志甚备，尤多新法检索。又有工商局亦设其中，局长杨兼。分总务、工艺、商业三科。有联合会计办公室，用新式簿记，且云已分派人员往各财政机关，导以新式簿记会算。两局精神如一，其人员有多数系杨君自省外延来，一部分为本省人。有统计表公开其薪金与年龄出身，考课甚严。

厅壁陈列制成统计甚多，甚有趣味；又陈列土产农工各品，则工商局所征集也。三时后，潘君检赠印成之图表数种，尚有多种未得，云未印成，拟他日前往摘抄。

统计局职员专建公园于河滨，称临江公园，亦有趣。出局游观梗概，乘车游中山公园回寓。热甚，晚息。留潘君饭，不可。回复报告后，来寓邀饭，却之不可，往民生路某馆西餐，虽不佳亦南宁所独有也。

餐后七时，潘归，余与象谷游游艺园，十一时归寝。

兹录广西重要数字：

财政岁入（21年度）36,097,979元（国币）

禁烟罚 24.69%；田赋 14.50%；防务特捐 13.20%；通过税 11.55%；营业税 8.12%；关税 6.59%；盐税 4.83%；烟酒税 4.69%；营业收入 3.51%；下列收入共计 3.15%；（包括：印花 0.52，硝黄 0.20，契税 0.55，船捐 0.27，房捐 0.48，鱼税 0.01，行政收入 0.68，其余分类 0.44。均为百分比。）财产收入 1.16%；矿税 0.73%；其他收入 3.28%。

支出（同年度）39,602,550 元（国币）

军务费 48.99%；教育文化费 13.59%；公安费 11.55%；财务费 6.55%；行政费 4.66%；建设费 4.05%；司法费 3.82%；交通费 2.37%；党务费 0.54%；外交费 0.18%；债务费 0.50%；其他 1.05%；待查（县支出）852,184 元，2015%。

人口（估计）户籍

1,891,000 户；10,734,100 人

男 6,003,300 丁；女 4,730,800 口

平均每户六人，每百女子得 127 男子。

一等县十：全州、桂林、苍梧、桂平、贵县、玉林、柳州、邕宁，自 32,000 户（柳州）至 65000 户（桂林）

二等县十八：自 8,000 户（修仁）至 55000（博白）

三等县六十六：自 2,900（明江），3,000（左县）至 27,000（都安）26,000（凌云）

瑶属 4,000 户，20,000 人，男女为 12 与 8 之比。

土地面积 83,076 方英里，折合 322,750,260 亩，每方英里平均 129 人，每人占地 3006 亩。

最大：凌云，4,539 方英里，每方英里 27 人，每人 14383 亩；
　　　贵县，2,156 方英里，每方英里 156 人，每人 2485 亩。

最小：明江，53 方英里，每方英里 233 人，每人 1660 亩；
　　　凭祥，151 方英里，每方英里 155 人，每人 2505 亩。

最密：恩隆，每方英里 420 人，每人 923 亩；
　　　玉林，每方英里 425 人，每人 9140 亩。

最稀：西林，每方英里 14 人，每人 27209 亩；
　　　凌云，每方英里 27 人，每人 14383 亩。

沿途县籍

县名	人数	面积（方英里）	每方英里人	每人亩
苍梧	379000	1222	226	1713
桂平	417000	1751	238	1631
贵县	337000	2156	156	2485
宾阳	200000	823	243	1592
邕宁	277000	1722	160	2415
武鸣	164000	1896	86	4491
柳州	128000	998	128	3029
荔浦	94000	629	149	2599
阳朔	105000	533	196	1972
桂林	295000	886	332	1166
余县	420000	1342	312	1241

教育

大学一，学生605，经费219362。

专门校一，学生113，经费43233。

中学校94，学生20750，经费2140045。（职业校二，师范讲习所28）

初级学校12595所，学生545738人，经费4375909元。（幼稚园6，初小11442，高小1092，其他55校）

社会教育学校704所，经费73292元。

民众教育馆2所，经费3742元。

图书馆36所，经费37358元。

其他社会教育机关1017所，经费约三十万毛洋。

六月十六日

潘君早来，导赴公路管理局，复无职员在。回寓早点后，导赴教育厅，厅长李任仁接见，谈广西教政注意三事：一、军训；二、职业教育；三、平民教育。赠桂省各级教育概况，改进广西教育方案、教育论坛，及民众基础读本（特编）各一部，并派督学郭任吾午后一时来寓，导观各校。于是辞去潘君（潘病泻）回寓休息。

午后，郭君以车至，先观第一高中，校长蒋培英，教务廖葛民（北平师大生），大队长某君（河北人）招待考察其军训事项。该校军训较梧州四中佳，以大队长得人也。赠该校军事训练概况及答客问各一册出。

因白健生总司令约四时会晤,遂未往参观其他初中,直往女三中,校长黄尚钦招待游观一周,布置尚好。出观妇女工读学校,凡分织布、织巾、制鞋、成衣四科,学生有选单科者,有习全科者,程度不齐,分班分级半日上课,半日工作,交互轮替,故工场讲堂皆不闲。学生工作最勤,据云成品所值足偿消耗,拟他日更详观之。观其售品所而出。

回寓进膳赴总部,白健生君出见,谈广西新政程序,轻重俱佳。其人年五十余,灰布军服,皂布鹞子鞋,秃顶,语轻而清,态度诚朴,据其言谈知新广西主脑属于此公。其论广西新政程序约如下:

广西虽有新政,并无成绩,不虞之誉深惭难副,惟有聊堪自慰者:

1. 军政首长同心一德,和衷共济。

2. 俭以救贫,庶事覆实,尚无浮费。

3. 一切设施皆取试验态度,目标确定而方法随时变更。现在军训已改至三次,民团已改至六次。

又言:委员制不适中国国情,政因人举,诸事权宜。桂省今下年起省府与各厅合署办公,县府亦已并局为科。

自蒋先生把持党务,党政极坏,各处党员滥支俸给,号为党官。本省缩减党费,非工作费不得动用公款。党员应自图职业而工作于党部。

广西贫省不得不俭,故以关税厘金与提倡土货与节俭等法,保持本省财力与商业。

工业正在提倡,现有硫酸、酒精、火柴等厂,正拟开办制革等厂。

农林注重垦殖、造林与水利。

矿业亦设法开采。

公路已筑七十余里,皆已行车。

民团之初,由于陆荣廷奖匪,匪遍全省,民不得安业,各自办团。民十八九对外战争,深得团力,始知注意团政,现在全省匪已大体肃清,军队减至十六团,军费始终为千百万,缩减之费用,用于扩充军费。减缩军力则以民团充实之。

学校施行军训,一来是寓将于学,一来是整顿学风,藉以矫正青年浪漫、不学、萎靡之弊。行之一年,父老称便;学生初虽反对,如梧州曾起风潮,但省府抱解散全校之志,毅力持之,现亦无事。

结语:盼川省当轴觉悟,弥息内争,整理庶政,结合西南,使为中华最后之对外挣扎者。

余等请观军校，白派员车同往，并介绍军校教官川人吴克仇君，亲到传达房询得其住址而别。

出署与象谷同往德邻路觅饮，因往游艺场，见大蟒，为平生所仅见。十一时归寝。

六月十七日　晴　午刻雷雨

吴君早来，总部亦派有副官来，辞副官与吴同乘车赴东郊军校，白先生已在，出坐一刻会德宾去。与吴往靶场观射，至则已毕。承教练长导观其兵工靶场工作。归参观军校内容甚整齐。午刻同返吴君寓午膳。午后回寓，热甚昼寝，大雷雨而不退凉。五时吴君来，同赴总部招餐，在座有二德人（一为军校教官，一为西大物理教授），与永安公司经理及其同行三人，以及杨统计局长。白复谈川情，与广西之保护贸易策。杨局长谈德人某新发明，桐油火酒造格士林油事。余谈桐油业与外货侵入，由于内地社会风习之恶与政府之漠视。

于时雨后天凉，余未去衫，膳后大汗湿衣。出后同吴君至同乡赖君（资中）寓，谈印务与最近宾阳试验县事甚久。脱衣大凉，又多喝水，出后与杜往德邻路饮豆汤四碗，归即不舒，腹膨胀作响，时已十一时。澡浴后，假寐遂寐，失被，夜半起腹水泻。

六月十八日　晴

昨谓白、黄今日赴武鸣参观，白派吴君及车同往。今晨早即复水泻，觉病，欲不往而吴君已至，勉强赴之，携被拟作三日息。初意水泻由饮蛇胆酒内凉，购桂圆食之，至当已愈。行至双桥观墟集，饮粥后复水泻，觉渐不支。行至武鸣参观军教导队，晤孙参谋（湖北人）与蒋总指挥，待叶总参谋（珙）甚久。象谷与蒋谈，余不支，卧椅而已。观教一周，赴民团区指挥部，布置如花园，精神似学校，绝佳之示范区团部也。其事完全成于蒋君。蒋君精神奕奕，而有心思条理，甚可敬。观一周，余已不支，回息。未用膳，连泻三度如喷，遂未参观他处，仅象谷往，坐盼其速归而已。五时遂，原车回寓，得本寓经理李君诊为感暑，服清暑去温药。中复泻数次，困顿床上，腹响如潮，精神恍惚。

六月十九日　晴　阴

上午泻止，食粥而已。潘幼芹来，谓其亦新腹愈，约观建民二厂。勉强与杜往建厂。黄厂长习矿而留心路政,询以生产建设,持牛痘药水相示(疫牛淋巴腺榨制),谓将办之,重金聘请美人主持,将到。此外有林垦与水利。其人似于农政不悉。赴民厂,厂长雷老成有度,勤于治事,谈甚持重而切实忠恳,望而知其为将才也。赠民厂视察报告一册,于广西州县情形调查甚详确。归则张、鲜两先生已到,住对室,时汗衣复湿,急易衣往见,则总部已派人招待膳宿于此。

后求李经理诊病,另开茵陈五苓散加减服之,后泻(明日知由食牛奶故)病卧不能起矣。

六月二十日　阴　晴

早间吴克仇来与张、鲜室谈。病未起。白健生后来谈,亦未往观。

昨晤公路管理局局长,始知其另有办事处,在前往访地售票处尔。今日彼以车来接往参观。余病泻未往,卧半日。

午刻吴君将与张、鲜游江滨与中山公园,遂搭车往后方医院诊病。由院长聂君诊,开方利尿健胃,持归服之,觉佳,寝。白、黄款张、鲜及余与杜,以病未往。

六月二十一日　晴

昨服聂崇侯药仍泻,且益无管束。据云黑药粉主吸肠胃污质、微菌并微泻下,已服二包遂未再服。鲜特生劝吸烟二口,吸之泻方止。早后,张、鲜、杜等皆出街去,张副官以车来,谓总部饬送后方医院复诊。往则聂君外出,由内科主任方君(浙人)诊断为肠加答儿①,发药水及粉各大量,谓皆修理小肠且治其炎,觉所判是。顺道往统计局,托前晤之第一科长潘君,请饬人抄赠桂省各区民团部队经费名额表,归。遂置聂氏药,服方氏药一度。聂君适来,仍劝尽其药,再服方方。为之勉尽二粒,仍服方方。是夜黄旭初招餐未往,治明日行装。

六月二十二日　晴　(赴柳州)

早起收拾赴柳州,总部派交通处处员周用九及吴克仇君,及二车送赴柳州,行前复吸烟一度,食粥一碗。过宾阳未食,凡渡船二次,逾迁江,田畴渐佳,石灰奇峰矗列,目不暇接。近柳州部更觉农事似川省,始知南宁附近为回归线燥带,故常苦旱而多荒,产西瓜及凤梨。宾阳渐佳,迁江以北始入雨带,而多石灰岩,故农业

---

① 加答儿:黏膜炎,为英语 catarrh 一词的音译。

能佳也。虽多石灰岩而农人犹多施石灰（日见三起），足见土壤酸化之烈。

午后三时至柳州，渡河。由军部派员招待，住新柳江三楼，供应甚备。

膳后，六时同往军部，则白副总司令出见，并介绍廖军长（磊）。白与张谈时局，亦言广东不能即时组织反蒋政府之失计，结果仍希望西南结合，后谈民团办法。十时，辞出游观街市，仅通江大街二支属新式，余尚待修。约明日过河，参观农林场及各军事机关及酒精厂。

六月二十三日　晴　午后曾雨

早间，部中人呼起早膳。同人过河，有车运至飞机场，观空校学员试较飞。有曾教官，川人，招待解说。九时返车站，张倦留站中息。与鲜、杜及吴克仇同往农林场参观，场长杨士钊旧同学，招待参观养鸡场、陈列馆、图书馆、土壤化养所、新农具室、办工厂等处，成绩寻常。然自十五年成立该局，中经政变停息，规后迄今皆杨主持，得遂其志，专责成亦广西之长也。闻全场有地四千余亩，职员三十余人，工警十余人，全月开支四千余元，事业费不过千元，外有临时费全年约九千余元云。十时回站早膳。膳后白健生复大谈风俗改良问题。十一时后与鲜、杜、吴同车参观酒精厂，地名鸡喇，有轻便车路通柳州河南。本日未工作。厂长张某，留德生，于应用化学似有得，厂为渠所计划建筑。昔伍廷飏任厂长时所办，原期尽量出酒以代汽油，政变后停，本年始兴复，只烤糖馏。近始计划用木薯、甘薯、玉米，设备尚佳。

据云全厂建筑费港币五万余元，机器七万元，中因金价上涨，实达八万，安机、筹备费各一万，实费开办费十五万元许。

充其量每日可出酒精100斤，兹每日工作八小时。每日需用包粟五千斤，得糟四至五万斤，须养猪二千余头，若用薯制，糟多能养五千头矣。原拟与农林场合作，近已无望，方建新猪舍（足养千头），图自饲猪、艺菜云。

全场职工三十余人，每月经常费二千元，临时费无定。所出酒精售价五角，较舶来品廉五分之一强（约记），不虞推销（广东制花露水用最多），而其最大目的乃在行车。

张君后说明酒精行车云：汽油与酒精其效力相当，只价值不同耳。燃烧汽油之机车不能烧酒精开车，必须改大其入油管，改小其空气管，始能与汽油效力相同。河南曾用汽油机燃汽油开车，成绩不佳，广西现在亦尚无改造机器之力云。折观兵工厂，以装配飞机为主，亦装手榴弹。

回车站，遂与象谷登立鱼山，洞府绝佳，如厅与室，楼窗床柱若皆备。山顶奇峭，象谷不敢登，余与毛副官登之。有砖室，为十九年御客军时建，其地可鸟瞰柳州全城，凉爽可喜。下危磴，息于送子观音殿下阁间。白健生招晏于此，有副官奉茶，并自车站请张先生来。余欲登马鞍山探仙奕洞，已得一兵为导，阻雨未果。须臾客集，谈川中现况。膳后雨止回寓，阅《柳柳州集》：

柳州峒氓

  郡城南下接通津，异服殊音不可亲。
  青箬裹盐归峒客，绿荷包饭趁虚人。
  鹅毛御腊逢山罽，鸡骨占年拜水神。
  愁向公庭问重译，欲投章甫作文身。

六月二十四日　晴

  早膳后，毛副官以车来同往沙塘，参观伍廷飏所办之农场。其地距城约四十里，地皆平旷，土皆肥沃，向因匪荒，野茅高长如芦，仅沿河部有农田村落。伍君昔任建厂长，甚有成绩。盖军人之有建设头脑者也。然其言谈殊无秩序，据云：

  该场名广西垦殖水利实验区，由渠负责向广西银行借六万元作基金，广西政府按年补助十万元，开办至今，仅一年零两个月。垦殖区域共2168平方公里，已经测量制图。人民五万二千余人，正在调查将竣。现分两部区，实验区400亩，延聘学者正做试验工作，筑有水塘试办水利，其余为垦区，现办地距此约二十里，在通长安马路侧。有工人百余，零工二百余，火犁二具，已垦5000余亩，现在全部月支8000元云。

  伍君谓此事业非为赚钱，乃在建设新的乡村，以为改进全省农村之初步，随出所拟事业方针表，分建设新农村与改建旧农村二步，由完成"新农村建设"以促进"旧农村改造"而完成农村建设云（粘附表）。

  午膳于伍君寓（亦即其现在办事处），介绍其试验农场场长陈君相见。陈曾在绥远、关东及北海道历练垦务有年云。

  饭后，白健生与廖燕农，因治军便道过此，微谈去。由伍君备大汽车，借余等同往观其火犁垦地及新建之垦场住宅，一切甚佳。新垦之地种花生、蔗、烟草、苜蓿皆佳（苜蓿桂人制粉，输出云粤省制糊用之），其地距大河甚近，土沃而交通便，预料将来一定发达，现在垦民已纷纷来。伍君自谓，使明年无政变，即基础稳固，不假外力云。

此场外尚有数处垦地造林皆有成绩，据云"无忧"，近大河最可望发达云。

二时后，车回观垦场耕后熄止。张、鲜等得小车先归，余与杜待工人推燃车始返，已五时矣。

是夜，廖军长招餐，餐后往柳江画片院看影戏，归寝。

六月二十五日　晴（闰五月初三）赴桂林

早起收拾过河，搭车赴桂林。周科员同行，凡二车。沿途山皆独立，而阳朔渡口为最奇（凡七渡，此为最后一渡），过此不远即阳朔城，在石山中甚小，自此至桂皆奇山也。如笋，如塔，如牛角，如城，如树，如僧帽，如圭璧，如……不一其状。

荔浦县为此路中点，旁有车通平乐，故桂区公路管理局设于此。此地半石山半土山，亦半山半平野。平野沃饶，产芋最有名，惜此刻无售者。车站人员奉军部电话，为余等具午膳于此。

荔浦以前凡五渡，荔浦至阳朔二渡，阳朔至桂无渡，而桂平车夫风驰奔赴一百余里，于一小时而达。

桂林驻军一师，师部先遣秘书林仰文、副官处长胡祥在站欢迎，入榕湖饭店下榻，晚膳于此。

是日热甚，夜不成寐。

六月二十六日　晴小雨顷刻

九时早粥。十九师师长来谈。同膳后，林秘书偕一行步入城参观省立女二中附小，及省立三高中附小、男中附小。值放学，然童子整齐可爱。闻桂林一城有省立中学三，县立中学三，可谓学校发达矣。出校转入公园，张、鲜等以天热阳烈不愿登独秀峰，休于池畔茶棚。余步窥峰脚，遂潜登之，"螺磴"盘空，道殊宽广。沿磴石刻殆遍，殊乏佳者。顶上有六亭，风凉非常，惜屎尿狼藉，臭气蒸人，除最高一大亭外，殆难立脚。下山有洞，似深邃可游而粪秽堵塞，不可向迩。闻袁子才有诗刻在内，不获见之，亦可惜也（洞名太平岩）。

绕山脚穿读书岩返棚。读书岩亦一穿洞，风凉而爽朗，为南朝宋颜延之守郡时读书处，宋人题名甚多，遂导张先生来观于此。值天阴，遂同上山。张先生流连诸亭，徘徊不忍去，再三促下。同入公园中山戏园观桂戏。五时许，赴周师长招宴于八桂亭，席栏观花神庙有碑记，如桂游半日记所云，惟碑石原系二幅，其一刊像及款，今已亡矣。

返寓诸人皆倦息，余独往观粤戏，无座。更往西湖酒店观桂戏。

县署送县志到，十四册，三十五卷，署嘉庆九年辑，实则徐霞客、袁子才诸诗文皆未入也。

六月二十七日　晴　较凉

是日早八时粥，同乘肩舆出北门游虞山。山小而孤峭似独秀，无路可登。其下有舜庙及韶音洞、薰风亭（南薰亭），阁虽已半败而凉爽留人。张先生直欲移寓于此。韶音洞直通山后，临小港，有石桥名接龙，徐霞客记之甚详（当时下可行舟，今已涸矣）。山外皇泽湾为桂江一汊港，有小洲如月，树林茂美，亦颇怡人。

原舆转叠彩山，从江干缘城外，先过中下又穿一洞，折入城，停叠彩下。步登山，不甚高，而奇石叠彩堆云，足娱心目。息于凉风洞内，洞外有寺，为瞿式耜①殉节处。洞分二室，南室多刊佛像，曰"福真洞"；小巷通于北室，曰"北牖洞"，洞口南风霍霍，过于电扇。其侧旁通一窦，上达一洞如楼台，洞外皆有阁，石刊重叠，殊鲜佳者。惟袁子才诗独胜。其侧另一绝云"奇石嵯峨古渡头，訾洲红叶桂林秋。洞中更上高楼望，人在荆关画里游"（张先生解云：荆浩、关仝，唐宋间善山水者）。足与称耳。

北牖下为绝壁，临城外江旁倚仙鹤山，有大洞，余往窥之，直通山后绝壁，名仙鹤峒，土人呼为白鹤洞者是也。已而鲜特生欲往，余复导之，遂后窥探山下之洞，无导缒岩而下。洞不可穿，而宏敞有榻，门刊"冰壶"二字，上山赖特生援手。

午膳后，群观罗半仙评相，判余不佳。谓曾为万人长，在二十余岁云，弃之。独索店役导登山顶，即临桂志之于越山也。石花叠彩，备诸奇态，四望环桂诸山，殆无障碍也。下山劝张先生登，拟登未果。三时去游伏波山，山孤立临江，延接两城，孤峭似独秀，重阁临水，今作军医院。上岩亦有小穴，石刻无甚可喜。下阁乘肩舆归。山下之洞俟诸明日。

是日师部诸人多来寓谈，膳后林秘书与同人同往中山公园桂戏，十一时后始归寝。

---

① 瞿式耜（1590—1650年）：字起田，号稼轩，江苏常熟人。明万历进士。崇祯十七年，任右佥都御史巡抚广西。清兵入广西，瞿式耜留守桂林，抗击清兵，城破被捕，不屈不挠，在桂林风洞山仙鹤岭下就义。

六月二十八日　晴

早膳后，复乘肩舆游老君洞。在西门外平畴中，山小而低，为宋宝历中郡守李渤所开。旧绕西湖，徐霞客谓昔时泛舟而游是也。山脚有六洞：朝阳、夕阳、南华、北牖、嘉莲、白雀。朝阳、北牖实为一洞，小门相通，俗通称老君洞，以旧有老君像也。前岩钟乳结成鹤、鹿形，称而不甚肖。坐北牖参对霞客游记，分别洞位甚详。其他诸洞陷水不通，通须泳而过。现在多发豆芽者在，张先生于过夕阳洞时见得一诗，云：

怪底浮图不宿桑，暝搜岩窦意徜徉。

洞中岁月原未老，何事仙家有夕阳。

初未解末句之意，嗣读霞客游记"夕阳洞"，始知其为夕阳洞也。

原肩舆下桂江，浮"花艇"游玩珠洞。花艇者，桂妓之一种，家于艇，艇供游人晏乐，似亦可宿。桂林旧有十余支，近因禁麻雀业衰，只存九支。包船每日需费十四元，供水茶与饭，菜须自备。此艇名"有妹"，另一艇名"新妹"，皆以人名，人亦不佳。

穿浮桥开关需四毛。入伏波山下玩珠洞。洞逼江潭，非舟莫至。石灰岩被水冲蚀成玲珑壁柱，其下为斜面卧水上，宜纳凉。上岩石柱下垂及床，不接一寸，称"伏波试剑石"，俗谓石合则出状元（桂省曾三科两元），石刻已满。后洞幽邃，可通城内，已塞。傍一洞纵开不可登，顶上有佛像，系梯而刻者。

午膳后，放舟下游象鼻岩。泊水月洞中，洞圆，直立水上，外壁如柱，酷似象鼻；内壁连山，酷肖象体。山侧又有圆洞，横通大洞而较高，此外小洞附山脚者甚多，皆不耐游。山壁峭立，无路可登。察其石，似有土人上下。倩一渔人导登，攀岩缘石，极有生之险，得上其巅。有藏式塔似象鞍，往岁桂战驻兵守此，取塔下砖为室，已穿三分之一，恐不久其坠矣。山上荒荆蔓草，下脚为难，似驻兵外从无登者。余登最高处望斗鸡岩，从他方下，下亦绝壁，有长梯下甚易矣。

返舟已四时半，急行返寓，赴师部各将佐讲演之约。至周师长他去，由参谋长招待。张先生讲"可佩的广西救国之道"，自五时半至七时。鲜讲"四川现势"至十时。余遂未讲，归寓晚膳。膳后同林秘书看影画戏。

船中读《临桂山川志》：

范石湖《桂海虞衡志》云：余尝评桂山之奇，宜为天下第一。士大夫落南者少，往往不知，而闻者亦不能信。余生东吴，而北抚幽、蓟，南宅交、广，西使岷峨之下，三方皆走万里，所至无不登览……其最号奇秀，莫如池之九华，歙之黄山，括之仙都，温之雁荡，夔之巫峡，此天下同称之者。然皆数峰而止耳，又在荒绝僻远之濒，非几杖间可得。且所以能拔乎其萃者，必因崇冈复岭之势，盘亘而起，其发也有自来。桂之千峰，皆旁无延缘，悉自平地崛然特立，玉笋瑶簪，森列无际，其怪且多如此，诚当为天下第一。韩退之诗云："水作青罗带，山如碧玉簪。"……山皆中空，故峰下多佳岩洞，有名可纪者三十余所，皆去城不过七八里，近者二三里，一日可以遍至。

六月二十九日　晴

昨在师部约车，本日来送游良丰。早膳后约十时车往，落师范专门学校。杨校长去邕宁，由教务朱主任招待。昨日该校已毕课，现留学生驻校军训二周，本日野外演习去。观其学习室、寝室、澡堂、膳堂、职员办公室、图书馆，入山洞中息。据云去年秋季开办招生三班，一百余人，现在九十余人，有教员十余人，职员十余人。本年续招三班，皆两年毕业，第一年通习，第二年分组：教育、社会、农艺，选习，教育为必修组云。杨、朱皆湘人，研究社会学者，故于社会科甚注重，谈农事则不入。言谈甚斥梁漱溟、陶行知等，以为农村破产乃社会问题，改进农村当着眼于改造社会云云。然其办学方法颇新，盖亦革新教育诸家之别派也。

其校为清末名绅唐子石园庭，山水洞阁均极佳胜。唐赠岑西林，传由岑保其子为知府也。岑后赠广西省府，省府以办此校。原乡村师范之意。杨、朱邀其同志（皆青年）办为此校。余殊疑其不宜于广西政治社会情形也。

校备午膳。膳后同人假寐，余独登山峰。既下，校役怂恿游对山某洞（校园包三山），群起挟电炬往。奇险难登，蛇形而入，洞未治，遍体沾泥。役谓过峡即宽敞。与林秘书伏地蠕进，则仍狭不可行，折身匍匐出，则如泥人矣。稍息，约三时返车，便道游刘仙岩，在南溪山阳腹间，上洞浅污，有细洞穿山不可游。其上原有道观，今已废为荒草。下洞如螺壳，宛转盘旋而不可通。刘仙者，邵人刘景（字仲远），学道于此，享高寿，多灵迹，元丰间尸解。洞中刊其道诀、遗方与诸奇迹颇多，大约是此地第一道士也。下洞稍转为白龙洞，有寺。寺内洞府深奇，多窗穴，钟乳、石笋如结彩悬球与白莲花，为连日所未见。下寺，山麓近水处，浚得一洞，深透此山，钟乳、石笋与上洞伯仲，而深邃过之。林偕游上洞，鲜偕游下洞，皆慄慄然不愿竟其底。他人皆未能至也。

车回寓晚膳，出购书未得，购电筒一，备游七星岩。是夜早寝。

六月三十日　晴

早膳后，肩舆渡河桥，登普陀山七星岩。土人本日斗鸡方罢，败鸡伏笼肩行，斗场木栅中鸡血殷然，惜迟一刻未及见其斗也。土人有以导游为业者，争来求导，选得四人，持竹炬，师部复以汽灯助之，同人更持电筒二支，鱼贯入洞。洞门老君台，传旧供老君像甚小，今不见，见其龛甚高，石床也。其外洞顶石盘，有黑白二圆凹及七八小圆凹，导者指为七星拱日月。又侧，钟乳结岩顶，为金鱼形，酷肖而生动爱人。前方有龙纹，则不甚肖矣。稍进，历乳幕三重，称三天门。门各有一物，第二门布袋僧较似。此中深广可二三里，而穿于后山。中间钟乳、石笋呈诸异态，为狮虎驼神像，如挂袍、如叠彩、如万民伞、如香炉双烛；曰石田，曰大小校场，曰钟，曰鼓（则以音名），曰金山银山，曰净瓶插柳，曰瓜果山，曰梳篦山，曰须眉山，皆得形似。仙床、仙榻，多不可记，此上此下皆更有洞相通而不可至。上为天窟，下为龙潭，深不得而窥矣。

出后洞（别名玄风，前洞别名栖霞），舆候于此，坐至龙隐岩，先息尼庵下，庵倚厂无洞，有石刻甚多。元祐党籍碑（南宋人补刻）犹可读。余出庵探龙迹，得洞于江水上，亦似水月洞，顶岩凹成龙痕，宛曲酷似。岩下宋刻较多，其侧有平蛮三将题名碑，记狄青、余靖等平侬智高事也。

后乘舆绕水潭缘花桥外上月牙岩寺息，洞似龙隐庵而楼阁整齐，游人甚多。僧善治豆腐，预嘱午膳于此。息定，余独攀亭檐上窥山顶。无路，攀附石齿而登，险不可语。至山顶稍平，似有人迹，而三峰尚高矗。无路，乃循人迹下山，已在市面。道中觉有地可望斗鸡，复攀而往之，穿山大鸡也。斗鸡山小鸡也。头皆向刘仙岩南之山（亦鸡形）。

回等周师长一行人皆到，午膳后与相士戏。至四时归寓。遂入公园，再登独秀，归与林君往观广东戏。

袁枚乾隆甲辰十月游七星岩诗：（略）

七月一日　晴晚大雨顷刻

一行议决明日分道行，张、鲜泛舟游阳朔下平乐出广东，余与象谷乘车自全州出湖南。先与象谷倩文副官觅得商号兑款，赴湘之祁阳。于是同文共往交兑，并换所余广纸为现币，购路上零用物件回寓。张先生与鲜各写一函，分致张乔蒿、李龙章，着各为余拨旅费250元，俾北行。于是入室补记连日游山日记。午刻一行往公园看桂剧。余独往电画院，觉其不佳，往公园图书馆，觅得两广地质调查所年报，检其所记广西各部地质。

二时仍赴公园同看桂戏。归已五时。午粥后，张、鲜先上船，余与杜及林秘书送至河干，及舟而大雨至，奔还城，避雨于一赌场，观赌及赌场桂戏，雨霁乃归。林秘书又久未肯去，廉风某教员又来谈，探湘、漓分水见秦堤事。客散已十一时矣。余因游山记尚未完，明晨离此，乃即夜补成之。又昨日归便有异，本日频如厕，遂未进食，仅食糖水，及是不支，勉强抄袁枚七星岩歌而寝。

七月二日　晴　午后雨（赴全州）

天明起，收拾出南门赶车，腹泻疲惫（夜已三起矣），上车如委。车仅三客，及西门，装货过多，至无可坐，致发生口角。经象谷入城招管理局人来，饬下货二包。司机知余等为当局客，乃下气开行。凡渡河二次至兴安，如厕亦二次，加以炎热颠顿，水浆未入，疲苦不堪。至全州，住车站侧旅店，连泻亦厉，粪带赤色，疑前夜睡迟所致，因早寝。自三时至于天晓，隔院赌场桂戏热闹，不敢往窥，附郭风景亦佳，不克往游。惟一食一浴，数度如厕而已。

七月三日　晴　午后大雨（黄沙河）

昨日由居停帮雇肩舆，自此赴永州，议定本日宿黄沙河，明日抵永州，故今晨迟起。从容食粥后上舆，抵黄沙河仅沿马路行六十里，午后二时即至也。

其地无旅馆，仅力夫栈，辗转觅得一较洁者，张木板而寝，入栈未久，大雨倾盆。粥后偃卧，腹泻与蚊虫皆欺旅客，苦不堪言。

七月四日　晴

天未明起床，收拾赴道。因本日须行九十里（夫传一百二十里）也。湖南轿夫不善抬，屡称力竭愿息，赖先讲定本日抵永州，得于暮后勉到永州河西岸市，下舆步行渡浮桥，觅得永利公司为旅社，尚宽敞。永州之嫖赌处，非专为旅客也。

七月五日　晴

因病休息一日，雇定单船下祁阳，包船不搭他客价四元，水程百六十里云。

居停介绍黄某来医，方主去暑湿及风，味数甚多：扁豆、粉葛、羌活、广香、前胡、枳壳、谷芽、陈皮、北辛等。

象谷谓北辛不宜，余亦惧服，剔去之。服二次觉较佳，复延渠来易方。是夜寝较佳，起二次而已。

永州大洋换有七千四百文，酬医士二千，又四千。渠后赠余救急药一包。

七月六日　晴（祁阳）

早起收拾上船，病不良行，几不克。抵江边道购物，得茶两盅，始差胜。盖连日皆只屙而未食，全恃静以维系生命也。

船主及其子能驶船，余一稚子一老妇而已。帆已敝如网，故舟行殊缓，全恃南风，未举桨也。午刻风乱舟轻几覆者二次。时则天热甚，余卧底舱中。

余病值凉爽则泻较疏，热则短速，而腹前后又不可离絮，惟静卧稍好耳。日落时船上凉爽，一觉醒时船已抵祁阳，则夜一时许矣。是夜宿舟中。

湘水上游平阔无滩泷，但偶患浅耳。不似川江之湍激也。沿岸仍多坑状灰岩之短壁，咸美观。但无山似桂林，大抵灰岩之上有赤砂岩蔽之成山。

七月七日　晴（祁阳舟中）

象谷上岸取款，访知本日汽船已开，须待明日消息，款约午后取。又访得有一西医治疗所，遂决留舟中一日，以待船。

余病得一夜凉风较好，虽仍每二小时一次泻，然甚利而多固形物，惟尾后有粘皮滴沥，知肠加答儿且瘆。上午无事姑就治疗所，问豫后药。其人给二品末药四包，谓治肠病特效。余服一包觉佳，二包后呈里急后重象，尿亦甚逼，大惧罢之。于是午后复委顿不堪。

午后象谷取钱回，谓探明明日无汽船，势难久待，款主劝趁肩舆六十里赴洪硚搭车，仍一日抵衡州。余利舟中安适，拟买舟下。云水程有三日，象谷不可，遂雇定肩舆，夫五名，价五元五角，天明启程。

七月八日　晴（衡州）

天明夫来，收拾即行。夫皆不吸烟，行颇速，三十里熊罴岭，又三十里洪硚，才三时半。湖南汽车定时开，洪、衡每日四次，余等得搭五时一次。历二站，约一小时强，即到衡州西站，住站侧裕顺栈。

洪硚以上，人多蓄鱼塘养草鱼，鱼秧为大业，沿途皆见之。洪硚以下遍地皆荷塘，莲子亦大业也。凡莲子佳者藕劣，故莲塘仍皆养鱼，草鱼不食荷也。衡境猪肉每斤二角，鱼则一角。

湖南公路极佳，平而美，因上铺碎石甚匀，两旁植柳及桐。车行有定时，不问客多少。余等本日之车有二十四位，仅五客耳。行李每人可携三十磅，重则加价。余等过重三十磅，加钱三角。

裕顺为家庭旅馆，悬在衡市外三里，价值甚廉，煮鲜莲粥极佳。

余宿此病较佳，病起二次耳。

七月九日　晴（衡州）星期日

闻衡市甚大，汽车直通长沙、洪硚。东站在河东，通广东。城内福音堂侧仁济医院颇有名，本日早粥后，车往就诊。医生方为人施大手术，约午后往（特号）。游市，观图书馆归。午后复往，医士检粪便中无动物性痢菌，惟蛔虫卵，谓肠加答儿已入佳象。给杀虫药一小包，泻盐五克，白丸及粉及一大包（健肠胃），嘱如至衡岳，到山服之。

余归商象谷留一日服药。夜觉较佳，与象谷入城看电影，步归，道遗二次，盖动则腹泻也。

既决明日留此，遂先于夜间服虫药，殊此药服后已大下，通夜不成眠，下粪约盈一盆（是午曾食鸡）。

七月十日　晴（衡阳）

早间仍服泻盐，遵医说也。但未尽其半，以腹中晚已泻尽，故只泻早间所饮之水。午刻服止泻健肠药，腹疾果愈，而体倦甚，故多偃卧。晚膳后入城看电影《故宫新怨》，殆不可支。晚归遗仍黑粪也。

七月十一日　晴

再住衡阳一日，始补离桂林以来日记。

是日腹疾愈，但虚羸耳。

七月十二日　晴（南岳）

早起结账赴车站，趁车赴南岳，才数十里，一小时到。

自去岁蒋介石游岳后，湘省设南岳管理、森林二局，图复名胜，已将登山车路筑成，但未行车。肩舆皆有定价，设夫头管之，值百抽五为夫头费。余等来时自车上望见南台寺独有林木，询知其地适中，遂决往南台。饭于站旁小店，雇肩舆夫，虽有管理局定价，而夫仍欲多索，遂为另一群夫夺去。过南岳市，巨市也，以一、七为集期，每月六次，平时亦有交易，如湖南诸镇市也。当时正改建市面，木石塞道，南岳庙在市中未及入。

登山马路不通南台，循另一石道上，沿路皆花岗岩与其风化土也。

湘人不善抬，犹畏登山，数十步一息，不胜狼狈，而山上少树木，亦能息处也。抵寺各给四角去（定价三角）。

南台寺，唐曹溪派高僧希迁①（石头和尚）所创，贞元六年示寂。知客僧名了然，自谓湘潭人，壮年从梁卓如②办学。又曾以军职遍历十七省，独未至川。有女已嫁，出家来此。谈近世名人事迹皆多实在。又言曾上书何主席③论治国之要；又言去年蒋介石游山与之共饮云云，尽日未言佛典也。

下午了然导游其藏经楼，观五百贝叶罗汉册（菩提叶网上八宝装色），首释迦佛，次五百尊者，分绘诸贝。贝或二十余或十余，各贝姿态布局甚佳，最后为四天王占二页，一面绘像，一面金书金刚经，书法似黄董，诚珍品也。又日本印宋版大藏经（一日僧捐赠）、瞿鸿禨④书碑。

夕阳初斜，游寺外林场及三生塔。缘此山固道家福地。南朝梁时开山僧名惠思，即所谓禅宗三祖也。卓锡此山般若寺，自称其三生此山，一生为坐禅，盗杀于一生岩。二生为僧拾其骨藏之（二生塔）。三生清修于此，掘得遗物可证（三生藏）。六十三圆寂，遗骸藏此山顶，为三塔。今狮子峰下南台寺后，中间土峰圆起，其上有塔即是也。地势甚佳，堪舆者谓称"法王之藏"云。

寺方建禅寮于右侧，烧砖于山左泉畔，采石取土于山右，而木则三十年前所栽植也。是日始阅《南岳志》。

寺中茹素，米糙菜劣，大非养病之地。然凉甚，初夜若秋深时，夜中拥丝絮能胜。

七月十三日　晴（闰五月二十一日）

分配僧厨早备粥，晚备面。

---

① 石头希迁禅师（700—790年），唐代禅僧，又称无际大师。俗姓陈，端州高要（今广东省高要县）人。
② 梁启超（1873—1929年）字卓如，一字任甫，号任公。中国近代思想家、政治家、教育家、史学家、文学家。戊戌变法（百日维新）领袖之一。
③ 指湖南省主席何键。
④ 瞿鸿禨（1850—1918年）湖南善化人。字子玖，号止庵，晚号西岩老人。先后出任福建、广西乡试考官及河南、浙江、四川、江苏学政。晚清曾任军机大臣。

早粥后阅山志，了然喜攀谈，扰人殊甚，故未克做何工作。

午后三时游福严寺，了然为导，湖北游僧证禅从焉。由平道出山田间，过教育局地（福严旧地也，为豪族强指为邺侯故居争去，今促归教局）。寺居山凹，背狮子峰，微倚天柱掷钵，前对金鸡林，出白龙潭，以南台脉为左河，黄庭脉为右河，气势亦好。志传思祖与南岳君求地掷钵得此，南岳君为之避居平地中。徒众患无水，师卓锡于地，得跑得泉（今寺侧虎跑泉是也）。泉上有高明台，皆福严十景之一。寺外白果树似数百年物，最大者传亦曾受师戒。黑虎与南岳君皆受戒，则据《佛祖统记·思师传》而附会也。前殿祀南岳（他庙皆关帝），中殿三圣皆铜像。藏经楼有二十八祖画像，工逊于南台之贝叶。

茶后出寺上山，循新修车路平行至磨镜台，在狮峰罗汉洞下，传唐七祖（怀让，天宝时寂）点化马祖（道一，什邡人）处，七祖藏骨塔在此，古篆"最胜轮塔"，地形似凤延颈，俗称"丹凤衔书"，为福严十景之一。福严即古般若寺也。天晚，循三生塔侧路归。晚面后，有僧谈佛一刻即寝。

七月十四日　晴

发寄张乔啬一函，购桂圆一包。静养一日，未出游。

七月十五日　晴

始作广东游记。午后独游寿字岩，宋三山黄桂书，已微没路中，不知何人托另刊完字于侧石上。登前峰顶，循寺下田塍，穿竹林返寺。

七月十六日　晴

记游记。早饮牛乳已腐，午腹微泻。

午后，独登狮子岩，观罗汉洞，望南台、福严，西岭剚劳皆在脚下，俯瞰白、黑龙潭水全景。望天柱峰有新路可登，三人方荷担上。遂下峰从之，未及山岭，道已暮，畏虎折回。抵寺已夜色苍茫矣。

衡山花岗岩风化甚速，多数山体皆已化入丈许深，只未崩走耳。其有硬岩皆在山腹；即在峰上，亦为浮土所覆。惟狮峰千古露立，孤峭无倚，大石裂而不堕，风化甚微，嶙峋兀立，独足奇观。相传思祖与岳神争地，投钵得之，或云掷钵处，是非山岳灵气所结，何能致此。福严为思祖选定，七祖所开，旧为一山最胜，今则因寺过高大，不能承狮峰气脉，故就衰败。三生塔承狮峰气，然为南台寺山所蔽，是亦绝坟。惟南台正接来龙，地位适合，石头开山亦能承狮气之真，自光绪至今方兴未艾，非无故也。

是日所登已经望见祝融与上峰寺，去天柱只一箦耳。限于天色下山，欷然杖划"一箦"二字于地，已志憾焉。

七月十七日　晴　午后雷雨

是日，闻有西路剿匪总司令部召集开会之人三十余人来山，在此寺午膳。早膳后已陆续到。余到大殿避嚣。昨有省党部罗君来山，携有《六韬》，向之借阅，觉其文武二韬实尽王霸之术，精于儒家。

午后记日记，薄暮天雷大雨，电光乱射寺中，早膳早寝。

七月十八日　晴

昨夜大遗两次，为两月来身体变态，病势反觉消减，亦可异也。

记游记一日未出，完广东篇，凡21页。

决明日登上峰，嘱了然师代雇夫一名。

七月十九日　晴　山顶雨

了然僧天明呼起备粥。食后携杖徒步登山，行箧嘱役直送上封寺。循新辟山道过狮子岩、天柱峰，出后山过善缘寺（小庵），岳局地图所称之老塔者也。少休，复前，至藏经殿。古寺已灭，但剩丛林古树，虬结可爱。南岳被僧俗烧斫，除福严、磨镜二寺外，无百年以上木，此以地僻，独能保存千百株，约略皆五百年来物，诚可珍也。南岳管理局新建杉皮瓦屋于此，将完一殿，费千余元，并开路通南天门、福严寺、龙池、方广，将图恢复胜迹。管理者对外来客尽力介绍其地之优点焉。

茶后步过南大门，道出火厂，在山垭上旧有大寺，遗一铁鼎，上铸乾隆五十二年祥光峰下跳石禅院僧某铸。始知适所下者，为祥光峰。自此上山石级完好，未为岳局所坏。但铺粗沙一层于石上，亦殊可憎。拾级未半，天雷欲雨，方思速赴南天门，雨已大至。顶衫奔觅石洞，已湿重布，始得二穴，与杜各据其一，张湿衫为幕帘，蜷曲其中。大雨倾盆，全身皆湿，幸能免于淋漓极致耳。云过雨收，负湿衣前行，至南天门晴，竭力赴上封。幸挑夫先至，开箧易衣，始有人相。

上封方丈宝生，湘人，曾遍历南北各名山，颇知敬客，谈亦投机。午膳后出游寺外，象谷不愿走折回。余招挑夫同游望日台、祝融顶。拜关圣帝殿，得签兆吉。

登望月台，南岳最高处也。乱石历劫不坏，与他石异，其上题刻重叠，或佳或不佳。余观南岳祝融峰，自圣帝殿后，硬石张两翼下，度其间有奇景，见右方有石路可游，进而觅之，得不语岩、飞来船、会仙桥、飞仙石、试心石诸胜，奇险奇美，尽南岳之胜，心大惬。挑夫年富力强，亦识字，初来游兴亦浓，而膂力胜我。每先后卫余，又先跳试心石，后复有土人来不敢跳，余使之先之，遂同跳过，醇然深味，使人坐笑不止。望见下岭有石坛似美，绕下求之。登其上，刻字已模糊，似禹王台，即青玉坛也。归途值烈日，衣衫尽湿。归疾易衣，体疲甚，寝。象谷等往观落日，亦未同往。

七月二十日　阴雨

昨约僧早起相呼观日，宝生和尚果于天微茫时相呼。盥后同登望日台，已先有数人在。日虽未出而微有映光，山河可辨。因忆"远水微茫转，前山次第卑"句，认为咏南岳最切者。于时东方有黑云一列横亘如画中，远岸其上作远树山石状，断续远延，有时变为近树，其下蔚蓝接地，混涵如海；其上彩霞万种，微晕橙蓝，皆日未出前所为也。红霞渐阔，中央之色彩亦渐深，僧云日将出矣。余以为必自红霞中心现出，殊于蔚蓝海中先现红光一线，渐拓为一字，渐扩为二形，渐裂如一穴。初日如一红灼铁珠，腾上微弧于穴中，渐升渐阔，渐呈半球，天光亦次第明白，渐露全球。然犹红润悦目，可以注视。渐上升，近岸树横云，云树边际如勾金彩一轮，极美观。日球渐过云，云边亦渐染阔，已而日球渐升云后，则云树渐为强光消化，如冰树然。久之日自此云内出，云欲复原，日光已强烈射目，不可视矣。四山光霁，山鸟噪鸣，余等满望而下。

象谷闻峰顶关圣帝殿签不乱发，特往占之。得签云"朝开暮落篱下花，风摧雨折少繁华，须知世事由天定，守分随缘莫愿贪"。自谓道着心事，信其签机甚灵，余乃忆昨所得签文佳，惜随弃，不复忆也。早膳时，僧持管理局所出批评册乞题，与象谷各题三条，余谓：

1. 培修峰顶寺。
2. 保存未毁山道，少修马路。
3. 倡种松柏科林木。

于是步行下山，挑夫仍昨来者。沿途寺院观音岩、高台寺、狮子岩、南天门、湘南寺、五圣殿、铁佛寺、邺侯书院、半山亭皆有逗留。半山亭名玄都观，有顺庆道士，自云民十七出家，以自遍游云贵来此。道士坚留一宿，未肯去。此下道较平，中值暴雨，余先挟雨衣为备，无害；象谷避尼庵中，遂雇肩舆下山。余渡溪桥，循赵涧侧马路抵岳庙，未得观黑龙潭瀑，因其在路后山外，旧道经之，新道否也。

与象谷同谒岳庙，自后门入，大殿规制崇宏，为此行最。六十余巨柱，皆花岗岩。神像下宝座砌翠玉为之，殿外云梯亦然。雕龙甚精，为烧香乞药者磨坏大半，可惜。殿顶瓦脊俱美，铜龙尤佳。于时暴雨，遂未及赶车，徐游御书楼，内藏清帝书碑六及历代祭南岳文。其外有康熙祭南岳碑文，特立石龟上。又前尚有建筑物甚多，两侧为僧道分住室。秋日香盛，僧道各数十人住此，平时各一人耳。

出殿觅食于南岳寺，得一可住处，下榻息憩。暮出游市外，遥观南岳全形，证验所游。已而云起封山，归寝。

此地生活廉，二人一宿三食，给一元为多矣。

七月二十一日　阴（到长沙）

早起点心后，雇役挑行李到车站候车，八时半至，十时渡湘江为湘潭县，市场极大，一时抵长沙。

住京汉旅社，取其距火车站近。午膳后澡，息至暮。膳后与象谷出，步游市街至远东，见演《西线无战事》电影，入观，九时步归。

天热，夜不成寐。

七月二十二日　晴　暮微雨

早膳后，同出街觅得夏布店，各购一匹，质颇佳，四丈七长才十二元耳。即携至福源巷杨久成记缝衣，限后日取。饮奶后购书报，返寓午膳。午后阅报，记日记。澡。晚膳后独出看京戏，不佳。昨夜店中得盗，天气复热，一夜不曾安眠，故今日无工作。

今暮密云，虽未大雨而天气较凉，始获成寐。

七月二十三日　晴（初二日星期）

星期日，上午写游记未出街。午膳后闻天心阁凉爽，同象谷往。因故城迹为台，地势高出全城，上建高阁数幢相连，比排有致，阁或一重、二重、三重，复道互通，远望已有风趣。其下为天心公园，有动物园，售票五分，殊无如何珍品。体育场不大，国耻亭在城址上，塑国耻地图而已。天心阁上有咖啡馆、阅报处与茶社数重，阅报饮茶尽此半日。抵暮遂步入城观街市，信步至中华百货商店，实集若干国货商而成，亦即变相之国货陈列馆也，湘绣佳者最多。已而往百合看湘剧。

湘剧传似汉剧，其实不似，较桂戏更近，似川剧者尤多。其演《百花赠剑》①，系自昆剧蜕化，则用高腔，此与川剧同也。惟其高腔似巫唱，余可判断川剧为湘剧变成，特高腔有进步耳。余剧多似京剧，是必近年所变，原来湘剧戏唱腔西皮二簧，皆与川戏相似。

七月二十四日　晴

早膳后，亲寄《新蜀报》游记一函，与象谷同赴建厂。第四科长周邦柱②出会，谓厂中四科，一科税务，二科农工，三科会计，四科道路。故对省内生产概要多不深知，略谈公路成绩而已。

回寓午膳后，同赴省府。交际室员某接见，询有四川政府函电否。解此行为学者考察，本非代表。渠谓何主席病，可请易秘书长接谈。已而谓秘书长开会去，询明住址，谓待易归定期，通知约会。于此闻湘住广东代表张沛泉已归，寓青山祠十三号，因往访之，不在。留片，请其将省府政治年鉴与各刊物代催寄下。随往公路局略谈。仍赴天心阁取凉。天热甚，天心阁亦无凉意。抵暮返寓。晚膳时，前秦汉三③秘书秦自然来访象谷。未识余。余遂独赴百合再看湘剧。

夜归，热不成寝。象谷谈秦自然事。

湖南公路局直属建厅，局长刘岳厚未在，总务科长唐达一接待，赠公路辑览一册，并介绍参观东站与工业试验所。大抵湖南公路有优点五：

1. 马路有系统计划。

2. 路基、桥梁、涵洞、路面工程均佳，每里费三千元者甚多，故晴雨皆便车行。

3. 路局收支覆实严密无弊。故能获利。

4. 汽车定时开行。

5. 对于代油燃料之研究甚力。

据其统计表册（二十一年六月）全省已成公路一千零里（未成三千八百余里）。

---

① 《百花赠剑》，中国明代传统戏曲名，出自传奇剧本《百花记》，作者不详。一说出自《凤凰山》。
② 周邦柱，湖南宁乡人。1905年秋在日本东京加入同盟会。
③ 秦汉三，字希苏，湖南善化人。1917年入四川军官讲武堂，毕业后在川军中任连长，先后参加护国、护法诸战役，以战功升何光烈部旅长。

七月二十五日　晴　暮大雨　夜凉

早膳后，同象谷赴东汽车站，晤站长陈继舜（字稚石），导观其木炭车一挂，已较去年双十节前大进步矣。有工业试验所职员某在，因介绍往参观，以该站所有新自汉口中华煤气机厂购来之改良煤气机送至该所。由技士吴瀚（曙清）招待，吴诚恳说明该省改良炭车之经过，谓去年一月建厂，技士向德等开始仿照西洋新说试制炭车，双十节公开实验，尚属旧式，须转二三十分钟始能开行；又灰尘尤重，每日必须清洁一次，如空气管塞，全机即坏。随后逐渐改良用汽油发动，后改良清洁器装在车下，现在已有大进步。本年曾自比、法二国，购入此项炭车三架，皆不如本国者之适用，缘炭缸发热常二千度以上，而比、法所用之耐火钢，仅能耐一千八百度，行器过六十里即被熔化，本省所制足数百里远也。又，比国一架机装车颊，司机受热难耐，故无人用。法国较佳，装于颊后，耐火缸内有石棉一层，勉强可用。向德今在汉口中华煤气机厂为技师，研究改良，日有进步，对于清尘减热、减重皆有相当成绩。向所制者为上气式，清洁器凡三到，以柚木为主。此所制为下气式，清洁以绒布为主云云。

该所并无机厂，一切绘图交湖南机器厂制，现又研究酒精开车，第一化汽器已制出，不合用。第二器，数日后可成云。渠于酒精开车与柳州所谈理合，主在增高化汽温度，但未说明缩小通气管。索其第一次（双十）煤气研究报告书一册，原车送归。

午刻大雨，雨后天凉，得快寐三小时。象谷取衣服归，省府亦函至，约明日十时往会，遂未离湘。剃头。晚膳后，再同象谷出看湘剧。

七月二十六日　晴

早膳后记前数日日记。十一时，如约赴省府。由易秘书长接见，询川事，象谷略言之。请其给一湘省统计材料，渠饬人导至统计科并云电知民建两厂长，希望接谈。湘统计事，向曾注意，出有《政治年鉴》及各种刊物。本年已收缩，仅留职员数名。主者傅角今[①]，为省府秘书，北平师大地理系毕业，著有《湖南地志》，阅之不佳。其于统计颇感兴会，出有《统计月刊》，甚好。赠余等刊物甚丰。十二时回寓午膳。膳后封不用刊物为六包，往邮局投寄，讫已四时近矣。急急收拾行李，未到

---

① 傅角今，地理学家。醴陵人。1920年入北京师范大学，后留学德国。1936年再赴德国莱比锡大学地理研究所进修。回国任复旦大学教授、国民政府方域司司长。中华人民共和国成立后，任西北师范学院、兰州大学、西北大学教授。

建厂。象谷赴民厂归,亦无所得。

四时后上车,五时后开。三等价五元七角五。虽特别快车客亦甚少,车中可卧。天热甚,入夜乃凉。抵汨罗、岳州时虽已夜,尚微辨识。此后卧于车座,竟达天明。

七月二十七日　晴（汉口）

晨兴日出,已过羊楼司矣。九时许行见武昌,十时渡河,有免费轮渡,持车票可搭。因行李交车,所属接客员,遂接中和旅馆券入栈,得一较佳双铺室,每人每日一元一角。膳后,同出洗澡。往晤张乔啬。接到林先生函（五月十四）,催归。张先生亦函乔啬,嘱催余早回,免使林先生为难。返寓后,商象谷同返,象谷不可,遂分函林、张,允数日内回川,留汉五日,俟张复信。

午膳后乔啬来看,邀过公司住,遂同决即日迁徙旅馆。算账竟达四元,亦可为善剥削矣。

乔啬仍治晚餐,闲谈至夜九时,同出看电影归寝。

七月二十八日　晴

早膳后,同象谷往扬子江觅李龙章,云在川康殖业银行内,转觅得之。投鲜师长信。取得二百五十元,闻直渝邮轮三号可开,念赴南京则不能及此船,遂决留汉。象谷赴中国旅行社购得吴淞船票,验舱位去。余回寓午膳后,作函寄伍非百,请转信来汉。寄魏晴岚,询书讯。寄家信二,报行期。

晚膳后同出赴青年会洗澡,又转大华饮冰,休息至十一时回寓。象谷上船,留大批衣物嘱为带回。

是日,象谷谈南宁赖彦于事。乔啬因言其同学多达,缘所受教育不同。如现任汉口市长吴国桢氏,抵任之月即使收入增加数万,现在每月余十万许。往时市长无不呼不足而乞津贴于省府也。近日吴请增加市府职员薪俸一倍以养廉,蒋已批准。

七月二十九日　晴　晚风

昨日食西瓜冰乳与冰淇淋,腹感不快,夜遗如泻。今日不适,未工作。午后始翻阅广西教团各记载,备撰视察记。晚刻风起,同乔啬出街,购棉织品五件及红色清导丸。见《新亚细亚》二期,《民俗篇》已登出矣。

晚乔啬有人约会,余独往维多利看野人国影片,可云非洲地理常识片。

七月三十日　晴　午刻雨

午后三时以前，补游记。三时以后与乔啬看电影（中央），饮于青年会，澡归。晚游新世界，始识楚剧。

楚剧与汉剧有别。汉剧似京剧，只花脸小嗓；楚剧尽生旦戏，唱腔似巫，而胡琴锣鼓微似京剧，小旦皆平嗓，小生乃小嗓，大抵湖北土剧也。汉剧皆为徽腔所变。

七月三十一日　阴

昨日雨后较凉，记游记一日。乔啬决明日行，整日忙碌。

八月一日　晴　较凉

记游记。乔啬更忙，晚膳时其事始毕，因与同往海军青年会西餐。在青年会洗澡，返寓。楼上汪君来别乔啬。十一时半乔啬上船。与汪谈川事甚久。汪，无锡人。亦话无锡实业近况，谓丝厂、纱厂皆失败，惟面粉厂尚好。荣德生健在云。

附录一

杜象谷谈二十一军团务梗概：

川康团务委员会

正委员长刘湘

副委员长王芳洲

委员：陈学池（常务委员），何北蘅，林莆丛（兼秘书长），李佛航

三科：

总务科雷禹平

团务科丁伯康

训练科陈继光

县团务委员会

委员长县长

副委员长地方推举县长保请核委

委员三人 1. 兼总务；2. 兼会计；3. 兼文牍

各县公安局并入（存名）局长以副委员长兼局务，由会兼办

团务委员会设参议一员，负办公安责

县政府存政警与法警

大市保存公安局实权

……各县团队分精选、门练、模范三种：

精选队：凡有私枪之丁皆属之。督练部派员督饬，队长、分队长分区训练，农隙。30人为一队，委一分队长（排长），3分队为中队。委一队长（连长）。县团委委报部备案。

门练队：凡无私枪之丁皆属之。农隙由各乡自行训练。

模范队：自精选队轮流调编，六月为一期，集中训练，每县自二队至十队，视县大小。督练部直接负责，集中训练，仍前分队、中队编制。以公枪为原则，亦得借用民枪完全关饷，每名六元至八元，略薄于军饷。山防局兵士由此调派。

附录二

七月三十一日大公报载：

国闻社二十九日重庆电：刘湘入省后，正起草善后方案，裁兵问题，已大体决定为全川共编十六师，计刘湘部五师，邓锡侯部四师，田颂尧部三师，杨森部两师，刘存厚部一师，李罗两部合编一师。刘文辉部改编为川康道防军两师，但不在十六师之列。

八月二日 晴 凉

记游记至桂平。午后四时看游艺会。九时看野人国。接表师函。

八月三日 晴 凉

初拟"川省善后方案大纲"，夜完。仍看影片。

连日昏昏思睡，似病未澈愈，殊畏人也。

八月四日 晴

录昨拟方案，复写一份寄张，附函。外致刘伯量、杨达璋（嘱购地图并及文具）及字信。再看野人国。

八月五日 晴

早膳后赴民生公司（鼎安里）晤李龙章，购民康船票，得减价函，上船接洽黄经理订定舱位。归收拾行李，并饬黄役送运上船。

自于午膳后出看电影，购信笺、图书归。晚粥后，再往购席及褥，再饬黄役送上船去。自往新世界看戏，值假期，拥挤非常。十一时出，上船，与姓杨者合住一室。杨，嘉定人，燕大中文学系生。

原订十二时开船，待久之。船上二职员挟二妓先来，传闻翁经理尚流连妓馆。直待至二时，翁来妓去，鸣锣开船。闻招商局近已整理，能按时开船，民生乃尚不能，究其迟因，则待妓馆中职员，亦可慨哉！

八月六日　晴

上水船行缓，午后五时始至城陵矶。绕矶外洲，暮犹见城，如船未行。

船中热甚，舱外甲板台为水手、茶役及其熟识之三等客纵横卧占，无可散步处。船向屡变，须随时移转，觅地就风，故终日无所事。看小言论集与《齐东野语》而已。

八月七日　晴

午后四时许到沙市，办接关手续不及，夜泊于此。船上无风，倍苦。船客纷纷上岸。因与杨君同上岸游，再看楚戏，亦称花鼓戏，盖只一锣一鼓二人挈之，言似花鼓其实尤近川巫。歌词亦无别。闻此戏产于黄陂孝感，于是可知川巫之源与川剧之变矣。

演《打洞送妹》，词似川剧，唱乃不敢当；《赶斋评雪》，词殊俚，未看而出。闻楚人言，此剧以生旦为主，净角甚少，小生道白淫秽不可听，故大家名流皆不观云。

是夜无风，船床极热，卧即作咳不止，数起纳凉，通夜未得宁寝。

八月八日　晴热　暮风雨（宜昌）

接关手续已清，又有银圆四箱未来，待至十一时后，始开船，全船如获更生。未开船时，船中无地可立，因与人下象棋于餐室，藉以避炎。

夜九时许抵宜昌泊，于时适暴风雨初过，船虽停仍凉爽。

船中有母子二女客，似成都人。与房舱中二女友，皆北平腔之学生，旗袍裸腿臂，似广东超时代女子，相聚则高谈嬉笑，声震全船，目无旁人在也。本日更在余等侧，向一渝中老妇取笑，语多秽亵，全船皆惊而骇视之。及闻其谈学校事，则知皆中学生之劣等者。余初以为皆大学毕业，及是深叹近年北平妇女教育之腐败若彼矣。

八月九日　晴

船待领江，又迟至十时始开，几宿巴东。嗣以快车过峡，抵巫山已昏黑矣。

过界不久，即见十二巫峰。一峰远望如花；近视有人立塔下，船员谓之气死者。孔明碑在下游不远。有字，镌迹可辨。

八月十日　晴热　暮大雨

晓发船巫山，有三船争前，本船最先行，穿瞿塘时，方早膳时尔。滟滪露头，盐碛已没。旧城迹在白帝城山北，西踞山斜面似秭归，今为坟地，度唐代夔州当在此，谓古白帝城误也。

午后五时抵万县（海关钟差一时），与杨、周两君上岸游，公园即在泊处，对岸为南津街，后山地斜而阔，称西山，布置颇好，石级整齐，所费不赀。最远处有巨石、泉穴、乱书、仙境、山谷、余音等字，下叠假山则近俗矣。杨君招晚膳于此，膳后稍息，步归出园，雨突暴至，疾趋河干，雨已骤，上一小船避。暴风大雨，船仅布篷，三人淋漓，避一篷船中，雨无望止，则仍上船，催速回轮。身无点燥，幸未翻船。易衣，澡，扯痧得汗，饮白兰地半杯而寝。

八月十一日　阴

早发万县，舟行急速，暮泊涪陵，过忠与酆，皆下客甚多。行李之重又百倍于客，桌椅床榻，瓜果黄纸，皆成大批。至于开船下货未竟，则再停招艇下之。五六等舱，客有十余网篮，皆重不可运，此亦一弊也。

八月十二日

抵重庆。结束游记。①

---

① 任返渝后不久，被重庆大学聘为农学院教授兼农场主任。

任乃强全集·第十三卷

书信、诗文

给陈家琎先生的信

家琎同志大鉴：

近闻西藏社科院即将成立，赓续筹备藏学研究所，集中一方研究西藏地区历史、地理、经济、文化的新旧学人开展研究工作，并准备推出研究点到川滇、甘青等藏族分布地区。窃谓六中全会以来，这是再一令人兴奋的新消息。

窃念西藏加入我们大家庭已数千年，而国人对于这一地区的学术研究尚自落后于其他国家，实可算得一种国耻。解放前亦有少数国人奋起为之，无问结果如何，经过"四人帮"摧残践踏已九死一生，存活无几；且又分散屏息，不相联系者多；究其所学，能与当前国家需要相适合否，亦有问题。窃以为新开藏学研究，似当以培养新生的，善能掌握民族政策的，立志向"四化"进军的，力求藏学研究与国家需要一致的青年一代为主要目的。不过，也需要先有培养工作者来从事这项工作。所以就现阶段说，组织过去五花八门，各自为政，具有一技之长的藏学知识分子到研究所来，一面让他们发挥所长，互相砥砺，补充提高，将现代藏学研究快捷的开展起来；一面让他们帮助、带动青年学者，培养新一代藏学研究者，是很有必要的。

当前，有些老专家已经七十岁以上，工作能力萎缩，只还有点老本钱可用；在此藏学研究人才还很缺乏的时候，如何把他们组织拢来，让他们对培养青年一代发挥作用，这是当前值得研究的问题。比如：藏族有许多老喇嘛，确有深厚的造诣，有些人精通声明、因明、医方明和工巧明；但他们都已老了，又多是偏长一技，而不懂汉语汉文的。又如，汉族现存的藏学老人，张怡孙已八十九岁，我已八十进八，李安宅已八十二，刘立千、祝维翰俱已七十左右了，又都住在成都，不可能到拉萨。又如，有些四十以上的中年人，过去是立志研究藏学，很有基础的，由于受到动乱十多年的伤害，成就不大；且多各有就业单位，难于调动。这些问题，应该如何解决？似为当前开展藏学研究之始应作深思熟虑的。

恨我生不逢时，衰朽已甚，不可能参加这项工作。盲不忘视，亦曾伏枥深思，窃冀趁此新兴事业发轫之前，竭愚者千虑之忧，附知无不言之义，献具数条，敬备采择。窃惟乡校风议,子产不废。刍荛之言,圣人择焉。如蒙持商阴书记与在藏各有关领导,审察采用,一方幸甚。

  此致
敬礼!

任乃强 1982 年 7 月 15 日敬呈

  注:原信后附有"条陈"八条,3000 余字,就研究所机构设置、人员配备、评级方法、培养研究生等方面提出具体建议。现今多已施行,故未录存。

复南充金融志办公室的信

(1984 年)

金融志办公室同志：

　　本月初赐示奉悉。来询八条，许多是我无法答复的。因我虽九十一岁了，二十二岁时便已离开家乡。其后，只回南充住了八年（1921－1928 年），便到川边去做考察研究工作和蓉渝等地教学工作。解放前只曾回县探亲两次。解放后，先后回县过三次，时间皆未超过一星期。虽在动乱十年回家乡住了崖洞七年，亦未进过城。所以对于来问中的许多地方人事问题无法答复。今天抽时间勉就所知，作为笔谈，逐条具复，藉供参考。

　　以下逐条具复：

　　1. 质店牙行。

　　《新修南充县志》卷六《掌故志》各篇皆是举人李金锷负责（只王摺插附了《蠲政》一篇），我未参加（我只负责地理各篇与农业一篇）。故对质店牙行不甚清楚。我所知的，质店，当时称为"当铺"，南充只有一家，在三元宫附近，是山西帮经营的。大门外壁垩有方丈大"當"字作标志。柜台高过人头部，其上还装有栅栏，只留斗大空口收退质件。投质者以衣物、古董、玉器压借。由其掌柜估值，大抵以所值之半以下议价。留存质件，发给"当票"一纸与质借钱数，订有赎还日期。过期未赎，即为"死当"，质品为店主所有了。其赎，称为"取当"，须凭当票与赎票兑取。俗称"认票不认人"。赎金照质金加利息，大抵按年、月加息十分之二。实际是有抵押的高利贷。在辛亥革命前，南充地区无银行和钱庄。只有质店（当铺）是高级的信贷机构。因其制定信用守则严格，故对社会周转缓急亦有好处，人能忍受其剥削。"当铺"是公开营业的，如何向国家纳税不可知，只可知他是受到政府保护的。故贫人虽怨诟之，无可如何。贫人投质，多无力赎取，只有卖去当票，再收回实值百分之几而已。

更有一种"私押当",剥削更为残酷。大都由哥老会巨酋、豪霸之家经营。不立案,亦无铺面牌号,以民间抵押借贷形式进行。属于"黑社会"的范畴。

又有公开作民间借贷之高利贷剥削者,各场镇多有。不取质件,只凭信用与友谊借贷。利息仿"当铺",分"期年二""月月二""打打钱"三种。期年二,每年取息十分之二,如借一千钱,年还千二百钱,是为"轻息"。月月二,则借一百钱每月还百二十钱,是为"常息"。打打钱,则借一百钱,只付七十八钱,满月则还一百元;理由是:"先扣一月息"。又加上"串底"二钱(串底,是说利钱须用索贯穿,扣除钱串费,每千钱为二十文,为一串)。百钱二文,是例扣,还钱亦然。是为"九八钱"(清代通行)。农村富者,有时周转不及亦借钱,例取轻息。中产者借钱,用常息,贫厄者迫于短借打打钱。借额愈小,剥削愈残酷。农民集市"三天一场"。借打打钱分三场还清、两场还清、一场还清三种议息。大都是每隔一场加息一分。每月一个对滚,比当铺残酷十倍。这是币制稳定时期民间信贷的普遍现象。

来问"当铺是何人经营的",何时开业,何时关停各节,我俱不知。只有个推测方法。那就是:这种商业,只能在币制稳定时开设。若还币制紊乱,遭逢通货膨胀,便会亏折倒闭。在社会秩序混乱、军匪横行时,亦不会有人开设。南充地区,在明末至康熙二十年平定云南的时间,是不会有人肯开当铺的。南充地区的社会安定从十八世纪开始。顺治初年,南充城内还是一片焦土。乾隆以后,商业街道才渐繁荣起来。以后虽有平定金川和白莲教、太平军等多次战役,币制未乱,城垣巩固,当铺是能生存的,并且可因地主巨商聚居者多,周转缓急,更能大赚其钱。这就可以推断当铺开业在乾隆初年。辛亥革命后,开始有了当十铜圆。瞬即有当五十,当一百,当二百(民国十四年始见)的铜圆,物价随之上涨。若还当铺未曾歇业,也会破产倒闭。因为付出当票时的一百钱,到三年满期取当,便还两百钱也只值初当时的三四十个钱了。山陕商人岂能愚蠢至此。事实上,辛亥革命后,我在城内读书,也再未见过当铺开门。只是不知其停业于何年耳。当铺虽然停业,所发当票皆订期三年死当。则停业三年内,仍有待人赎取的责任。当时是如何办理备案手续的,希望支行同志更访现存老年人作结。

牙行与当铺,是性质不同的两种营业。李举人把他合为一帮,并谓有"五家二千余元",不知何据?可能是当时商会胡乱把牛市、猪市、米粮市、茧市、鸡鸭市的杂捐列为"五家"。或者有五个牙侩把头承包商税,具报资产二千元,实非"货殖"资本。李举人照填入志。未知其误也。

按"牙侩",秦汉世已成为一种专业。先出现于各种市场。先出现于马市,故

《史记·货殖传》称为"驵侩"。其后通行于各种市场。其人无资本，无肆店，不买不卖，专为买卖两方牵合交易。用袖内握指向双方议价，不令第三人知。议合则各取售价百分之一或稍多少以为酬。今猪牛市仍存其制。不过买卖双方直接议价者已多而已。此其与质店（当铺）性质不同处也。

2. 五金帮、银楼与黄金。

我所知者：银楼即是金银首饰店，兼营收买黄金与金银首饰。清末民初，河街有两家。《县志》这张表所云"百余家"应系合铜器、锡器铺与打铁铺言，打铁铺或许要占十分之九。所谓"全年价目四万余元"，如其说的出售价值，铁器只占得半数，全是农具，数量大，价值低，铜锡制品只占得十分之三。金银制品数量小，价值高，可能占十分之二。若说资本，银楼虽两家亦当在五十万左右，铁铺只可能占什之一二。

县无五矿，原料都自外来。惟河边每年冬季有人淘沙金，数量不大。（近几年是南充淘金最旺盛年，县局收购数字，应可查考。）我可指出的，只嘉江沿岸的漫水沙滩、鹅卵石沉积之处才可淘金。江两岸黄土层的鹅卵石沉淀层下，也可淘金。因为嘉陵江上游的白龙江和白水河都是从松潘草原边际流出来的。那里是我国的主要产金地区之一，原也是沙金，但多是大块，也有小块和金屑。它属于元古代地层分解后的沉淀物，经河溪水流把它和沙砾一同搬运入江流走。其中的大块，磨到碧口以下时，都已化为细粒；再流过昭化以下，细粒亦磨为细粉了。所以南充地区淘金，只能淘得金屑。金屑轻，易受激流浮转远流。每逢河面宽而有侧行漫水之处，金屑每随沙砾沉淀于缓流的沙滩上。冬季水落，识其沉淀规律者，即可就沙砾沉淀处淘金。我十二三岁时，曾见白塔山下河坝年年有人淘金。所得仅足糊口。全是外县来人。一经官府征税，便他徙。历史上未见有果、阆二州采金的记载，应是因其产量微而无定居的采金组织之故。解放后，尤其是近几年，社队采金者多了。南充地区每年采金在百两以上。还曾出过进京的劳模。我只曾见报载，未知其详。志办室如有采访员，就近调查，必能得到年产量确数与产地和收购的实际情形。那也是我所愿意知道而未能知道的。

3. 南充铜圆局。

四川只省会有铜圆局，是从造币厂分设的。造币厂原造银币，清末设立，入民国后始造当十铜圆。军阀掌握厂权后，川版银圆偷工减料，"滥、哑、假"充斥。铜圆亦由当十、当二十、五十、一百，至民国十五年便只有当二百行使，成为市场议价的单位了。南充驻军师长何光烈，大约在民国十三年时，弄得一部造币厂的二百铜圆钢模,在他的师部里铸造发行。那时我任民选实业局长,主办《实业半月刊》,写了一篇文和一幅漫画讽刺他。他曾把我逮捕。旋因县人营救获释。未久,何光烈施行"典当捐",又被南充中学学生分四路出发,把他推行典当捐的委员打坏了。又未久,他的旅长秦汉三、杜伯乾响应刘伯承、黄慕颜起义,建立工农红军。何光烈垮台,铜圆局亦即不存在了。至于他这铜圆局"有多少个工人","年产多少铜圆",我实不知。

4. 民国元年以来的钱庄、银行。我未留心。

5. "有无铁道银行"?我未听见过南充有。

6. "民国二十二年"以后,南充币制混乱情形,因我已离开南充,未能知道。

7. 《县志》卷六,是李举人撰,我未参与,亦未留心到钱店帮的任何情形。按其所列商会三十八帮表,钱店帮亦是空格,只有"备考"二十三字,亦云"因军票充斥停贸""兑换只有钱摊,故无查考"。

来函要我记忆部分的典型事例,我想到一个:国民党用恶性通货膨胀把所有人民的赀财吸收干净,我们川大教授月薪五百元的,发来不够全家十口人吃一天稀粥。小摊小贩们,上午按加倍计息卖出,下午便实际亏折一半。这是成都情形。当我在家乡岩洞居住时,亦听得一个典型事例:当蒋政权刚才发行十元票时,为了装饰币制稳定姿态,曾经开展互助合作运动,发出一些纸币,声言贷给农民,三年还本。实际是指望吸收,无意贷出。但每个社也准许贷出一两起"示范"。中和场有个姓吴(放鸭子的人)走后门贷了一笔购鸭本钱,得一百鸭雏,放满三年,鸭群发展到百多只,卖蛋百万上,到还本时,卖两个鸭蛋的钱就够了。

8. 报刊资料。

解放以前是不少的,但完整保存下来的极少。尤其是"文化大革命"以来,便是私人抄录保存的资料,亦都搜查烧毁了。只有省图书馆还保存了一部分报纸期刊,也是不完全的。就南充地区说:自治筹备处就印行《南充日报》,当我离开南充时(1923年正月)还未停。又还有我主办的《实业半月刊》,自1921至1929年出了一百几十期。县中行销约五百份,县外行销约三百份。但是我手头一份也无。曾在回南充时向民间征购,亦未购得一份。未知县图书馆保存有否?活口资料,亦是难得的。现在六七十岁的人还可能知道一些。但这样的人大都在十年浩劫中蒙难。有些幸存者,例如南充张默生、蒲向阳,与商业界的老人,农村里的老人(未能举其姓名)各县应还不少。我建议联合地区十三县的省县志地名办公室,公聘采访员若干人,分赴各县、各公社,访问高龄老人,分类分条记录下来,参订党、政机关现有档案，写成信史。这叫作"抢救活资料"来弥补"文化大革命"的损失。此复。

  即颂

撰安。

  （我九十以后手稿，俱须保存。此函请将原件掷还，或复制一份寄下为感。）

任乃强　1984 年 12 月 19 日　拜

与李小缘先生的来往信函[①]

（1942年）

小缘先生道鉴：

惠示前日奉悉。学报本日始收到，全文尚未及读。略检附目中十卷一二期合刊，有商先生[②]《新津崖墓考略》及其他素所愿读之文，未识先生能代设法征购一册否？如已无法购买，能否设法借阅一册，限期寄还可否耶？原拟近日来蓉，补读书一次，因赶制康藏地图备用，未克偿愿。蕃妇罗哲情措因事赴蓉，即令晋谒，函文乞购此书，并补上前蒙加洗照片应补之款，敬祈惠予延见，指示一切为感。

再，强原拟身赴芦山手拓王晖墓铭，分送华西、金陵各大学诸友，现亦尚未办到，仅由罗哲携得旧拓十张，工劣纸窨，不成形制，姑以备好此者参考之用，仍容他日另拓补赠。即烦以此意转致诸好为感。此上。

即颂近安。

在宥[③]、益棠[④]、安宅[⑤]、名均[⑥]、德坤[⑦]、惠林[⑧]、象峰[⑨]先生统此。

任乃强再拜　三月一日

[①] 1940—1943年任乃强先生任西康通志馆筹备主任，主持发掘了王晖墓，对芦山汉代文物多有发现考订。时金陵、燕京、齐鲁等大学内迁在成都。众多名家汇聚，学术活跃，任乃强与他们交流颇多。此为与金大李小缘教授往来的部分函札。原件藏南京大学图馆
李小缘（1897—1959年）图书馆学家，江苏南京人。时任金陵大学图书馆学系主任、图书馆馆长，兼中国文化研究所所长，主持学报编审工作。
[②] 商先生，指商承祚（1902—1991年），考古学家，时任金陵大学中国文化研究所研究员。
[③] 在宥，即闻宥（1901—1985年），民族学家、语言学家，时任华西协和大学中国文化研究所所长。
[④] 益棠，即徐益棠（1896—1953年），民族学家，时任金陵大学教授。
[⑤] 安宅，即李安宅（1901—1985年），社会学家、民族学家，时任华西协和大学社会系主任、华西边疆研究所所长。
[⑥] 名均，即林名均，博物馆学家、考古学家。时任华西协和大学博物馆副馆长。
[⑦] 德坤，指郑德坤（1907—2001年），考古学家，时任华西协和大学博物馆馆长。
[⑧] 惠林，指卫惠林（1904—1992年），人类学家、民族学家，时任金陵大学教授。
[⑨] 象峰，指柯象峰（1900—1983年），社会学家，时任金陵大学教授。

小缘先生大鉴：

前在蓉惠承赐借各书，纵目豁心，感谢无极！返雅后，原拟立撰《樊敏高颐两墓石考》，缮送《金陵学报》乞登。突以职责所牵，改编《康藏史地》一书，耗时数月，近甫完成。兹奉手札，深惭。急切无以呈正。惟强近赴芦山，发觉新得汉碑二通，颇有价值：一为杨君铭碑，较樊、高为大，镌造亦较古，惜下半段尚未掘得，暂可不论；其一为王晖墓志，镌于石棺前和，凡三十五字云"故上计史王晖伯昭，以建安十六，岁在辛卯九月下旬卒，其拾七年六月甲戌堃呜呼哀哉"。书法方硬，与金石聚双钩之高、樊两碑八分，如出一手，刻工亦似为一人。樊碑建安十年造，高碑建安十四年造，据此以考高、樊两碑，是相发明之处甚多。前和上盖刻有椒图，后和有长尾龟，棺左右侧皆浮雕，各刻螭蚪，棺外有砖砌，周皆有花纹，因历世无人发之，故全部完好。查汉墓虽多，石棺石穴其具墓志者绝少，故或谓元嘉后始有墓志也。此虽寥寥数语，亦是证一方制度。拓片现因不敷分配，容改日另拓送上，兹拟先撰《芦山新出两汉墓石记》一文，连同拓片送请先生斧裁后，即在《金陵学报》十一卷第一期发表，十日之内即可付邮。樊、高二考，容于下期发表，未识可否？专此拜复。即颂

　　道祺。　　　　　　　　　　　　　　　　　　　任乃强顿首拜上　六月三日．

再，《金陵学报》能否多插图画或照片，亦盼示及，俾寄稿时，先自裁夺，免致寄还。又，前在贵研究院所钞之隶释本关于高、樊二碑文记，近忽遗失，如蒙饬代请人钞录一通见寄，尤为感荷！

通讯处：雅安车站侧魏家冈西康通志馆。

　　　　　　　　　　　　　　　　　　　　　　　　　　　　　　　　强又上

筱庄先生惠鉴：

昨奉惠缄，无任欣慰。敬悉山蓉返雅，专心著作，实深钦佩。《康藏史地》不知拟在何处出版？芦山发掘新得汉碑二通，两千年埋没土中，无人知晓，又未见著录，今得先生考证并发明，颇有价值。似较樊、高二碑及尽人皆知之研究，尤足表现其品质之高。而现经先生一番比较研究，知樊、高二碑者，更欲知此也。附图多寡，祈全部寄下。惟请注明，万一不能插入时，何者可以减少，请注明其重要次第，其不甚重要者，即可减少。谅颖神驰，不胜钦慕之至，谨先致谢，专此敬颂

　　著祺。

　　　　　　　　　　　　　　　　　　　　　　　李小缘　卅一年六月十日

兹将嘱钞之件九纸附上。

小缘先生道鉴：

承饬钞寄隶释二则，并惠手书指示一切，致谢。因编制图片，直至今日始蒇。兹以稿及图片并杨碑、王墓二种全部拓片奉上，即希赐正。芦山无照相馆，未克拍照寄上为憾。然所制图，皆强准比例尺度缩写，颇精确，未有乖误也。图多未必可以全采，大抵杨碑二幅，王墓前、左、右、后四幅，失名墓（定系王谋墓）石兽一幅，必宜付印。地图、王墓明器图与永元、永初二砖次之。余皆非要。如何去取，敬希尊裁。被剔之件，窃盼惠予寄回，至感。

再，芦山汉迹颇富，贵校如愿发掘，强谨当协助一切，政府与地方人士决不至发生非难，即与省府先订成约文，藉为保障亦可。如何？并盼示及。此上。

敬祝

近安。
                                    任乃强再拜上

外另寄稿一册，附图片又拓片一卷。

筱庄先生惠鉴：

手示及拓片及大著均依次收到。初因为琐务所羁，晚因与书坊接洽多日，方见眉目，以致作覆衍期，敬祈原谅。图书甚为精美，拟全部制为锌版，约计一千八百元左右，排版印刷等费仍在外，故拟删去书法比较一图及羊字砖一图。二图不用，今特附奉，祈查收。其他各图则概不可省。地图用石印，仅列轮廓，永元、永初砖如有拓片，烦赐一二份，此文决收入敝校学报第十一卷第一期中。敝所甚愿参加发掘，但（一）不知确否有可发掘之墓，（二）不知应采何方式。弟个人以为西康省政府应为主体，藉可免除一切误会，敝所愿以人才供给，发现物品由西康省政府管理与保存，如有重份，应为敝所所有，敝所有照相研究之优先权及发表权，此项底片亦为敝所所有，此种办法不知尊意以为如何？此事非经双方长时间讨论不易开始办理，此间配备一切，亦须相当时日，如能先为考察形势，再决办法，亦无不可。如何之处，祈便中赐示一二。专此谨覆。

即颂

著祺。

                                    李小缘卅一年八月七日

小缘先生尊鉴：

前赴蓉再承惠假方便，钞阅诸书，《炉霍屯志》尚未及钞，遂附友人私车返雅，有负深情，殊歉然也。《盐源县志》近复有人云能购得，但毫无把握，无论能购得否，钞存亦属不妨，前蒙许觅人代钞，如已觅得，乞嘱用行草依原书行款小字录文，不必摹写，需先交款若干，钞费若干，均烦代为酌定示知，即当遵办。如尚无人承钞，缓雇亦可，总之深以奉托，容再来蓉日造谢。

再，《芦山汉物图考》一文，本无向第二种杂志发表之意，因强此稿系为通志馆作，《康导》系康省府半官性质之刊物，索此不能不应，故复在该月刊揭载，此情尚祈谅察。

贵院所藏樊敏碑与今碑字法大异，确可判为明拓，至早亦当在康熙时。拓甚可贵，拟请连同碑阴，借下与今碑逐一校勘，订其异同，以资考究，未识肯邮假否？如荷俞允，非惟当格外珍惜，获持以人格保证璧还无损，即考订所得，亦当先录送贵院，以酬此雅也。高、樊两碑考，现方致力。念及眼福，遂成侈想，不敢固请，故陈其情，敬请裁核耳。谨上。即颂

近福。

任乃强再拜　十月十五日

筱庄先生尊鉴：

顷奉大札，得悉台端安抵雅州为慰，《炉霍屯志》取出后，即未见前来，此书字较少，应否代钞，盼示知。《盐源县志》因字数太多，现尚无人承钞，承赐尊著《芦山汉物图考》一文所附各图，业已制成锌版。制成后见《康导月刊》所登之广告，知即印出，不知应如何办理？关于寄阅樊敏碑拓片事，前有数例，因革于敝所定章，未便寄出，后以照相代替。尊需拟仍用照相送呈，不识尊意若何？如尊意以为可行，当即照相寄奉上，相费若干，当再调查，有方雅命，敬祈鉴宥。谨此肃布。即颂

著祺。

李小缘　卅一年十月廿七日

小缘先生惠鉴：

二十七日大示奉悉，《芦山汉物图考》原只图由贵刊揭载，因通志馆系官办机关，故又为《康导》所得。事实上《康导》得稿迟于尊处十余日，此情尚希原察。拟请先生以最先受请审正之因缘，并加著审定意见与商定改题发表及删剔插图各由

而刊登之，庶重出亦无妨碍，未识可否？兹暂汇上法洋壹佰元，乞雇匠将明拓樊敏碑及碑阴各摄六寸照片二幅赐寄，底片即赠请贵院保存，备他日加洗用。《炉霍屯志》旧曾翻阅，除卷首关于开屯各奏折文物足贵外，余皆无用（图亦谬错），兹拟请代雇人摘抄：序、目录暨关于奏议、文物一章寄馆。纸笔、墨并钞录费连同照相不足之款，奉示即汇。远烦劳神，公私均感。谨上。即颂

　　文安。

任乃强再拜　十一月二日

附百元汇条一纸。

筱庄先生尊鉴：

　　十一月六日接奉大札，附国币壹佰元整同时收到。敬悉。樊敏碑及碑阴，业经拍摄完毕，今特随函附上华西摄影社发票一纸，款已垫付。碑之正面因六寸太小，不易辨认，故改为八寸。《炉霍屯志》中，尊需材料，已遵照指明部分钞毕，于十一月十九日投邮，用挂号寄奉，谅已收到。尊著在《康导月刊》印出，甚佳，似无再印必要，惟锌版已成，甚为精美，以后或可设法再印单行一小册，附敝所同事史、刘二先生①意见。来款除付《炉霍屯志》钞费及邮费，尚余×元×角×分。近日康雅道上尚有古物发现否？蓉市外西发掘蜀王建墓，甚盛事也，可否来蓉一观？专此谨覆。即颂

　　著祺。

李小缘　卅一年十一月廿七日

小缘先生尊鉴：

　　近接贵所寄到摘抄《炉霍屯志》一册，未附信函，度是先生所寄，或另有函被邮局遗失耶？前寄之款应不敷，拍照与钞稿文费究当补汇若干，仍乞裁示。再前承嘱寄汉砖拓片，兹分向芦山及自藏者拓记，又得建初八年砖连同砖面拓献。即颂

　　近祺。

任乃强顿首　二十九日

附拓片三张。

---

① 史指史岩（1904—1994年），美术史家，时任金陵大学中国文化研究所研究员。刘指刘国钧（1899—1980年），图书馆学家，时任金陵大学文学院院长。

小缘先生惠鉴：

奉大札寄到樊拓照片二幅，细校今碑确大不同，证其必是明拓，此碑宋拓绝少存者，明拓为最尊也，谨兑上洋三百元，除支照相二百七十元外，合前余款为四十六元，盼能加洗樊碑一份。强不久或来成都一晤王建墓，便取此片，不必函寄费事也。康省通志馆现正改组中，各方意见不一，弟之去留数日内当可决定。如其去康，必先过蓉，再当图赴渝耳。关于王晖墓、杨君铭等图片锌版既由贵所制就，不用可惜。来示曾云附示史、刘二先生意见，未在函中，仍乞补寄，如在蓉另印小册，强可将最近所撰《樊碑文义集解》《樊敏年谱》《樊敏传》及《樊高两墓石图考》一并录呈，商请合印，如需由通志馆购回留用，强亦可为力。雅区自建初砖外，近无他种发现，拟掘杨君碑及王晖墓门，亦尚未着手。并复。即颂

道安。

任乃强谨上　十二月四日　附汇票三百元一纸

筱庄先生尊鉴：

前承赐建初八年砖等拓片三纸，至感高谊。昨奉惠书，汇下三百元整如数收讫，尚存四十六元，加印《樊敏碑》一套，用去六十五元七角，两抵尚短十九元七角。刻已印就，何日来蓉，当面呈。来示承赐《樊碑文义集解》《樊敏年谱》《樊敏传》及《樊高两墓图考》等大稿，如蒙见赐，当遵嘱与《王晖墓考》合刊为一册，史、刘二先生意见，撰为跋文，列于后，可成《考古论丛》一种，因此间有出一专号之意，印刷方面，弟当负责筹划。惟不知尊稿尚拟刊登他处否，此不能不先坦白冒昧说明者也，便希示知一二。专此奉覆。顺颂

道安。

李小缘　卅一年十二月十八日

又及，兹有友人欲编其县县志，弟介绍先生所编拟之《西康通志条例》以为参考，幸乞不吝寄赐数份，以便转赠为感。

小缘先生惠鉴：

十二月十八日惠示，奉悉已数日，因强曾拟离康，故未即复。兹留康意决，始得重新排布一切也。强近撰《樊碑文义集解》《樊敏年谱》《樊敏传》三种，正清缮，能与《高樊两墓图考》及《芦山新出汉物图考》合刊于《考古论丛》，由先生负责擘画精印，固属幸甚，惟强既寄食于康通志馆，所有成稿皆有缮缴一份入馆之必要，

亦即有付交《康导》登载之义务，前所寄呈之件，因《康导》登载，致贵所已经制版未便印行，使强惭惶万端，故此等续稿如于《康导》登载外尚可集刊于贵所之刊物，则公私无碍，强自乐遵，决不投他种报纸。不然，则惟有敬谢厚意此情，望贵所诸同仁曲赐原谅也。外，遵尊嘱寄上《西康通志修撰纲要》二册，册幅过大，未便入函，恐将迟到，希谅。谨复。即颂

文安。

并候贵所诸先生时福。

任乃强再拜　十二月三十日

与谭其骧先生的来往信函[①]

（1983年）

谭先生道席：

蓉城拜晤至感荣幸。别后，张志皋[②]因病住院，我因赶写《川边历史资料汇编》的清末改流部（原订交稿期已过尚未完成，着急昼夜赶写）亦未暇与志皋联系。八月二十六始奉尊示八月二十日函，始知六月已有赐函。当饬小儿新建往询张志皋，始知他因住院，其家人因不识字而滞搁。当将六月七日赐函与寄件（第一册至八册地图十余幅）携回。拜读之下无任惭惶，除嘱志皋交代外，谨此陈谢。

由于耽误过久，已不及细陈琐屑，奉商元代以前各幅，及元明清幅，亦因衰敝已甚，力不从心，恐难赶上时间。兹仅先将拙制《四川州县沿革图说》元代幅提前函寄，藉备参考。如蒙再赐询问，请遥寄藩署街36号敝寓，商谈为便。

窃惟我国地面广阔，历史悠久，历史沿革复杂万千，原宜先有各省市底图志为基础，总图总志始能省力。尊著综合全图，考订古今，撷要落实，工力精细，偎读一、八两册，至为钦仰。若言边隅地域，古之徼外，本无明确整齐之记载，学者莫不视为畏途，偶有点滴考订，已如凤毛麟角，而其正确与否，尚难成为定论。细致深入有如尊著亦可谓空前巨制矣。犹复下问赐商，敢不竭诚馨献，用备涓埃。拙著《四川州县沿革图说》，对于清代四川省境以外考订亦甚粗疏，即如省域以内，川边部分，亦自嫌草创，有待更改之处不少。顾以衰朽多务，力不从心。同志人士，久觅未得。现已行年望九，深以陨坠为憾。

拙著四川沿革图二十八幅（元代只一幅），系"大跃进"中限期一月完成之草率

[①] 编者注：谭其骧先生与任先生，相互倾慕，神交已久。1983年春，谭来川专程拜访任老，商定请任为其中国历史地图集之西南地区部分提供意见、补充资料。任欣应，拟以所撰四川历史沿革地图成稿供谭参订补充。后由于经手人生病住院，谭寄出之函及地图三个月后才到任手，任之覆已赶不上出版期，仅有元代一幅得参用。此为谭返沪后来信及任之复函。

[②] 张志皋，四川社科院历史所研究人员，时奉派协助任老整理地图。

献礼，曾经批准印行，并已由四川人民出版社印制。徒因时局混乱中的种种原因，竟被中途停止。绘正本已被遗失，手稿本还在张志皋处。又被蒲孝荣借去三幅未还。原有图说极其潦草，经于1976年多次请川大派人协助整理未得。原拟于晤面后全部交请指正，因迭次搬迁，寻找未得。志皋住院，朽躯写字吃力，荏苒未及陈意。兹奉尊示，惶悚之余匆忙寄呈元代一幅者，取其随函飞递可以商讨怀庆府四州问题。其余，除已失三幅外的二十四幅，必须另寄，幅大而重，又不便于及时商讨。可否由尊处派一熟悉大西南地区的同志来蓉就近痛快商讨，二十余幅半月可竟，或尚来得及第五六七册的商定发刊。弥补数月耽延之憾。如地方图可与全国历史地图并行，则拙著亦愿与尊处派来同志共同署名。敬请大笔写序介绍印行（四川印刷设备落后，怕印地图）。耑此即颂

　　撰祺。

任乃强　八月二十八日拜上

附：谭其骧致任乃强信

一

任老左右：

　　钦迟弥久，无缘拜识。春间蓉城三日勾留，乃得两度亲聆教益，快慰无似。此间所编《中国历史地图集》，考核欠精，讹谬不少。其中四川地区诸幅，多年前即拟请先生斧正，又未敢冒昧烦渎，今既得蒙面许，故返沪后即嘱研究所中办事人检奉。拖延多日，闻昨已寄出，想荷披览矣。

　　犹忆唐宋羁縻州多未能画出；元代则怀德府领四州，竟有三州不知所在；府治与所领酉阳州壤地又不相连接。至今耿耿于怀，而又无可奈何。至于蛮夷诸司定点可疑者更多。凡此皆仰赖大方家补正，感荷曷既。

　　此图集经营已逾二十年，今所流布者乃内部本，前年中国社会科学院已呈请中央批准，特命骧组织一个六七人的小班子，限于今年内予以修改完毕，交地图出版社制图。定于今年冬起，至八四年春陆续出版，公开发行本，准备销行国内外。此事关系我国学术界声誉至巨，故亟欲尽可能将内部本之讹脱，予以改正增补。然任务过重，以骧之谫陋，实力所不逮。故不得不求助于博雅君子。至祈不吝教正，幸甚幸甚！

　　东返途中渝汉一段搭乘江轮，舟中拜读西藏研究中大作，其中论吐蕃得名由来

一节，高见卓识，令人不胜钦佩之至。若尊斋尚有储稿，不知能惠赐《历史地理》一二否？一再索渎，惶恐惶恐！专此

   敬请

著安。

谭其骧 拜上 六月七日

二

乃强先生有道：

  六月初再奉一函，敬求先生为《中国历史地图集》中诸四川图幅指陈脱谬，提出修改意见。旋即嘱所中办事人检索图幅一束。因不知尊寓地址，函件皆寄张志皋同志转呈，想不至有误。修订图集所定交稿日期甚为紧迫，目下前四册（六朝以前）业已定稿，交付地图出版社。第五第六两册（隋唐至两宋）亦将于本月底交出。久候大教不至，此六册中四川部分只得基本上照旧不改。惟第七册元代部分缺漏甚多，亟盼先生能予以补正。此册将于下月底定稿，尊稿若能于下月廿五日以前寄下，当能赶上采用。如荷惠允，不胜感激之至！冒昧干渎，诸希鉴宥。专此敬请

   暑安。

谭其骧 谨启 八月二十日

我的几首诗

我从小学起偏嗜自然科学，不愿学作诗。但受张表方、卢子鹤等先生影响，也常会去读诗，欣赏古诗词，偶尔也作几首自娱，算来大约写过百十首，因不敢示人，大都丢掉了。近年撰《周诗新诠》，勾起自己作诗的记忆，翻检旧箧，找出了几篇习作残稿，虽粗劣不工，然亦见当时"言志""抒情"之实。抄录下来，留作纪念而已。

一、读中学时，老师出了一道诗题叫《即事》，作为月课考试。这首"逼牯牛下儿"般写出的诗，我还记得，写来自博一笑：

前日纳国课，农人踽踽随，临阶复不上，兀作默如思。抚囊兴长叹，语怨容亦凄："风雨三春蘠，积谷未盈箕。计量上供余，乃敢量饔炊；炊饔复加省，乃制赏与衣；四邻有庆吊，九族或馈遗。死亡用丧葬，疾病资药医。近年盗贼滋，出没乡与间，夜寐无宁息，日行有常虞。兵过无鸡犬，匪来灼肤肌。国家与我者，安苦竟如斯。所以取我者，锱铢亦无遗。重敛复重敛，我亦弗能避；尽此一束丝，任尔茧抽去！"废然起升阶，含笑仍纳税。颓步垂首还，悠忽影同逝。吁嗟乡曲人，于国诚无愧。借问各相公，其亦悯之未。

交卷后，卢子鹤师给评了八十六分，鼓励我学律师。

二、1960年前后，因"右派"困在川大历史系资料室发奋著书。同难诸资料员中，吴天墀、成恩元、唐嘉弘、伍仕谦等发起作诗相慰藉。我自惭未能，不肯参加，经他们来诗挑逗，后亦应战了。还记得两首：

吴来诗云：

万事到头总是空，七十高龄任筱翁。
衰朽残躯须爱惜，铮园夜晚多蚊虫。（我时住川大铮园）

我的答诗为：

> 南极有鸟不凌空，踯躅苔原信天翁；
> 雪海冰山犹自惜，不问得失到鸡虫。

唐来诗已失，只忆有"《华阳国志》不救贫"一句。
我答诗步韵云：

> 社会主义不忧贫，风雨同舟过来人。
> 还当勉为伏枥事，不待扬鞭自奋蹄。

三、1962年12月，我得解除管制，回本宅，开写《周诗新诠》。自题篇首云：

> 人生七十古来稀，七三光阴去若飞。
> 朝从封建山中出，暮在四化园畔炊。
> 新受真经曾立懦，旧存故纸未覆瓿。
> 乐山乐水皆是乐，毋意毋我应谨持。

四、1968年，《周诗新诠》初稿成，题跋云：

> 二十八月困书城，铅椠奔驰苦自萦。
> 不因伏枥忘千里，犹从覆瓿奋余生。
> 百万言书能奕出，一无是处可定评。
> 竭蹶非为名山业，徒以辛勤助笔耕。

五、1985年，老友胥端甫自台回归，赠我一诗。勉步韵和之。

> 赠胥端甫先生
> 巴蜀昔贤有胥君，今见胥君出盐亭。
> 凤麟文章飞海角，桑梓忧勤铸铁心。
> 万里翱翔鸣归鹤，一腔激荡悯斯民。

为怜老饭三遗矢，隔墙呼听卖花声。

六、田翁医德颂。

旧时中医分两道：居城邑者，常与富贵权势之家为缘，慑于威势，多温和谨慎，以适应之；居乡曲者，常与劳动人民为缘，坦率行志，无所祈求，其治病之方式亦为适合劳动人民之要求，不图名利富贵，务求经济实效。如将前者称为市医，则后者可称遁世医矣。《史记·扁鹊仓公列传》适于二者作具体对比：扁鹊医事，无一非富贵中人；仓公淳于意则以拒诸王召得祸，几死，赖其女缇萦上书始获免。史迁谓为"匿迹自隐"者是也。两汉间，楼护以医方为王侯上客，至二千石，封侯，史家艳之。长沙张仲景著《伤寒论》《金匮方》，后世奉为圭臬，谥曰"医圣"，而正史都无传。其序《金匮》论医之用云"以解贫贱之厄"。盖所服务之阶级不同，故士大夫辈莫能为之传。在蜀，则有涪翁著《针经》《诊脉法》，传弟子程高，亦皆"隐匿不仕"。高传郭玉，以方脉神妙称于时，不能自掩，被和帝征为太医丞。《范史》称其"仁爱不矜，虽贫贱厮养必尽心力。而医贵人时或不愈"。自汉以下，蜀中奕世名医皆擅脉法，而能恪遵金匮方者，则鲜其人。清末，简阳陈献之，著《医学厄言》四卷，力持张长沙之术，谓："承气规枝，四逆之厉，用误则祸立见。彼无术以审其当用与否，遂竟弃而不用，则何贵有此医哉！"故蜀之言经方者首推简阳。

田翁鹤鸣，居简阳七世，世承医业，坚守经方，妙于脉法。至翁，以贫农隐居青苏乡，为工农大众解厄，兼仓公、涪翁、仲景之德与技，年八十余，活人无算而无所矜炫。后受知于政府，延入医院，多所照顾，而翁不自惜身，日诊数百人，无伸欠意。每谓人："欲使仲景之道昌明于世，不敢有倦容。"可谓得长沙之薪传，承医圣之伟业者也。惜"文革"期间备遭残害，一代名医，含恨谢世，其事或竟不传。

强因患肝病久治未痊，曾往求医，亲见其行事，亲闻其口碑，更亲领其神技。六五年冬，曾短歌三章，颂其事迹。今更抄出，非惟为蜀中神医作颂，亦为我中华医技、医德之光大作赞。

田翁医德颂

潜龙在田	健寿如鹤	不飞不鸣	贫农自乐
脉承涪翁	方迈扁鹊	工农有情	咸占勿药
富贵豪门	一往缘绝	德齐医圣	誉满乡曲
大陆解放	万类欢腾	鹳鸣于垤	鹤午在林

口碑鹊起　乡曲之声　名飞无翼　道走不跂
远近奔赴　扑被候诊　党拾遗珠　用珍西席
自宽限额　再四溢增①　解厄祛病　不惜余生
田翁医效　不可胜纪　经方二百　不病为弹

杨山再生②　汝芳起死③　陶君石化④　余老涕止⑤
许江一剂⑥　志明刻瘳⑦　仲达已痛⑧　王熙绝痾⑨
巧在诊脉　洞见腠理　拾标治本　根除枝靡
尤贵行操　高风巍巍　裕不聚财　贫不诡技
显不骄淫　晦不徒倚　德润期颐　医称神技

1988年冬月任乃强记

---

① 医院初订田翁日诊50人，求诊者喧嚷不息，田翁自请宽额至100人，后渐增至百五十、百七十，仍不懈，切脉问病毫不苟且。
② 相山生四月，饮奶与药立吐，涕泪两竭，声息濒绝，诸医束手，省医院邀中西医会诊，判为幽门闭塞，拟开刀，其父母经人介绍求田翁，一剂而愈，今此儿已数岁，肥胖聪慧，改名再生。
③ 工属邓汝芳，胸腹肿胀之次接病危通知，经田翁诊治，服二十剂肿胀消除，遂愈。
④ 铁路工人陶某膀胱结石，当开刀，闻田翁名就诊，用括蒌瞿麦丸方，服两剂溺出小石而愈。
⑤ 邮电局余某年近六十，患清涕不禁八年，历医无效，服田翁药真武汤六剂而愈。
⑥ 金河磷矿工人许某名江，四岁不能站立，翁诊为宿食，用大承气汤，服之即愈。
⑦ 金河磷矿电工胥某父志明，小便不通，久医无效，医院以胶管插入膀胱导之，因翁以戍盐散方服之，即愈。
⑧ 体院孙仲达老师全身痛数年，遍医无效，姑就医于田翁，嘱连服白术附子汤，至六剂而愈。
⑨ 铁路局会计王熙患恶疾久不愈，遍体浓臭，卧床数年，濒死求医于田翁，命服甘草泻心汤至九剂，渐愈，至十余剂愈并结痂。